镜鉴心语

张晋藩 著

镜鉴心语

法史研究中的古与今

厦门大学出版社

前　言

“以史为鉴，可以知兴替”，这是古人对于历史和历史学的价值做出的千古不朽的判断。这条古训也影响着我从事法制史研究的取向。我一直认为中国法制史学研究的虽然是过去，但面对的却是现在和未来。在四千多年的中国法制文明历史中，蕴含着丰富的治国、理政、明法、卫民方面的历史经验，科学地对其加以总结，对于建设社会主义法治国家具有重要的借鉴意义。正是基于这种理念，我在 1986 年 6 月为中共中央书记处讲授法律课时，特别讲解了中国法制历史经验的借鉴问题。此后，1995 年和 1998 年两次为全国人大领导讲授法律课，也都贯穿历史借鉴的主题。本书之所以定名为

所收录的文章都围绕着以史为鉴、鉴古明今的中

思想感情的凝结。大海不辞涓滴，《镜鉴心语》还

中国特色的社会主义法治尽绵薄之力。

张晋藩

2011 年 11 月 10 日

目　录

谈谈中国法制历史经验的借鉴问题

“以史为鉴，可以知兴替”是古人治史经验的科学总结，它也适用于中国法制的历史。在四千多年法制历史的发展中，无论是发生、发展、流变、转型都是合乎规律的历史运动的必然结果，都反映了中华民族的历史文化传统和特有的国情，并积累了运用法律调整社会关系、促进经济发展和保证国家机器正常运转的经验，值得加以总结。从科学的批判中吸收有益的成分，作为建设中国特色的社会主义法制的借鉴。

一、中国法制历史的悠久传统与演变

中国是世界上著名的文明古国之一。近年来的地下发现，显示了中国法制历史的上限绝不止于公元前 21 世纪左右的夏朝。因为夏朝不仅建立了国家，形成了法制，而且已然具备了相当规模和比较确定的形态。从夏朝起，中国法制的历史经过四千多年的发展，从没有中断过，其沿革清晰、体系完整、内容丰富、资料充实，是中国文化遗产中的一个重要组成部分，这在世界文明古国中也是仅有的。

中国法制的历史不仅起源早，而且在相当长的时间内居于世界前列。以 1975 年湖北云梦发现的秦简为例，秦简中记载了公元前 4 世纪左右秦国商鞅变法以后至秦始皇统一六国这一历史时期的法律。尽管它不是秦律的全部，但法律调整的广泛、条文的细密、释文的准确统一、诉讼程序的完备，乃至法医学的应用、对法官职责的要求等等，都雄辩地说明了它在当时所达到的世界先进水平。如果以秦简所记载的早期封建法律与西方早期著名的封建法律法兰克撒利法典相比，撒利法典晚于秦律将近十个世纪，就其内容而言，很多还停留在习惯法阶段。

再以唐律为例：唐朝是中国历史上封建政治、经济、文化高度发展的朝代，在法制方面也有光辉的成就。唐律的制定标志着中国封建法制的成熟。唐律不仅奠定了唐以后封建法制发展的基础，而且也对相邻国家和地区有很大的影响。高丽、日本、越南等国的古代法律，大都以唐律为渊源。例如，高丽的《高丽律》，日本的《大宝律令》、《近江令》，越南李太尊明道元年的《刑法》和陈太尊建中六年的《国朝新律》，大都取法于唐律。中国古代法律之所以被世界公认为五大法系之一，除本身所具有的特征外，另一个重要原因就是它的影响在一段时期超出了国界，相邻的东亚国家和一些地区的法律基本属于中国法律的系统。

中国法制的起源虽早，但是在漫长的发展过程中却陈陈相因，发展缓慢，充满了保守性、孤立性，以致 17 世纪中叶以后，西方已经开始了资产阶级革命，以资产阶级法制取代了封建法制，而中国却仍然停留在封建法制的窠臼中。这不是偶然的，是和中国特定的历史环境分不开的。中国是一个地处东亚大陆、资源丰富的内陆性国家，自给自足的自然经济长期占统治地位；除南宋和明初等几个不连续的短暂时期外，总的来说海上交通与海外贸易不发达，重要的商品生产由国家控制，广大农民的日常生活从男耕女织中得到满足而不依赖于市场。这种经济上的闭塞性决定了中国长期是一个封闭型的保守国家。而闭塞和保守恰恰是封建专制政权长期存在的重要基础。马克思在论证中国封建经济解体的缓慢性与政权的关系时，特别指出："在中国，那就更缓慢了，因为在这里直接的政治权力没有给予帮助。"①

中国古代法制辗转相承，经历了四千多年，直到 1840 年鸦片战争以后，才发生了质的变化。鸦片战争以后，中国沦为半殖民地半封建社会，海禁大开，西方资产阶级的法律法学开始输入中国。1862 年美国传教士丁韪良首先翻译了《万国公法》。其后洋务派创立的同文馆也出版了 18 部外国法律法学著作，其中大多是国际公法。这反映了当时清政府在外交上的急需。主持总理各国事务衙门的恭亲王奕䜣看到丁韪良翻译的国际公法，便说："此乃吾所急需者也。"②在这段期间所译外国法律以英美法律为主，

---

① 《资本论》第三卷，人民出版社 1975 年版，第 373 页。

② 丁韪良：《花甲忆记》。

而法律译书在整个译书中还居于次要地位。1895 年以后，情况发生了变化，在所有译书中以法律为主，而且涉及各个部门法。梁启超说："夫政法者，定国之本也……故今日之计，莫急于改宪法。必尽取其国律、民律、商律、刑律等书而译之。"①

由于资产阶级改良派在变革政体上效法日本明治维新，因此在法制上也以日本资产阶级法律为蓝图。同时认为翻译日本法律"和文（日文）移译，点窜便易成书"②，以致日本法律的译作在中国逐渐超越英美法律，居于主导地位。而日本法律是以大陆法系罗马法作为渊源的，于是中国便通过日本从理论到实践接受了大陆法系的影响，这在当时被看作是顺理成章之事。梁启超说：罗马法是"诸国定律之祖"③。主持清末修律的大臣之一俞廉三也认为，各国民法导源于罗马《民法大全》，其后有《拿破仑法典》，日、德、奥、意等国"皆从此"，中国当然也不能例外。资产阶级法律的输入对清末修律产生了直接影响。清末修律基本上按照六法——宪法、刑法、民法、商法、诉讼法、法院组织法的体系进行。从此传统的封建法系逐渐解体，中国法制的发展与世界法制发展的潮流开始沟通，中国法制的历史也进入了新的时期。

二、中国古代法的体系与丰富内容

近代以来，中外学者中有人从中国古代代表性的法典是刑法典这一现象出发，认为中国古代法的体系是以刑为主、诸法合体的。也有人武断地说："中国古代没有民法，只有刑法。"这是不符合中国法制历史的实际的。任何一种类型的法律都是特定的社会关系的产物。社会关系是复杂多样的，对于社会关系所进行的法律调整的方式也不可能是单一的。因此，任何一种类型的法的体系中，都必然存在着相对独立的不同的法律部门。这是基于社会关系的多样性历史地形成的，并不取决于统治者的意愿。至于采取哪一种原则、形式来编纂法典，则是立法者根据统治阶级利益的需要，在总结历史经验的基础上有意识地活动的结果。不能仅以中国古代代表

① 梁启超：《变法通议》。

② 顾燮光：《译书经眼录》。

③ 梁启超：《变法通议》。

性的法典是刑法典，便得出中国古代法律体系只是由刑法所构成的。相反，中国古代的法律体系，也是由许多部门法组成的。中国古代的行政法就较为发达，《周礼》中便记载了属于行政法的规范，譬如设官建制、划分职、权等。至唐代，行政法已经成为与刑法二水分流的独立部门。唐玄宗时制定的《唐六典》，就是一部比较完整的行政法规汇编。自唐以后，行政法自成体系，在内容上大体划分为十类：吏、户、食货、礼、教育、科技、民族、宗教、司法行政与军事行政。其调整范围之广泛，规范之详备，制度之明确，体系之严谨，均为同时期世界各国所少有。近代著名的资产阶级民主派章炳麟在论述典律分野的历史发展时说："周世书籍既广，六典举其凡目，礼与刑书次之，而通号以周礼。汉世乃一切著之于律。后世复以官制、仪法与律分治，故晋有《新定仪在注百官阶次》诸书……讫唐有《六典》、《开元礼》。由是律始专为刑书，不统宪典之纲矣。"[①]日本法学家织田万在《清国行政法》书中也指出："支那法制与其思想文化相同，所由来甚久。……非仅有刑法典，更有规定施政之大则者，吾辈假名之为行政法典。惟其起源未有定论，如以周礼所传周公之政典为法典之起源，是行政法典之编纂在于刑法典之先。……行政经典之编纂，实始唐之六典。前溯汉代，于律外有令、有格、有式，虽亦备载施政之准则，然具法典之体裁，且足以后代之模范者，厥惟六典。……如以上所述，支那自古有二大法典，一为刑法典，一为行政法典。"[②]

至于中国古代有没有民法？为什么没有一部独立的民法典？也是值得重新认识和深入探讨的。马克思主义认为："民法不过是所有制发展的一定阶段，即生产发展的一定阶段的表现。"[③]在中国古代，随着私有制的发展，有关田土、户婚、钱债等民事法律规范也从无到有、由简趋繁，或规定于法典当中，或自成律令条例，调整着特定的财产关系、人身关系以及私人间的权利义务关系。以中国奴隶制时期的民事法律规范为例，虽不如罗马法影响之广泛，但与《汉穆拉比法典》相比是毫不逊色的。中国奴隶制时期的民事法律规范大都铭刻在青铜制作的鼎、彝等所谓"重器"之上，以示统治者的重视。其内容包括土地的转让、租赁、赔偿、赠予以及债权法方面的一些规定。如果把《汉穆拉比法典》泛称作"石柱法"，那么中国古代的民

---

① 章太炎：《检论·汉律考》。

② 《清国行政法·总论》。

③ 《马克思恩格斯全集》第四卷，人民出版社 1958 年版，第 87 页。

法，也可以泛称作“青铜法”。至于婚姻、继承方面的法律规定，则详见于周时的文献典籍，其影响至为深远。

汉唐时期，随着商品经济的发展，契约形式日益复杂化，出现了买卖、租赁、债务契约以及有关债务担保、时效、损害赔偿等一系列规定。出土的杨绍买地砖，刻有“民有私约如律令”[①]的字样，反映了官府承认民间私约的法律效力，由此也可以看出民间私约的盛行。

宋以后民事法律规范不断增多，有关永佃权、质权、典权、侵权行为、债的担保（瑕疵担保、违约担保）、婚姻、继承都有了详细的规定，有些达到了较为完备的程度。例如，有关埋藏物与漂流物的所有权归属问题，以及无主物的占有与遗拾物的处理规定，等等。但是，中国封建时代确实没有制定出一部独立的民法典，这是和自然经济长期占统治地位，商品经济发展相对薄弱；封建政权强调国家利益而视私人利益为“细故”，及其推行的重农抑商政策；人身依附关系长期存在，不能广泛提供法律上权利与义务关系的“私人的平等”；以及礼的规范和家法族规对民事法律关系所起的实际调整作用分不开的。然而我们却不能因中国古代没有一部独立的民法典便否认中国古代民事法律的存在。即使就立法而言，由宋迄清民事法律也逐渐由单行法令趋于复杂化。

中国古代的经济法律规范也是构成古代法律体系的部门法之一。根据《逸周书·大聚》的记载，公元前 11 世纪周朝便立法：“春三月，山林不登斧，以成草木之长；夏三月，川泽不网罟，以成鱼鳖之长。”这可以说是最早的森林保护法和水生资源保护法。这项记载从秦简的发现而得到证实，秦简《田律》明确规定：春二月不准砍伐山林，堵塞水道。秦律中《工律》、《工人程律》、《均工律》对于官营手工业产品的规格、生产的定额和劳动力的调配等等规定得非常具体。例如，女工匠二人等于男工匠一人；七岁以上童工五人等于男工一人，但刺绣女工一人等于男工一人；有技艺的“隶臣”，要令他从事手工业劳动，勿得使其赶车或为烹炊。秦简《金布律》和《关市律》则规定了货币的规格和流通使用办法以及市场的管理和税收。从秦经济法规的内容可以看出秦朝一方面推行重农抑商的政策，另一方面也注意调整手工业、官商业、官畜牧业的发展。在秦以后漫长的封建社会中，有关土地制度、赋税制度、矿冶制度、货币制度、工商贸易制度、金融财政制度、度

① 钱大昕：《十驾斋养新录》。

量衡制度等等，均有专门的法令进行调整。例如，唐的均田令、赋役令，宋以后的钱法、税法、盐法、茶法等等。虽然中国古代没有出现和使用经济法、经济立法的概念，但从实际来看，中国古代历朝都注意运用法律来调整经济关系。这对于保证公私生产组织的存在和发展，调整国家的财政收支，协调国家与百姓之间的经济利益，都起了重要作用。

除此之外，关于中国古代刑法、诉讼法、狱政法的丰富内容论者颇多，此处不赘。

三、值得借鉴的历史经验

中国古代法制可资借鉴的经验很多，这里只是从宏观上阐述与国家统治大体攸关的几个问题。

1. 盛世和法治

在漫长的中国古代社会，出现过一些所谓的“盛世”。例如，西周成康之治、汉初文景之治、唐初贞观之治、清前期康乾之治等等，这些“盛世”的共同标志是社会比较安定，经济、政治、文化有所发展，阶级矛盾比较缓和。促成盛世的原因是多种多样的，但法治是重要的条件和保证。早在《尚书・吕刑》中便提出了“刑罚世轻世重”的原则，要求“观世而制刑”、“随世轻重”。《周礼・秋官・大司寇》则具体阐述了“刑新国用轻典，刑平国用中典，刑乱国用重典”的区别用法思想。这可以说是中国最早的关于“法”与“治”关系的论述。近代沈家本在《法学盛衰说》一文中所总结的“清明之世，其法多平，陵夷之世，其法多颇”①，基本上符合历史的实际。历代开明的统治者都需要整顿法制来巩固政权，约束官吏的活动，蔚成良好的社会风气。现以“贞观之治”为例稍作分析。

唐初统治者鉴于隋朝亡于“宪章遐弃”、“不以官人违法为意”的教训，因而十分重视整顿和加强封建法制。唐太宗李世民很欣赏魏征阐述的“法，国之权衡也，时之准绳也。权衡，所以定轻重；准绳，所以正曲直”。他自己也提出过“法者非朕一人之法，乃天下之法”的著名论断，并把健全法制看做是“安民立政，莫此为先”的要着。

唐初进行了多方面的立法活动，形成了以律、令、格、式、典、敕、例为主

---

① [清]沈家本：《历代刑法考》，中华书局 1985 年版，第 2143 页。

要形式的法律体系。其内容涉及社会经济、社会关系、行政体制、政权机构、司法审判、学校教育、宗教、民族以及天文历法、婚姻家庭等各个方面。唐初的兴盛安定是和国家管理的制度化、法律化直接相关的。

贞观之治不仅表现为法律相对完备，而且还在于严于执法，这是维系法制的重要环节。在封建时代，官吏奉法、执法的关键是至高无上的皇帝能否遵法。贞观时期法治之所以得以贯彻，是和唐太宗李世民自己以守法相尚分不开的。例如，贞观初李世民敕令伪造资历的官员如不自首者处死。不久，温州司户参军柳雄诈冒资荫事发，大理寺少卿戴胄"据法断罚"。"太宗曰：'朕初下敕，不首者死，今断从法，是示天下以不信矣。'胄曰：'陛下当即杀之，非臣所及。既付所司，臣不敢亏法。'太宗曰：'卿自守法，而令朕失信邪？'胄曰：'法者，国家所以布大信于天下；言者，当时喜怒之所发耳。陛下发一朝之忿而许杀之，既知不可而置之以法，此乃忍小忿而存大信，臣窃为陛下惜之。"最后还是李世民折服，并表示："朕法有所失，卿能正之，朕复何忧也？"①

又如，裴仁轨私自役使门夫，李世民怒，"欲斩之"，但按法"诸监临之官，私役使所监临……各计庸赁。以受所监临财物论"，罪不至死。因此，监察御史李乾佑为之力争："法者，陛下所与天下共也，非陛下所独有也。今仁轨坐轻罪，而抵极刑，臣恐人无所措手足。"②终于使李世民收回成命，并提升李乾佑为侍御史。特别是广州都督党仁弘犯法当死，李世民"哀其老而有功"，免其死罪。为此特下诏罪己，"请罪天下"以示不当曲法。他说："法者……不可以私而失信。今朕私党仁弘而欲赦之，是乱其法，上负于天，欲……谢罪于天三日。"③同时承认有三罪："纵舍任心，以欺众庶罪一也；知人不明，委用贪冒罪二也；善善未赏，恶恶不诛罪三也。"④由于皇帝如此尚法、遵法，流风所及，"官吏多自清谨。制驭王公、妃主之家，大姓豪猾之伍，皆畏威屏迹，无敢侵欺细人"⑤。

如果与隋末的苛法酷刑、不遵法纪相比，贞观法治具有以下特点：

（1）立法简约，保持稳定。李世民认为法繁则"官人不能尽记，更生奸

① 《贞观政要》卷五，《公平》。

② 《贤治通鉴》卷一九二。

③ 《资治通鉴》卷一九六。

④ 《册府元龟》卷十五。

⑤ 《贞观政要》卷一。

诈。若欲出罪即引轻条，若欲入罪即引重条”[①]。尤其是法律常变则“人心多惑”，法律也失去了权威。为此他强调慎于立法。他比喻说，颁布法律，犹如“汗出于体，一去而不复也，其可不慎？至于未经奏闻，擅自改定法律者，例处徒二年刑罚”。

（2）以律论罪，画一用法。魏征曾经就贞观之初的法治状况作过以下描述：“贞观之初，志存公道，人有所犯，一一于法……民知罪之无私，故甘心而不怨；臣下建言无忤，故尽力以效忠。”[②]贞观初年，鉴于隋末任心弃法，“舍准绳以正曲直，弃权衡而定轻重”，所造成的人心怨叛，因此统治者强调虽亲者、贵者犯法，也要依律论罪。一次吏部尚书长孙无忌误带刀入东上阁，如何治罪，颇有争议。李世民特别指出：“何得以无忌国之亲戚，便欲挠法耶？”[③]他的叔叔江夏王李道宗“坐赃下狱”，受到免官削封邑的处罚。其长子李承乾犯法被废为庶人，流放到黔州。李世民之所以注意画一用法，正是着眼于巩固封建国家的统治。

（3）明法慎刑，防止枉纵。明法的目的是使法律“为人易知”，慎刑则在于刑罚得中。《贞观律》规定：“断狱而失于出入者，以其罪罪之。”为了防止枉纵，规定死罪大案要由中书门下四品以上及尚书九卿会议审理。这可以说开了封建时代九卿会审制度的先河。至于死刑的执行，要经过三复审、五复审的复核程序。

贞观初年，对于明显的重大冤狱是认真平反昭雪的。例如，高祖李渊听信谗言，杀死了开国元勋刘文静。李世民即位之后，尽管高祖还在世，也为刘文静昭雪，追复官爵，封其儿子刘树义为鲁国公，并得尚公主。

但是封建国家的本质决定了无论是皇帝还是百官，都不可能长期遵法执法。贞观后期，李世民便“任情以轻重”，或“屈伸在乎好恶”，或“轻重由乎喜怒”，逐渐破坏了唐初艰难建立的法治秩序。

封建的法律“基本上是为了一个目的——维持地主统治农奴的权力”[④]。但从国家安定考虑，把对农民的剥削与压迫限制在法定的范围以内，毕竟要比漫无限制的肆意压榨要好得多，由于贞观法制约束了贵族、官僚、地主的恣意横行，缓和了社会矛盾，稳定了全国的形势，从而为经济文

① 《贞观政要》卷二十二，《赦令》。

② 《贞观政要》卷五，《公平》。

③ 同上。

④ 《列宁全集》第二十九卷，人民出版社 1956 年版，第 438 页。

化的发展提供了有利的条件，出现了“天下帖然，人人自安”的局面。由此可见，法治与盛世的关系极为关切。

清代乾隆时期与咸丰、同治、光绪时期的秋审案件数量对比也可从反面说明这一命题：

乾隆二十五年 2589 件；

乾隆三十五年 3151 件；

乾隆四十二年 2941 件；

咸丰五年 1725 件；

同治六年 1025 件；

光绪二十年 1139 件。

在清代，乾隆是盛世，咸丰至同治是末世，从形式上看，末世秋审案件的数字反而比盛世少，而末世的阶级矛盾却远比盛世尖锐。这个看来似乎矛盾的统计资料，恰恰说明了清代盛世比较重法治，秋审被视为国家“大典”。所以各省解京复审的案件多，而且通过秋审确实统一了法律的适用问题。咸丰以后，社会极度动荡，人民反抗，外患频仍，秋审大典逐渐流于形式。不仅如此，太平天国农民革命发生以后，为了及时镇压反抗，清政府扩大了地方对于死刑的处决权，对暴乱案可以就地正法。因此咸丰以后秋审案件的数量自然减少，这恰恰说明了盛世与法治的关系。

2. 改制与更法

这里所说的改制，主要指经济体制改革，更法是指法律适应经济体制改革而发生的变化。历史唯物主义的观点认为：“……法律……的发展是以经济发展为基础的。但是，它们又都互相影响并对经济基础发生影响。并不是只有经济状况才是原因，才是积极的，而其余一切都不过是消极的结果。这是在归根结底不断为自己开辟道路的经济必然性的基础上的互相作用。”①

中国法制历史的丰富实践证明了经济体制改革总是要向法律提出自己的要求，并依靠法律推动改革，巩固改革的成果，而法律也只有适应经济改革的需要才能发挥积极作用。如同韩非所说“法与时转则治，治与世宜则有功”。②

① 《恩格斯致符·博尔吉乌斯(1894 年 1 月 25 日)》，《马克思恩格斯选集》第四卷，人民出版社 1972 年版，第 506 页。

② 《韩非子·心匿》。

中国历史上较大的经济体制改革，如秦商鞅变法，汉盐铁专卖，北魏、隋、唐均田法，宋王安石变法，明一条鞭法，清摊丁入地等等，这些经济体制改革，有些是成功的，有些经过反复未能贯彻始终，有些则失败了。改革成功的多运用法律的武器，而改革失败的，原因多矣，但缺乏运用法律的武器则是重要的原因之一。

运用法律推动经济体制改革成功的范例是商鞅变法。公元前356年，秦国商鞅实行变法，变法的重要内容就是改革经济体制，废除奴隶制的国有土地制，实行封建的地主土地所有制，允许土地自由买卖。《汉书·食货志》说：商鞅"改帝王之嗣，除井田，民得买卖"。在变法过程中，商鞅充分运用了法律的武器。公元前350年颁布"开阡陌封疆令"①，否定奴隶制的土地所有制。公元前348年颁布"初为赋"令，在承认土地私有合法后，按照田亩和人丁收取赋税。为了推行农本主义的政策，立法强调"僇(努)力本业，耕织致粟帛多者复其身(即免除徭役)；事末利及怠而贫者，举以为收孥(官奴隶)。"为了确立一家一户为单位的封建小农经营方式，法律规定"民有二男以上不分异者，倍其赋。"此外，还颁布了《垦草令》、《统一度量衡令》、《什伍令》等。商鞅变法确立了封建的经济、政治制度，奠定了秦灭六国的物质基础，其之所以获得成功就在于：

第一，坚持改革，依法惩治守旧派。商鞅变法面对的守旧派代表人物是秦国大夫甘龙和杜挚，他们认为"智者不变法而治"，顽固坚持"法古无过，循礼无邪"，力图继续维持"溥天之下，莫非王土；率土之滨，莫非王臣"的旧制。对此商鞅针锋相对地提出"治世不一道，便国不必法古"②，就是说治理国家没有一成不变的办法，只要有利于国家，就不必去效法古代。为推行新法，对以身试法的太子师傅公孙贾处以黥刑，公子虔处以劓刑。所谓"法及太子，黥劓其傅"③。商鞅最后也以身殉法。

第二，法必信。为了确立新法的权威，商鞅强调"法必信"。著名的"立木为信"的故事，表明了有令必行，信赏必罚的决心。不仅如此，他还下令如敢随意改变新法，"损益一字以上，罪死不赦"④。为使官员知法、守法，

---

① 《史记·商君列传》。

② 《商君书·更法》。

③ 《战国策·秦策一》。

④ 《商君书·赏刑》。

商鞅十分注意法律宣传，要使“妇人婴儿皆言商君之法”[①]。这样，“吏不敢以非法遇民，民不敢犯法以干法官”[②]，“于是法大用，秦人治”[③]。

第三，顺应了经济发展的必然趋势。商鞅废井田、开阡陌，确认封建土地制度的改革，溯源于公元前 594 年鲁国“初税亩”，至商鞅变法已经经历了二百多年的时间，商鞅变法正是顺应了封建化的历史必然潮流。因此，改制之始，“百姓苦之，居三年，百姓便之”[④]。特别是“商鞅虽死，秦法未败”。宋朝著名的政治家、文学家王安石在评价商鞅变法时说“自古驱民在信诚，一言为重百金轻。今人未可非商鞅，商鞅能令政必行”，这是公正的。

在经济体制改革的历史中，有的确实针对时弊，涉及面也很宽广，但在运用法律保证改革方面，则有所不足，终致改革失败，北宋王安石变法就是一例。宋神宗时面对着十分严重的内外交困和“积贫积弱”的财政经济危机，重用王安石实行变法。王安石变法的主要内容是以理财为中心，进行了一系列的经济体制改革，涉及均输、农田水利、青苗、免役、市易、方田均税等各个方面。这些经济改革是在封建制度所许可的范围内进行的，以抑制大地主阶级的利益、增强国力为目的，以法律作为依靠，在一段时期颇有效果，出现了“四方之民，辐奏开垦，环数千里，异为良田”[⑤]，“中外府库，无不充衍”[⑥]的局面。但几经反复最终还是失败了。这是因为：

第一，面对代表大地主、大商人利益的保守派，利用一切可能的机会攻击新法、诋毁新法，甚至进行公开的破坏活动，王安石未能严肃地绳之以法，厉行打击；相反陷入了无休止的理论上的争论，或以言词针砭，或采取于事无补的“讽喻”。尽管王安石欣赏商鞅变法令行禁止的气魄，却缺乏商鞅那种以法责上、以法施政、有敢损益新法一字以上者罪死不赦的坚定性，和不达目的誓不罢休的殉道者精神，以致保守派的攻击波澜迭起，一浪高过一浪。在斗争中王安石变法的锐气也消磨殆尽，终于再次罢相而去。

第二，未能把改革后的新财经体制进一步制度化、完善化和法律化。王安石对经济体制的改革，从总体上看是切中时弊的，但细节确有不尽完

---

① 《战国策・秦策一》。

② 《商君书・定分》。

③ 《史记・秦本纪》。

④ 《史记・秦本纪》。

⑤ 《宋会要辑稿・食货》。

⑥ 《宋史・安焘传》。

善之处。如何在改革中及时调整，使之制度化，并用法律加以全面确认，是关乎变法成败的关键问题。王安石虽然阐述过立法度以挽救日益衰坏的风俗①，也据古论今，提出“盖君子之为政，立善法于天下，则天下治，立善法于一国，则一国治，如其不能立法，而欲人人悦之，则曰亦不足矣。”②但当他提出治国的各种改革措施之后，却忽视了即使是善法也需要凭借严法去推行、去贯彻、去维护，而只是寄希望于皇帝随时颁发的敕令。这样当宋神宗受到压力发生动摇时，变法就难以推进，甚至罢免了王安石的相位，造成了“人存政举，人亡政息”的悲剧。

第三，缺乏得力的执行新法的官吏。“徒法不足以自行”是中国古圣贤很早就总结出的一条经验。实践证明，选任官吏执法对于发挥法律的作用关系重大。王安石变法之所以未能贯彻始终，同没有组织起推行变法的得力的官僚队伍是分不开的。就主持变法的王安石而言，确是才识渊博，德行高尚，“视富贵如浮云，不溺于财利酒色”③的一代名人。他虽锐意变法，但却没有摆脱书生气，对反对派过于宽厚。他虽然深知用人之重要，强调“理天下之财者法，守天下之法者吏也。吏不良，则有法而莫守，法不善，则有财而莫理”④，然而在实践中却用人不当。吕惠卿以参与新法起草而官至参知政事，在变法初期也确实辅佐王安石，起了积极的作用，但此后他在变法派内部组织小集团，提拔任用私人，排挤坚持变法的骨干力量，并企图取王安石而代之，导致变法派内部分裂。不仅如此，吕惠卿还勾结地方官员，假借变法的名义，购置大片土地，对百姓进行搜刮，以致为反对派提供了口实，破坏了新法的推行，转而增加了社会矛盾，这对宋神宗的变法决心是沉重的一击。王安石变法的最终失败，充分说明了法与吏是统一的，有法而缺乏得力的执法者，法亦不过具文而已。

当然，改制与更法的相互关系并不限于经济体制，也适用于政治体制。在中国古代政治史上，皇帝制度的确立，官僚制度的形成，宰相制度的变化，郡县制度的发展，也无不有赖于法律的确认和维护。近代梁启超曾经指出“专制政治之进化，其精巧完备，举天下万国，未有若吾中国者也。万

① 《王文公文集·上皇帝万言书》。

② 《王文公文集·周公》。

③ 《豫章黄先生文集》卷三十，《跋王荆公禅简》。

④ 《王文公文集·度支副使厅壁题名记》。

事不进，而惟有专制政治进焉。”[1]之所以如此，就是由于封建法律对专制政治制度的全面确认和维护。

战国时期，封建的官僚制度取代奴隶制的世卿制度以后，随之而制定了任官之法、考绩之法、俸禄之法和玺印之法。

在一切权力归于皇帝的封建专制制度下，必须建立起一套从中央到地方的专制主义集中制的统治机构，这就是为什么秦始皇统一中国以后，在全国实行郡县制度取代封建采邑制度的原因。为了确保中央政权对全国实行有效的统治，立法划分了中央政府和地方政府的管辖权限，以及划定地方政府的管辖区域。在中国漫长的封建时代，中央与地方的关系如何，往往是影响国家治乱兴衰的重大问题。因此，历代王朝为巩固国家的统一，加强各级政府的效能，都十分重视运用法律来确认和调整中央与地方的关系，确认地方郡县政府的组织机构与各项职掌。总之，政治体制的改革也同法律的关系极为密切。

3. 礼、乐、刑、政综合为治

在中国古代，管理国家需要综合治理的思想是由来已久的。《礼记·乐记》系统地提出这个问题。它说：“礼以导其志，乐以和其声，政以一其行，刑以防其奸。礼乐刑政，其极一也，所以同民心而出治道也。”礼的核心是尊尊、亲亲，所调整的范围极广，被看作是国家施政的准则，有礼则治，无礼则乱。西周时，内史过说：“礼，国之干也……礼不行，则上下昏，何以长世？”[2]孔子也说：“为政先礼，礼，其政之本欤！”[3]礼之所以被统治者强调为固国家、定社稷、无失其民的根本，就在于它使上下尊卑各安其位，各守其分。

“乐”，不能简单理解为狭义的音乐，它包含陶冶情操的美育、文化意识的修养等各个方面。乐的作用使人内心和顺，并反映时代的趋向和政治的兴废，因而有治世之音、乱世之音和亡国之音。“治世之音，安以乐，其政和；乱世之音，怨以怒，其政乖；亡国之音，哀以思，其民困。声音之道，与政通矣。”[4]礼与乐的关系是：礼用以辨异，即区分贵贱等级；乐用以求同，即缓和上下矛盾，所谓“乐者为同，礼者为异。同则相亲，异则相敬。”[5]礼有

---

① 梁启超：《中国专制政治进化史论》，《饮冰室文集》（第四册），第59～60页。

② 《左传·僖公十一年》。

③ 《论语·为政》。

④ 《礼记·乐记》。

⑤ 同上。

乐配合，就可以达到“暴民不作，诸侯宾服，兵革不试，五刑不用，百姓无患，天子不怒”[①]的境界。

“政”，主要是设官分职，建立政权机构。“刑”在古代是法的通称，不单指刑罚。礼、乐、刑、政不是孤立存在的，而是相互依存、紧密联系的上层建筑现象，各有不同的作用，共同用来维护剥削阶级的统治。礼、乐、刑、政又是一个运动着的整体。礼、乐、刑、政的变化牵动着整个国家机器的运转，影响着国家的治乱兴衰。

礼、乐、刑、政综合为治的思想在实践中起了重要的作用，因此一直为后世统治者所继承，著名的《唐律疏议》开宗明义便提出“德礼为政教之本，刑罚为政教之用”，并把这两者比喻为“昏晓阳秋”之不可偏废和永恒。明初朱元璋实行重典治国，但积三十年之经验，使他认识到礼乐教化对于预防犯罪的作用，因此在洪武三十年制定《大明律诰》时，他亲御午门，宣谕群臣说“朕仿古为治，明礼以导民，定律以绳顽”[②]，进行综合治理。

总的看来，中国古代开明的统治者大都一手运用政权和法制的强制力维持国家的统治，一手运用道德教化从精神上纳民于正轨；而专任刑罚的如秦末、隋末，只是招来转瞬的覆亡。正是在总结历史经验的基础上，中国古代逐渐形成了一套治国理政驭民的思想原则和政策措施。儒家所说的“先富后教”、“德主刑辅”，法家所主张的“明法务德”、“禁奸于未萌”、“刑用于将过”，都是使法律的、政治的、经济的、教育的各种手段综合并用，共同为治。

4. 治法与治吏

考察中国法制历史的得失，可以发现，即使有因时而立的良法，如无良吏执法用法，也只会是“徒法不足以自行”。唐时白居易说：“虽有贞观之法，苟无贞观之吏，欲其刑善，无乃难乎？”[③]中国古代开明的统治者从实践经验中形成了“明主治吏不治民”的观念，注意发挥职官的作用，建立了一整套制度，其中颇有值得借鉴之处。

(1)严格划分职官的权责

为了督励职官分掌兵、刑、钱、谷等事务，中国古代很早就注意划分官吏的职、权、责。《尚书·立政》篇周公告诫成王：有关司法活动应责成司

---

① 《礼记·乐记》。

② 《明史·刑法志》。

③ 《白氏长庆集》卷四十八。

寇，不得任意干涉，“惟有司之牧夫，是训是违”，并把这说成是文王时的定制。从《周官》到《唐六典》、明清会典，都详列中央和地方各级职官的职、权与责，载入法典，以示必行，从而使得庞大的官僚机构中各有专司，互相联结，成为一个稳定运行的机体。尽管有的王朝皇帝几十年不视事，但国家机器的运转并没有完全停顿，这是和官吏按法定的职、权、责行事分不开的。

(2)依法定制，考课官吏

早自秦代，已有考课官吏之法。由汉迄清考课官吏被视为国家大事。不仅有法定的标准、日期和主管机关，而且注意治绩、复核名实，不以恩废法、以亲废法、以贵废法，否则，对主持其事者要依法治罪。但在封建时代对官吏考课不可避免地存在着形式主义、官官相护的种种弊病。不过由于考课制度和对官吏的黜陟奖惩、俸禄的加减、休致的推行、内外的调迁密切相关，因此在一定时期一定程度上保持了封建官吏的素质，拔擢了一批有才德之资的官吏，维持了封建的吏治。

(3)任官重在得人，不完全拘于出身

中国商周时代受宗法制度影响，实行“亲贵合一”的国家组织原则，只有贵族家族出身才有资格担任国家官职。封建官僚制度的兴起，打破了用人的血缘界限，开始出现了布衣卿相。例如，苏秦、张仪、甘茂、范雎、蔡泽、蔺相如、吕不韦、李斯等人，都是用他们所学的“帝王之术”，“以布衣而跻卿相”的。秦统一六国的原因之一就在于多用三晋客卿，网罗人才。

西汉一代共任用宰相56人，出身布衣的33人。布衣宰相了解民间疾苦，治国理政比较注意缓和社会矛盾，形成了一代政风。汉代也拔擢所谓小吏担任要职，丙吉出身狱吏，被拔擢为御史大夫和丞相，以廉正著称。至魏、晋、南北朝时期，实行门阀政治，任官只看门第，不问才德，造成政治上的腐败堕落。

唐朝虽是以关陇世家大族为核心的地主阶级政权，但也任命了不少出身寒微的人为宰相，如裴寂、王珪、魏征、马周、刘仁轨、来济、李怀远、元载、杨绾、卢商等。

清朝建立以后，为了延揽人才，曾于正科之外增加“博学鸿儒科”、“经济特科”、“孝廉方正科”。雍正皇帝明确指出“敷政之道，用人为先”、“治天下惟以用人为本，其余皆枝叶事耳”，若用人不当，“即使尧舜之仁，皆苛政”。[1] 任官重在得人，不限门第出身，是中国古代开明政治家所倡导的，并在实践中取得了施政效果。但是封建政权的本质决定了仕途的大门没有也不可能向社会平等开放。

(4)发挥监察机关的作用

中国古代的监察机关和监察制度源远流长，历史悠久，其主要职能是督察百官、纠举失职、谏诤政治得失、维系封建纲纪，是整个封建国家机器中属于制衡的机构。战国时，韩、赵、魏、秦、齐等国的御史既是国君左右记事之官，也监督百官的言行。《史记·滑稽列传》中淳于髡说：“执法在旁，御史在后”，恐惧俯伏，不敢放量饮酒。至秦，中央设立监察机关御史府，执掌典政法度，举劾奸邪。御史执行公务时“皆冠法冠”，以示执法不阿。同时派出御史监郡。

西汉御史台虽为中央最高监察机关，但在法定的官僚系统中地位不高，隶属于少府之下，御史中丞品秩不过千石。但由于御史台设于宫内，接近皇帝，职权却很显赫。至东汉，御史台逐渐脱离少府，发展成独立的监察机构，地位也随之提高。每逢朝会，御史中丞和尚书令、司隶校尉设有专席，称为“三独坐”。两汉监察机关活动的重点是监察地方，这是和汉朝推行“强干弱枝”的政策分不开的。汉武帝时曾划分全国为十三部监察区。各部置刺史一人为中央派出的常驻监察官。部刺史根据汉武帝手订的以防范和制裁郡国守相(二千石)专恣擅权及地方豪强勾结为主要内容的“六条”，对所属郡、国实行监察。

汉代监察机关已承担起监督司法活动的任务，选派明法律者充当治书御史，“凡天下诸谳疑事，掌以法律当其是非”。[2] 有时皇帝还特派绣衣直指御史与州郡官共同审理大案。

汉代监察机关在国家机关体系中自成系统，不仅标志着封建监察制度的发展，也是专制主义中央集权制发展的结果。监察机关通过对官吏的监督，加强了国家机器的效能，加强了专制主义中央集权的统治，因而职权不断扩大。

魏、晋、南北朝时期，御史中丞已拥有“震肃百僚”的权威，“自皇太子以下，无所不纠”。[3] 南梁张缅为御史中丞，号称“劲直”，梁武帝曾请画工画

---

① 《雍正朱批谕旨》第二分册。

② 《后汉书·百官志》。

③ 《通典》卷二十四。

其像于台省，以示褒奖，以励百官。北朝为适应加强专制主义的需要，改御史中丞为御史中尉，“出入千步清道，与皇太子分路，王公百辟咸使逊避，其余百僚，下马弛车止路旁，其违缓者，以棒棒之”。[①] 这时允许御史风闻言事，而无须实据，显示了职权的扩大，如果百官有罪，御史失纠，则要免官。为了发挥监察机关的职能，御史的人选较严，大士族不得担任御史中丞，以防止株蔓相连，徇私枉纵。但在士族把持朝政的时代，严于职守的监察官很难久留于任。南朝刘宋六十年间，历任御史中丞者 53 人，“校其年月，不过盈岁”。[②]

封建监察体制的定型和完备是在唐代。唐时御史台以御史大夫为长，“掌邦国刑宪典章之政令，以肃正朝列”。[③] 有权弹劾百官，参决大狱，监督府库支出，并按具体职务分工，于御史台下设台院、殿院、察院。三院既分立，又互相配合。地方则划分十道监察区，各设监察御史，结成严密的监察网，并使分巡分察制度化。唐睿宗在论及监察机关的重要性时说，“彰善瘅恶，激浊扬清，御史之职也。政之理乱，实由此焉”。[④] 为使纠弹准确，中宗时下诏“每弹人，必先进内状，许乃可”。[⑤] 在推行封建法制而为史家所称道的唐朝，监察机关对京内外各级官吏进行监督纠弹，“专举不如法者”，“以刑、法典章纠正百官之罪恶”[⑥]，实质上是依法对有罪官吏进行起诉，表现了司法权与行政权互相渗透的趋向。

唐朝也允许御史“风闻言事”，而以武后专权时为尤甚，对此后世多有讥评。明人邱浚说：“风闻言事，此岂治朝盛道之事哉？夫泛论事情，风闻可也，若乃讦人阴私，不究其实，而辄加以恶声，是岂忠厚诚实之道哉？苟不察其有无虚实，一闻人言，即形之奏牍，置之宪典。呜呼，莫须有何以服天下哉？”[⑦]唐朝还建立了言谏制度，设置了谏官组织。谏官的主要任务是研究国家的政策、法令、措施、制度，如认为不妥，有权向皇帝言谏和封驳。就是说，皇帝也要受到谏官的某种监督，这是唐代监察制度的一个显著的

---

① 《通典》卷二十四。
② 《南齐书·刘休传》。
③ 《唐六典》卷十三。
④ 《唐大诏令集》卷一百。
⑤ 《隋唐嘉话》。
⑥ 《新唐书·百官志》。
⑦ 《大学衍义补·重谏台之官》。

特点。由于规谏和封驳着眼于国家利益，保证了皇权的正确行使，因而为皇帝所接受，唐太宗就以能纳谏而为史书所称赞。

宋朝随着专制主义的强化，监察机关的地位有所提高，其活动进一步制度化。其一，由皇帝亲自掌握监察御史的任用权，废除了唐代宰相对于御史的任用权和荐举权。凡是经宰相荐举为官的或其亲戚故旧，均不得为御史。其二，未经两任县令者，不得为御史，以保证御史具有实际的行政经验。其三，允许御史"风闻弹人"，不一定要有实据，奏弹不当也不加惩罚，从而助长了御史弹劾权的滥用。其四，御史兼掌规谏之权。

明初，朱元璋对监察机关十分重视，他说："国家立三大府，中书总政事，都督掌军旗，御史掌纠察，朝廷纲纪尽系于此，而台察之任尤清要。"[①]明朝还建立了御史巡按地方的制度，"巡按御史"是皇帝的代表，权力极大，"大事奏裁，小事立断"[②]。

清袭明制，只是监察机关的长官作为议政大臣参与议政；督抚由明时的地方监察长官，发展为省级行政军事长官。

总括以上，封建时代的监察机关是国家机关体系中的重要组成部分。其职权之所以不断扩大是因为它对维护封建国家的利益，发挥官僚机构的职能，提高官吏的素质与吏治，贯彻既定的方针政策与法令，保证专制主义中央集权制的国家机器的运转，起着一定的作用。因而才有"政之理乱"系之于监察机关职能的发挥的议论。

中国古代的监察机关独立地行使监察权，自成系统，不受枢要机关的干涉。对监察官的选任除要求具有实际政治经验外，还必须是进士、举人出身(明以后)。明成祖曾明令吏部"御史为严耳目之寄，宜用有学识通达治体者。"而且考选合格后，还须经过试职，才得实授。

封建时代的监察官，除依据国家法律行事以外，还有专门依循的特别法律，如西汉时的"六条"、唐的"六法(条)"、元的《风宪宏纲》、清的《钦定台规》等。监察官违法失职加重治罪。明时，御史犯罪加三等，有赃从重论。

封建监察机关除纠弹违法失职的官吏外，还纠正朝纲礼仪，监督府库支出，负责行政诉讼，特别是监督、参与司法审判活动，因为它关系到黎民的切身利益，影响着社会的安定与国家的兴衰。御史察勘的案件，如违期

---

① 《明史·职官志二》。

② 同上。

不报，也要诘治。

封建时代的监察机关有权监督中枢长官，如同元世祖忽必烈所说："中书朕左手，枢密朕右手，御史台是朕医两手的。"[①]

封建监察机关的本质是为封建国家服务，主要不在于纠弹官吏虐害百姓，而是监督官吏是否忠于皇帝，是否充分发挥国家的专政职能，同时也常常用来构诬陷害，排斥异己。由于监察官的威势是附着于皇权的，所以它的发展是和封建专制制度的强弱成正比的。一般说来监察官的品级虽不高，职权却极大，就在于他们是天子的"耳目之司"。然而专制制度的发展，又限制了监察官职权的行使。例如，在专制主义极端发展的清朝，监察官唯恐所言触犯圣意而丢官丧命，其条奏内容大都无关紧要。康熙三十六年上谕中说，"近时言官奏疏寥寥，虽间有人奏而深切时政以实直陈者甚少"。[②] 乾隆五年上谕也说，"科道为朝臣耳目之官……乃数年中条奏虽多，非猥琐陋见，即抄袭陈言，求其见诸施行能收实效者何事乎？近日即科道官敷奏者，亦属寥寥，即间有条奏多无可采"。[③] 可是有的御史就是因为直言上奏而受到申斥和惩罚。乾隆二十三年，御史周照的条奏中提到"行政急于现成，必条理繁多，法令严密，承于下者转得以空文相应"，结果触怒了乾隆帝，严行申饬："试问今日之行政，有视昔加严者乎，繁者何条，密者何令？"[④]

有关治法与治吏的相互关系，言者颇多。明末清初卓越的思想家王夫之做出了合乎历史实际与事理的总结。他说，"任人任法，皆言治也"，[⑤]但是"任人而废法，是治道之蠹也"[⑥]，"非法何以齐之"[⑦]。任法而废人也是"治之弊也"，"未足以治天下"[⑧]。结论就是任人与任法相结合，"择人而授之以法，使之遵焉"[⑨]。李大钊在五四运动以前所写的《民彝与政治》一文中也指出了这二者之关系："国之存也，存于法，……国而一日离于法，则丧

---

① 《草木子》卷三上。
② 《光绪会典事例》，第998页。
③ 《清实录·高原》卷一一五。
④ 同上，第1000页。
⑤ 《读通鉴论》卷三。
⑥ 《读通鉴论》卷十。
⑦ 《读通鉴论》卷四。
⑧ 《读通鉴论》卷十。
⑨ 同上。

厥权威。”但“法律死物也，苟无人以持之，不能以自行”，故“宜取自用其才而能适法之人”。

“观今宜鉴古，无古不成今。”中国古代的法制是为剥削阶级的统治服务的，古代法律的内容，不可避免地充斥着落后与野蛮的部分，但历史的发展是有联系性的，马克思主义者不仅不拒绝而且最善于吸收人类所创造的一切文明财富。1918 年苏俄起草民法典时，列宁曾经指出：“凡是西欧各国文献和经验中所有保护劳动人民利益的东西，都一定要吸收。”[1]因此从批判总结的立场出发，探索建设具有中国特色的社会主义法制的历史借鉴，是具有一定现实意义的。

注：本文是 1986 年 6 月我为中共中央书记处讲授法律课的讲稿，限于篇幅，未能展开。此后，我一直研究中国法制历史经验的借鉴问题，并撰写出一些论文，可以视作本篇讲稿的补充。

① 《列宁全集》第三十三卷，人民出版社 1959 年版，第 173 页。

中国法律的传统与固有国情

中国是世界著名的文明古国，法制的历史经过四千多年的发展而从未中断，无论是某项法律规定，还是某个制度都辗转相承、源流清晰，其连续性、系统性、完整性是其他文明古国所不可比拟的。由于中国古代法制产生于固有的文化土壤之上，因此它的形成与发展都深深地打上了国情的烙印，具有独树一帜的特殊性和典型性。

中国古代是处于东亚大陆的内陆性国家，周边的高山、海洋在古代的交通条件下是不可逾越的障碍。自然环境的封闭性，加上自给自足的小农经济结构和专制国家推行的闭关锁国政策，更加强了这种封闭性，使得中国古代的法制虽然起源早，但发展迟缓，只有纵向的传承，而无横向的交流、比较和吸收，以致充满了保守性与孤立性，直到 1840 年鸦片战争以前，依然是一个完整的封建性的法律制度。当时的有识之士，如龚自珍、魏源、包世臣、冯桂芬等已经发出了对清朝法律的猛烈抨击，要求改制更法，说明中国古代的法制已经面临严峻的形势。

在四千多年的法制历史中，中国形成了特有的法律传统，其中既有体现中华民族智慧的民主主义性质的传统，也有充满封建性和保守性的传统。无论如何，传统是历史形成的，是客观存在的，可以科学地研究它，吸取其民主性的精华，批判其封建性的糟粕，但不能随意地改变或漠视客观存在的传统。民主性的传统可以使我们感到自豪和自信，也激励我们努力为建立和丰富当代法制而奋斗。

一、以农立国的农本主义法律传统

中华民族是从黄河流域繁衍生息发展起来的。黄河流域土质松软、气候温和、雨量丰沛，有利于原始农业的发展，加之自然地理环境的封闭，使得农业成为基本的经济形态，从而决定了历代统治者采取以农立国的基本国策。历代思想家、政治家对此也都有论述。《论语・宪问》曾追述说："禹稷耕而有天下。"《管子》说："行其田野，视其耕耘，计其农事，而饥饱之国可以知也。"[①]又说："所谓兴利者，利农事也；所谓除害者，禁害农事也。"[②]法家变法改革的基本内容也皆与农事相关，如李悝为魏文侯尽地力之教；商鞅变法时奖励耕战，《商君书・农战》中说："国之所以兴者，农战也。""国待农战而安，主待农战而尊。""凡僇（努）力本业，耕织致粟帛多者复其身，事末利及怠而贫者，举以为收孥。"

汉兴以后，推行重农抑商的政策，规定商贾子孙"不得仕宦为吏"，"不得衣丝乘车"。[③] 汉文帝时曾下诏："农，天下之大本也，民所恃以生也。"[④]东汉时王符在《潜夫论・务本》中阐述了重本抑末的重要性，他说"凡为人之大体，莫善于抑末而务本，莫不善于离本而饰末。"曹操在《置屯田令》中还从总结历史经验的角度表达了重本对国家兴衰的价值："夫定国之术，在于强兵足食。秦人以急农兼天下，孝武以屯田定西域，此先代之良式也。"[⑤]以农立国，重本抑末的国策一直贯穿至清朝。

以农业为国家的基本经济形态，以及历代王朝重本抑末的国策，是中国传统的国情，其在法律上的表现就是有关农业的立法是法律构成中的重要组成部分，在司法上也因农事的需要而制定了务限法。

云梦出土的秦简充分反映了早在公元前 4 世纪农业立法所占的比重，出现了《田律》、《仓律》、《厩苑律》等法律规定，其规范之细密令人惊讶，如《仓律》规定："种：稻、麻每亩用二斗大半斗，禾、麦一斗，黍、荅亩大半斗，叔

① 《管子・八观》。
② 《管子・治国》。
③ 《史记・平准书》。
④ 《汉书・文帝纪》。
⑤ 《三国志・魏书》。

(菽)亩半斗。”[1]即规定了每亩地播种种子的数量。

在农业立法中，最重要的是土地立法。中国进入阶级社会以后，土地采取国有制，所谓“普天之下，莫非王土”。[2] 至春秋时期鲁宣公十五年“初税亩”，实行履亩而税，标志着国家承认土地的私有权，按土地数量收税。秦统一以后，“令黔首自实田”，在全国范围内确认土地的私有权。随着土地私有权的确立，也出现了土地兼并现象，汉武帝时便有“富者田连阡陌，贫者无立锥之地”[3]的记载。汉以后，晋朝实行占田制，隋唐实行均田制。唐高祖武德时期的《田令》规定：“诸丁男、中男给田一顷，笃疾、废疾给四十亩，寡妻妾三十亩，若为户者加二十亩。所授之田，十分之二为世业，八为口分。世业之田，身死则承户者便授之，口分则收入官，更以给人。”[4]唐玄宗开元七年时《田令》规定：“诸给田之制有差，丁男、中男以一顷(中男年十八以上者，亦依丁男给)，老男、笃废、疾疾以四十亩，寡妻妾以三十亩，若为户者则减丁之半。田分为二等，一曰永业，一曰口分。丁之田，二为永业，八为口分。”[5]唐初由于隋末农民大起义之后国家掌握大量无主土地，使得均田制得以实施，由此带来了家给人足、社会安定，著名的贞观之治、开元盛世实源于此。

与田制密切相联系的，是垦荒法和赋税法。如宋朝积极推行垦荒政策，以增加赋税收入和安置流民。法律确认垦荒者享有新垦田的永业权，并以垦荒多少，作为考课地方官吏政绩的标准。明清两代也同样推行鼓励垦荒的政策，以垦田多少考核官吏，并在刑律中规定了无故荒芜土地的处罚。新垦之田，在一定的年限内免收田赋。封建国家的赋税以土地税为主，其次是人口税。无论唐朝的租庸调法、两税法，还是明朝的一条鞭法，都是以土地税为基础形成的。至清康熙五十二年“滋生人丁，永不加赋”，到雍正初年的摊丁入地，最终将人口税纳入土地税中，完成了税法的重大改革。

除此之外，与农业生产密切相关的水利立法也较为发达。汉代即已制

---

① 《睡虎地秦墓竹简》，文物出版社 1978 年版，第 43 页。

② 《诗经·小雅·北山》。

③ 《汉书·食货志》。

④ [日]仁井田陞著，栗劲等译：《唐令拾遗》，长春出版社 1989 年版，第 540 页。

⑤ [日]仁井田陞著，栗劲等译：《唐令拾遗》，长春出版社 1989 年版，第 542 页。

定了《水令》。唐代《杂令》中也有规定："诸以水溉田，皆从下始。"[①]在唐、明、清律中也都有关于兴修水利设施的规定以及相应的处罚，如《大清律例·工律》中有关于"盗决河防"、"失时不修堤防"的规定："凡不修河防及修而失时者，提调官吏各笞五十。……若不修圩岸及修而失时者，笞三十；因而淹没田禾者，笞五十。"

由于农业生产重在使农以时，因此，古代历法也较为发达。早在夏代已经制订出我国最早的适合农业生产需要的历法"夏正"。古书中说"行夏之时"，表明夏代历法对后世的影响。商代制定的阴阳历，已有了明确的春夏秋冬之分，并设专官掌管历法。周时，周天子根据农时和节令发布有关农耕的命令和法律，《礼记·月令》中有详细的记载。秦时，第一次颁行了全国统一的历法《颛顼历》。汉代，在历法上的杰出成就是制定了《太初历》。其后，南北朝著名的科学家祖冲之制定了《大明历》，唐代有《戊寅元历》和《大衍历》，元代有《授时历》，明代有《大统历》。清代康熙年间聘请西方传教士制定了《康熙永年历》，并由著名历算家梅文鼎著成《古今历法通考》。综上所述，我国古代历法发源早，内容丰富，具有相当的科学性，在当时世界天文历法史上居于先列。这是和农业起源早，并以农为立国之本的国情分不开的。正因为如此，法律规定私造时宪历者处以死刑。

以农立国的国策对于司法也有重要的影响。《礼记·月令》中记载："仲春之月……命有司省囹圄，去桎梏，毋肆掠，止狱讼。……孟夏之月……断薄刑，决小罪，出轻系。……孟秋之月……命有司修法制，缮囹圄，具桎梏，禁止奸，慎罪邪，务搏执。命理瞻伤，察创，视折，审断。决狱讼，必端平。戮有罪，严断刑。……仲秋之月……乃命有司，申严百刑，斩杀必当，毋或枉桡。"

以"文物典章，莫备于唐"的唐朝在官修律令中明确规定："诉田宅婚姻债负，起十月一日，至三月三十日检校，以外不合。若先有文案，交相侵夺者，不在此例。"[②]明确规定了"务限制度"。此令对于宋朝有直接影响，《宋刑统·户婚律》"婚田入务"条规定："所有论竞田宅、婚姻、债负之类，债负，谓法许征理者。取十月一日以后，许官司受理，至正月三十日住接词状，三月三十日以前断遣须毕，如未毕，具停滞刑狱事由闻奏。如是交相侵夺及

---

① [日]仁井田陞著，栗劲等译：《唐令拾遗》，长春出版社 1989 年版，第 785 页。
② [日]仁井田陞著，栗劲等译：《唐令拾遗》，长春出版社 1989 年版，第 788 页。

诸般词讼，但不干田农人户者，所在官司随时受理断遣，不拘上件月日之限。”元朝在《通制条格》中也记载：“自十月一日受理至三月一日住接词状，事关人众不能结绝，候务开日举行。”《大清律例·刑律·诉讼》“告状不受理”条的条例中规定：“每年自四月初一日至七月三十日，时正农忙，一切民词除谋反、叛逆、盗贼、人命及贪赃坏法等重情，并奸牙铺户骗劫客货，查有确据者，俱照常受理外，其一应户婚、田土细事，一概不准受理。自八月初一日以后方许听断。若农忙期内受理细事者，该督抚指名题参。”

综上可见，农本主义的经济形态与以农立国的基本国策，决定了农业立法在整个立法中所占的地位，以及对司法制度产生的影响。由于农本主义的经济形态具有自给自足的保守性，因此有关农业的立法也辗转传承。直到晚清国门大开以后，资本主义经济迅速发展，才最终打破了重农抑商的传统。中国古代为推动农业生产，以固国本，以裕民食所采取的措施和立法规定在相当长的时期内起着积极的作用。

二、法由钦定、狱由君断的专制主义法律传统

中国从进入阶级社会建立国家起，便形成了以国王为中心的专制政体。在商周的文献中“予一人”是国王的自称，象征着他所拥有的至高无上的特权地位。有关征伐祭祀等国家活动，都称做“王事”，以示王即国家，两位一体。在甲骨文中多次出现的“王命”、“王令”、“王乎”的卜辞记录，说明国家的重大事务都由国王下令决定。国王不仅握有最高的行政权、军事权，还握有最高的立法权与司法权。

秦统一以后，建立了皇帝制度，从此，专制主义的政治体制一直沿着螺旋上升的轨迹不断强化，直至清朝灭亡。汉儒董仲舒通过“三纲五常”的理论构建了一个完整的政治与伦理的体系。宋儒更从天理的高度肯定了专制集权的封建秩序，所谓“父子君臣，天下之定理，无所逃于天地之间”[1]，并通过“存天理，灭人欲”的伦理道德说教，营造了君主专制所需要的思想环境。

在专制主义的制度下，立法权高度集中于朝廷，集中于皇帝。国家的制定法以“钦定”的名义发布，而皇帝的诏、谕、制、敕不仅是重要的法律构

① 《二程遗书》卷五。

成，而且具有最高的法律效力，所谓“出言为法”，指挥着国家机器的运行。在皇帝控制最高立法权的情况下，国家不存在拥有立法权或者主管立法事宜的机关。由于法律是治世之具，维系着国家的兴衰，因此皇帝不仅重视国家立法，而且还亲自主持或参与立法。例如北魏孝文帝鉴于“律令不具，奸吏用法，致有轻重”[①]，不仅多次修律，而且亲自执笔定拟，史书说：“孝文用夏变俗，其于律令，至躬自下笔，凡有疑义，亲临决之，后世称焉。”[②]明太祖朱元璋在制定《大明律》时，命李善长等“日具刑名条目以上”，“吾亲酌议焉”。[③] 洪武三十年《大明律》成，负责修律的刘惟谦在《进明律表》中说：“每一篇成，辄缮书上奏揭于西庑之壁，亲御翰墨为之裁定……圣虑渊深，上稽天理，下揆人情，成此百代准绳。”

在专制主义的体制下，皇权尊于法，皇帝不仅不受任何法律约束，而且可以改变既定的成法。汉时廷尉杜周有言：“前主所是著为律，后主所是疏为令。当时为是，何古之法乎？”[④]但是，开明的皇帝从国家长治久安出发，也奉法尊法。贞观初期唐太宗坚持“人有所犯，一断于法”，为历代所称道。汉文帝之折服于张释之，唐太宗之折服于戴胄成为奉法尊法的著名史例。

皇帝不仅掌握最高的立法权，也控制了最高的司法权。特别是亲自掌握死刑案犯的处决权。唐朝时期，死刑案在履行三复奏、五复奏程序之后，虽接到皇帝准予执行的命令，仍须于三日之后方能行刑，否则治罪：“诸死罪囚，不待复奏报下而决者，流二千里。即奏报应决者，听三日乃行刑。若限未满而行刑者，徒一年。即过限，违一日杖一百，二日加一等。”[⑤]即使在末代封建王朝的清朝，康乾之世皇帝也力求司法公正，以维持社会的安定。康熙四十年（1701 年）康熙帝在诏书中表露了他对秋审的重视和对刑部的批评，“朕详阅秋审重案，字句多误，廷臣竟未察出一二，刑部尤为不慎，其议罚之。”[⑥]雍正三年（1725 年）五月二十七日雍正帝在上谕中自称“临御以来，钦恤刑狱，每遇法司奏谳，必再三复核，惟恐稍有未协。”[⑦]乾隆十四年

① 《魏书·刑罚志》。

② 程树德：《九朝律考·后魏律考序》，中华书局 2003 年版，第 333 页。

③ 《明史·刑法志》。

④ 《汉书·杜周传》。

⑤ 《唐律疏议·断狱》，“死囚复奏报决”。

⑥ 《清史稿·圣祖本纪》。

⑦ 《大清律例通考》卷一。

(1749年)乾隆帝下谕，改秋审三复奏为一复奏，强调指出："各省秋审亦皆三复奏，自为慎重民命，即古三刺三宥遗制，谓临刑之际，必致详审不可稍有忽略耳，非必以三为节也。朕每当勾决之年置招册于傍，反复省览，常至五六遍，必令毫无疑义，至临勾时，犹必与大学士等斟酌再四，然后予勾，岂啻三复已哉。若夫三复，本章科臣匆剧具题，不无亥豕，且限不时日，岂能逐本全览，嗣后刑科复奏，各省皆令一次。"①

执掌狱由钦断的皇帝之所以高度重视死刑案犯的处决，主要是由于人命事大，审决不当容易引起社会的骚动不安，但这并不排除皇帝根据个人的意志随意处决死刑的可能。隋文帝就曾不顾秋冬行刑的传统于"六月棒杀人"，大理少卿赵绰争辩说："季夏之月，天地长成庶类，不可以此时诛杀。"然而文帝却辩解说："六月虽曰生长，此时必有雷霆，天道既于炎阳之时，震其威怒，我则天而行，有何不可！""遂杀之。"②

专制主义的政治体制决定了一脉相承的封建专制主义的法律传统，在这个法律传统中，由于"权尊于法"，造成了权与法的冲突。尊法奉法的开明皇帝毕竟是少数，而且也不能改变法自君出、法律是权力的附庸的根本事实，更多的是皇帝凭借无上的权力，任意毁法。

在这个法律传统中，由于重视危及国家安全的刑事犯罪的制裁，因而出现了重刑轻民的倾向。凡危及国家、危及皇权的犯罪，列为"十恶"，犯之者严惩不贷。但对于民间发生的田宅、婚姻、继承之类的案件，则视为细事，不能与重大的刑事犯罪相提并论。由于重刑轻民，造成了民事法律发展的迟缓，直到晚清修律，才开始法典化。

在这个法律传统中，还因受到专制主义文化思想政策的禁锢，故缺乏法理学方面的自由探讨。秦汉以降的律学，主要是解释现行律典的注释律学。先秦时期诸子百家恢弘一时的自由争辩，已经不复存在。

三、重伦常关系的伦理法传统

中国古代是沿着由家而国的途径进入阶级社会的，因此宗法血缘关系对于社会和国家的许多方面都有着强烈的影响，尤其是宗法与政治的高度

① 《钦定台规》卷一四。

② 《隋书·刑法志》。

结合，形成了家国一体、亲贵合一的特有体制。早在西周初期，以尊尊、亲亲为核心内容的宗法血缘关系已然制度化，宗法制度被赋予浓重的政治色彩。家是国的缩微，国是家的放大，国家的组成、政治结构与国家活动，都以贵族的宗法血缘与政治的二重原则为依据。进入封建社会以后，宗法制度的政治属性有所淡化，但宗法的精神、原则依然具有较强的约束力，特别是儒家三纲五常的理论说教，使得伦常关系——君臣、父子、夫妇、兄弟、朋友成为最重要的社会关系，受到法律与道德的双重维护。在重伦常关系的历史背景下，伦理法在整个法律体系中占有重要的地位。

封建时代的伦理法，经历了一个由简单到复杂的发展过程。从汉朝起，随着封建法律儒家化的开始，用法律维护家长制家庭，调整父子、夫妇、兄弟之间的关系，确立父权、夫权的统治地位，以期达到“父慈，子孝，兄良，弟悌，夫义，妇听，长惠，幼顺”①的和谐关系。至晋朝，继续推进法律的儒家化。晋武帝时撰修的《泰始律》是我国封建社会第一部较为典型的儒家化法典，它“峻礼教之防”，以礼为本，严格名分，使宗法伦理原则在国家制定法中得以确立。由此，“准五服以制罪”正式入律。唐朝是家族本位伦理法的完备时期，作为中国封建法典典范的《唐律疏议》，继承和发展了秦汉以来伦理法的原则和规定，是中国封建家族本位伦理法走向成熟的产物，凡是涉及家长权和族权的基本方面，几乎为国家制定法所确认。对于严重违反家族伦理道德的犯罪行为，如恶逆、不孝、不义、不睦、内乱等均列为十恶重罪。由宋迄清，一些大族多制定家法族规用以约束子弟。由于家法族规与国家制定法的要求相一致，因此，官府认定其合法性，它对伦常关系与道德义务无疑是又一重法律保障。

综上可见，伦理法的主要内容是以法律的形式确认宗族内部的尊卑伦常秩序，树立家长、族长的统治地位，调整族内成员的权利义务关系。在伦理法的作用下，法律义务与道德义务相统一，法律得到道德的支撑而趋于稳定并减少了适用的阻力，道德得到法律的强制保障而更具有约束力。中国古代的伦理法制，是产生在中华民族土壤上的本土化的法制，它体现了中国法文化的突出特色，是世界法文化所少见的。这和农业自然经济的形态密切相关，因为家庭实际上是一个生产单位，家长的权力正是为了维持

① 《礼记·礼运》。

再生产的需要。儒家所主张的“天无二日，土无二王，家无二主，尊无二上”[1]为伦理法提供了精神支柱，伦理法的主要内容实际上是儒家提倡的某些道德规范的法律化。历代统治者也从长期的统治经验中，认识到父权、族权、夫权对于维护国家统治所具有的特殊作用，因而力图把巩固封建国家的任务落实到社会的细胞组织——家庭上来。总之，中国古代的伦理法绵延数千年，成为一个重要的传统，确实有其社会的、历史的和文化的渊源。

四、稳定的血缘、地缘关系保留了某些习惯法传统

中国古代在宗法制度的作用下，出现了聚族而居的现象，同一个村落往往同族同姓，长期共同营建经济生活，维持族的繁衍与发展。除此之外，由于从事农业的生产方式具有保守性，又形成了安土重迁的观念，世代居住在同一地域。这种世代比邻而居的地缘关系经常是和稳定的血缘关系联系在一起的，著名社会学家费孝通曾经说：“血缘是稳定的力量。在稳定的社会中，地缘不过是血缘的投影，不分离的。”[2]既是同族，又是邻右，成为一个稳定的共同体。如宋代的《名公书判清明集》中说：“大凡乡曲邻里，务要和睦。才自和睦，则有无可以相通，缓急可以相助，疾病可以相扶持，彼此皆受其利。”[3]

这种血缘、地缘关系又和中国古代政治经济发展的不平衡性联系在一起。凡是具有稳定的血缘、地缘关系的村落，多是经济发展闭塞、人口也很少流动的地区，或者是少数民族聚居区。这些闭塞的村落或民族聚居区往往是国家制定法难以覆盖的角落，由此，为习惯法的存在提供了空间。

在经济不发达、较为闭塞的村落或民族聚居区，居民的生产与生活如何维持，相互间的矛盾与纠纷如何解决，对财产的侵犯与人身的伤害如何制裁等等，都需要依靠约定俗成的规则。这些规则有些是成文的习惯法，有些是不成文的习俗。其形式或为家法族规，或为乡规民约，或为祖宗遗训，它们具有很高的权威与约束力，因而得以长期存在和不断发展。这种

① 《礼记·曾子问》。

② 费孝通：《乡土中国·生育制度》，北京大学出版社 1998 年版，第 70 页。

③ 《名公书判清明集》卷十，《乡里》。

行之悠久的习惯法与习俗，实际上也是古代法律体系的一个不可忽视的部分。正因为如此，晚清起草民商律时，进行了大规模的习惯调查。

除此之外，稳定的血缘、地缘关系也为社会的和谐提供了条件。表现在司法上就是多用调处解决纠纷。以调处的方式解决民间发生的民事或轻微刑事案件，早在汉代便已出现，因其有助于减少讼累并增进社会和睦，因而不断发展。宋时，调处息讼屡见于史书。到清代，调处息讼不断规范化，虽不见于法律规定，但却为地方官所推行。清代的调处分为堂上调处——由州县官当堂调处，和堂下调处。堂下调处又分为宗族调处、基层乡保调处和邻右调处。由于调处者与被调处者或为亲族关系，或为邻里关系，多为相近相识之人，因此有利于了解事端，调处息讼。调处的方式多样，调处的依据也是多样的，但不得违背国家法律，不得乘机挑讼。由于调处减少了当事人的讼累，便于事端解决，又是州县官政绩的表现，因此得到了广泛的推行。但如调处不成，仍可经官告诉。

总之，稳定的血缘、地缘关系为习惯法、习俗的适用提供了空间，成为国家制定法不可缺少的补充，同时又为司法中的调处息讼提供了方便与可能，从而达到有利于社会和谐的目的。

五、统一多民族国家的多元一体的法律传统

早在公元前 3 世纪秦并六国便形成了统一多民族国家，由此，中国的疆域、中国的物质文明和精神文明，便由中华各族共同开发、共同创造，其中也包括中华法制文明的创制。

自上古迄至先秦，是中国各民族融合与统一基业的发端。以华夏族为主干，融入了古史所称东夷、南蛮、西戎、北狄等部族，形成了一个颇具规模的民族共同体。正是由于民族融合的成功，才出现了秦汉时代统一强盛的封建帝国。在这个过程中也开始了各族法律智慧最初的交融。史载：在华夏族创制法律之前，活动在长江流域的三苗，便已开始制定法律，所谓“苗民弗用灵，制以刑，爰始淫为劓、刵、椓，黥，越兹丽刑并制，罔差有辞”。[①]古文献的记载得到了地下遗存的证实。三苗活动的地域较之华夏族活动的黄河流域更适于原始的农业耕种，因此很早便出现了财产私有和贫富分

---

① 《尚书·吕刑》。

化。杜预在注《左传》时指出："贪财为饕，贪食为餮，是三苗也。"[①]正是为了压制被剥削者的反抗，出现了最早的刑罚。其后黄帝联合炎帝战败三苗，灭其族而用其刑，使三苗的刑制发展成为整个夏商周三代通行的奴隶制五刑——墨、劓、刖、宫、辟，并沿用至汉初。这说明早期的中华法制文明便是各族法律智慧交融的结果。

西晋末年开始的"五胡内迁"，在中华民族的大家庭中，又融入了匈奴、鲜卑、氐、羌、羯等诸民族，同时也是民族立法发达的时期。特别是鲜卑族统治的北魏时期，迅速由习惯法过渡到成文法阶段，并在汉族思想家和律学家的帮助下，以"齐之以法，示之以礼"[②]为指导思想，在太和五年颁布了著名的《太和律》。这部律典既融汇了汉、魏、晋以来儒家的法律思想与立法成就，同时也保留了某些元魏旧制，可以说是这个时期游牧民族与农耕民族大融合在法文化上的产物。北魏以后，《北齐律》创立的体例、刑制与主要罪名对于隋唐律的传承关系十分明晰。正是由于各民族坚持不懈地进行法制的创制和法文化的交流，才有隋唐时期中华法系的成熟与定型。

隋唐时期建立在祖国边陲的吐蕃、突厥、南诏等地方民族政权，各自都有着一套行之有效的法律体系。尽管这些法律带有浓厚的地域色彩，并杂有民族习俗和宗教规条，但是不可否认，它们都包容在中华大法苑中，都是中华法制文明的重要组成部分，都体现了这些少数民族对法制的重视、思考和创制。

宋朝是面临民族问题最多的朝代，统治者非常重视运用法律的手段调整与西北番族的关系，制定了《番官法》、《番兵法》、《番丁法》、《茶马法》等法规。在宋朝统治期间，契丹族、党项族、女真族先后崛起，建立了辽、西夏、金等国，分别制定了既吸收中原地区传统法律文化，又具有各民族特色的辽《重熙新定条例》、金《泰和律义》、西夏《天盛改旧新定律令》等。

有宋一代既是民族对立纷争时期，也是民族不断融合时期。特别是民族立法呈现出前所未有的发展态势，成为中原汉族法律文化影响下法文化融合的新产物，构成了中华法制文明的特定组成部分，并成为继起的元朝法制建设的历史渊源。

至元朝，建立了以蒙古少数族为主体、蒙古贵族领导下的全国性统一

① 《春秋左传正义·文公十八年》。

② 《魏书·刑罚志》。

政权。元朝的法制在传承唐宋律、金律并参以国制的基础上，形成了具有鲜明民族特色的一代法制。譬如立法形式的特殊性、刑制的变革、对监察制度的强调、民事诉讼制度的发展等等。

清朝于关外肇基时期便注意吸收明朝先进的法制，建设后金（清）的法制，并在汉臣的帮助下形成了“参汉酌金”的立法路线。崇德六年（1633年）文馆大臣宁完我提出：“参汉酌金，用心筹思，就今日规模，立个《金典》出来。”①此后，“参汉酌金”遂成为皇太极积极吸收明朝法制的概括，又是进一步推行民族法文化融合的指导思想。

清朝入关以后，更将参汉酌金的立法路线推行到全国。顺治三年制定的《大清律集解附例》其实是《大明律》的翻版。随着汉满法文化交流的深化，至乾隆五年修订的《大清律例》，除某些确认满族权益的特殊规定外，实质上已经成为与唐明律相同的正统封建法典。

特别需要指出的是，以满洲贵族为主体的清朝政权，十分注重对少数民族地区的立法调整，制定了著名的《理藩院则例》、《回疆则列》、《西藏章程》、《苗疆条例》等等，是民族立法之集大成，丰富了中华法文化的内容。

综上可见，在中华法制文明的发展过程中，华夏族与少数民族都作出了自己的贡献。在中华民族的大家庭中，各族之间是开放的，各族法文化是相互交流的，经过交流而渐趋于融合，最终丰富了以汉族为主体的中华法文化。可见，无论中华法文化的形成还是发展，都具有多元一体的特性。首先是某些少数族由游牧文化、渔猎文化逐渐向农耕文化过渡，从而为多元一体的法文化奠定了经济基础；其次是统一的中央集权的国家制度，为多元一体的法文化的形成提供了政治条件；最后是汉族法文化不仅具有先进性和包容性，而且还表现出巨大而长久的凝聚力、融合力和同化力。各族的法文化成就最终都融入了以汉族为主体的、以儒家思想为指导的法文化中，成为构成中华法文化的重要因子。

在这个过程中，一些有作为的政治家、思想家也起了推波助澜的作用。例如：北魏孝文帝在法制“用夏变俗”上，煞费苦心地亲自选订，史书说：“孝文用夏变俗，其于律令，至躬自下笔，凡有疑义，亲临决之，后世称焉。”②没有孝文帝积极推行汉化的政策，就不可能有北朝的法制建树。

---

① 《天聪朝臣工奏议》卷中，宁完我：“请变通《大明会典》设六部通事奏。”

② 程树德：《九朝律考·后魏律考序》，中华书局 2003 年版，第 333 页。

金世祖在位期间对法律进行了系统修订，完成《大定重修制条》十二卷，一千一百九十条，由于大定以来“尽行中国法”[①]，这部法典更多地融入了汉法。章宗统治时期金朝社会经济发展、政治稳定、民族融合，儒学本体的汉文化已普遍为女真人所接受。章宗彻底推行了汉化政策，他在法制上总结经验，在权衡汉蕃法律杂糅利弊得失的基础上，更多地引进唐宋律，造就了金朝最辉煌的法制文明。

元世祖在汉臣的建议下，在即位诏书中，明确宣布“祖述变通”的治国方略，“祖述”指“稽列圣（祖宗）之洪规”，“变通”指“讲前代（中国）之定制”。[②] 由此形成了特色鲜明的元朝法律体系。

在中华民族多元一体的法律传统中，多元不仅不妨碍一体，而且是构成一体的因子；一体也不否认多元的价值，相反在不同程度上加以认定和吸收。多元一体的法律，符合中国的国情实际，有利于发挥各族的积极性，从而加强了民族大家庭的和睦，巩固了统一多民族的国家统治。

六、儒家思想主导下的德礼为本的法律传统

春秋战国时期百家争鸣，儒、墨、道、法诸说并存，各有自己的法观念，可以说中华法文化的源头也是多元的。但由于儒家思想更适合于封建国家的统治，因此至汉武帝时“罢黜百家，独尊儒术”，儒家思想占据了统治地位。此后经过宋儒的论证，由外儒内法发展为儒家独尊。在儒家思想主导下的古代法律样式，具有以下特点：

（一）德礼为本，刑罚为用

心仪周公制礼作乐的孔子，曾经指出：“礼乐不兴，则刑罚不中。”其所谓之礼是贵贱不愆，等级秩序的一种规范。在孔子看来，只有以这样的礼乐为指导，才能使刑罚得中。战国时期，荀子对礼法的作用与相互关系作了明确的阐述：“明礼义以化之，起法正以治之，重刑罚以禁之。”[③]至汉朝，已经形成了礼（德）主刑辅的法制指导思想。唐朝是文物典章完备的朝代，

① 刘祁：《归潜志》卷十二。
② 《元史·世祖纪》（二）。
③ 《荀子·礼论》。

也是引礼入法、礼法结合的成熟阶段。后世评价唐律“于礼以为出入”，说明了唐代的定罪量刑都受儒家礼治思想的影响。《唐律疏议》所宣布的“德礼为政教之本，刑罚为政教之用”明确了德礼与刑罚的本用关系，并把这种关系比喻为“昏晓阳秋”等自然现象的永恒性。德礼重在导民向善，所谓“禁于将然之前”，刑罚重在禁人为非，所谓“禁于已然之后”。明太祖朱元璋从治国理政的实际经验中总结出：“礼乐者治平之膏粱，刑政者救弊之药石”，惟有“以德化天下”，兼“明刑制具以齐之”[①]，才能使国家长治久安。

(二)人本、仁政与恤刑

孔子传承和发展了周初萌发的人本主义思想，创立了“仁者爱人”的学说，充分肯定了人的地位、价值和尊严，并以“仁”作为调整人际关系的基本准则。孔子的仁学为孟子所继承，并把“爱人”具体化为“亲亲而仁民，仁民而爱物”[②]的现实政治主张，把人本思想演绎成系统的“仁政”学说。其核心是“重民”，强调“民为贵，社稷次之，君为轻”。[③]

儒家人本、仁政思想主导下的法律表现，一者为重视人命，由唐迄清，通过会审、复审制度使死刑案犯的处决权操于皇帝之手。康熙二十二年(1683 年)康熙帝曾就秋审下谕“人命事关重大……情有可原，即开生路”。[④] 再者表现为对社会弱势群体的恤刑原则。汉以后的法律都给予鳏寡孤独、老幼妇残等弱势群体以特殊的矜恤。如《唐律疏议・名例》规定：“诸年七十以上，十五以下及废疾，犯流罪以下，收赎。”“八十以上，十岁以下及笃疾，犯反、逆、杀人应死者，上请；盗及伤人者，亦收赎。”“九十以上，七岁以下，虽有死罪，不加刑。”还特别规定“诸犯罪时虽未老、疾，而事发时老、疾者，依老、疾论”；“犯罪时幼小，事发时长大，依幼小论”。“妇人犯流者，留住、收赎”，“妇人年六十及废疾，免流配”。《断狱律》也规定：“妇人犯死罪，怀孕，当决者，听产后一百日乃行刑。”上述恤刑规定，体现了中国古代刑法中的人本主义精神和刑罚中的人道主义。

---

① 《明太祖实录》卷一六二。

② 《孟子・尽心上》。

③ 《孟子・尽心下》。

④ 《清史稿・刑法志》。

（三）天人合一

周灭商后，改变了商朝的天道观，周公提出“天命靡常”，“惟德是辅”，即天只赞助有德之人为君，这可以说是最早的天人合一的论断。汉武帝时，董仲舒以阴阳五行之说论证了现实中的刑罚：“天道之大者在阴阳，阳为德，阴为刑，刑主杀而德主生。是故阳常居大夏而以生育养长为事，阴常居大冬而积于空虚不用之处，以此见天之任德不任刑也。”[①]由此而确定了秋冬行刑制度，所谓则天行刑。

宋儒张载明确提出了“天人合一”的概念，他说：“儒者则因明致诚，因诚致明，故天人合一。”[②]宋儒还将三纲说成是“天理”，违反三纲即是违天，而要受到天罚，从而使现实中的刑罚蒙上了神秘的色彩。

天人合一之说假借天意为夺取政权辩护，为现实中的刑罚取得天的支持，以及将三纲推崇为天理，违反三纲即是违天等产生了消极的影响。但天人合一的学说也阐述了人与自然的和谐关系，提出了“天道远，人道迩”[③]，因此，提高内在的修养即与天道相适应，这些都具有积极的意义。

（四）法致中和，宽猛相济

《礼记·中庸》：“喜怒哀乐之未发，谓之中，发而皆中节谓之和，中也者，天下之大本也，和也者，天下之达道也，致中和，天地位焉，万物育焉。”可见，在儒家经典中，中和是最高的道德标准，达到“致中和”的境界就会产生“天地位焉，万物育焉”的神秘效果。中和表现在司法上含有执法公平、准确、宽猛合于法度之意。《荀子·王制篇》说：“故公平者，职之衡也，中和者，听之绳也。”杨琼注曰：“中和，谓宽猛得中也。”为使法“致中和”，必先兴礼乐，孔子说“礼乐不兴，则刑罚不中”[④]，又说“政宽则民慢，慢则纠之以猛；猛则民残，残则施之以宽，宽以济猛，猛以济宽，政是以和”。[⑤] 汉时董仲舒还运用阴阳五行之说，阐明刑罚不中所带来的后果：“刑罚不中，则生邪气，邪气积于下，怨恶畜于上，上下不和，则阴阳缪戾而妖孽生矣，此灾异

---

① 《汉书·董仲舒传》。

② 张载：《正蒙·乾称》。

③ 《左传·昭公十七年》。

④ 《论语·子路》。

⑤ 《左传·昭公二十年》。

所缘而起也。”①

以上是由中国古代固有的国情所决定的法律传统的几个方面，其中既有封建性的糟粕，也不乏民主性的精华。它在特定的历史背景下，有其存在的合理性，是中华民族法律智慧的凝结。故而应该尊重传统、珍视传统，批判其中的封建性糟粕，积极总结和汲取超越时空的、充满理性思维的成果，使之成为有益于建设中国特色的社会主义法制的历史借鉴，这是法制史学的学者们的责任。

① 《汉书·董仲舒传》。

中国古代综合治国的历史探析

在中国古代综合运用政权、法律、文化、道德等各种手段治理国家，是中国国情所决定的，是中华民族的伟大创造。数千年来，中华民族虽屡经王朝更替但始终传承延续而未中断，其原因多矣，但与治国手段的多样、综合、变通是分不开的。它是中国古代政治与法制文明宝库中的珍稀财富，即使是在世界政治与法律历史中也凸显了超越时空的中华民族智慧的光芒。它是丰富的统治历史经验的理性总结，不仅是适用于几千年的古代社会的治国方略，也对现实的治国理政具有借鉴意义。

根据历史条件的不同，我选择两个不同的历史时期来论证这一主题，其一，西周至两汉，“礼乐政刑”综合治国；其二，两汉至清朝，“德礼为本，政刑为用”。以下分别论述。

一、礼乐政刑，“同民心而出治道也”[①]

周灭殷以后，周政权仍然面临着极其尖锐、复杂与危险的形势，为了巩固周政权，杰出的政治家思想家周公旦进行了一系列平定叛乱、建立各种制度的重大活动，史载“一年救乱，二年克殷，三年践奄，四年建侯卫，五年营成周，六年制礼、作乐，七年致政成王。”[②]周公制礼、作乐、立政、建刑是相互联系在一起的，是建设整个上层建筑的伟大创举，开创了运用各种手段综合治国的先例。所谓制礼，就是依照尊尊、亲亲的原则，将流行的礼的

① 《史记·乐记》。

② 《尚书·大传》。

规范(包括制度性的和礼仪性的)加以整理,使之进一步系统化、制度化,其核心就是制定以周天子为最高权威的“王臣公,公臣大夫,大夫臣士”[1]的贵族之间的礼仪和礼制。所谓“礼不下庶人”概括地显示了礼的贵族性、特权性。通过制礼,建立了以周天子为中心的诸侯拱卫的金字塔式的等级结构。通过这个等级结构,国家得以运作,统治得以巩固。故而,礼列为四种治国手段之首。

礼所调整的除贵族间的行为规范以及权利与义务外,还涉及政治、经济、军事、行政、法律、社会、宗教、教育、伦理、习俗等诸多方面,所谓上自“君臣朝廷尊卑贵贱之序,下及黎庶车舆衣服宫室饮食嫁娶丧祭之分”。[2]经过制礼,使得君臣有位、尊卑有等、贵贱有别、长幼有序,因此礼被视为固国家、定社稷的根本。孔子也说“安上治民莫善于礼”。[3] 春秋时,鲁国还保存着周公所制之礼。季文子在追忆周公的功德时说:“先君周公制周礼,曰:‘则以观德,德以处事,事以度功,功以食民。’作誓命曰:‘毁则为贼,掩贼为藏;窃贿为盗,盗器为奸。主藏之名,赖奸之用,为大凶德,有常无赦!’在《九刑》不忘。”[4]

周公鉴于商末“重刑辟”招致亡国的历史教训,深刻认识到“小民”的作用,提出“小民难保”、“天畏棐忱”、“人无于水监,当于民监”的警示。[5] 同时随着商朝的灭亡,原有的以商先王为天帝的天道观发生了动摇。周人的天道观是将“敬天”与“保民”联系在一起的。“敬天”依然承认天的权威,但天只赞助有德之人立国为君,周人即为有德之人,故而可以代商立国。据此,周公提出了“明德慎罚”的基本国策。“明德”将天命与人事结合在一起,其落脚点是“慎罚”,即保护小民,以赢得小民。“明德慎罚”充分体现了对于人世民意的尊重。这种天道观实际上是由天上到地下,由尊神到保民。所以礼虽为贵族间的行为规范,但德却是更着眼于如何维护现实统治的一种理念。

“乐”为六经之一。制礼与作乐紧密联结,说明乐是为礼服务,为贯彻礼而作的。如果说礼的内容是贵族间的礼仪与礼制,那么乐就是天子庙堂

---

① 《左传·昭公七年》。

② 《史记·礼书》。

③ 《孝经·广要道》。

④ 《左传·文公十八年》。

⑤ 《尚书·康诰》。

之乐。贵族诸侯卿大夫之间也各有与其身份相适应的乐。如《大雅》是古乐,《小雅》是新乐,《颂》是庙堂乐歌,《雅》即宫廷乐歌,《国风》多是民间乐歌。通过作乐,移风易俗,使归附的诸侯部落增强向心力和亲和力。孔子说:"移风易俗莫善于乐",[①]通过作乐使人们的内心世界得到陶冶和净化,向着善的境界"求同",进而使得社会臻于和谐,国家趋于安定。以梦周公来表达对于周公治绩追慕的孔子曾说:"在齐闻韶,三月不知肉味"[②],充分说明乐的感召力。

不仅如此,乐还反映时代的趋向和政治的兴废,因而有治世之音、乱世之音、亡国之音。"治世之音,安以乐,其政和;乱世之音,怨以怒,其政乖;亡国之音,哀以思,其民困。声音之道,与政通矣。"[③]礼与乐的关系是:礼用以辨异,即区分贵贱等级;乐用以求同,即缓和上下矛盾。所谓"乐者为同,礼者为异。同则相亲,异则相敬"。[④] 礼有乐配合,就可以达到"暴民不作,诸侯宾服,兵革不试,五刑不用,百姓无患,天子不怒"的状态。[⑤] 故而,孔子主张:"兴于《诗》,立于礼,成于《乐》。"[⑥]

周公制礼作乐最为史书所称道,是西周建立国家制度及其运行机制的大经大法,其对后世的影响极为深远。

礼乐虽有治世之功,但它或是从正面设范立制,或者焕发人们内在美好的情操,但如无强制性的政权和法律的保障,也不可能发挥其应有的功能。因此,周公制礼作乐的同时也致力于政权与法制的建设。从上述鲁国季文子的回忆中也清楚地说明了这一点。

"政",主要是设官分职,建立政权机构。《尚书·立政》说:"立民长伯,立政:任人、准夫、牧,作三事;虎贲、缀衣、趣马、小尹、左右携仆、百司、庶府;大都、小伯、艺人表臣百司、太史、尹伯、庶常吉士;司徒、司马、司空、亚、旅;夷、微、卢烝、三亳、阪尹。"可见,西周已经建立了以周天子为最高权力拥有者的政权机构,包括枢密近臣、政务官、处理诸侯国和边疆事务的官员。西周在宗法制度支配下仍然实行"亲贵合一"的政权组织原则,贵族卿

① 《孝经·广要道》。
② 《论语·述而》。
③ 《礼记·乐记》。
④ 《礼记·乐记》。
⑤ 《礼记·乐记》。
⑥ 《论语·泰伯》。

大夫经周册命享有世代为官的特权，即所谓“世卿制度”。

经过周初实行的封邦建国，还形成了以周天子为中心，诸侯国拱卫的国家结构形式，相互承担着法定的权利义务。由于每一个封君受封的不仅是土地，还有民，所谓“授土授民”。由此人口进行再编组，形成了新的血缘地缘关系，中华文明由中原不断向四周扩展。

“刑”是法的通称，不单指刑罚。周初在明德慎罚政策思想的指导下进行立法活动。如同鲁季文子所记述的那样：“毁则为贼，掩贼为藏，窃贿为盗，盗器为奸。主藏之名，赖奸之用，为大凶德，有常无赦！在《九刑》不忘。”[①]所谓“九刑”，按《左传·昭公六年》记载：“周有乱政，而作九刑。”三国时吴人韦昭注《左传》时说：“正刑五(墨、劓、刵、宫、大辟)及流、赎、鞭、扑也。”“九刑”既为九种刑罚，又可视为刑书九篇。

为贯彻明德慎罚的政策要求，在立法上形成了一系列慎刑原则。其中最具代表性和影响深远的，是从实际出发，区别用刑。其一，区别故意与过失、一贯与偶犯。周公曾告诫康叔说：“人有小罪，非眚，乃惟终……乃不可不杀”，“乃有大罪，非终，乃惟眚灾……时乃不可杀”。[②] 眚是过失，非眚即故意，惟终是惯犯，非终即偶犯。对于过失与偶犯，可减轻处刑；故意与一贯，则重点打击。其二，区别地区与形势。如，周公旦要求封于殷墟的康叔和封于奄国(曾臣服于商)的伯禽，“启以商政，疆以周索”。而对封于夏墟的唐叔，则要他“启以夏政，疆以戎索”。[③] “周索”即周法，“戎索”即戎法。对于封于商故地的康叔严令实行周法以相统摄，对于封于夏故地的唐叔，则要因俗制宜，以戎法治之，以减轻适用周法的阻力。另据《周礼·秋官·大司寇》记载：“刑新国用轻典；刑平国用中典；刑乱国用重典。”三国三典之说，对后世颇有影响，以致明初朱元璋还表示“吾治乱世，刑不得不重。”[④]另据《尚书·酒诰》，针对不同对象饮酒也采用不同的制裁措施。周人“群饮，汝勿佚，尽执拘以归于周，予其杀”，正义曰：“其择罪重而杀之也”。但如殷之旧臣“乃湎于酒，勿庸杀之，故惟教之”。此项规定说明周公鉴于商人嗜酒，招致国家昏乱腐败，终于亡国的教训，严戒周人不得沿袭商人旧俗，嗜酒坏事，尤其严戒群饮。如群饮，则首要者处死刑。对于商旧臣饮

---

① 《左传·文公十八年》。

② 《尚书·康诰》。

③ 《左传·定公四年》。

④ 《明史·刑法志》。

酒，以教育为主，不处刑罚。这里充分显示了周公在处理饮酒问题上的原则性和灵活性，其策略思想跃然纸上。

以上充分表现了礼、乐、政、刑四者是一个相互连接的运动着的整体，是上层建筑中完整的体系，标志着国家制度建设的进步。

周在灭商建立周朝统治以后，亟须在广大疆域内建立贵贱有别、上下有等、尊卑有序的秩序，借以稳定周朝统治的社会基础，巩固统一的政权。正是在这样的历史背景下应运而生的周公之礼获得了极大的成功。礼不仅冠于乐、政、刑之首，且贯穿于乐、政、刑的活动之中，指导着它们运作的方向。

后人在论及周公制礼时，也为我们进一步揭示了礼、乐、政、刑相互间的关系。

礼与乐的关系："乐也者，情之不可变者；礼也者，理之不可易者也。乐统同，礼辨异。礼乐之说，管乎人情矣。"孔颖达注疏曰："乐主和同，则远近皆合；礼主恭敬，则尊卑有序。"①高诱注疏曰："礼所以经国家、定社稷、利人民；乐所以移风易俗、荡人之邪、存人之正性。"②"乐者为同，礼与为异。同则相亲，异则相敬。""乐自中出，礼自外作。"③可见，礼严肃于外，乐和顺于内，礼有乐配合，中庸融之，相亲爱之。

礼与政的关系：在周公制礼学说的指导下，立政依礼，为国依礼，以礼为国家之大纲大纪。周内史过说："礼，国之干也；敬，礼之舆也。不敬，则礼不行；礼不行，则上下昏，何以长世?"④孔子说："为政先礼，礼其政之本欤!"⑤因此，有礼，国家政治才有正轨可循；无礼，国家政治必然混乱。汉贾谊说："道德仁义，非礼不成；教训正俗，非礼不备；分争辩讼，非礼不决；君臣上下，父子兄弟，非礼不定；宦学事师，非礼不亲；班朝治事，莅官行法，非礼威严不行；祷祠祭祀，供给鬼神，非礼不诚不庄。"⑥特别是《礼记·经解》说得更为透彻："礼之于正国也，犹衡之于轻重，绳墨之于曲直也，规矩之于方圆也。故衡诚县，不可欺以轻重；绳墨诚陈，不可欺以曲直；规矩诚

---

① 《礼记·乐记》。
② 《礼记·乐记》。
③ 《礼记·乐记》。
④ 《左传·僖公十一年》。
⑤ 《礼记·哀公问》。
⑥ 贾谊：《新书·礼》。

设，不可欺以方圆；君子审礼，不可诬以奸诈。是故，隆礼由礼，谓之有方之士；不隆礼不由礼，谓之无方之民。”可见，礼是国无失其民、王无失其臣、贵无失其贱、尊无失其卑的强大的精神支柱。

礼与刑的关系：商末纣王的滥刑无辜的暴虐统治终于招致亡国之祸，是周公形成明德慎罚、敬天保民的殷鉴。周初统治者把礼的教化与刑的镇压巧妙地结合起来，明确提出并实行“礼禁未然之前，法施已然之后”①的刑事政策。也即，礼是积极的规矩，是禁恶于未然之前的预防；刑是消极的惩罚，是惩恶于已然之后的制裁。礼教为本，刑罚为用，相辅相成，“礼之所去，刑之所取，失礼则入刑，相为表里者也。”②孔子认为礼乐与执法用刑关系极为密切，他说：“礼乐不兴，则刑罚不中，刑罚不中，则民无所措手足。”③民无所措手足，则社会的不安与动荡可想而知。战国时期主张隆礼重法的荀子曾经对礼法关系作如下的表述：“礼者，法之大分，类之纲纪也。”④

关于礼、乐、政、刑的相互关系，《史记・乐记》做出了详细的经典性的论证：

> 故礼以导其志，乐以和其声，政以壹其行，刑以防其奸。礼乐刑政，其极一也，所以同民心而出治道也……
>
> 礼节民心，乐和民声，政以行之，刑以防之。礼乐刑政，四达而不悖，则王道备矣。
>
> 乐者为同，礼者为异，同则相亲，异则相敬，乐胜则流，礼胜则离，合情饰貌者礼乐之事也。
>
> 礼义立，则贵贱等矣；乐文同，则上下和矣；好恶著，则贤不肖别矣；刑禁暴，爵举贤，则政均矣。仁以爱之，义以正之，如此则民治行矣。

由周公制礼作乐而引发的礼乐政刑综合治国的论述，不仅是统治经验的科学总结，也是古代法理学的一大贡献，成为中华政治法律文明的重要内容。两周与秦汉的历史证明了当这四者综合并用共同发挥治世功能的

---

① 《大戴礼记・礼察篇》，另见：《汉书・贾谊传》。
② 《后汉书・陈宠传》。
③ 《论语・子路》。
④ 《荀子・劝学篇》。

时候，就带来了国家的兴盛和社会的发展，“成康之治”和“文景之治”就是例证，而《诗经·周颂》可以说是赞颂这一历史成就的可靠资料。反之，礼崩乐坏政乖刑错，就意味着一个社会的崩溃和旧王朝的结束。正因为如此，周以后的历代统治者都注意吸取历史的经验教训，注意运用各种手段综合治理国家。

1986 年 6 月我为中共中央书记处作了《谈谈中国法制历史经验的借鉴问题》的法学讲座，其中便以礼乐刑政综合治理作为一项重要的经验加以讲述。

二、德礼为本，政刑为用

春秋战国时期，由于地方经济的发展，加强了诸侯和卿大夫在政治上的独立性。周初诸侯并列、王室独尊的局面和贵族等级制度遭到彻底破坏，礼乐征伐不再自天子出，而自诸侯出、自卿大夫出。过去调整等级秩序的礼，在赤裸裸的权力之争和兼并战争中丧失了约束的作用，出现了礼崩乐坏的局面。

汉朝建立以后，国家的疆域不断扩展，社会经济在农本主义的基础上，手工业和商业均有不同程度的发展。与此相适应的阶级成分不断复杂化，统治机构由于王侯国的建制而不断膨胀，贫富间差距不断扩大，出现了“富者田连阡陌，贫者亡立锥之地”[①]的分化现象。汉武帝统治时期便出现了盗贼蜂起、“复聚党，阻山川，往往而群”的局面。[②] 在这样的历史背景下，统治者确立了儒家思想为统治思想，改变了秦专任刑罚的治国之术，传承了周初综合治国的历史经验，形成了德礼为本、政刑为用的治国方略。

历史条件的变化，使得周公所制定的确认贵族等级秩序的礼仪与礼制退出了曾经显赫一时的殿堂而逐渐世俗化。特别是汉儒董仲舒提出了三纲之说——君为臣纲，父为子纲、夫为妻纲，遂使伦常之礼取代了调整贵族等级秩序之礼，成为礼的核心内容，并一直贯穿于此后的封建社会中。礼的世俗化使礼所调整的方面也趋于扩大化。但是礼依然指导着典章制度的建设和国家的施政，有礼则国家政治有正轨可循，无礼则施政无准，势必

① 《汉纪·武帝纪四》。
② 《汉书·酷吏传》。

导致混乱。君臣之间的权力配置和君位的承袭，都必须按照礼的规则来运作，否则就是僭越篡权，无法取得其政治统治的合法性。针对吉、凶、军、宾、嘉等活动，也有相适应的礼，通称为“五礼”。礼不仅指导了人们的行为，也渗透于人们的思想、感情之中，成为一种神圣的必须严格遵守的准则。戴震曾说：“人死于法，犹有怜之者，人死于礼，其谁怜之？”[①]说明礼已经成为禁锢人们思想与行为的枷锁。

在贵族政治之礼已经崩解的背景下，乐无法发挥其有效功能，所以“乐坏”也是必然的。乐自春秋中期开始日趋式微，其所承担的主要功能逐渐融入于礼，成为礼俗的一部分。

随着社会各阶层的分化与激烈的利益冲突，引发了尖锐的阶级反抗，在物欲横流的冲击下，潜移默化地唤起人心向善的“乐”的一般功能也已调整乏力。不过，乐仍有其活动空间，譬如，吉、凶、军、宾、嘉五礼各有相应的乐，但其作为六经之一的地位已经丧失。

早在周初，周公旦从天人合一的理论出发，论证了德的保民内涵，以“明德”、“敬德”、“成德”作为礼的基石。失德者失民，失民者亡国亡身，更遑论天子、贵族之礼。孔子说：“为政以德，譬如北辰，居其所而众星拱之”[②]，孟子也说：“以德行仁者王，……以德服人者，中心悦而诚服也”[③]，这些也都为德的价值、德与仁政的关系作了注脚。至汉代，汉儒董仲舒大肆宣扬德治，强调为政以德，发挥德的治国之具的作用。他说“以德为国者，甘于饴蜜，固于胶漆，是以圣贤勉而崇本，而不敢失也。”[④]由于董仲舒认为“天地人，万物之本也”，因此他所说的“崇本”反映了以人为本的人本思想，由此而追求以德为舆论准备的仁政。他告诫人君，要以施仁政为目标，“修孝悌敬让，明以教化，感以礼乐，所以奉人也。”[⑤]正是着眼于德的治国的实际效用，故此后德的治国位置列于礼之上，以德为礼之本。

在德刑关系上，董仲舒鉴于秦“师申商之法，行韩非之说，憎帝王之道，以贪狠为俗，非有文德以教训于天下”，因而导致“群盗并起。是以刑者甚

① 《孟子字义疏证》(卷上)。

② 《论语·为政》。

③ 《孟子·公孙丑上》。

④ 《春秋繁露·立元神》。

⑤ 《春秋繁露·立元神》。

众，死者相望，而奸不息”，“十四岁而国破亡矣”，[①]提出了“大德而小刑”的命题，并从阴阳五行学说加以论证。“天道之大者在阴阳，阳为德，阴为刑，刑主杀而德主生。是故阳常居大夏而以生育养长为事，阴常居大冬而积于空虚不用之处，以此见天之任德不任刑也。……王者承天意以从事，故任德教而不任刑。刑者不可任以治世，犹阴之不可任以成岁也。为政而任刑，不顺于天，故先王莫之肯为也。”[②]经过董仲舒与其他汉儒关于德治与德刑关系的论证，大德小刑、阳德阴刑、先德后刑成为汉以后中国法制历史的一条主线，为封建社会德主刑辅的正统法律思想奠定了理论基础。

历代关于德礼为本、政刑为用、综合治国的论者不绝如缕：

《汉书·酷吏传》颜师古注曰：“论语载孔子之言也。格，至也。谓御以政刑，则人思苟免，不耻于恶；化以德礼，则下知愧辱，而至于治也。”

《晋书·四夷列传》说：“经国者，德礼也；济世者，刑法也。二者或差，则纲维失绪。”

唐初《贞观政要》有以下记载：“道之以礼，务厚其性而明其情。民相爱，则无相伤害之意；动思义，则无畜奸邪之心。若此，非律令之所理也，此乃教化之所致也。圣人甚尊德礼而卑刑罚。”[③]“盖政者为治之具，刑者辅治之法；德礼者，出治之本，而德又礼之本也。后世之为治者，德礼有愧，教化不先，非惟德礼不能使民有耻且格，而政刑亦不能使民免而无耻矣。甚而至于罪丽于十恶尚忍言之哉。”[④]

唐代著名的古文大家韩愈在《潮州请置乡校牒》中提出：“孔子曰：‘道之以政，齐之以刑，民免而无耻，’不如以德礼为先，而辅以政刑也。”

著名的《唐律疏议》在名例篇中宣布“德礼为政教之本，刑罚为政教之用”，并以自然现象的“昏晓阳秋”来比喻德礼刑罚之密切联系永恒运行互补互用而不少变，所谓“昏晓阳秋，相须而成者也。”

宋时被理学家朱熹称赞为“无书不读”、“无物不格”的陈淳，对德礼政刑综合治理的价值，作了充分的论证。他说：“政者为治之具，若法制禁令，凡听断约束之类，是也刑者。辅治之法，若墨劓剕宫大辟鞭扑之类是也。以政先示之，则民有所振厉而敛戢矣。其或未能一于从吾政者，则用刑以

① 《汉书·董仲舒传》。

② 《汉书·董仲舒传》。

③ 《贞观政要·孝友》。

④ 《贞观政要·刑法》。

齐一之。俾强梗者不得以贼善良，而奸慝者不得以败伦理。故民亦畏威革面，不敢为恶，以苟免于刑罚。然无所羞愧，则其为恶之心未亡也。德礼者所以出治之本，而德又礼之本，乃吾躬行之所实得者，若孝悌忠信之类是也。礼则制度品节，若冠昏丧祭之仪是也。以己德先率之，则民有所观感而兴起矣，而其浅深厚薄之不一，则明礼以齐一之。俾之周旋浃洽，良心日萌，自将愧耻于不善，而又有以格至于善也。是四者功用之不同，而皆不可以偏废。若专务德礼，而不用政刑，则徒善不足以为政。专用政刑，而不务德礼，则又徒法不能以自行。”①

朱熹对此也有所论证，说："谓政刑但使之远罪而已，若是格其非心，非德礼不可。圣人为天下何曾废刑政来？""不可专恃刑政，然有德礼而无刑政又做不得。"②"圣人亦不曾徒用政刑。到德礼既行，天下既治，亦不曾不用政刑。故书说刑期于无刑，只是存心期于无，而刑初非可废。"③"愚谓政者，为治之具。刑者，辅治之法。德礼则所以出治之本，而德又礼之本也。此其相为始终，虽不可以偏废，然政刑能使民远罪而已，德礼之效，则有以使民日迁善而不自知。故治民者不可徒恃其末，又当深探其本也。"④

明丘濬说："有政刑而无德礼是谓徒法，有德礼而无政刑是谓徒善，为政之道，于斯四者诚不可以缺一者也。"⑤

近人沈家本也说："以德礼是制治之原，不偏重乎法，然亦不能废法而不用。"⑥

综括上述，礼乐政刑与德礼为本、政刑为用、综合治国是古人从国家统治的实践中总结出的经验。治理国家既不可只凭礼乐，也不可以专用刑罚，而必须本用结合，综合为治。唐人以昏晓阳秋的自然现象来比喻德礼政刑的永恒的联系，表现了极高的认识水准。

明太祖建国之初，以"吾治乱世，刑不得不重"⑦的原则，实行重典治赃吏，虽然收到一时的效果，却并未能杜绝犯罪，以至于发出"欲除贪官污吏，

---

① 陈淳：《北溪大全集》卷十八。
② 《朱子语类》卷二十三。
③ 《朱子语类》卷七十八。
④ 朱熹：《论语集注》。
⑤ 丘濬：《大学衍义补》卷一。
⑥ 沈家本：《寄簃文存·法学盛衰说》。
⑦ 《明史·刑法志》。

奈何朝杀而暮犯”[①]的感慨。洪武三十年《大明律》修成后，他总结三十年的统治经验，得出“朕仿古为治，明礼以导民，定律以绳顽”，使“猛烈之治，宽仁之诏，相辅而行”[②]的道理，强调“礼乐者，治平之膏粱；刑政者，救弊之药石”，惟有“以德化天下，”兼“明刑制具以齐之”[③]，才能使得国家实现长治久安。

礼乐政刑与德礼为本、政刑为用综合治国，符合国家发展规律，是政治智慧的凝结。以德礼为治世之本，以政刑为治国之具，四者综合为用，既可导民向善，缔造仁政，又可明慎用刑，法致中和。可致一朝盛世，还可谋求社会的和谐与长治久安。中外历史的经验都证明了这一点。

综合治国经验上升为理论，成为古代法理学的重要内容，表现为：

其一，礼治、德治、法治相互联结，综合为用体现了以人为本、仁政为先的政治观与兴礼乐致中和、明刑弼教的法律观的统一。四者（指德礼政刑）达则国兴，四者乱则国危。

其二，德主刑辅，明刑弼教，前者体现了中华民族以人为本与重德的精神；后者说明了施刑不以惩罚为目的。以德为主不仅主导刑罚的运行方向，更着眼于建设仁政。所以孟子宣称：“以德行仁者王，……以德服人者，中心悦而诚服也。”[④]正因为有这种理论的指导，所以古代中国法制从不偏狭而局限于严刑峻法。以刑为辅并非忽视刑罚的作用，而在于既惩恶又劝善，使法律义务兼顾道德义务，从而减少适用法律的阻力。引礼入法使道德法律化，法由惩恶而兼弼教；以法附礼，使法律道德化，出礼而入于刑，体现了中国古代刑法学的价值取向以及独树一帜的道德观和法律观。

其三，以昏晓阳秋的自然现象来论证德礼为本、刑罚为用、综合治国的永恒价值，是追求社会与自然和谐的天人合一思想在法理学上的具体化。

“以史为鉴，可以知兴替”，中国古代综合治国的理论和实践经验，都值得研究与重视。

---

① 《大明律》序。

② 《明史·刑法志》。

③ 《明太祖实录》卷一六二。

④ 《孟子·公孙丑上》。

论治法与治人的统一

——中国古代的治国方略

治法与治人是中国古代治国理政的方法、谋略与措施，此二者的统一则是中国古代治国的方略。治法是指制定善法良法，以适应控制社会，管理国家，打击犯罪，安抚百姓的需要。治人是指选拔良吏执行国家法律，发挥法律内涵的价值与功能。法律作为国家意识形态，是随着国家的产生而产生与发展的。至于官吏，马克思说："政府当局的存在正是通过它的官员、军队、行政机关、法官表现出来的。"[①]说明官吏是推动国家机器运转的必要条件。因此随着中国古代国家的形成，治法与治吏便都应运而生，在不断总结经验的基础上制度化、法律化，并上升为理论。《周礼·天官冢宰》说："大宰之职，掌建邦之六典，以佐王治邦国：一曰治典，以经邦国，以治官府，以纪万民；二曰教典，以安邦国，以教官府，以扰万民；三曰礼典，以和邦国，以统百官，以谐万民；四曰政典，以平邦国，以正百官，以均万民；五曰刑典，以诘邦国，以刑百官，以纠万民；六曰事典，以富邦国，以任百官，以生万民。"《周礼》虽然成书晚于西周，但所记载者当有史迹可寻。

另据《尚书·舜典》记载，为使百官"纳于百揆，不致废弃"事业，为此实行官吏"三载考绩"之制，以"黜陟幽明"。按孔颖达疏，即"退其幽者，升进其明者"。三载考绩之法显系后人的假托，但由此却可以看出有官必有课，即治人的历史端倪。

至春秋战国时期，治法与治人之说论者蜂起，尤其集中于二者的相互关系，这不是偶然的。春秋战国是社会转型的大变动时期，这个变动是由于铁制生产工具的广泛应用，社会生产力迅速提高所引起的。新开垦出的

① 《马克思恩格斯全集》第六卷，人民出版社 1958 年版，第 320 页。

土地，归开垦者所有，以致私田的数量不断增多，而且经营远较公田出色。在这个过程中土地国有制逐渐瓦解、地方经济迅速发展。与此相适应的诸侯国势力不断扩大。周初“诸侯并列，王室独尊”的局面，和王臣公、公臣大夫、大夫臣士的等级制度遭到彻底破坏，礼乐征伐不再自天子出，而自诸侯出、自卿大夫出。列国之间展开了以扩张领土、掠夺财富为目的的无休止的兼并战争。过去调整等级秩序的“礼”，也在赤裸裸的权力之争中丧失了约束力。为适应社会的转型，法律也发生了重大变革，法律成为新兴地主阶级进行社会改革的根据，又是巩固改革成果、维护新兴地主阶级权力的手段。特别是以法律明赏罚，辨是非，成为获取兼并战争胜利的重要因素。不仅使夏商以来的神权法思想受到进一步冲击，即使是周初确立的“刑不上大夫、礼不下庶人”的立法原则也失去了权威。总的趋势是礼治思想衰微，法治思想兴起，法家学说成为显学，各国成文法不断制定和公布。在这样的历史背景下，具有新的时代烙印的法治思想兴起，制定善法良法的治法言论和行动充斥于列国之中。

此外，由于官僚制度取代了世卿制度，因此治人即治吏也成为思想家视野中的重要对象。治法与治人之间的相互关系，何者为本，何者为用，如何发挥二者相辅相成的作用，也成为历代思想家们关注与论辩的焦点，构成了诸说并存，法律思想绚丽多彩的景象。其理论的导向与价值的判断，对后世有着深远的影响，其学说的先导性及其在实践中所产生的作用具有跨越时空的价值，对于完善当前的社会主义法制建设也有借鉴之处。

一、治法为本

进入春秋战国以后，在社会的大转型与兼并战争的激烈进行中，为了确认正在形成中的新的生产关系和社会结构，调整由于宗法等级制度的松弛而形成的政治体制，巩固新势力已经获取但尚不巩固的权力，由此而凸显了与社会大转型相适应的变革中的法律的作用。思想家们尤其是法家对此进行了充分的论证。慎子说：“治国无法则乱”。[①] 商鞅说，“国皆有法”[②]，“言不

① 《慎子·逸文》。

② 《商君子·画策》。

中法者，不听也；行不中法者，不高也；事不中法者，不为也”。[1] 韩非还描述了他理想的“法治国”中的图景：“无书简之文，以法为教；无生王之语，以吏为师；无私剑之捍，以斩首为勇。是境内之民，其言谈者必轨于法，动作者归之于功，为勇者尽之于军，是故无事则国富，有事则兵强……”[2]他还以简明的语言阐明了执法的状况对于国家兴衰的重要影响，说：“国无常强，无常弱，奉法者强则国强，奉法者弱则国弱。”[3]墨家的墨子也说：“虽至士之为将相者，皆有法，虽至百工从事者，亦皆有法。”[4]

特别需要提及的是荀子的治法观。荀子是战国时期儒家学派的主要代表，其学虽以儒家学说为主，但是战国末期社会形势的变迁，百家异说的文化环境使他形成了由儒兼法、介于儒法之间的新的儒学思想，成为继孔孟之后特色鲜明、影响深远的儒家学派的代表人物。他既隆礼又重法，把法与礼会通，成为一体。他说：“明礼义以化之，起法正以治之，重刑罚以禁之。”[5]为后世引礼入法、礼法合流的封建法制的形成，提供了理论先导。荀子认为“治之经，礼与刑”，[6]“故非礼，是无法也”。[7] 但在礼法关系上主张以礼为本，“礼者，法之大分，类之纲纪也”。[8] 而“法者，治之端也”。[9] 礼与法在治国、理政、驭民、育人方面，各有其效用。“隆礼尊贤而王，重法爱民而霸。”[10]“隆礼至法则国有常”。[11]

历代思想家认为法律虽为国家制定，但亦有良法、善法与恶法之分。作为良法善法，其标志之一：立法应循变协时，与客观形势的发展相对应。

早在《尚书·吕刑》中便有“刑罚世轻世重”的记载。《周礼·秋官司寇》进一步提出根据不同形势制定和适用不同的法典：“一曰刑新国用轻典；二曰刑平国用中典；三曰刑乱国用重典。”主张变法改制的法家更强调

---

① 《商君书·君臣》。
② 《韩非子·五蠹》。
③ 《韩非子·有度》。
④ 《黑子·法仪》。
⑤ 《荀子·君道》。
⑥ 《荀子·成相》。
⑦ 《荀子·修身》。
⑧ 《荀子·劝学》。
⑨ 《荀子·君道》。
⑩ 《荀子·强国》。
⑪ 《荀子·君道》。

法因时势而变的可变性。慎到说:“守法而不变则衰。”[1]商鞅说:“礼法以时而定,制令各顺其宜。”[2]他还说:“圣人之为国也,观俗立法则治,察国事本则宜。”“不观时俗,不察国本,则其法立而民乱。”[3]韩非在总结历史经验和传承前人观点的基础上作出总结性的概括,他说:“故治民无常,唯治为法。法与时转则治,治与世宜则有功……时移而治不易者乱,能众而禁不变者削。故圣人之治民也,法与时移而禁与能变。”[4]“圣人不期修古,不法常可。”[5]法家的法与时转、因势而立法的观点,反映了进化的历史观和以经验为基础的实证精神。因其所立之法符合社会国家的发展需要,可以称之为良法。但根据特定的时空而立之法不是一成不变的。法从实际需要而制定,又根据实际的变动而删修,这就是所谓循变协时的法律发展的轨迹。

上述法家的观点对后世影响深远。例如,汉时人韦贤说:“明主之御世也,遭时为法,因事制宜。”[6]唐人马总说:“不必法古,苟周于事;不必循常,法度制令各因其宜。”[7]宋人曾巩说:“因其所遇之时,所遭之世,而为当世之法。”[8]叶适说:“因时施智,观世立法。”[9]明人张居正说:“法无古今,惟其时之所宜与民之所安耳”,“法制无常,近民为要;古今异势,便俗为宜”。[10]清康熙帝说:“自古帝王治天下之道,因革损益,期于尽善,原无数百年不敝之法。”[11]至清朝末期国势衰微,民族危机日渐深重,变法之声日益尘上,论者多援法家旧说。如龚自珍说:“自古及今,法无不改,势无不积,事例无不变迁,风气无不移易。”[12]魏源说:“天下无数百年不弊之法,无穷极不变之

① 《慎子·逸文》。
② 《商君子·更法》。
③ 《商君子·算地》。
④ 《韩非子·心度》。
⑤ 《韩非子·五蠹》。
⑥ 《汉书·韦贤传》。
⑦ [唐]马总:《意林·淮南子》。
⑧ [宋]曾巩:《〈战国策〉目录序》。
⑨ [宋]叶适:《民事》。
⑩ [明]张居正:《辛未会试程表》。
⑪ [清]爱新觉罗·玄烨:《清圣祖圣教·圣治》。
⑫ [清]龚自珍:《上大学士书》。

法。”[1]冯桂芬说：“法苟不善，虽古先吾斥之；法苟善，虽夷貊吾师之。”[2]康有为说：“圣人之为治法也，随时而变义，时移而法亦移。”[3]梁启超说：“法者，天下之公器也；变者，天下之公理也。”[4]

需要指出的是，法家虽然主张“法与时转”的可变性，但与此同时也认为法律制定之后应保持相对的稳定性，反对数变。韩非子指出：“法莫如一而固，使民知之。”[5]“治大国而数变法，则民苦之。”[6]他甚至尖锐地指出：“法禁易变，号令数下者，可亡也。”[7]后世持此论者亦颇多，如唐太宗所说：“法令不可数变，数变则烦。”[8]宋人欧阳修说：“言多变则不信，令频改则难从。”[9]

良善之法的标志之二：立法为公，一断于法。

代表新兴地主阶级利益的法家，为了在大变动大转型的历史关头打破垄断国家权力的世卿制度，争取合法的政治地位，反对儒家“刑不上大夫，礼不下庶人”的特权法律观，强调立法为公，一断于法。为了说明法律的公平公正，管子借助度量衡器以相比拟。他说：“尺寸也，绳墨也，规矩也，衡石也；斗斛也，角量也，谓之法。”[10]又说：“法律政令者，吏民规矩绳墨也”，[11]“君臣上下贵贱皆从法”，“不为君欲变其令，令尊于君”。[12]《管子》一书，是战国中期齐国法家托名管仲而撰成的，但其中的主要思想无疑和管仲有着渊源关系。早期法家慎到也说：“有权衡者，不可欺以轻重。有尺寸者，不可差以长短。有法度者，不可巧以诈伪。”又说：“法者，所以齐天下之动，至公大定之制也。”[13]“官不私亲，法不遗爱，上下无事，唯法所在。”[14]商鞅更以

---

① ［清］魏源：《筹海篇》。
② ［清］冯桂芬：《校邠庐抗议》。
③ ［清］康有为：《日本书月志序》。
④ 梁启超：《变法通议·论不变法之害》。
⑤ 《韩非子·五蠹》。
⑥ 《韩非子·解老》。
⑦ 《韩非子·亡征》。
⑧ 吴兢：《贞观政要》。
⑨ 欧阳修：《准诏言事上书》。
⑩ 《管子·七法》。
⑪ 《管子·七主七臣》。
⑫ 《管子·任法》。
⑬ 《慎子·逸文》。
⑭ 《慎子·君臣》。

明确的语言宣布:“法者,国之权衡也。”[①]“刑无等级,自卿相将军以至大夫庶人,有不从王令、犯国禁、乱上制者,罪死不赦。”[②]

商鞅和慎到还论证了不得以私害法,否则将贻害无穷。商鞅说:“立法明分,而不以私害法则治。”[③]慎到说:“法之功莫大使私不行”,“有法而行私,谓之不法”,“今立法而行私,是私与法争,其乱甚于无法……法立则私议不行……事断于法,是国之大道也。”[④]

立法为公还表现为不分等级一体依功过行赏罚。韩非说:“刑过不避大夫,赏善不遗匹夫”,只有以功行赏论罚,才能做到“法之所加,智者弗能辞,勇者弗敢争”。[⑤] 无论赏与罚都要依法进行。韩非还说“赏存乎慎法,而罚加乎奸令者也。”[⑥]又说:“法不阿贵,绳不挠曲,……”[⑦]商鞅变法时凡“僇(努)力本业,耕织致粟帛多者复其身;事末利及怠而贫者,举以为收孥”,[⑧]“宗室非有军功论,不得为属籍”[⑨]。他特别强调赏信罚必,说:“民信其赏,则事功成;信其刑,则奸无端。”[⑩]史书称赞“商君治秦,法令至行,公平无私,罚不讳强大,赏不私亲近,法及太子,黥劓其傅(指公子虔等)。”[⑪]

由于立法为公,因而获得民众的支持,具有极大的权威性。商鞅还宣布,法令颁布之后“损益一字以上,罪死不赦”。[⑫]

良善之法的标志之三:法布于众,使民知之。

春秋战国以前,为便于贵族们垄断法律知识,临事议政,任意恣行,故法律不向社会公布,处于秘密状态。春秋以来,经过新兴地主阶级代言人的斗争,终于在一些国家打破了旧传统,公布了成文法。这个过程由郑、晋开其端,各国尾随其后。迄至在法家活跃于政治舞台时,尚距革除旧传统

---

① 《商君书·修权》。
② 《商君书·壹刑》。
③ 《商君子·修权》。
④ 《慎子·逸文》。
⑤ 《韩非子·有度》。
⑥ 《韩非子·定法》。
⑦ 《韩非子·有度》。
⑧ 《史记·商君列传》。
⑨ 《史记·商君列传》。
⑩ 《商君书·修权》。
⑪ 《战国策·秦第一》。
⑫ 《商君书·定分》。

相去不远，故而法家一再主张公开法律，布之于民。商鞅说："圣人为民法，必使之明白易知，愚智遍能知之。"[①]以致"妇人婴儿皆言商君之法"。[②] 由于"万民皆知所避就"，[③]故"吏不敢以非法遇民，民不敢犯法以干法官"，[④]"于是法大用，秦人治"。[⑤]

韩非也论证法律公开性的必要。他说："法者，编著之图籍，设之于官府，而布之于百姓者也……故法莫如显……是以明主言法，则境内卑贱莫不闻知也。"[⑥]此外，他还提出公布于民的法律既要统一，也要保持相对的稳定，否则民无所适从。因此韩非又说："法莫如一而固，使民知之。"[⑦]"言无二贵，法不两适，故言行不轨于法令者必禁。"[⑧]他举韩国申不害"不一其宪令"所造成的弊端，作为史鉴："晋之法故未息，而韩之新法又生，先君之令未收，而后君之令又下。申不害不擅其法，不一其宪令，则奸多。"[⑨]

法家坚持公开法律布之于民，表现了他们对所制之法是否符合民意，具有充分的信心。如慎子所说："法非从天下，非从地出，发于人间，合乎人心而已。"[⑩]商鞅说："圣人为法，必使之明白易知"，"不观时俗，不察国本，则其法立而民乱"。[⑪]

公开法律使民易知，后世的思想家与立法者多沿此绪，或论诸舆论、或据以立法。西汉《淮南子》说："法生于义，义生于众适；众适合于人心，此治之要也。"[⑫]宋苏轼说："以至祥之法晓天下，使天下明知其所避。"[⑬]

历代思想家与开明之士为使公布于民的法律简而易知，便于遵守，都谆谆告诫立法者务要体恤此意。

---

① 《商君书·定分》。
② 《战国策·秦策一》。
③ 《商君书·定分》。
④ 《商君书·定分》。
⑤ 《史记·秦本纪》。
⑥ 《韩非子·难三》。
⑦ 《韩非子·五蠹》。
⑧ 《韩非子·问辩》。
⑨ 《韩非子·定法》。
⑩ 《慎子·逸文》。
⑪ 《商君书·算地》。
⑫ 《淮南子·主术训》。
⑬ 苏轼:《御试重巽申命论》。

唐贞观初年，太宗鉴于隋末法令滋彰、人难尽悉，因而以法条简约易知、保持稳定为立法原则，他命令长孙无忌、房玄龄等修律官，“斟酌今古，除烦去弊”。[①] 因此所修订的《贞观律》确实是封建法典中较为简约宽平、明白易知的。史载贞观十一年（637年）正月删去武德以来“敕三千余条，为七百条，以为格”。[②]

明初，还在吴元年十月，李善长等议拟律令时，朱元璋便指出：“法贵简当，使人易晓，若条绪繁多，或一事两端，可轻可重，吏得因缘为奸，非法意也。”[③]《明史·刑法志》说：“大抵明律视唐简覈。”《大明律》制定后，朱元璋唯“恐小民不能周知”，（大明律）命大理卿周祯等制定《律令直解》作为官方的解律之作。

明末清初，王夫之从总结历史经验中得出结论：“法贵简而能禁，刑贵轻而必行。”[④]

春秋战国时期关于制善法以治国的法家学说对后世亦颇有影响。宋王安石说：“立善法于天下，则天下治；立善法于一国，则一国治。”[⑤]宋杨时也说：“为政必立善法，俾可以垂久而传远。”[⑥]近人梁启超认为：“立法善者，中人之性可以贤，中人之才可以智，不善者反是。”[⑦]

以上可见，古今的历史都雄辩地证明了，制定与社会发展相契合而又公平公正公开地反映民众基本利益的称得上是良法、善法的法律，确实是关系到国家兴衰命运的大事。正因为如此，作为国家最高统治者的皇帝或亲自组织大臣立法，或亲自笔削立法初稿，以示慎重。例如：北魏孝文帝鉴于“律令不具，奸吏用法，致有轻重”[⑧]，不仅多次修律，而且亲自执笔定拟。史书说：“孝文用夏变俗，其于律令，至躬自下笔，凡有疑义，亲临决之，后世称焉。”[⑨]明朝《大明律》修订后，修律官刘惟谦在《进大明律表》中说：“每一篇成，辄缮书上奏揭于西庑之壁，（太祖）亲御翰墨为之裁定。”由此，可以进

① 《旧唐书·刑法志》。
② 《新唐书·刑法志》。
③ 《明史·刑法志一》。
④ 王夫子：《读通鉴论》卷二十二。
⑤ 王安石：《周公》。
⑥ 杨时：《河南程氏粹言·论政》。
⑦ 梁启超：《论变法不知本原之害》。
⑧ 《魏书·刑罚志》。
⑨ 程树德：《九朝律考·后魏律考序》。

一步说明治法为国之本。

二、治人(吏)为用

治人(吏)之说兴起于官僚制度形成之后。儒法两家各自从不同的角度加以阐述,既有共同性也有差异性,但以法家之说对后世影响较大。

管子说:“吏者,民之所悬命也。”[①]“人主之设官置吏也,非徒尊其身,厚奉之而已也,使之奉主之法,行主之令,以治百姓而诛盗贼也。”[②]

韩非说:“吏者,民之本纲者也,故圣人治吏不治民。”[③]韩非此论对后世极有影响,后世所谓明主率皆先治吏而后通过吏再治民,成为一种范式。汉人荀悦说:“在上者,能不止下为善,不纵下为恶,则国治矣。”[④]元人张养浩说:“治民如治目,拨触之则益昏;治吏如治齿牙,剔漱之则益利。”[⑤]

需要指出,荀况对于吏的治国作用作出了充分的论证。他根据孔子所说“为政在人”,[⑥]“其人存,则其政举,其人亡,则其政息”[⑦]的观点立论。荀况还以史为据说明即使有了良法,还得靠吏来掌握和贯彻,否则便成一纸具文。他说:“羿之法非亡也,而羿不世中;禹之法犹存,而夏不世王。故法不能独立,类不能自行,得其人则存,失其人则亡。法者,治之端也;君子者,治之原也。故有君子,则法虽省,足以偏矣;无君子,则法虽具,失先后之施,不能应世之变,足以乱矣。”[⑧]

治人之法首重选吏,管子说:“选贤论才而待之以法。”[⑨]韩非也说:“明主之吏,宰相必起于州部,猛将必发于卒伍。”[⑩]荀况更详加论证尚贤使能的任官原则,他说:“先王明礼义以壹之,致忠信以爱之,尚贤使能以次之,

---

① 《管子·明法解》。
② 《管子·明法解》。
③ 《韩非了·外储说右下》。
④ 《申鉴·政体》。
⑤ [元]张养浩:《牧民忠告·御下》。
⑥ 《礼记·中庸》。
⑦ 《礼记·中庸》。
⑧ 《荀子·君道》。
⑨ 《管子·君臣上》。
⑩ 《韩非子·显学》。

爵服庆赏以重申之。”[1]“无德不贵，无能不官，无功不赏”，[2]只有“论德而定次，量能而受官”，才能使人“各得其所宜。”[3]宋司马光在《资治通鉴》中总结说：“政以得贤为本，治以去秽为务。”[4]

1975年湖北云梦出土的《睡虎地秦墓竹简》，记述了公元前3世纪所载的“为吏之道”，其中说：“审民能，以任吏。”而在《置吏律》、《军爵律》、《效律》等单行法规和《法律答问》中，也具体规定了官吏的荐举、任免、考核和惩奖。凡政绩优异者受赏，恶劣或在考核中不合格者，本人惩处，荐举人和上级官吏也要负连带罪责。

在“为吏之道”中还提出了一套封建官吏应遵循的行为规范：“凡为吏之道，必精洁正直，慎谨坚固，审悉毋私，微密韱(纤)察，安静毋苛，审当赏罚。”并将这些原则要求具体概括为“五善”、“五失”。

所谓“五善”：“一曰中(忠)信敬上，二曰精(清)廉毋谤，三曰举事审当，四曰喜为善行，五曰龏(恭)敬多让。”所谓“五失”：“一曰夸以泄，二曰贵以大，三曰擅裚(制)割，四曰犯上弗智(知)害，五曰贱士而贵货贝。”又说：“一曰见民杲(倨)敖(傲)，二曰不安其鼂(朝)，三曰居官善取，四曰受令不偻，五曰安家室忘官府。”又说：“一曰不察所亲，不察所亲则怨数至；二曰不智(知)所使，不智(知)所使则以权衡求利；三曰兴事不当，兴事不当则𥝩指；四曰善言隋(惰)行，[善言惰行]则士毋所比；五曰非上，[非上则]身及于死。”(方括号中的字是作者据上下文意与句式加的)这里列举的所谓“失”，远远超出了五点，只不过把它以五点为一组分组加以概括。“为吏之道”所列举的善与失，当然有其时代和阶级的标准。

秦始皇统一六国后，在全国范围内推行统一的任免官吏制度，不仅在当时有效地加强了国家的统治，而且对整个封建社会任官制度的发展，都产生了一定的影响。

法有善法、恶法之分，吏也有良吏、恶吏之别。根据秦简记载，“明法律令”为“良吏”，“不明法律令”为“恶吏”。吏如违法失职则以法制裁。商鞅说：“守法守职之吏有不行王法者，罪死不赦，刑及三族。”[5]荀况说：“百吏

---

① 《荀子·富国》。

② 《荀子·王制》。

③ 《荀子·君道》。

④ 《资治通鉴》卷四十九。

⑤ 《商君书·壹刑》。

畏法循绳，然后国常不乱。”[①]韩非说：“人臣循令而从事，案法而治官。”[②]据《史记·秦始皇本纪》：“三十四年，适治狱吏，不直者，筑长城及南越地。”

根据法家提出的“法之不行，自上犯之”[③]的论点，后世无论执法与吏治首要责在大吏。宋杨万里说：“用法自大吏始，而后天下心服。”[④]明人吕坤说：“吏治无良，未有不自大吏始者。我洁已而后责人之廉，我爱民而后责人之薄，我秉公而后责人之私，我勤政而后责人之慢。”[⑤]清圣祖康熙帝也说：“大吏廉洁，小吏则自然效法。”[⑥]

综上可见，如果说治法为国之本，那么治吏就是为国之用。只有本用结合、法吏统一，才能达到国治民安。

需要指出：治人与人治是两个不同的概念，不可以混淆。治人主要是通过各种途径、各种方式提高官的素质，使其能够正确适用法律，发挥法律的治世功能。而人治主要是指贤人政治，是官治，其最终归宿是君治，是将国家的治理寄托于少数圣君贤相身上。治人的目的是通过治吏达到吏治。而人治必然发展为君治，这是封建专制制度所决定的，其弊害也无穷。慎到说：“君人者，舍法而以身治，则诛赏夺予从君心出矣。然则受赏者虽当，望多无穷；受罚者虽当，望轻无已。君舍法而以心裁轻重，则是同功而殊赏，同罪而殊罚矣。怨之所由生也。”[⑦]韩非也说：“释法术而任心治，尧舜不能正一国；去规矩而妄意度，奚仲不能成一轮；废尺寸而差短长，王尔不能半中。使中主守法术，拙匠执规矩尺寸，则万不失矣。”[⑧]

三、治法与治人的统一

治法与治人的对象与内涵的价值虽有不同，但皆为治国之所需，不可偏废。仅有治法而无治人，无法实现法的功能与价值取向；仅有治人而无

① 《荀子·王霸》。
② 《韩非子·孤愤》。
③ 《史记·商君列传》。
④ 杨万里：《驭吏》(上)。
⑤ 吕坤：《明职》。
⑥ 《清实录·圣祖皇帝实录》。
⑦ 《慎子·逸文》。
⑧ 《韩非子·用人》。

治法则行事无据，必致淆乱政事。历代开明之君皆以治法与治人密切配合相辅相成为治国方略。以治法辅以治人论者可谓多矣，而以荀子最为著名。他在《君道》篇中非常清晰地论述了治人与治法的关系："有乱君，无乱国；有治人，无治法。……故法不能独立，类不能自行，得其人则存，失其人则亡。……不知法之义，而正法之数者，虽博，临事必乱。故明主急得其人，而闇主急得其执。急得其人，则身佚而国治，功大而名美，上可以王，下可以霸；不急得其人，而忽得其执，则身劳而国乱，功废而名辱，社稷必危。"荀子所说："法不能独立，……得其人则存，失其人则亡。"实际上已经为有治人无治法一语做了注释。

不仅如此，荀况在论及可以为"王"的四个条件时，列于首位的是法治，"其法治，其佐贤，其民愿，其俗美，四者齐"则可以"王"。[①] 他所强调的是隆礼重法，而不是隆礼废法。任何一个时代的国家在制定法律之后，都需要官吏执行，否则法律只是具文，无法走向生活。古今中外概莫能外。荀况只是强调了执法之吏的作用而发出的"有治人无治法"，不能由此得出荀况只讲人治不讲法治的结论。宋人陈亮说得更透彻："法当以人而行，不当使法之自行。天下不可以无法也，法必待人而后行者也。然尝思之，法固不可无，而人亦不可少。闻以人行法矣，未闻使法之自行也。立法于此，而非人不行，此天下之正法也。"[②]明熊廷弼也明确地说："虽有其法，而苟无其人，与无法同。"[③]

明末清初思想家黄宗羲从强调法的作用出发，提出有治法而后有治人，他说："即论者谓有治人无治法，吾以谓有治法而后有治人。自非法之法桎梏天下人之手足，即有能治之人，终不胜其牵挽嫌疑之顾盼，有所设施，亦就其分之所得，安于苟简，而不能有度外之功名。使先王之法而在，莫不有法外之意存乎其间。其人是也，则可以无不行之意；其人非也，亦不至深刻罗网，反害天下。故曰有治法而后有治人。"近人梁启超沿袭黄宗羲的观点，进而得出结论："荀卿有治人无治法一言，误尽天下，遂使吾中华数千年，国为无法之国，民为无法之民。"[④]如前所述，荀况并非割裂法与人的内在联系，他关于"法"的论述多于"人"的论述，只是在如何发挥法的功能

① 《荀子・王霸》。

② 黄宗羲：《明夷待访录・原法》。

③ 《明经世文编》卷四百八十一。

④ 《梁启超文集》卷二十"论立法权"。

时强调了人的作用而已。认为荀况是纯粹的人治论者既扭曲了荀况的原意,也不符合中国法制历史的实际。后世思想家、政治家在论及治法与治人关系时均持二者的统一论,从无单纯任法或单纯任人之说。唐代白居易说:“虽有贞观之法,苟无贞观之吏,欲其行善,不亦难乎?”[①]宋代王安石也说:“守天下之法者,莫如吏。”[②]明末清初,卓越的思想家王夫之在《读通鉴论》中提出:“任人任法,皆言治也。”[③]但是“任人而废法,是治道之蠹也”[④],“非法何以齐之”[⑤]。任法而废人也是“治之弊也”,“未足以治天下”[⑥]。结论就是任人与任法相结合,“择人而授之以法,使之遵焉。”[⑦]晚清修律大臣沈家本说:“法之善者仍在有用法之人,苟非其人,徒法而已”[⑧],“大抵用法者得其人,法即严厉,亦能施其仁于法之中;用法者失其人,法即宽平亦能逞其暴于法之外。”[⑨]

“五四”运动时期,共产主义者先驱李大钊,全面地、有现实针对性地阐述了法治与人治的统一关系。他说:“国之存也,存于法,……国而一日离于法,则丧厥权威。”[⑩]但“若惩人治之弊,而专任法律,与监法治之弊,而纯恃英雄,厥失维均,未易轩轾。”[⑪]他一方面强调:“溯本穷源,以杀迷信人治之根性,……盖此性不除终难以运用立宪政体于美满之境。”[⑫]另一方面又阐明了“法律死物也,苟无人以持之,不能以自行”,故“宜取自用其才而能适法之人”。[⑬]

治法与治人的统一结合,经过历史的检验,证明了它是一个成熟的治国方略。二者结合好的王朝多为盛世,如汉文景之治、唐贞观之治既有善

---

① 《长庆集》卷四八。

② 《翰林学士除三司使》。

③ 《读通鉴论》卷三。

④ 《读通鉴论》卷十。

⑤ 《读通鉴论》卷四。

⑥ 《读通鉴论》卷十。

⑦ 《读通鉴论》卷十。

⑧ 《寄簃文存·书明大诰后》。

⑨ 《历代刑法考·刑制总考·唐》。

⑩ 《民彝与政治》,《民彝》,1916 年 5 月 15 日创刊号。

⑪ 《民彝与政治》,《民彝》,1916 年 5 月 15 日创刊号。

⑫ 《民彝与政治》,《民彝》,1916 年 5 月 15 日创刊号。

⑬ 《民彝与政治》,《民彝》,1916 年 5 月 15 日创刊号。

法又有良吏，相得益彰，造就了少有的盛世。二者悖谬的王朝多为衰世，如秦任用酷吏恣意违法，隋末宪章遐弃，不以官人违法为意，结果不旋踵而亡，成为历史上著名的两个短命王朝。西方古代的哲人在治法与治吏的统一性上，与中国古代思想家有异曲同工之处。主张贤人政治的柏拉图也写有《法律篇》，要求统治者必须根据宗教教义和法律来进行统治。而主张"法治"的亚里士多德却也承认"如果既是贤良为政，那就不会乱法"①。可见治法与治人相统一的观点反映了治国理政的一般性规律。

改革开放以来，我国社会主义法制建设取得了举世瞩目的进步，无法可依的时代早已成为历史的过去，但是从目前法制运行的实际看，治法颇有余，治人则不足，法虽为善法、良法，但吏却不尽如人意，以致未能充分发挥法律的价值与功能，某种程度上损害了法律的权威。中国古代治法与治吏相统一，二者并重，并使之有机配合相辅相成，不仅是一项成熟的治国理政的经验，而且也反映了中华民族的智慧，它是超越时空界限的，值得我们认真研究、体察。发挥历史的借鉴作用，是中华民族子孙应尽的天职。

（转引自：《法律科学》2011.4）

① ［古希腊］亚里士多德，吴寿彭译：《政治学》（中译本），商务印书馆 1965 年版，第 119 页。

中国古代廉政法制建设及其启示

在中国古代社会，官吏的权力依附于皇权而存在，是皇权的延伸。吏治的状况既直接影响到民众的利益与社会的安宁，同时也反映了皇权是否受到挑战与侵犯。因此，历朝历代的有为君主都对官吏的治理尤为关注。“明主治吏不治民”，说的是一个明智的君主总是通过对官吏的治理来达到对民众进行有效统治的目的。在对官吏的治理过程中，如何实现廉政是一个极其重要的方面。当然，中国古代廉政法制建设所取得的成就在客观上可以为不同的历史时期、不同的国家所利用，它所积累的经验具有超越时空的价值。中国古代廉政法制建设是中华法制文明的重要组成部分，内容涉及惩贪立法、考课、监察以及俸禄制度等诸多方面。在历史上出现过的吏治清明的盛世，多与这些立法和制度的创制与运作分不开。其所积累的经验与教训，对于厉行反腐倡廉，加强廉政建设的今日中国仍具有启示的作用。

一、廉政舆论——廉政法制建设的先导

早在《周礼·天官冢宰》中便提出“将廉为木”，以考察官府的政绩：“一曰廉善，二曰廉能，三曰廉敬，四曰廉正，五曰廉法，六曰廉辨。”据《周礼疏解》“廉者系不滥浊也”，而善、能、敬、正、法、辨则为官府的六计。六计各贯以“廉”，说明廉政已成为官府政绩的核心价值。

另据《春秋》记载，鲁大夫御孙曾以“俭，德之共也；侈，恶之大也”[①]进

① 《春秋·庄公二十四年》。

谏庄公，其意在于期盼庄公由上而下地施行廉俭。

春秋战国时期法家登上政治舞台以后，为了推进改革的成果，巩固新建立的政权，更加注意廉政建设。管仲曾将廉政问题提到关系国家兴亡的高度，他说：“礼义廉耻，国之四维，四维不张，国乃灭亡。”①晏婴在应对景公所问“廉政而长久，其行何也?”时说：“其行水也，美哉水乎清清，其浊无不雩途，其清无不洒除，是以长久也。”又说“廉者政之本也。”②韩非在论证廉的价值时，指出：“廉，外则可以大任，少欲则能临其众。”③

汉初，文帝在劝民诏书中强调指出，“廉吏，民之表也”。④

唐贞观二年，太宗曾对侍臣说：“朕尝谓贪人不解爱财也。至如内外官五品以上，禄秩优厚，一年所得，其数自多。若受人财贿，不过数万。一朝彰露，禄秩削夺，此岂是解爱财物？规小得而大失者也。”他还从总结古今得失的角度强调，历代“为主贪，必丧其国；为臣贪，必亡其身。”⑤

宋代名臣包拯则从廉贪对立的角度，强调“廉者，民之表也；贪者，民之贼也。”⑥宋真德秀也指出：“廉者士之美节，污者士之丑行。士之不廉，犹女之不洁。不洁之女，虽功容绝人，不足自赎。不廉之士，纵有他美，何足道哉！”⑦

明宋纁认为世之廉者可分三个层次：“有见理明而不妄取者；有尚名节而不苟取者；有畏法律保禄位而不敢取者。见理明而不妄取，无所为而然，上也；尚名节而不苟取，狷介之士，其次也；畏法律保禄位而不敢取，则勉强而然，斯又为次也。”⑧

明末清初思想家王夫之在《读通鉴论》中，从史鉴高度，论证了“贿赂之败国家，如鸩之必死，未有能生之者也。”⑨

清朝康熙帝曾言：“治国莫大于惩贪。”⑩雍正帝进而论证说：“国之安

---

① 《管子·牧民》。

② 《晏子春秋·内篇问下第四》。

③ 《韩非子·十过》。

④ 《汉书·文帝纪》。

⑤ 《贞观政要·贪鄙》。

⑥ 包拯：《乞不用赃吏疏》。

⑦ 真德秀：《西山政训》。

⑧ 宋纁：《古今药石·卷上》。

⑨ 王夫之：《读通鉴论·唐武宗》。

⑩ 《清朝通志·刑法略》。

危,全系官僚之贪廉。官若忠廉,则贤才向(可)用,功绩获彰,庶务皆得其理,天下何患不治。官若奸贪,则贿赂肆行,庸恶幸进,功过冒赏,巨憝得以漏网,良善必至蒙冤,吏胥舞文,小民被害,政之紊乱,实由于此。”①

《清碑·官箴》所载:“吏不畏吾严而畏吾廉,民不服吾能而服吾公。公则民不敢慢,廉则吏不敢欺。公生明,廉生威。”廉生威之言来自汉董仲舒“至廉而威”,②在官场的影响颇为广泛。

清人王永吉还论证了居上位者廉,会起到上行下效的作用,他说:“大臣不廉,无以率下,则小臣必污;小臣不廉,无以治民,则风俗必坏。”③

历代思想家、政治家除从总体上论证廉政对于治国理政的重要价值外,还将廉与平、廉与俭、廉与洁、廉与勤联系起来一并考察,形成了丰富的廉政文化内涵。

廉平论者如下:

“吏不廉平,则治道衰。”④

“临官莫如平,临财莫如廉,廉平之守,不可攻也。”⑤

“廉平之德,吏之宝也。”⑥

“惟廉而后能平,平则公矣。不廉必有所私,私则法废,民无所措手足矣。”⑦

廉俭论者多以俭为廉之本,能俭斯能廉,如:

“非俭无以养廉,非廉无以养德。”⑧

“居官之所恃者,在廉。其所以能廉者,在俭。”⑨

至于廉洁二字连用始见于《楚辞·招魂》:“朕幼清以廉洁兮。”据王逸注:“不受曰廉,不污曰洁。”

在中国古代的廉政文化中也杂有迷信报应之说,例如明万历时陈幼学知湖州,书于堂曰:“受一文枉法钱,幽有鬼神明有禁;行半点亏心事,远在

---

① 《清世宗实录》卷九。

② 《春秋繁露·五行相生》。

③ 王永吉:《御定人臣儆心录》。

④ 《汉书·宣帝纪》。

⑤ 刘向:《说苑·至公》。

⑥ 武则天:《臣轨·廉洁》。

⑦ 杨士奇:《历代名臣奏议》卷一百七十三,《考课》。

⑧ 《元史·乌古孙泽传》。

⑨ [清]张圻:《答周仲和书》。

儿孙近在身。”清代陈景峰在晋州(今河北省晋县)为官,针对贪贿情形,在衙署厅堂上自题一联,云:“头上有青天,作事要循天理;眼前有瘠地,存心不刮地皮。”

迷信报应之说虽属荒诞,但在科学知识极端贫乏的古代仍有一种无形的威慑力,对于官吏内在的自我约束起到一定的作用。

综上可见,中国古代廉政思想的丰富,议论的恢宏,形成了绚丽多彩的廉政文化,成为影响广泛的社会舆论,指导着廉政法制的建设。中国古代的廉政文化是植根于中华民族本土土壤之上的,它具有民族性的特点,也是衡量中国古代政治、法律文明的一种尺度。

二、惩贪立法——廉政法制建设的基石

惩贪立法是中国古代刑事法律的基本组成部分,也是维持廉政打击贪腐的重要措施。早在皋陶造律时,便以贪污作为三大罪之一,所谓“昏、墨、贼、杀,皋陶之刑也”,“恶而掠美为昏,贪以败官为墨,杀人不忌为贼”。[①]其中的墨便是指官员贪赃。继夏而起的商朝,总结夏亡的教训,有针对性地制定了“官刑”以“儆于有位”。其中把官吏“殉于货色”,列为“三风”中的“淫风”,犯之者处严刑。[②] 至西周,制定《吕刑》,标志着中国奴隶制时代治官之法的重要发展。《吕刑》所载的“惟官、惟反、惟内、惟货、惟来”泛指官吏贪赃枉法的五种情况,犯之者“其罪惟均”。据《正义》解释“此狱吏之罪,与犯法者同。”《吕刑》还提出了一个很可贵的思想:“狱货非宝,惟府辜功。”据《正义》解释:“治狱受货,非家宝也,惟是聚罪之事”,因此犯之者“报以庶尤。”意为枉法受财不足为贵,只不过是积累罪恶,终究要受到惩罚。

进入战国,官僚制度取代了世卿制度,出现了任官之法、上计之法,以及玺符、俸禄、休致等一系列制度。就惩贪之法而言,魏国李悝所著《法经》提出了“假借不廉”和“受金”等内涵明晰的罪名和惩罚办法:“丞相受金,左右伏诛,犀首以下受金则诛,金自镒以下罚不诛也。”[③]

自商鞅变法至秦统一,以法惩贪的规范开始细化,如:“通一钱者,黥为

① 《左传·昭公十四年》,引《夏书》。

② 《尚书·伊训》。

③ 董说:《七国考》卷十二,《魏刑法》。

城旦”，私贷公钱“与盗同法”，官匿民田，按“匿田”论罪。而且从正面阐明了为吏之道。《云梦秦简》有以下记载：以“临财见利，不取苟富”为可称道的吏道，以“居官善取”为“吏有五失”之一。

两汉魏晋时期，惩贪立法不断充实。汉时法律对主守官与监临官犯赃，区别用刑。“主守而盗直十金弃市”①，“监临官受其官属所赠饮食计偿费勿论；受财物，夺爵为士伍，免之；无爵，罚金二斤，令没入所受。”②但如“枉法受赇”，“恐吓受赇”加重处刑。据《汉书·刑法志》：“吏坐受赇枉法……皆弃市。”汉武帝时，“嗣葛魁侯戚坐缚家吏，恐猲受赇，弃市”。③ 此外也制裁行赇者，如：“临汝侯灌贤坐行赇罪，国除。”④“汾阳嗣侯意坐行赇，髡为城旦。”⑤

《魏律》十八篇中，专列《请赇》、《偿赃》两篇，此外还有《呵人受钱》之令，《使者验贿》之科。这一方面标志着惩贪之法在刑法中比重的加大，另一方面也反映了官吏犯赃现象的普遍。

晋时注释法律盛行，使得贪赃受贿的概念趋于规范化。例如，“货财之利，谓之赃”，“以罪名呵为受赇”，“输入呵受为留难，敛人财物积藏于官为擅藏”⑥等等，其影响及于后世。《晋律》对于官吏贪污处刑极严，罪不至死者，虽遇赦，仍禁锢终身，轻者二十年。南陈时，增加不枉法受财条，科同“正盗”。北魏，监临官“受羊一只，酒一斛者，罪至大辟”。⑦ “枉法无多少，皆死”。⑧ 北魏著名的高官辛雄还提出了贪污定罪的证据理论，他说：“若必须三人对见受财，然后成证，则于理太宽；若传闻即为证，则于理太急。今请以行赇后三人俱见物，及证状显着，准以为验，诏从雄议。”⑨

历史发展至唐朝，封建社会臻于鼎盛，法制也日趋成熟和定型。《唐律》中赃罪已有六赃之分，其中关于官吏犯赃罪认定及处理合理、严谨与详密，反映了立法的完善与法律从重惩治官吏犯赃罪的精神。

---

① 《汉书·陈万年传》如淳注引律。
② 《汉书·景帝纪》。
③ 《汉书·武帝纪》。
④ 《史记·功臣表》。
⑤ 《汉书·功臣表》。
⑥ 《晋书·刑法志》。
⑦ 《魏书·刑法志》。
⑧ 《魏书·刑法志》。
⑨ 《魏书·辛雄传》。

首先，对于同类犯罪行为的处罚，官吏要重于一般犯罪主体。例如，监守自盗加凡盗二等处罚，至三十匹处绞刑。又如，对行贿者的处罚要轻于对受贿者的处罚，如果存在索贿情节，对行贿者可免于处罚；如属主动行贿，则对行贿者比照受贿者减等处罚。以“受所监临”为例，行贿者减受贿者五等处罚，罪止杖一百。官吏犯赃罪不仅侵犯了国家或他人的财产权，而且也侵犯了官吏公务行为的廉洁性，对该罪处刑重于普通盗窃罪既是必要的也是合理的。

其次，对监临主司的处罚较其他一般官吏要重。例如，“不枉法赃”和“受所监临”并不要求监临之官有为他人谋取非法利益的主观意图或客观事实，只要有收受或取得他人财物的行为即构成赃罪。非监临主司犯赃罪的罪名单列为“坐赃”，必须“因事而受财”才能构成赃罪。即使都是“因事受财”而致赃罪，对非监临主司的处罚较监临主司要轻。监临主司因事受财，根据是否曲法枉断分为枉法赃与不枉法赃。枉法赃的最低刑为杖一百，然后一匹加一等，至十五匹绞；不枉法赃最低刑为杖九十，每二匹加一等，至三十匹加役流。坐赃最低刑为笞二十，一匹加一等；徒刑以上则每十匹加一等，最高刑期为徒三年。唐律之所以作如此规定，是因为监临主司是某一辖区或某一事物的负责人，加重处罚符合权责相适的原则。

最后，官员倚仗权势牟利的一切行为都是犯赃罪，法律对此有详密的规定。唐律规定，监临主司在辖区内借贷他人财物的，根据所借贷的财物数量，参照坐赃论处；若借贷超过百日不还的，则以受所监临财物论处；如果存在强行借贷情节的，那么相应加二等处罚。另外，监临之官在其辖区内从事买卖，其中的价格与市场价格存在明显差额，官吏因而获利的，或无偿役使其辖区内的人力、畜力以及占用车船、房店的行为，都属于犯赃罪。如果是监临主司的家人于辖区内犯有上述行为，参照监临之官所犯，减二等处罚。监临主司如果知情，与家人同罪；如果不知情，那么在家人罪刑的基础上相应减五等处罚。这些规定可以算得上是在长期惩治官吏犯赃罪的实践中总结出的宝贵经验。

宋初，鉴于五代以来官吏贪赃枉法危害政权，严惩贪墨之罪，以督励百官奉法执法，官吏受赃者或弃市，或杖毙于朝，或刺配沙门岛。贪赃枉法之官，不适用请、减、赎、官当之法，以赃论罪之官虽遇赦不得叙，永为定制。太宗以后，惩贪之法逐渐松弛。从真宗朝起，官吏犯赃弃市之法基本不用。

徽宗重用蔡京、童贯，使贪风盛炽，以致“廉吏十一，贪吏十九”。[①] 至南宋，以赃论罪遇赦不得叙之法遭到破坏。

《宋刑统》有关赃罪的规定，也较《唐律》为宽。按《唐律》“监主受财枉法”十五匹（绢）即绞，不枉法者，三十匹加役流；《宋刑统》在条文规定上虽与唐律相同，但附敕却做出了修正。例如，官吏犯枉法赃十五匹合绞者，敕文宽至二十匹。

南宋《庆元条法事类》较《宋刑统》进一步放宽。《职制门》“馈送”条引《贼盗敕》规定：“诸监临主守自盗，及盗所监临财物，罪至流，配本州（谓非除免者），三十五匹绞。”《职制门》“理赏”条引《职制敕》规定：“诸监临主司，受财不枉法，赃五十匹，配本城。”然而，宽以治吏所造成的“刑罚不足以沮奸”[②]既败坏了吏治，也削弱了法律的权威。

元朝成宗时很重视吏治，强调“诸牧民官不先洁已，何以治人”？为此下诏：“今后因事受财，依例断罪外，枉法赃者，即不叙用，不枉法赃须殿三年方听告叙，再犯，终身不叙。”[③]元朝的惩贪立法对于官吏犯赃的分类与处罚规定是较为细密的，详列取受、侵盗、侵占、回钱、过钱、首赃、赃罚等罪的构成要件。但对赃罪的处刑较轻，如枉法赃二百贯以上杖一百零七，不枉法赃减枉法赃三等。官吏受赃如能悔过自首，无不尽不实者免罪，有不尽不实者只坐不尽之赃。职官如恐吓有罪人求赂，即使未得财也杖二十七，受财为人请托者计赃论罪，侵用官田者以枉法论。犯赃之官虽死，仍责其家属纳赃。

明朝建立以后，明太祖总结元蒙时赃官虐民激变的历史教训，强调吏治。曾谕天下府、州、县官：“天下初定，百姓财力俱困，如初飞之鸟，不可拔其羽。新植之木不可摇其根，在安养生息之而已。惟廉者能约己而利人，尔等当深念之。”[④]为了惩治赃吏，《大明律》首列六赃图，并专列“受赃”目。此外在《户律》、《课程》、《盐法》中均有惩治官吏贪污的规定，处刑较唐律为重。

根据《大明律》，官吏“受赃”，分枉法赃、不枉法赃与坐赃三种，均计赃科刑，但有所区别。枉法赃“通算全科”，即按受赃总数科刑。五贯以下杖

---

① 李新：《跨鳌集》卷十九，《上皇帝万言书》。

② 徐积：《节孝先生文集》卷二十九，《策问》。

③ 《元典章》卷十一，《吏部》五。

④ 《廿二史札记》。

八十，五十贯流三千里，八十贯绞（唐律十五匹绞）。不枉法赃"通算折半"，即按受赃总算之半科刑。十贯杖七十，一百二十贯流三千里。坐赃指"官司吏人等非因事受财，受赃致罪……"，与非枉法赃同，也"通算折半"。三贯以下笞三十，八十贯杖一百，百贯徒一年，五百贯以上罪止徒三年。除惩治受赃官吏外，与者减五等治罪。洪武年间还有以下专门规定："凡官民人等犯枉法赃者，不分南北，俱发北方边卫充军。"①

明律中惩治官吏贪污罪的条目较唐宋律更加具体。如官吏受财，事后受财，有事以财请求，在官求借贷人财物，家人求索，风宪官犯赃、因公擅科敛，私受公侯财物，留盗赃，受财脱漏户口，私役部民夫匠，私借官军船，私借钱粮挪移出纳，冒支官粮，冒领物料，等等。

官吏因赃除名，罢役之后不再叙用。这与唐律中因赃免官经过一定年限仍可降级使用，有所不同。尤其对于官与吏受财分别详注，反映了对于吏为非作歹的重视。至于职掌纠弹百官之权的"风宪官"御史，如犯赃则从重论。御史的家人求索借贷虽减本官所加之罪二等，但仍与一般监临官同等看待，若因事受财不准减等。

在明太祖手订的《大诰》中辑录了惩治赃吏的案例，处刑均较《大明律》为重。按《大明律》，"不枉法赃"罪不至死，但《大诰》中官吏因犯"不枉法赃"被凌迟、枭首者极多。对犯赃官吏，不仅惩罚本人，也株连通贿人及其家属。洪武四年（1371 年），曾敕谕刑部："官吏受赃者，并罪通贿之人，徙其家于边，著为令。"②

清初，任法严肃，惩治贪墨。在《大清律集解附例》中对于官吏受财，除计赃科刑外，还区分官与吏、有禄与无禄、枉法与不枉法，分别处刑。例如，枉法赃至八十两，绞。不枉法赃一百二十两，止杖一百，流三千里。官吏如于任内求索财物，"计赃准不枉法论，强者准枉法论，财物给主"。③ 风宪官受财，加罪二等。

顺治朝，将广纳贿赂的吏部尚书谭泰正法，籍没其家。大学士陈名夏父子也因"说人情，纳贿赂"，"陈名夏论斩，妻子家产分散为奴"，其子陈掖臣遣戍。史书说："世祖亲政之后，任法严肃，凡在臣专横，如陈名夏、谭泰、陈之遴、刘正宗之辈，无不立正典刑，以后人各知畏，夙弊尽革，以成一代雍

① 《明史·刑法志》。

② 《明史·刑法志》（一）。

③ 《大清律例通纂》，"受赃"条附例。

熙之治。"[1]

乾隆五年《大清律例》成，仍以六赃图列于卷首，内含监守盗、常人盗、坐赃、枉法、不枉法、窃盗等。枉法赃五十五两，流三千里杖一百。有禄人八十两绞，无禄人一百二十两绞。不枉法赃与坐赃一百二十两，流三千里杖一百，一百二十两以上绞。乾隆二十三年(1758年)鉴于对贪官惩治不力，致使贪污之风难以遏止，遂废除雍正帝时制定的完赃减等之例，"嗣后除因公挪移及仓谷霉烂、情有可原等案仍照旧例外，所有实系侵亏入己者，限内完赃减等之例，著永行停止"。[2] 并将该例从《大清律例》中删除。

嘉庆即位之初，因财政空虚恢复了雍正三年(1725年)完赃减等例，而且规定"一年限内不完，死罪人犯永远监禁"。[3]

有清一代，书吏舞文作弊枉法行私极为严重，因此《大清律例》增加了书吏犯赃罪的惩罚条款。

综上可见，历代惩贪之法辗转承袭，规范不断完备，量刑注意情节，其因革损益都反映了特定的历史条件，着眼点都在于整饬吏治保证廉政。惩贪之法在不同时期不同程度上起到了应有的作用，成为廉政法制建设的基石。

三、考课——惩贪与奖廉并举

早在《尚书·舜典》中便有"三载考绩，黜陟幽明"的记载，此说虽有后人的附会，但也说明了有官必有课的历史现象。

战国时期官僚制度取代世卿制度，考课官吏的上计制度也开始建立，并不断地充实，成为中国古代政治制度的一项重要内容。

考课制度使惩贪与奖廉这两个对立物得以并举。惩贪是对赃官的惩戒，奖廉是对廉吏的褒赏。前者是消极的制裁，后者是积极的立范。由于考课之后继之以奖惩，故而通过考课有效地推动了惩贪与奖廉。

汉代考课一般是每年一小考，三年一大考，丞相负责考核地方行政长官即郡国守相，考课的内容是户口、垦田农桑、漕运水利、钱谷出入、盗贼狱

---

① 《世祖传赞》，转引自萧一山：《清代通史》(卷上)，中华书局1986年版，第386页。

② 《清高宗实录》卷五七〇。

③ 《清会典事例》卷七八一，《刑部五九》，《刑律贼盗》。

讼、教育选举、灾变疾疫等项，“岁终遣吏上计”。郡国守相则考课属县。考课以会议的形式进行评议，主考者可以提出种种问题，受考核者需据政绩实情回答。然后，逐级汇总，由县而郡，由郡而中央两府（东汉则为尚书台三公曹），最后是丞要（东汉是尚书令或录尚书事）总其成上奏天子。汉代把官吏考核视为国家大事，因此，天子接受上计，往往采用国家大典的方式，常于每年正月初一群臣朝贺时举行，有时也在封泰山、礼明堂时“受计”。考课之后，继之以赏罚，廉者增秩（增加俸禄）、迁官（升官）、赐爵（以20等爵位，分别功之大小以赏之）。贪者降俸、贬职、免官。违法犯罪者依法治罪。韩延寿为东莱太守，令行禁止，狱讼大减，考课为天下最优，升任左冯翊。赵广汉为阳翟令，以治行优异，升迁京辅都尉。黄霸为颍川太守，考课天下第一，升迁京兆尹，职掌京师，但京官难当，不称职，连降俸禄，复为颍川太守，薪俸降为八百石，远低于二千石郡太守。但黄霸仍勤于公务，郡中愈治，复得升秩、赐金、封侯的荣典，旋升御史大夫，后任丞相。[①] 总的看来，汉代在官吏考核中能够坚持赏罚必信，反对“累日以取贵，积久以致官”[②]的论资排辈做法，并且不以一事定终身，以致汉代官场较有生气，国家机器的运行较为正常。

唐朝的考课制度也已进入规范化阶段，每年一小考，四年一大考。各部门的主管长官根据国家规定的“四善”、“二十七最”，对所属官吏进行年终考核。

“四善”，是国家对各级官吏提出的四条共同要求。一曰德义有闻，二曰清慎明著，三曰公平可称，四曰恪勤非懈。

“二十七最”，则是根据各部门职掌之不同，分别提出的二十七项标准：“一曰献可替否，拾遗补阙，为近侍之最；二曰铨衡人物，擢尽才良，为选司之最；三曰扬清激浊，褒贬必当，为考校之最；四曰礼制仪式，动合经典，为礼官之最；五曰音律克谐，不失节奏，为乐官之最；六曰决断不滞，与夺合理，为判事之最；七曰部统有力，警守无失，为宿卫之最；八曰兵士调集，戎装充备，为督领之最；九日推鞫得情，处断平允，为法官之最；十曰雠校精审，明近刊定，为校正之最；十一曰承旨敷奏，吐纳明敏，为宣纳之最；十二曰训导有方，生徒克业，为学官之最；十三曰赏罚严明，攻战必胜，为将帅之

① 以上俱见《汉书》本传。

② 《汉书》卷五十六，《董仲舒传》。

最；十四曰礼义兴行，肃清所部，为政教之最；十五曰详录典正，词理兼举，为文史之最；十六曰访察精审，弹举必当，为纠正之最；十七曰明于勘复，稽失无隐，为句检之最；十八曰职事修理，供承强济，为监掌之最；十九日功课皆充，丁匠无怨，为役使之最；二十曰耕耨以时，收获成课，为屯官之最；二十一曰谨于盖藏，明于出纳，为仓库之最；二十二曰推步盈虚，究理精密，为历官之最；二十三曰占候医卜，效验多者，为方术之最；二十四曰检察有方，行旅无壅，为关津之最；二十五曰市廛弗扰，奸滥不行，为市司之最；二十六曰牧养肥硕，蕃息孳多，为牧官之最；二十七曰边境清肃，城隍修理，为镇防之最。”①

经过考核，定出上、中、下三等九级。“一最四善为上上，一最三善为上中，一最二善为上下，无最而有二善为中上，无最而有一善为中中，职事粗理，善最不闻者为中下；爱憎任情、处断乖理者为下上，背公向私，职务废缺者为下中，居官饰诈，贪浊有状者为下下。若于善最之外，别可嘉尚；及罪虽成殿，而情状可矜；虽不成殿，而情状可责者，省校之日皆听考官临时量定。”②

凡应考之官，皆具录当年功过行能。京官皆集于尚书省，对众读议其优劣等第，外地由本州长官唱第，然后送省奏闻。官吏经考核定等之后，吏部要发给应考人“考牒”，作为凭证。③ 考课既按每年的功过行能定考，不满一年按理不能参加考核。唐制规定，从任官之日，到考核之日，已有二百日者，即可参加。④ 但请假逾百日，或停止工作一年以上者，不得参加考核。唐代考课，对地方州、县长官的考核很严，除上述“四善”、“二十七最”之外，按惯例要依据所管区域户口之增减，农田耕垦与收获如何，以定考第。如抚育有方、户口增益，各准现有户口为十分，每加一分，刺史县令各进考一等。如户口减少者，亦每一分降一等。

唐代考课之日，极其隆重，皇帝为最高主考官，特派位高望重的宰相二人充任内外官考使，御史大夫或其他高级官员为监考使。综观唐代考课，前期较严，“安史之乱”以后，则失之于过宽。

考课之后，继之以奖惩。按唐制，小考赏之以加禄，罚以夺禄；大考赏

---

① 《唐六典》卷二《吏部·考功郎中》，《新唐书》卷四十六，《百官志》。

② 《唐六典》卷二《吏部·考功郎中》。

③ 《唐会要》卷八十二，《考》下。

④ 《唐会要》卷八十一，《考》上。

以晋升。罚以降职，重者免官，直至追究刑罚处置。唐代官吏，一般都要凭考课进阶升级，“凡居官必四考，四考考中，进年劳一阶叙，每一考中上，进一阶，上下进二阶，上中以上及计考应至五品以上者，奏而别叙”。[①] 唐初考课令还规定：考在中上以上，每进一等，加禄一季；中中者守本禄；中下以下者每退一等，夺禄一季。[②]

官吏曾因过失被贬官，如继续执政，有绩可查，经考课优异者，亦可进阶升官。官吏左迁之后，亦多有再度起用之例。

唐代考课之法规范详密、赏罚有据，确实起到了惩贪与奖廉并举的作用，在相当长的时间内维持了吏治。

宋朝为加强中央集权，十分重视依法课吏，形成了特有的考课法。宋初，沿袭唐制内外官任满一年，为一考，三考为一任。特别是对法司之官，既有明确的转官年限，也有严格的考课与回避制度。“刑法之寺，断覆之司……并以三周年满”，[③]“每至年终，当议考校，无劳老退黜，有功者甄酬”，[④]“诸职事相干，或统摄有亲戚者，并回避”。[⑤]

州县官考课的法定标准与等第，太宗时，规定如下：“郡县有治行尤异、吏民畏服、居官廉恪、莅事明敏、斗讼衰息、仓廪盈羡、寇盗剪灭、部内清肃者，本道转运司各以名闻。当驿置赴阙，亲问其状加旌赏焉。其贪冒无状、淹延斗讼、逾越宪度、盗贼竞起、部内不治，亦条其状以闻，当行贬斥，”[⑥]凡“政绩尤异为上，职务粗治为中，临事弛慢、所莅无状者为下，岁终以闻”。[⑦]真宗时，又定“州县三课”法：“公勤廉干惠及民者为上，干事而无廉誉、清白而无治声者为次，畏懦贪猥为下。”[⑧]

神宗熙宁元年（1068 年）颁行《守令四善四最》考课法。“四善”仍为唐时的“德义、清谨、公平、勤恪”。“四最”是“断狱平允、赋人不扰；均役屏盗、

---

① 《新唐书》卷四十五，《选举志》。

② 《唐会要》卷八十二，《考》下。

③ 《宋大诏令集》卷一六〇，《官制》（一），《御史台流内铨南曹刑部大理寺病三周年为满诏》。

④ 《宋大诏令集》卷一六〇，《官制》（一），《置三司推官诏》。

⑤ 《庆元条法事类》卷八，《职制门》（五），“亲嫌”条引《职制令》。

⑥ 《宋史·选举志》（六）。

⑦ 《宋史·选举志》（六）。

⑧ 《宋史·选举志》（六）。

劝课农桑；赈恤饥穷、导修水利；户籍增衍、整治簿书”。[1] 在《庆元条法事类》中对“四最”又做了进一步的规定，“民籍增益，进丁入老，批注收落，不失其实”为“生齿之最”；“狱讼无冤、催科不扰”为“治事之最”；“农桑垦殖，水利兴修”为“劝课之最”；“屏除奸盗，人获安居，赈恤困穷，不致流移”为“养葬之最”。[2]

对诸路监司的考课，神宗时有“七事”之法如下：劝农桑、治荒废；招荒亡、增户口；兴利除害；劾有罪，平狱讼；不失案察；屏盗贼；举廉能。[3] 南宋高宗在“七事”之法的基础上制定的考课监司令守的“八事”之法如下：举官当否、劝课农桑、增垦田畴、户口增损、兴利除害、事失案察、校正刑狱、盗贼多寡。[4]

由于宋朝重视司法，在《庆元条法事类》“考课”条引《考课格》所载“监司考校”中，专定提点刑狱的考校标准，选摘如下：

> 受理词讼及指挥州县与夺公事，有无稽滞不当；
> 有无因受理词讼改正州郡结断不当事；
> 应干职事有无废弛，措置施行有无不当；
> 按察并失按察所部官犯赃流以上罪及按察不当；
> 所部刑狱有无平反及驳正冤滥并淹延稽滞。

考课的依据是治绩，以考课的结果定赏罚，考课不实不公者，处以重罚。

《庆元条法事类》“考课”条引《职制刺》对于监司考课州县不实者的处罚规定如下：

> 诸监司考课，事应互申而不中若增减者，各徒二年。
>
> 诸考知州、县令，课绩不实者，优、劣等徒二年，上等减二等，中下者又减一等。有所请求而不实及官司各以违制论。以上若该赏罚者，官吏一等科罪。即保奏违限者，吏人杖一百，当职官减三等。

---

① 《宋史·职官志》(六)。

② 《庆元条法事类》卷五，《职制门》(二)，“考课”条引《考课式》。

③ 《宋会要辑稿·职官》十之二十。

④ 《庆元条法事类》卷五，《职制门》(二)，“考课”条引《考课式》。

诸监司每岁审择保奏知州、县令功状不公不实，或附会观望权势若干请者，各以违制论加一等。

明清两朝的考课法更凸显了惩贪与奖廉相结合的特点。明朝考课实行考满法。内外官任职满三年为一考，六年再考，九年通考黜陟，所谓“三考黜陟”。[①] 每一阶段考绩完成，称为“考满”。考满分上、中、下三等，曰称职，曰平常，曰不称职。[②] 成绩平常以上，可以再用或升迁。初任官员，试职一年即须考核，以作为是否“实授”之用。通常是京官皆要试职一年，考核实授，一考对品调用。[③] 九年之内，二考称职，一考平常，从称职；二考称职，一考不称职，或两考平常一考称职，或称职、平常、不称职各一考者，俱从平常；二考平常，一考不称职，从不称职。[④]

万历初，张居正执政，制定“考察法”，一为定期考察，二为随事考察，三为访察告诫。他指示吏部，凡因循守旧，虚报矫饰之官，虽浮誉素隆，亦列下考免官。

有明一代通常按八法——八条标准考课，一贪，二酷，三浮躁，四不及，五老，六病，七疲，八不谨。京官四品以上，自陈其状，由皇帝决定去留。五品以下老、病者致仕，浮躁不及者降调，疲软不谨者闲住，贪酷者贬为民，或依法治罪，但须具册奏请皇帝批准。

清初，职官考绩，沿用明时的考满法。康熙四年停止考满法，“岁听京察、大计”，以成一代之制。

京察每三年举行一次，逢子、卯、午、酉年进行。二品以上大臣，先由本人自称，再由吏部填写履历列题，等候皇帝敕裁；三品以下官员，先由吏部填写履历清单，等待皇帝接见；四品以下京官，先由各衙门注考，再由吏部会同大学士、都察院等复议，决定等第，上报皇帝。

京察考核分称职、勤职、供职三等。京察标准为“四格”、“八法”。“四格”——才、守、政、年，“才则或长或平或短，守则或廉或平或贪，政则或勤或平或怠，年则或青或中或老。”四格考评向来以守为重，其次为才，而年仅限于青、壮、健，老不在考核之内。“八法”——“贪、酷、罢软、不谨、年老、有

① 《大明会典》卷十二，《考功清吏司》。

② 《续通典》卷十九，《选举三》，《考绩》。

③ 《在明会典》卷十二，《考功司》。

④ 同上卷十二，《考核》。

疾、才力不及、浮躁。贪、酷革职提问，罢软、不谨革职，年老有疾休致，才力不及、浮躁者降调。”[①]嘉庆八年，将“八法”改为“六法”：一不谨，二罢软无为，三浮躁，四才力不足，五年老，六有疾；不谨、罢软者革职，浮躁者降三级调用，才力不及者降二级调用，年老有疾者令其退休。

大计是指对外官的考课，三年一次，于寅、巳、申、亥年进行。布政使、按察使由督抚考后，送吏部会府具题造册，通行审察，然后上报皇帝，府尹以下州县以上官员，由督抚与吏部会核后上报皇帝；州县官员“例由州、县正官申送本抚、道考核，咨达部、院”。[②]

大计考课结果有卓异与供职两等。其标准援用四格、六法。所谓卓异，即政绩卓越，成绩突出；所谓供职，即无过无功，政绩平庸。

京察、大计符合标准者，或引见候升，或升迁加俸，或入旗或改旗，或赏赐衣物，或赐匾、赐字、建立祠堂等，或封赠上代、荫及子孙。

处分则有罚俸，降级留任，或革职、以律治罪，对年老有疾者休致。[③]

清代虽有京察大计之制，然其实行情况，前期尚好，中叶以后已徒有其名。甚至在康熙初年，考核时亦多有营求徇庇之事。

考课是中国古代职官管理法的一项重要内容，也属于廉政法制建设的范畴，其制度不断完善，其法定标准不断详密，而且辗转承袭讫未中断。由于考课将惩贪与奖廉联系在一起，因此其价值不在于消极地惩贪，而在于积极地奖廉，贪者罢黜，廉者升迁，因此考课成为国家的重要活动，受到了统治者与官僚群体的高度重视，并在不同时期不同程度上起到了惩贪与奖廉的作用。但随着专制制度的发展以及由此而产生的腐败，使得考课制度难免流于形式，甚而成为纳贿之机。如同明神宗时左副都御史邱橓所抨击的那样：“如京官考满，河南道例书称职，外吏给由，抚按官概与保留。以朝廷甄别之典，为人臣交市之资，敢徇私而不敢尽法，恶无所惩，贤亦安劝，此考绩之积弊。”[④]

① 《清朝文献通考》卷五十九。

② 《清史稿》卷一一一，《选举六·考绩》。

③ 《大清会典》卷十一。

④ 《明史·邱橓传》。

四、监察——维持廉政的一道防线

在中国法制文明的历史发展中，监察制度与监察立法同样是源远流长、辗转相承的，是产生在中华民族文化土壤上的权力制衡机制。其主要职能是从制度层面维持国家纲纪与吏治、发扬正气、打击贪腐、纠弹非违，是维持廉政的一道重要防线，体现了中国古人平衡统治集团内部的利益分配，控制官吏法定权力以外的非法占有，发挥官僚机构的作用和实现对社会的调整的智慧。

战国时期为适应对官僚系统的监督需要，执掌监察职能的治官之官的御史已经出现。《史记·滑稽列传》记载，齐威王置酒于后宫，召淳于髡并赐之酒，“问曰：‘先生饮一斗而醉，恶能饮一石哉！其说可得闻乎？’髡曰：‘赐酒大王之前，执法在傍，御史在后，髡恐惧俯伏而饮，不过一斗径醉矣。’”说明御史的纠察职责对于百官的震慑作用。

据《云梦秦简·尉杂》记载，御史除行政监察外，司法监察也已成为一项重要内容，“岁雠辟律于御史”。史书中也有“始皇三十四年，谪治狱吏不直者筑长城及南越地”[①]的记载。

汉朝建立以后，随着皇权的加强，中央监察机关已经独立于朝堂之上，同时建立了多元化的监察体制。无论是专门监察、行政监察、特殊监察，既分体动作，又互相交叉，以至三公九卿、皇室外戚、京师百官、地方长吏乃至监察官司本身，都被置于这张网络之中，受到来自一种或多种监察组织的监督，对于贯通政令，整饬吏治，廓清风气，产生了不可低估的作用。

在地方，也仿秦制以监郡为重点，汉武帝时制定《六条察郡之法》（又称《六条问事》）。据《汉官典职仪式选用》：

> 诏书旧典，刺史班宣，周行郡国，省察治状，黜陟能否，断治冤狱，以六条问事，非条所问，即不省。
>
> 一条，强宗豪右田宅逾制，以强凌弱、以众暴寡；
>
> 二条，二千石不奉诏书遵承典制，倍公向私、旁招守利、侵渔百姓、聚敛为奸；

---

① 《史记·秦始皇本纪》。

三条，二千石不恤疑狱，风厉杀人，怒则任刑，喜则淫赏，烦扰苛暴，剥截黎元，为百姓所疾，山崩石裂，妖祥讹言；

四条，二千石选署不平，苟阿所爱，蔽贤宠顽；

五条，二千石子弟恃怙荣势，请托所监；

六条，二千石违公比下，阿附豪强，通行货赂，割损政令也。

《六条问事》以地方二千石的高官及其子弟，以及强宗豪右为主要监察对象。虽然部刺史不过是六百石的低级官员，但却可以监察、奏弹二千石的地方长吏与王侯，这种以下察上，以卑督尊的规定，是汉代监察制度的一个特点。但为了防止部刺史滥用职权，严格限定必须按六条的范围问事，否则即为逾限，要受到处罚。

《六条问事》是中国封建社会的地方性监察法规，它的出现从一个侧面反映了汉初法制建设的发展。

晋朝泰始四年六月，诏颁“察长吏能否十条”和“察长吏八条”，前者是：“田畴辟，生业修，礼教设，禁令行，则长吏之能也。人穷匮，农事荒，奸盗起，刑狱烦，下陵上替，礼义不兴，斯长吏之否也。”后者是：“若长吏在官公廉，虑不及私，正色直节，不饰名誉者，及身行贪秽，谄黩求容，公节不立，而私门日富者，并谨察之。”同年十二月又诏颁“五条律察郡”：“一曰正身，二曰勤百姓，三曰抚孤寡，四曰敦本息末，五曰去人事。”[①]但由于士族揽权，门阀政治盛行，监察法制无所建树。

唐朝是监察制度臻于完备的朝代，以御史台为最高监察机关，御史大夫（从三品）一人为台长，率领群僚行使监察权。御史台下设三院：台院，设侍御史四人执掌“纠举百僚，推鞫狱讼”；殿院，设殿中侍御史六人执掌殿庭供奉之仪式；察院，设监察御史十人执掌“分察百僚，巡按郡县，纠视刑狱，肃整朝仪”。[②]

唐初，分全国为十道监察区，由监察御史十人分巡州县。开元二十一年改全国为十五道，监察御史亦增至十五人。监察御史巡按州县，分巡时威仪显赫，“州县祗迎相望道路，牧宰祗候，僮仆不若”。[③]

可见，察院是御史台三院中最重要的职能部门。监察御史品秩虽低，

---

① 《晋书·武帝纪》。

② 《唐六典》卷一三，《御史台》。

③ 《唐会要》卷六二，《御史台下·出使》。

但“职务繁杂，百司畏惧”，是皇帝的耳目之司。

玄宗时期制定《监察六条》：“其一，察官人善恶；其二，察户口流散，籍账隐没，赋役不均；其三，察农桑不勤，仓库减耗；其四，察妖猾盗贼，不事生业，为私蠹害；其五，察德行孝悌，茂才异等，藏器晦迹，应时用者；其六，察黠吏豪宗兼并纵暴，贫弱冤苦不能自申者。”《监察六条》为唐朝监察机构的设置与运作提供了重要的法律依据。

唐朝作为封建盛世，归根结底是以均田制为基础的农业经济发展的结果。但是以贞观之治为代表的盛世，得以较长时期的维持，并且创造了封建时代鼎盛的文明，还得力于政策的适当与稳定、制度的健全与官吏的秉法执政。而这一切又都是和御史监察、谏官谏诤的制度化、法律化分不开的，可以说是封建时代监察制度正面效应的表现。玄宗在《饬御史·刺史县令诏》中也说：“御史执宪，纲纪是司。”[①]睿宗更进一步表示：“彰善瘅恶，激浊扬清，御史之职也。政之理乱，实由此焉。”[②]

宋朝专制主义的加强，使监察机构扩大。中央仍实行一台三院制，地方建立监司、通判监察系统。监司是由皇帝派到路一级的负责监督地方军、政、财、刑的四个机构，彼此互不统属，直接对皇帝负责。至于通判是州的监察官，负责监察知州及所部官吏。仁宗曾明确指出：“州郡设通判，本与知州同判一郡之事，知州有不法者，得举奏之。”[③]监司、通判监察系统的建立形成了上、下、左、右涵盖宽广的监察网络。

就监察立法而言也以地方监察立法为重点，其内容十分详细。例如《庆元条法事类·职制门》所载监司的职责范围摘要如下：

“诸监司每岁分下半年巡按州县，具平反冤讼，搜访利害，及荐举循吏，按劾奸赃以闻。”

“诸监司巡历所至，止据公案簿书点检，非有违法及事节不圆，不得分令供析，无公事不得住过三日。”

“诸州县禁囚，监司每季亲虑，若有冤抑，先疏放讫，具事因以闻。”

“诸监司巡按，遇诸州州院、司理院，并县禁罪人及品官、命妇公事各徒以上者，虽非本司事，听审问。若情涉疑虑，或罪人声冤，或官司挟情出入而应移推者，牒所属监司行，若承报不行，或虽行而不当者，具事因

---

① 《全唐文》卷二九。

② 《全唐文》卷一九。

③ 孙建吉：《职官分纪》卷四一，《通判军州》。

奏。”

“诸监司每岁点检州县禁囚淹留不决或有冤滥者，具当职官职位、姓名按劾以闻。”

“诸察访所至，采访在任官能否，奏仍以知州、通判治状申尚书省，武臣申枢密院。”

“诸监司每岁分上下半年巡按州县，具平反冤讼、搜访利害及荐举循吏、按劾奸赃以闻。”

为了防止监司利用出巡之机贪污勒索、骚扰百姓，不仅限定监司所带随从仆役、巡察州县逗留的时间和生活待遇，特别规定监司出巡前，不得“前期移文”州、县，以防止州、县“官吏承报，必预为备”的弊病。监司巡按所至，必须“各具所隶事目，不以巨细，临时摘取点检，不得预行刷牒，州县既莫知所备，则必事为之戒，当使庶务毕举，罔有缺遗”。①

为了发挥监察官的作用，防范监察官弄权行私，还制定了《监司互监法》：“诸官司无按察官而有违法，及不公事者，发运监司按察奏，发运监司互相觉察，其经按抚、发运、监司属官，听逐互行按举。”②使监察官互相监督，是宋朝皇帝驾驭大臣的统治权术在监察制度上的体现，也显示了皇帝对于百官“事为之防，曲为之制”的深刻用心。

元朝建立以后，以“稽列圣之洪规，讲前代之定制”为治国方略，特别是在总结历史经验的基础上重视监察机关的作用。元世祖曾公开表示：“中书朕左手，枢密朕右手，御史台是朕医两手的。此其重台之旨，历世遵其道不变。”③

为了加强对地方的监察，于江南、陕西二地设中央御史台派出机关——行御史台，“主察行省、宣慰司以下诸军民官吏之作奸犯科者，穷民之流离失业者，豪强之夺民利者，按察官之不称职任者，余视内台立法同”。④ 行御史台之设是元监察体制的重大改革，对明清具有一定影响。

由于元朝“重御史按察之权，严纠弹考核之任”，因此御史台有权“弹劾中书省、枢密院、制国用使司等内外百官”。行御史台有权“弹劾行中书省、宣慰司及以下诸司官吏”。

---

① 《宋会要辑稿·职官四五》之三一。

② 《订元条法事类·职制令》。

③ 叶士奇：《草木子》，中华书局1959年版。

④ 《元史·刑法志》。

元朝立法从总体上看是粗疏的，但是为了充分发挥监察机关的作用，使监察活动法律化，却进行了专门性的监察立法，而且表现出多样性的统一。先后制定了《设立宪台格例》、《行台条画》、《察司巡按事理》、《廉访司合行条例》等单行的监察法。不仅已有适用于中央与地方的明确区分，而且还有实体法与程序法之别。

在元朝的监察法律体系中，《宪台格例》是监察法的总则，《行台条画》则属于分则部分，这是立法技术上的新进步。

世祖至元五年，在设置御史台的同时，由侍御史高鸣主持“定台纲三十六条”，规定了御史台的职权范围以及纠察、纠弹、体究、推纠、体察、纠劾、照刷罚则等内容，即《设立宪台格例》。主要内容如下：

“弹劾中书省、枢密院、制国用使司等内外百官奸邪非违，肃清风俗，刷磨诸司案牍，并监察祭祀及出使之事。”以及诸官司刑名违错，赋役不均，擅自科差及造作不如法者；迁转官员，如任满不行迁转，或迁转不依格；非奉朝命擅自补注品官者，官为和买诸物，如不依时价，冒支官钱，官吏侵使官物或移易借贷，官吏乞受钱物等，均委监察纠察。

在司法监察方面，“枉被囚禁及不合拷讯、不应受理之事，委监察从实体究。如囚禁非理死损，委监察推纠”。

此外，职官中或有老病不胜职任者，以及廉能公正者，委监察体察得实，具姓名闻奏。如有污滥者，亦行纠察。

它如盗贼生发、沮坏钞法、户口流散、私放军人、冒名相替、边境声息不即申报等等均在纠察之列。

《设立宪台格例》最后规定“该载不尽应合纠察事理，委监察并行纠察”，[①]显然是把刑法典中的类推原则适用于监察立法。

在《行台体察等例》中规定：

弹劾行中书省、宣慰司及以下诸司官吏奸邪非违，刷磨案牍，行省、宣慰司委行台监察，其余官府并委提刑按察司。

自行御史台到任日为始，凡察到诸职官赃罪，追问是实，若罪至断罢停职者，咨台闻奏。其余盗官财者，虽在行台已前，并听纠察。

诸官司，刑名违错，赋役不均，户口流亡，仓廪减耗，擅科差发，并造作

① 《元典章》卷五，《台纲一》。

不如法，和买不给价，及诸官吏侵欺盗用，移易借贷官钱，一切不公等事，并仰纠察。

《行台体察等例》最后一条也规定：“其余该载不尽应合纠弹、整理比附已降条画，斟酌彼中事宜，就便施行。”此条规定较之《宪台格例》的规定更为具体，目的在于防止失监、漏监。

元朝不仅制定了专门性的监察法规，而且出现了以张养浩为代表的一些刚正不阿的监察官，但是元朝并不是以法制相尚的朝代，因此监察法规虽多，却并没有形成一道保持廉政的防线。相反，贵族高官肆意践踏法制，造成极其严重的贪污腐败，终使元朝陷于崩溃。

明朝建立以后，太祖朱元璋鉴于元朝覆灭于吏治败坏，因而确立了以重典治吏的方略，十分重视监察机关的作用。曾经面谕都察院长官说：“国家立三大府，中书总政事，都督掌军旅，御史掌纠察，朝廷纪纲尽系于此，而台察之任尤清要。卿等当正己以率下，忠勤以事上，毋委靡因循以纵奸，毋假公济私以害物。”[①]为了加强监察机关的效能，洪武十五年十月丙子废除了御史台的三院制，置都察院统一行使监察权，并且赋予监察官以单独进奏的权力，使其真正成为皇帝的耳目之司。

在废相制、提高六部地位以后，为防止部权过重而滥用，设立六部长官为监察对象的六科给事中。至此，原为谏诤皇帝而设的给事中，变成了直接对皇帝负责，以主要监督六部官员为职能，且独立的监察机关。

明朝的地方监察体制仿唐制划分全国为十三省监察区，各省设监察御史行使监察权。皇帝也临时派出巡御史巡察地方，所谓“代天子巡狩”。出巡御史具有“大事奏裁，小事立断”[②]的特权。

有明一代，正是从“风宪之设，在肃纪纲，清吏治”出发，开展了大规模的监察立法活动，并取得了新的成就。在《诸司职掌》与《大明会典》中都设有专章规定都察院及六科的职责、权限及活动原则等，而更有价值的是单行的监察法规。

洪武四年正月，“御史台进拟《宪纲》四十条，上览之，亲加删定，诏刊行颁给”，这是明朝最早的，也是最为重要的监察法规。洪武二十六年前后，

① 《明史》卷七三。

② 《明史·职官志三》。

又制定了《宪纲总例》、《纠劾官邪规定》、《通政使司典章》总例及事例、《六科给事中》总例及各科事例、《出巡事宜》、《巡抚六察》及《责任条例》等监察法规。此后建文帝、成祖、仁宗、宣宗历朝均有所增补。英宗正统四年，制定《宪纲条例》，史书说："及正统中所定《宪纲条例》甚备，各以类分列。"此后，历朝均奉为圭臬。

嘉靖六年九月，"张璁以署都察院，复请考察诸御史，黜蓝田等十二人，寻奏行《宪纲七条》"。[1] 同年十月，胡世宁为左都御史，又奏上《宪纲》十余条，这些都是对《宪纲条例》的补充。此外，还制定了《监官遵守六款》、《监纪九款》、《满日造报册式》等约束监察官的法规。

《宪纲条例》原文已失传，但从《大明会典》中仍可窥见有关内容，如：

"凡都察院、并监察御史、按察司，纲纪所系，其任非轻，行事之际，一应诸衙门官员人等，不许挟私沮坏，违者杖八十。若有干碍合问人数，敢无故占吝不发者，与犯人同罪。"

"凡都察院官及监察御史、按察司官吏人等，不许于各衙门嘱托公事。违者比常人加三等，有赃者从重论。"

"凡监察御史、按察司官巡历去处，所问公事吝拟断不当者，都察院按察总司随即改正。当该吏典罪之如律，仍将原问御史，及分司官拟断不当事理，具奏得旨方许取问。"

"凡告有司官吏人等取受或出首赃私等事，直隶赴巡按监察御史，在外赴按察司，并分司及巡按监察御史处陈告。追问明白依律施行，其应请旨者奏闻拿问。若军官有犯，在京从都察院，在外从巡按监察御史、按察司并分司，密切奏请施行。其各都司及卫所首领官有犯，即便拿问。"

"凡监察御史、按察司官巡历去处，所闻有司等官守法奉公，廉能昭著，随即举闻。若奸贪废事，蠹政害民者，即便拿问，其应请旨者，具实奏闻。若知善不举、见恶不拿，杖一百，发烟瘴地面安置。有赃从重论。"

"凡国家政令得失，军民利病。一切兴利除害等事，并听监察御史、按察司官各陈所见，直言无隐。若建言创行事理，必须公同评议，互相可否，务在得宜，方许实封陈奏。"

"凡按察司官，断理不公不法等事果有冤枉者，许赴巡按监察御史处申冤。监察御史枉问，许赴通政司递状，送都察院申理。都察院不予理断，或

---

① 《明会要》卷三三，《职官志二》。

枉问者。许击登闻鼓陈诉。”[1]

明朝御史巡按地方是代天子巡狩，上自藩服大臣，下至府州县官，均在其纠察之列，而且握有大事奏裁，小事立断之权。为了防止巡按御史在巡历地方时滥用职权，作威作福，早在洪武二十六年便制定了监察御史《出巡事宜》，职掌科差赋役、户口、词讼、农田、道路、军需、学校、驿站、度量衡等诸多方面的监察事宜，以及应负的法律责任。为此，特别制定《回道考察法规》。御史巡按各地，完成任务返回都察院，称为“回道”。回道御史必须将巡历地方的办事经过，按照御史回道考察所列项目，列举具体事实，其已完、未结、处理过程等开奏明白，并造册上报。由都御史依据巡按通例及回道考察所定法规，考察核实。对于回道考察制度，明代历朝都十分重视。嘉靖十三年制定的《巡按御史满日造报册式》二十八条和《按察司官造报册式》十一条最为详备。其内容涉及文武官吏的荐举纠劾惩戒、孝义的旌举、孤老的存恤、人才的培养、刑名的理断、庶政的考察、利弊的兴革，以及各项不正当事体的禁止等。

明朝的监察法以细化为特点，以巡按御史出巡立法为重心，使点差、巡察、回道考察三者一体化，极大地沟通了中央与地方之间的监察管道，体现了专制主义强化对监察法制的影响。

明朝监察法的实施确实有助于从多方面改善吏治，在相当长的时间里保障了社会的稳定和发展，维系了国家机器的正常运转。但是，明朝中后期的宦官专权，使得监察立法多成为具文。

清朝是末代封建王朝，清朝法制是封建法制的完备形态，就监察法制而言也是集历代监察法之大成。清代监察法除在《大清律例》、《大清会典》、各部院则例中有所规定外，主要集中于乾隆朝编纂的《都察院则例》与乾、嘉、道、光四朝编制的《钦定台规》。根据现存的《都察院则例》目录中可以看出，其监察范围涉及行政监察、立法监察、人事监察、礼仪监察、经济监察、司法监察、治安监察、军事监察、考试监察等等。可以说涵盖了国家活动、社会秩序的方方面面。

乾隆二十年以后《都察院则例》不再续修，而只续修《钦定台规》。

《钦定台规》由都察院始纂于乾隆八年，共八卷，二十二目。具体如下：

卷一：公署、官制、掌协；卷二：宪纲、建白、纠弹；卷三：考核、稽察、理

---

[1] 《明会典》卷二〇九，《都察院·风宪总例》。

刑;卷四:朝会、祭祀;卷五:监试、巡城、巡仓;卷六:巡漕、巡盐、巡察;卷七:考选、升转;卷八:仪注、艺文、杂缀。

乾隆朝的《钦定台规》是封建时代第一部较为完整的监察法规。嘉庆七年,由恭阿拉奉命领衔修撰台规,于嘉庆九年完成,其内容包括都察院规则、圣谕、议准条例及御史衙门所使用的监察规定等,共分十八目,二十卷。道光七年,由松筠等大臣奉命在嘉庆九年台规的基础上,续修台规,增加了由乾隆九年至乾隆五十九年的有关条款,及少量嘉庆初年新颁的条款,并附有道光七年松筠请旨纂修的奏章等,共四十卷。此次续修在编纂体例上进行了较大调整,分为八大类,类下再分若干目,显示了立法技术上的进步。光绪十六年,由延煦等大臣奉命续修《钦定台规》,于光绪十八年由都察院正式颁布。光绪朝《钦定台规》在保留部分乾嘉旧例的基础上,增加了道光、咸丰、同治、光绪历朝新增的各种监察规定,共四十二卷。

光绪朝《钦定台规》汇辑了有关监察制度方面的上谕、皇帝批准的奏议、条例等。分为训典、宪纲、六科、五城、各道、稽查、巡察和通例等八类。每类又分若干目。各类、目内按文件产生的时间顺序排列,间有若干文献附于各类之后。

《钦定台规》主要内容如下:

(1)“训典”。包括“圣制”、“圣谕”和“上谕”三目。圣制是皇帝题辞和专论,如康熙帝“御制台省箴”,嘉庆帝“御制都察院箴”、“御制谏臣论”等。“圣谕”和“上谕”是自清初至光绪年间皇帝的指示、要求与规定的汇集。

(2)“宪纲”。包括“序官”、“陈奏”、“典礼”、“考绩”、“会谳”、“辩诉”六目。“序官”规定都察院设官、职掌、官员品级及其变化;“陈奏”是都察院官员的奏事制度;“典礼”是科道官员对朝会、临雍、祭祀等大典侍班纠仪的规定;“考绩”是监察“京察”、“大计”、“军政”等考核文武官员的制度;“会谳”是与刑部、大理寺会审、稽核案件的规定;“辩诉”是处理京控案件的规定。

(3)“六科”。包括“通掌”与“分掌”两目。“通掌”为六科的共同任务及其要求;“分掌”规定各科的具体任务及其要求。

(4)“各道”。包括“通掌”与“分掌”两目,分别规定各道的共同任务、要求及具体的职掌。另载稽察宗人府御史、稽察内务府御史等的职掌及其办事制度。

(5)“五城”。包括“纲领”、“条教”、“听断”、“保甲”、“纠捕”、“赈恤”、“禁令”、“界址”、“司坊”、“街道”共十目。详列有关五城察院的任务及要求。

(6)“稽查”。包括“京通十六仓”、“户部三库”、“八旗”、“宗人府”、“考试”、“铨选”等目，是关于如何派员稽察某些特殊机构以及稽察内容和要求的规定。

(7)“巡察”。包括“漕粮”、“盐政”、“游牧”三目，分别规定了专差御史的巡察制度。

(8)“通例”。包括“考选”、“升转”、“仪注”和“公署”四目，是关于都察院所属科、道官选拔标准、方法、升转制度及其办事要求方面的规定。

可见，《钦定台规》是秦汉以来监察立法之大成，既是清朝最后一部监察法典，也是中国封建历史上最完备的一部监察法典，在世界法制史上是仅见的。

《钦定台规》是以“钦定”的形式出现的，故辑录的谕旨之多，指陈之细，均为历代所未有。这不仅显示了台规所具有的权威性，更突出了强化皇帝所拥有的最高监察权。为了充分发挥监察官的察吏作用，雍正三年：“准科道官密折举劾”，“令各人密封进呈”，[①]密折举劾对于监察官纠弹权力的行使是一重保障。

《钦定台规》肯定了监察机构的特殊地位和功能，使其能够发挥“彰善瘅邪、整纲饬纪、铁面霜威、纠慝绳诡、私惠勿酬、私仇勿毁、敢谏不阿、忠贞常矢、言出如山、心清似水、勉尽丹忱、非图誉美、民隐敷陈、治隆患弭”的作用。[②] 同时也为监察机关广泛行使监察权提供了法律依据，使之深入到行政、经济、司法、军事、礼仪、教育、社会等各个领域。

《钦定台规》在结构上已有总则、分则之分。《训典》和《宪纲》应为总则，其他则为分则。不仅从制度层面上作出了一系列的规定，还从程序层面上详加规范，以保证制度规定的落实。

四朝《钦定台规》根据面临的形势与任务的不同，所定的监察重点与追求的具体目标也各有不同：乾隆朝制定的《钦定台规》，继承了康熙、雍正两朝整顿纲纪的传统，以贪官污吏为主要监察对象，在一定时期内总体上取得了较好的效果；嘉庆朝制定《钦定台规》时，国势开始衰微，嘉庆帝力图通过修订《钦定台规》，整顿腐败的吏治，重振纲纪；道光、光绪二朝，国家发生了巨变，已经临近末世，其所定《钦定台规》力求通过更为细致的立法挽救

---

① 《钦定台规》卷二，《训典二》。

② 《钦定台规》卷二，《训典二》。

衰世，但已不可能取得应有的效果了。

总括上述，从战国官僚制度形成起，法家“明主治吏不治民”之说一直贯彻始终。为了治国需要治吏，治吏需要察吏，察吏需要法制。基于以法察吏的目的，监察立法不断发展。监察立法规定了监察机关的设置、职掌、地位、与行使权力的方式方法，从而使监察活动有法可依。由于监察官是皇帝的耳目之司，所以其品级虽低，却可以纠弹高官，除有法律保障外，更由于依附于皇权使然。故而其职权的有效性也受到皇权的制约。在漫长的封建时代，监察官还受到儒家忠君爱国和文死谏、武死战的道德教条的影响，即使是在宦官专政的明朝也出现了许多直言敢谏、冒死纠弹的铁面御史。总体而言，监察法制不失为维持廉政的一道防线。

五、俸禄制度——廉政建设的辅助手段

中国古代的俸禄制度，始于战国时期，是封建官僚制度的一项重要内容，是国家用以酬劳官吏治国理政劳绩的一种报酬。所谓“主卖官爵，臣卖智力”[①]，可见，官是取得社会财富再分配的重要物质依据。由此，经官以求富成为一种价值追求。战国时期，各国度量衡器不统一，而有担、石、钟之分，俸禄的多少也有千钟、万担之官与斗食小吏之别，但俸禄的内容均以粮食为主。

至汉代，俸禄逐渐制度化。汉代由郡县守吏至丞相为职事之官，爵则分十二等，官阶分为十九级，按官品爵位的等次给予俸禄。俸禄以粟米为主，兼有钱帛。高官俸禄至三百五十斛，品级最低者十六斛。由于官的品级与俸禄所获石数相称，故常以石数名官，如郡守称二千石。汉代的俸禄制度尚不规范，兼有时代的特点。明末顾亭林有言：“古时制禄之数，皆用斗斛……皆量也。汉承秦制始以石为名。故有中二千石、二千石、比二千石、千石……是以权代量。然考《续汉书・百官志》所载月俸之数，则大将军、三公俸月三百五十斛，以至斗食俸月十一斛，又未尝不用斛。所谓二千石以至百石者，但以为品级之差而已。”[②]

唐代俸禄分为授田、赐禄、给役、俸料四种。授田内含永业田与职分

① 《韩非子・外储说右》(下)。

② 《日知录集释》卷十一，《汉禄言石》。

田。永业田亲王一百顷，职事官正一品六十顷，以下按品授田，最低为二顷。职分田由一品授田十二顷，以下按品授田，最低为九品官的二顷。赐禄即按品发给禄米，一品七百石，从九品三十石，禄米只给现任官。给役即朝廷拨给官员使役的仆人，最高九十六人，最低二人，费用由国家支付。俸料内含给役、俸、食及诸杂用，按钱币计算。

宋朝是实行厚禄制度的典型。宋初，太祖曾在诏书中表示“俸禄薄而责人廉，甚无谓也，与其冗员而重费，不若省官以益俸”。[①] 说明宋初统治者便确定了厚禄的方针。神宗元丰改制前，已开始实行以禄米折钱为俸，元丰改制后，俸禄除俸钱外，其他供给悉并为职钱，按月发给。其他杂俸与唐代基本相同。徽宗时，还盛行兼官兼俸，多者一人兼领十余俸。由于宋朝有官有职有差遣，因此冗官数量极多，而官俸又较历代为厚，以致宋朝财政负担沉重。

明朝是实行薄俸制度的典型。明代文官分九品，品有正从，凡十八级。俸禄多寡按品级支给，有米、钞、布、盐等。洪武初年，百官俸禄屡有变更。至洪武二十五年，乃定百官禄：正一品月俸米八十七石，从一品至正三品递减十三石，至三十五石；从三品二十六石。正四品二十四石，从四品二十一石；正五品十六石，从五品十四石；正六品十石，从六品八石；正七品至从九品递减五斗，至五石而止。以后为永制。据《明史·食货志》云：“洪武时，官俸全给米，间以钱钞兼给，钱一千，钞一贯，抵米一石。成祖即位，令文武官俸米、钞兼支，官高者支米十之四五，官卑者支米十之七八，唯九品全支米，其折钞者，米一石给钞十贯。”[②]

明代钱币渐由铜本位改为银本位，以银计算米价。明代正常米价四石值银一两，所以正一品每月所得之米八十七石，折银不足二十二两。正七品每月所得米七石五斗，折银不到二两。再看米价的变动，太祖时，钞一贯（即一千文）抵米一石；成祖时，每米一石给钞十贯；仁宗时，以二十五贯抵米一石；宣德初，米一石用钞五十贯，米价越来越贵，钱钞越来越贬值。百官俸薄如此，为汉以来所少有。[③] 一个七品知县官月俸银不到二两，养活一家的开支，如何不紧。尚且还拿不到二两银子，领到的是越来越贬值的

---

① 《宋大诏令集》卷一六〇，《省西川州县官增俸诏》。

② 参见《明史》82《食货志六》《俸饷》。

③ 参见《明史》81《食货五》《钱钞》，另见《日知录》卷 12《俸禄》，《廿二史札记》卷 32《明官俸之薄》。

钱钞。

百官俸薄，促使官吏营私舞弊。至明中叶以后，贪污便成为政府中习以为常的现象。大官贪污以致富，小官舞弊以救贫，法纪荡然。

清朝官制沿袭明朝九品十八级之制，内外官员无论满汉均按官品发给俸禄。自一品到九品至未入流，共分十个等级，一品最高一百八十两，二品一百五十五两，三品一百三十两，四品一百零五两，五品八十两，六品六十两，七品四十五两，八品四十两，正九品三十三两，从九品及未入流只有三十一两。京官有俸银、禄米和恩俸，外官有俸银、“养廉银”，而无禄米。

养廉银的缘起在于补救薄俸所带来的官员贪腐之风。雍正元年(1723年)，山西巡抚诺敏针对各地征收耗羡无当，导致民怨载道，由此比较完整地提出了耗羡归公和“养廉银”的建议，并且率先在山西省作了试行。翌年，雍正力排众议，认为“养廉银”乃“上不误工，下不累民，无偏多偏少之弊，无苛索横征之扰，实通权达变之善策”，谕令“通行天下”。“养廉银”的实施与耗羡归公相辅相成：先是把地方官员由征收的租税以外的耗羡银两全部提解到布政司库(藩库)，不许任意多征和挪作私用；再把归公后的大部分耗羡斟酌地方情形，拨回给各级官员发放“养廉银”，补贴其生活和办公费用的不足，以禁止官吏以各种名义向百姓索需、扰累。

地方各级官员的“养廉银”是按官职高低、事务繁简、地方冲僻、辖区大小和耗羡多少等来决定的。一般总督的“养廉银”为每年两万两左右，巡抚是一万五千两左右，道府为五千两左右，州县为一千两，远远超过各自俸银的数十倍甚至百倍，构成了清朝官员收入“低俸禄，高补贴”的独特结构。“养廉银”一般都按季支取，个别地区按月支取。道光以后国事颓衰，不得不折发养廉银以充兵饷，从此官吏贪污的势头遂不可遏止。

乾隆元年以在京文官俸禄不足以供其日用之需，特旨恩给双俸，使得专心官守。

在中国悠久的政治与法制历史发展中，俸禄的厚薄与官员的廉否似有一定的联系。故流行厚俸以养廉之说。

汉代张敞和萧望之指出：“仓廪实而知礼节，衣食足而知荣辱，今小吏俸率不足，常有忧父母妻子之心，虽欲洁身为廉，其势不能。请以什率增天下吏俸。”[①]晋朝袁准说：“吏禄厚则养足，养足则无求于民，无求于民，奸轨

① 《通典》卷三十五，职官十五，禄秩。

息矣。”[1]白居易认为官吏去贪致清，“在乎厚其禄，均其俸而已”。[2] 清朝赵翼认为：“惩贪之法未尝不严，朝廷不制禄以养廉，而徒责以不许受赃，是不清其源而徒遏其流，安可得也？”[3]但与此同时也有持反对意见者，宋朝苏辙认为，厚禄养廉未若选官得人，他说：“然议者以为给之以禄，然后可责之以廉。盖朝廷选吏之精，必不如择官之慎，禄吏之厚，必不如禄官之多。今慎择多禄之官，犹不免于贪，而况于吏人乎。”“但使官得其人，则吏之受赇，自有分限。若犹未也，则虽重禄深法，不能禁矣。”[4]

俸禄的厚薄与官吏的廉贪虽无必然的因果关系，但在不同时期不同条件下对廉政法制建设也会产生一定的影响。譬如俸薄的明朝，一些小官不得不借贪掠以救贫的情形，便是俸禄过薄所造成的。清朝正是从明朝教训中采取了养廉银和京官双俸的补救措施。与明朝的薄俸相反，汉、唐、宋三朝的俸禄较为优厚，相对而言贪官较明清为少。这里也体现了“仓廪实，则知礼节；衣食足，则知荣辱”[5]的道理。由此可见厚俸对养廉具有一定的积极意义，成为廉政的辅助手段。

除物质生活条件的影响外，官员个人的品质、道德素养以及对于儒家所倡导的正心修身，上不负君、下不负民思想的领悟，也使得一些官吏养成了富贵不能淫、威武不能屈、贫贱不能移的高尚情操，名垂青史，千古传颂。例如：东汉时以不畏强权著称的强项令董宣，死时，“唯见布被覆尸，……有大麦数斛，敝车一乘”。光武帝十分感伤，赞曰“廉洁”。[6] 三国时，以“鞠躬尽瘁，死而后已”为人称道的诸葛亮，在遗表中说：“臣死之日，不使内有余帛，外有赢财，以负陛下。”[7]宋时，以清官著称的包拯以“廉者，民之表也；贪者，民之贼也”，自恃一生清白。知端州离任时，当地以砚相送，但其严词谢绝，“不持一砚归”。明代著名清官、曾任南京都察院左都御史的海瑞，卒时“葛帏敝籝，有寒士所不堪者。因泣下，醵金为敛”。[8] 清康熙时，于成龙

---

① ［晋］袁准：《袁子正书·政略》。

② 《白居易全集》卷六四，《策林三》。

③ 赵翼：《廿二史札记》。

④ 苏辙：《栾城集》卷三十五，《自齐州回论时事书（画一状附）》。

⑤ 《管子·牧民》。

⑥ 《汉书·董宣传》。

⑦ 《三国志·诸葛亮传》。

⑧ 《明史·海瑞传》。

官至河道总督，“死后，遗物唯故衣破靴，甕米数斛，盐豉数盎”，康熙帝曾钦赐于成龙“清官第一”，“实天下廉吏第一”的称号。[①] 乾隆时，徐士林官至巡抚，死后“囊箧萧然，一无所有”。乾隆帝赞他为“良臣”，表示“切切含悲，不能自已”。[②] 这些清官是中华民族凛然正气的体现。

除俸禄与官僚自身的修养外，实现廉政最重要的还在于制度保障。譬如惩贪的立法，慎选贤才的铨选，以及考课、奖惩、监察等各项制度相互为用，共同以廉政为目标，才能取得应有的效果。

六、中国古代廉政法制建设的启示

总括前述，中国古代的廉政法制建设是中华法制文明的重要内容。自夏朝立国以来，廉政问题一直是统治者关注的焦点，被视为治国理政的保证。以古为鉴，可知兴替。在当前反腐倡廉、建设和谐社会的伟大历史时代，总结和研究中国古代的廉政法制建设具有一定的现实借鉴意义。

实现廉政最重要的在于制度保障，惩贪的立法、慎选贤才的铨选以及考课、监察等各项制度相互为用，共同以廉政为目标，在历史上曾取得了积极的效果。也正因如此，中国古代各朝都把完善各项制度作为廉政建设最重要的保障。

除制度保障外，国家的舆论导向和官员的个人道德、品格的修养也起到重要的作用。在封建统治时代，廉政问题被看做事关国家兴亡和为政的根本。如同清朝的顺治皇帝在即位诏书中所说：“国之安危，全系官僚之贪廉。官若忠廉，则贤才向用，功绩获彰，庶务皆得其理，天下何患不治。官若奸贪，则贿赂肆行，庸恶幸进，功过冒赏，巨憝得以漏网，良善必至蒙冤，吏胥舞文，小民被害，政之紊乱，实由于此[③]。”

汉以后，在儒家思想主宰下，提倡官员“上不负君、下不负民”，以养成“富贵不能淫、威武不能屈、贫贱不能移”的高尚情操，也确实出现了千古传诵的清官廉吏。但由于中国古代社会基本的政治制度是君主专制，民众只是国家权力监控的对象，而无监控国家权力的权利，而国家权力结构是以

① 《清史稿·于成龙传》。

② 《清史稿·徐士林传》。

③ 《清世祖实录》卷九。

君主为顶点的、自上而下的金字塔结构，各级官吏的权力都依附于君权而存在，因此，有效的权力制约是不可能出现的。虽然各级官吏的权力依附于君权而存在，不具有独立性，但君主一人又无法完全控制各级官吏。因此，理论上的君主专制在实践中必然存在官吏对君权的僭越与侵夺，“天高皇帝远”和“上有政令、下有对策”就是君主专制制度的必然结果。对此，清朝的郭嵩焘有较为清醒的认识：“汉唐以来，虽号君主，然权力实不足，不能不有所分寄。故西汉与宰相外戚共天下，东汉与太监名士共天下，北宋、南宋与外国共天下，元与奸臣番僧共天下，明与宰相太监共天下，本朝则与胥吏共天下”。[①] 缺乏有效监控的权力必定会被滥用，腐败也必将随之产生。

虽然中国古代社会的监察立法相当发达，监察组织也比较完善，但由于监察权直接附属于皇权，因此，监察机关及其成员只是专制君主安插在官僚体系中的“耳目之司”。监察机关权力的大小往往视专制君主的信任程度和主观好恶而定，不具有独立性，这就从根本上制约了其作用的发挥。同时由于在君主专制政治中，一个官吏的升调或陟黜主要操纵于上级官僚机构，而与其实际政绩或社会评价之间不存在必然的联系，并且在这种情况之下，权力之间的监督极易转化为一种权力之间的合谋，即通常所说的上下联手，官官相护。因此，中国古代惩治官吏腐败立法的完善并不能持续有效地遏制官吏贪赃枉法现象的产生和发展，吏治的清明也只能是一种短暂、一时的现象，而吏治的腐败则是长期、必然的现象。总之，君主专制制度既是腐败的制度根源，也是廉政建设最大的制度障碍。

① 郭嵩焘：《清之竹头木屑》，《清代野史》第7辑，巴蜀书社1987年版，第296页。

综论中国古代司法渎职问题

一、历代统治者对司法的重视

司法是由特定的国家机关行使审判权的一种活动。专门的司法机关系统的确立，与审判活动的程序化、制度化、法律化，是衡量中华法制文明发展程度的重要标志。由于司法是属于国家活动的范围，其结果不仅直接关系到诉讼当事人的切身利益，也影响到社会的秩序与国家的安定。正因为如此，中国古代的圣君、贤相、哲人、大儒都十分重视司法，或制造舆论，以期引起重视，或派贤吏担任法司，或派出皇帝耳目之司进行司法监察，或由皇帝亲自断结大狱，力求做到公平公正。

在先秦的文献中，以“中”——不偏之为中，来比喻司法的公平与公正。古人认为法本身就是“齐天下之动，至公大定之制也”。[①] 因此只有执法“中”，才能发挥法律自身的功能。周初，伟大的政治家、思想家周公总结亡殷的教训提出的“明德慎罚”，就是不得“滥罚无罪，杀无辜”。[②] 他还举出司寇苏公，作为执法得中的榜样：“司寇苏公，式敬尔由狱，以长我王国，兹式有慎，以列用中罚。”[③]所谓中罚，正义解释说：“列用中常之罚不轻不重，当如苏公所行也。”

孔子不仅提出兴礼乐为刑罚得中的主宰，还指出刑罚不中的社会危

① 《左传·昭公二十年》。

② 《尚书·康诰》。

③ 《尚书·立政》。

害，他说：“礼乐不兴，则刑罚不中，刑罚不中，则民无所措手足。”[①]民手足无措，必然招致社会的动荡不安。

荀子在《王制篇》中以“公平”为“职之衡也”，以“中和”为“听之绳也”，即以公平来衡量官吏的职守，以中和作为听讼即司法的准绳。

汉武帝时，董仲舒还运用阴阳五行之说，阐明刑罚不中所带来的后果：“刑罚不中，则生邪气，邪气积于下，怨恶蓄于上，上下不和，则阴阳缪盭而妖孽生矣，此灾异所缘而起也。”[②]汉宣帝元康二年五月诏书中，一方面指出司法的重要与良吏执法的价值，所谓“狱者万民之命，所以禁暴止邪，养育群生也，能使生者不怨，死者不恨，则可谓文吏矣”。另一方面谴责贪酷之吏任意用法造成的危害：“今则不然，用法或持巧心，析律贰端，深浅不平，增辞饰非，以成其罪。”[③]

汉章帝建初五年三月诏书中引述孔子的“刑罚不中，则民无所措手足”之后说：“今吏多不良，擅行喜怒，或案不以罪，迫胁无辜，致令自杀者，一岁且多于断狱，甚非为人父母之意也。有司其议纠举之。”[④]

唐初，是以法治相尚的朝代，魏征曾经向太宗进言说：“且法，国之权衡也，时之准绳也。权衡，所以定轻重，准绳，所以正曲直。”作为“万乘之主”，如果“任心弃法”，无异于“舍准绳以正曲直，弃权衡而定轻重”，“不亦惑哉？”[⑤]魏征的进言得到太宗的肯定，他多次表示：“法者非朕一人之法，乃天下之法，”不可以因私“挠法”。[⑥]

高宗时，为了确保公正司法，建立三司推事制度。一则在司法机关系统中建立了互相制衡的关系，再则发挥监察机关司法监察的作用。据《唐会要》：“有大狱，即命中丞、刑部侍郎、大理卿鞫之，谓之大三司使；又以刑部员外郎、御史、大理寺官为之，以决疑狱，谓之三司使。”[⑦]另据《通典》：“（侍御史）与给事中、中书舍人，同受表里冤讼，迭知一日，谓之三司受事。

---

① 《论语·子路》。

② 《汉书·董仲舒传》。

③ 《汉书·宣帝纪》。

④ 《后汉书》卷三《皇帝纪》。

⑤ 《贞观政要》卷五，《公平》。

⑥ 《贞观政要》卷五，《公平》。

⑦ ［宋］王溥撰：《唐会要》卷七十八。

其事有大者，则诏下尚书刑部，御史台，大理寺同案之，亦谓此为三司推事。”①

唐朝实行的三司推事，为公正司法提供了一重制度保证，对后世深有影响。明清时期的会审制度即导源于此。

宋初为指导全国司法活动，太祖于开宝八年制定推状条样三十三条，要求各级司法机关“鞫狱即录一本”，“悉大字揭于板置听事之壁”。此推状虽已佚失，但却反映了宋初统治者对司法的重视。真宗初年为控制大案要案的审理，特设审刑院于禁中，后元丰改制时以机构重叠并于刑部。

宋时著名思想家、政治家真德秀，在《西山文集》中以“断狱不公”、“听讼不审”、“淹延囚系”、“惨酷用刑”等列为“十害”的重要内容。并依次做出评论：“狱者，民之大命，岂可少有私曲。”“讼有实有虚，听之不审，则实者反虚，虚者反实矣，其可苟哉！”“一夫在囚，举室荒业，囹圄之苦，度日如岁，其可淹久乎！”“刑者，不获已而用，人之体肤，即己之体肤也，何忍以惨酷加之乎！……刑者，国之典，以代天纠罪，岂官吏逞忿行私者乎！不可不戒。”②

明朝建立以后，朱元璋以亡元为鉴说：“元氏昏乱，纪纲不立，主荒臣专，威福下移，由是法度不行，人心涣散，遂至天下骚乱”，“卒至于亡”。③因此他强调：“夫法度者，朝廷所以治天下也，”④因此极为重视司法。他亲自“录囚”，“有大狱必面讯”，“多亲鞫，不委法司”。至永乐元年(1403 年)，成祖“命法司五日一引奏罪囚”。⑤ 对于死刑案犯的审决，尤为重视。永乐十三年(1415 年)，下令：“自今死罪者，皆五复奏，著为令。”⑥永乐十七年(1419 年)，又下令：“自今，在外诸司死罪，咸送京师审录，三复奏，然后行刑。”⑦仁宗时，于洪熙元年令：“法司执奏，五奏不允，同三公大臣执奏，必允乃已。”⑧并“特命内阁学士会审重囚，可疑者再问。”⑨正统时，英宗“谕三

---

① [唐]杜佑：《通典》卷二十四，《职官六》。

② 真德秀：《西山文集》卷四〇，《谭州谕同官咨目》。

③ 《明太祖实录》卷一四。

④ 《明太祖实录》卷一一六。

⑤ 《明史·成祖纪》(二)。

⑥ 《明史·成祖纪》(三)。

⑦ 《明史·成祖纪》(三)。

⑧ 《明史·仁宗纪》。

⑨ 《明史·刑法志》(二)。

法司，死罪临决，三复奏然后行刑”。[①]

明朝还在传承唐制的基础上建立了朝审、热审、大审等制度，使会审制度化、法律化。

由于明朝是专制主义极端强化的朝代，皇帝处理国家大事除倚重官僚机构外，更多地信赖亲军与内侍，如锦衣卫和东西厂，使之参与司法、操纵司法。

宪宗成化十七年(1481 年)，命司礼监太监一人会同三法司长官于大理寺审录罪囚，谓之“大审”。“自此定例，每五年辄大审”。[②] 大审的对象主要是累诉冤枉的囚犯。厂卫组织之所以直接参加审判，并享有“听记”、“坐记”的权力，正是体现了他们代表皇帝行使和监督司法权。宦官参与司法，迫使执法的清官洁身引退，而多数官吏唯恐被坐陷失出之罪，宁可深文罗织滥害百姓。明朝皇帝本意是通过信任的亲军和内侍监督司法、加强司法，但由于非法定的司法组织竟然凌驾于法定的司法组织之上，不仅破坏了既定的法律秩序，也危害到封建法制本身，加剧了统治阶级内部的利益冲突和国家的危机。自明中叶以来，宦官和官僚系统争夺权力的斗争此起彼伏，倾轧不已。至晚明，以东林党为代表的正直官吏遭到了宦官无情的打击和迫害，宦官之祸达到历史之巅峰。

清袭明制，秋审、朝审已成为清朝的重要会审制度。通过秋审和朝审，皇帝核查死刑案犯的判决是否合法，并控制了死刑的勾决权，防止因处刑不当引起社会的动荡和国家的动乱。顺治十三年谕刑部：“朝审秋决，系刑狱重典。朕必详阅招案始末，情形允协，令死者无冤。”[③]康熙二十二年圣祖御“懋勤殿，召见大学士，学士等人酌定在京秋审情实重犯，圣祖取罪案逐一亲阅，再三详审，……人命事关重大，故召尔等共商酌，情有可原，即开生路。”[④]雍正十一年，御洞明堂，阅秋审情实招册，谕刑部：“诸臣所进招册，俱经细加勘酌，拟定情实。但此内有一线可生之机，尔等亦当陈奏……断不可因前奏难更，遂尔隐默也。”高宗三十一年，湖南官犯饶全以回护罪处死刑，“追阅浙省招册，知府高象震亦以承审回护，原题仅拟军台效力，急谕湖南巡抚将饶全暂停处决，令刑部查明两案情节不同，始行明谕处分”。

---

① 《明史・英宗前纪》。

② 《明史・刑法志》(二)。

③ 《清史稿・刑法志》。

④ 《清史稿・刑法志》。

嘉庆七年，御史广兴，奏请将斗杀拟缓之广东姚得辉改入情实，援引乾隆十八年“一命必有一抵”之旨，就此，仁宗批示说：“一命一抵，原指械斗等案而言，至寻常斗殴，各毙各命，自当酌情评理，分别实缓，若拘泥一命必有一抵之语，则是秋谳囚徒，凡伤杀毙命之案，将尽行问拟情实，可不必有缓决一项，有是理乎？”[①]

至于死刑案犯的复奏，雍正二年四月上谕：“朝审重囚其情实者，刑科必三复奏闻，勾除者方行处决，而外省情实重囚，惟于秋审后法司具题，即咨行该省，无复奏之例。朕思中外一体，岂在京诸囚宜加详慎，在外省独可不用详慎乎？人命攸关，自当同仁一视。自今年为始，凡外省重囚经秋审具题情实应决者，尔法司亦照朝审之例三复奏闻，以副朕钦恤慎罚之至意。”[②]

是以雍正后，秋审亦有三复奏。至乾隆十四年九月十五日，上谕废止秋审死刑案三复奏：“各省秋审亦皆三复奏，自为慎重民命，即古三刺三宥遗制，谓临刑之际，必致详审不可稍有忽略耳，非必以‘三’为节也。朕每当勾决之年置招册手傍反复省览，常至五六遍，必令毫无疑义。至临勾时，犹必与大学士等斟酌再四，然后予勾、岂啻三复已哉！若夫三复，本章科臣匆剧具题，不无亥豕，且限于时日，岂能逐本全览？嗣后刑科复奏，各省皆令一次。”[③]

综括上述，可见中国古代历朝统治者对于司法的重视。重大的疑案冤案允许逐级上告，直至京控与邀车驾。

为了督励官员公正执法，早在《云梦秦简》中便规定有“失刑”、“纵囚”、“不直”等罪名，用以惩治执法不直的官员。随着封建法典的不断完备，惩治司法渎职的罪名也不断增多，同时还从正面规定了司法官应有的品德和应遵守的法律与官箴。与此同时，诉讼与审判制度也不断充实，达到了封建社会有可能达到的完备程度。

二、司法渎职的种种表现及根源

由于司法审判涉及当事人的切身利益，因此不断发生贿赂、请托司法

① 均见《清史稿·刑法志》。

② 《世宗实录》卷十八，雍正二年四月庚戌。

③ 《钦定台规》卷十四，六科分掌。

官的违法行为，力图使司法官作出有利于己的判决。在种种物质利诱和人情关系面前，坚定执法、秉公无私的清官虽不乏见，但司法渎职者更是比比皆是。兹就中国古代司法渎职的主要表现分述如下：

1. 断罪不如法

按《大明律》："不如法谓应用笞而用杖，应用杖而用讯，应决臀而决腰，应决腿而鞭背。其行杖之人若决不及肤者，依验所决之数抵罪，并罪坐所由，若受财者计赃以枉法从重论。"①可见不如法并非无法，或不执法，而是有意枉法。如系受财故不如法按律治罪。

早在战国时期，法家反对临事议罪，提出了援法断罪的主张。至西晋时，三公尚书刘颂针对司法实践中"断罪不如法"的现象提出："律法断罪，皆当以法律令正文，若无正文，依附名例断之，其正文名例所不及，皆不论。法吏以上，所执不同，得为异议。"刘颂的建议得到侍中太宰汝南王亮的认同，他奏请惠帝"以为宜如颂所启，为永久之制"。"于是门下属三公曰：昔先王议事以制，自中古以来，执法断事，既以立法，诚不宜复求法外小善也。若常以善夺法，则人逐善而不忌法，其害甚于无法也"。②

受晋朝影响，北周宣帝在宣下州郡的诏制九条中宣布："决狱科罪，皆准律文"，"以杖决罚，悉令依法。"③

唐朝为了克服断罪不如法的司法弊端，律文明确规定："诸断罪皆须具引律令格式正文，违者笞三十。"④

《宋刑统》也仿《唐律》规定："诸决罚不如法者，笞三十，以故致死，徒一年。"⑤

《大明律》对于不如法者的处罚，重于唐宋律，规定"不如法者，笞四十"，"因而致死者，杖一百"，轻于宋律，但需赔偿埋葬银一十两，"行杖之人，各减一等"。

《大清律例》关于断罪不如法的规定更为具体："凡官司断罪，皆须具引律例。违者，如不具引，笞三十。若律有数事共一条，官司止引所犯本罪者，听。所犯之罪止合一事，听其摘引一事以断之。其特旨断罪，临时处治

---

① 《大明律集解附例》卷二十八，"刑律・断狱"。

② 《晋书・刑法志》。

③ 《周书・宣帝纪》。

④ 《唐律疏议・断狱》，"断罪不具引律令格式"。

⑤ 《宋刑统》卷二九，《断狱律・决罚不如法》。

不为定律者，不得引比为律。若辄引比致断罪有出入者，以故失论。故行引比者，以故出入人全罪，及所增减坐之。失于引比者，以失出入人罪，减等坐之。”

然而律典中关于“断罪不如法”的规定，以及对违法者的惩罚遂不断具体化，但在司法实践中“断罪不如法”仍然是常见的司法渎职现象。之所以禁而不止，不在于执法者不知法，而在于枉法。明清时期科举入仕之官虽不谙于词讼，如同《续通典》所说：“律条具在，义例昭然，而各官素未讲读，既不知以律自治，又安能以律治人？”[1]但自州县官起皆有刑名幕吏为之辅佐，而且明清律典中皆设有讲读律令条，以强迫官员学习法典。可见“断罪不如法”者，并非完全不知法，而是宥于各种原因，知法不行法。元人胡祇遹在《紫山大全集》“杂著・官吏稽迟情弊”中指出：“奸贪官吏对于两词曲直显然明白，故为稽迟，轻则数月，甚则一年二年，以至本官任终，本司吏更换数人，而不决断。”

2.出入人罪

此罪分失出入与故出入。前者为过失，后者为故意，是司法渎职的重要表现。

早在《云梦秦简》法律答问中便明确提出治狱“不直”与“纵囚”的概念。“罪当重而端轻之，当轻而端重之，是谓‘不直’。当论而端弗论，及易其狱，端令不致，论出之，是谓‘纵囚’”。无论不直还是纵囚均属出入人罪。《汉书・功臣表》引晋灼语：“律说出罪为故纵，入罪为故不直。”

汉自武帝时起，对出罪故纵处刑极严，故纵谋反则加重。昭帝时，“廷尉李种坐故纵死罪，弃市”；[2]“元凤三年，少府徐仁、廷尉王平、左冯诩贾胜胡皆坐纵反者，仁自杀，平、胜胡皆腰斩”。正是由于“缓深故之罪，急纵出之诛”，以致治狱的官吏，“上下相殴，以刻为明。深者获公名，平者多后患。故治狱之吏皆欲人死，非憎人也，自安之道在人之死”。[3]

另据出土的《汉简・二年律令》，“鞠（鞫）狱故纵、不直、及诊、报、辟故弗穷辞审者，死罪，斩左止（趾）为城旦，它罪各以其罪论之。”[4]治狱者于状外别求他罪，亦属“故不直”。“治狱者，各以其告劾治之。敢放讯杜雅，求

① 《续通典》卷112。

② 《汉书・昭帝纪》。

③ 《汉书・路温舒传》。

④ 《汉简・二年律令・捕律》。

其它罪，及人勿告劾而擅覆治之，皆以鞫狱故不直论”。[1]

东汉建立以后，光武帝从稳定统治出发，强调治狱平直，对故入人罪者处重刑，如“大司徒代涉坐故入人罪，下狱死”。[2] 但就东汉一朝而言，官吏在司法上造成的冤滥更甚于西汉，虽有禁杀无辜之法也无济于事。

至唐朝，文物典章咸备。唐律对于官司出入人罪犯罪的根源与情节以及相应的处刑，作出了具体的规定：“诸官司入人罪者，谓故增减情状足以动事者，若闻知有恩赦而故论决，及示导令失实辞之类。若入全罪，以全罪论；虽入罪，但本应收赎及加杖者，止从收赎、加杖之法。”疏议曰：“官司入人罪者，谓或虚立证据，或妄构异端，舍法用情，锻炼成罪。”[3]

唐律还规定：“从轻入重，以所剩论；刑名易者：从笞入杖、从徒入流，亦以所剩论。从徒入流者，三流同比徒一年为剩；即从近流而入远流者，同比徒半年为剩；若入加役流者，各计加役年为剩。从笞杖入徒流，从徒流入死罪亦以全罪论。其出罪者，各如之。”“即断罪失于入者，各减三等；失于出者，各减五等。若未决放及放而还获，若囚自死，各听减一等。”

《宋刑统》也仿《唐律疏议》对出入人罪进行条分缕析：

> 诸官司入人罪者，谓故增减情状，足以动事者。若闻知有恩赦，而故论决，及示导令失实辞之类。若入全罪，以全罪论。虽入罪，但本应收赎及加杖者，止从收赎、加杖之法。从轻入重，以所剩论。刑名易者，从笞入杖，从徒入流，亦以所剩论。从徒入流者，三流同比徒一年为剩。即从近流而入远流者，同比徒半年为剩。若入加役流者，各计加役年为剩。从笞杖入徒、流，从徒、流入死罪，亦以全罪论。其出罪者，各如之。即断罪失于入者，各减三等。失于出者，各减五等。若未决放，及放而还获，若囚自死，各听减一等。即别使推事，通状失情者，各又减二等。所司已承误断讫，即从失出入法。虽有出入，于决罚不异者勿论。[4]

《大明律》在出入人罪的法律规定中，既简要剖析了犯罪的原因，又分清了官与吏各自应负的刑责：“凡官司故出入人罪，全出全入者，以全罪论。

---

[1] 《汉简・二年律令・具律》。

[2] 《后汉书・光武帝纪》。

[3] 《唐律疏议》卷三十，《断狱・官司出入人罪》。

[4] 《宋刑统》卷三〇，《断狱律・官司出入人罪赦前断罪轻重不当》。

谓官吏因受人财及法外用刑，将本应无罪之人而故加以罪，及应有罪之人而故出脱之者，并坐官吏以全罪。”“若增轻作重，减重作轻，以所增减论，至死者坐以死罪。若断罪失于入者各减三等，失于出者各减五等。谓鞫问狱囚或证佐诬指或依法拷讯，以致招承及议刑之际所见错误，别无受赃情弊及法外用刑，致罪有轻重者，若从轻失入重，从重失出轻者，亦以所剩罪论。并以吏典为首，首领官减吏典一等，佐贰官减首领官一等，长官减佐贰官一等科罪。”①

《大清律例》出入人罪条以《大明律》为基础，但增加小注。“凡官司故出入人罪，全出全入者，徒不折杖，流不折徒，以全罪论。谓官吏因受人财及法外用刑，而故加以罪、故出脱之者，并坐官吏以全罪。若于罪不至全入，但增轻作重，于罪不至全出，但减重作轻，以所增减论；至死者，坐以死罪。若增轻作重，入至徒罪者，每徒一等，折杖二十；入至流罪者，每流一等，折徒半年；入至死罪已决者，坐以死罪。若减重作轻者，罪亦如之。若断罪失于入者，各减三等；失于出者，各减五等。并以吏、典为首，首领官减吏、典一等；佐贰官减首领官一等；长官减佐贰官一等科罪。坐以所减三等、五等。若囚未决放及放而还获，若囚自死，故出入，失出入，各听减一等。其减一等与上减三等、五等，并先减而后算，折其剩罪以坐，不然则其失增失减剩杖剩徒之罪，反有重于全出、全入者矣。”除小注外并附条例，如：“承审官改造口供，故行出入者，革职。故入死罪已决者，抵以死罪，其草率定案，证据无凭，枉坐人罪者，亦革职。”“凡督抚具题事件内，有情罪不协、律例不符之处，部驳再审。该督抚及司、道等官，虚心按律例改正具题，将从前舛错之处，免其议处。”

综上可见，官司出入人罪是司法渎职的重要表现之一。正因为如此，由唐迄清法律的规定不断细密，尤其是清朝详细规定了出罪、入罪的各种情况与相应的刑罚等级，并针对司法实践中出现的问题不断增加条例。尽管如此，在种种情弊的驱使下，故出入人罪的案件仍然不断出现。

3. 受赇枉法

受赇枉法是一项古老的犯罪类别，也是司法渎职最常见的职务犯罪。早在《尚书・吕刑》中便以“惟来”，即官吏贪赃为“五过之疵”的一项内容，犯之者与罪犯同罪，所谓“其罪惟均”。

① 《大明律集解附例》卷二八，《刑律・断狱》。

《云梦秦简》中关于失刑、纵囚、不直之类犯罪，是否受赇枉法，虽未注明，但也不排除法司受赇所致。

至汉代，受赇枉法已经成为一项法定的罪名。《说文》："赇，以财物枉法相谢曰赇。"据师古注："以财求事曰赇。"汉律对官吏受赇枉法的处罚是严厉的，犯之者处以重刑。汉文帝十三年诏曰："吏受赇枉法……皆弃市。"[①]另据《张家山汉墓竹简》："受赇以枉法，及行赇者，皆坐其(臧)(赃)为盗。罪重于盗者，以重者论之。"[②]汉律除惩治受赇枉法者外，也制裁行赇者。如："临汝侯灌贤坐行赇罪，国除。"[③]"汾阳嗣侯意坐行赇，髡为城旦。"[④]

汉以后，《魏律》十八篇专列《请赇》、《偿赃》二篇，用以惩治官吏贪赃枉法行为。晋时，注释法律盛行，使得贪赃受贿罪的概念趋于规范化，如"货财之利谓之赃"，"以罪名呵为受赇"，"输入呵受为留难，敛人财物积藏于官为擅赋"。[⑤]

北齐也有枉法赃处死之罚，据《北史・祖珽传》："珽拟补令史十余人皆有受纳……后其事皆发……缚送廷尉，据犯枉法处绞刑。"可见，魏晋南北朝时期对贪赃枉法均处以重刑。

唐朝著名法典《唐律疏议》，以六赃——受财枉法、受财不枉法、受所监临财物、强盗、窃盗和坐赃，概括非法占有公私财物的犯罪。六赃之中以受财枉法列于首位，处刑极严。唐律"监主受财枉法"条规定，受绢一尺杖一百，每一匹加一等，十五匹处绞刑。即使"诸有事先不许财，事过之后而受财者，事若枉，准枉法论；事不枉者，以受所监临财物论"。如果"诸主守受囚财物，导令翻异，及与通传言语，有所增减者，以枉法论，十五匹加役流，三十匹绞"。

另据唐律"监主受财不枉法"条规定，赃一尺杖九十，每二匹加一等，三十匹加役流。无禄人财受财不枉法减一等处刑，四十匹加役流。

《明律》基本沿袭《唐律》，但增加计赃办法。"官吏受财"条规定："凡官吏受财者，计赃科断。无禄人，各减一等。官追夺除名，吏罢役，俱不叙。

① 《汉书・刑法志》。
② 《张家山汉墓竹简・二年律令・盗律》。
③ 《史记・功臣表》。
④ 《汉书・功臣表》。
⑤ 《晋书・刑法志》。

说事过钱者，有禄人，减受钱一等；无禄人，减二等；罪止杖一百，各迁徙。有赃者，计赃从重论。"

有禄人"枉法，赃各主者，通算全科。谓受有事人财而曲法科断者，如受十人财，一时事发，通算作一处，全科其罪。一贯以下，杖七十"。"一贯之上至五贯，杖八十。……八十贯，绞。""不枉法，赃各主者，通算折半科罪。谓虽受有事人财，判断不为曲法者，如受十人财，一时事发，通算作一处，折半科罪。""一贯以下，杖六十。……一百二十贯，罪止杖一百，流三千里。"无禄人"枉法，一百二十贯，绞"。"不枉法，一百二十贯之上，罪止杖一百，流三千里。"

"事后受财"条规定："凡有事，先不许财，事过之后而受财，事若枉断者，准枉法论；事不枉断，准不枉法论。"

另据"有事以财请求"条规定："凡诸人有事，以财行求得枉法者，计所与财，坐赃论。若有避难就易，所枉重者，从重论。其官吏刁蹬，用强生事，逼抑取受者，出钱人不坐。"

《大清律例》"官吏受财"条，虽仿明律，但增加小注，使律意明晰，并附条例以示随势增减："有禄人凡月俸一石以上者，枉法赃，各主者，通算全科。谓受有事人财而曲法处断者，受一人财固全科。如受十人财，一时事发通算作一处，亦全科其罪。若犯二事以上，一主先发，已经论决，其他后发，虽轻若等，亦并论之。一两以下，杖七十。一两至五两，杖八十……八十两，实绞监候。不枉法赃，各主者，通算折半科罪。虽受有事人财，判断不曲法者，如受为十人财，一时事发，通算作一处，折半科罪，一主者，亦折半科罪，准半折者，皆依此。一两以下，杖六十。一两之上至一十两，杖七十。……一百二十两以上，实绞监候。"

"无禄人凡月俸不及一石者，枉法，扶同听行及故纵之类，一百二十两，绞监候。不枉法，一百二十两以上，罪止杖一百，流三千里。"

此条附例规定对于各部院衙门书办及在官人役等参与此项犯罪活动的严惩：

"各部院衙门书办，有辄敢指称部费，招摇撞骗，干犯国宪，非寻常犯赃可比者，发觉审实，即行处斩；为从知情朋分银两之人，照例发往云、贵、两广烟瘴少轻地方，严行管束。"

"凡在官人役，取受有事人财，律无正条者，果于法有枉纵，俱以枉法计赃科罪。若尸亲、邻证等项不系在官人役，取受有事人财，各依本等律条科断，不在枉法之律。”

“凡各衙门书吏，如有舞文作弊者，系知法犯法，应照平人加一等治罪。”①

另据“有事以财请求”条规定：“凡诸人有事，以财行求官吏，欲得枉法者，计所与财，坐赃论。若有避难就易，所枉法之罪重于与财者，从重论。其赃入官。其官吏刁蹬，用强生事，逼抑取受者，出钱人不坐。避难就易，谓避难当之重罪，就易受之轻罪也。若他律避难，则指难解钱粮，难捕盗贼皆是。”

此条附例规定：“凡有以财行求，及说事过钱者，审实，皆计所与之赃，与受财人同科，仍分有禄、无禄。有禄人概不减等，无禄人各减一等。其行求说事过钱之人，如有首、从者，为首照例科断；为从，有禄人听减一等，无禄人听减二等。如抑勒诈索取财者，与财人及说事过钱人俱不坐。至于别项馈送不系行求，仍照律拟罪。”

综上可见，历代对于受赇枉法的规定不断细化，如汉朝便区分枉法与不枉法、受赇与行赇；唐以后更区分有禄人与无禄人、长官与书吏，并计赃办法。从中反映了受财枉法的司法渎职行为，不仅层出迭见，而且花样不断翻新，正所谓道高一尺魔高一丈。

4. 请托枉法

所谓请托枉法，系指以私事相托，走门路，通关节，以求曲法减免罪犯的处刑。为杜绝此种司法渎职现象，唐律规定：“诸有所请求者，笞五十；谓从主司求曲法之事。即为人请者，与自请同。主司许者，与同罪。主司不许及请求者，皆不坐。已施行，各杖一百。”对此，疏议解释为：“凡是公事，各依正理。辄有请求，规为曲法者，笞五十。即为人请求，虽非己事，与自请同，亦笞五十。‘主司许者’，谓然其所请，亦笞五十，故云‘与同罪’。若主司不许及请求之人，皆不坐。‘已施行’，谓曲法之事已行，主司及请求之者各杖一百，本罪仍坐。”

如受人财而为请托者，“坐赃论加二等”；如系监临势要者，“准枉法论”；“与财者，坐赃论减三等”。疏议曰：“受人财而为请求者”，谓非监临之官。“坐赃论加二等”，即一尺以上笞四十，一疋加一等，罪止流二千五百里。“监临势要，准枉法论”，即一尺以上杖一百，一疋加一等，罪止流三千

① 《大清律例》卷三十一，《刑律·受赃》。

里，无禄者减一等。“与财者，坐赃论减三等”，罪止徒一年半。若受他人之财，许为嘱请，未嘱事发者，止从“坐赃”之罪。若无心嘱请，诡妄受财，自依“诈欺”科断。取者虽是诈欺，与人终是求请，其赃亦合追没。其受所监临之财。为他司嘱请，律无别文，止从坐赃加二等，罪止流二千五百里，即重于“受所监临”。若未嘱事发，止同“受所监临财物”法。

唐宣宗大中四年，鉴于“刑狱之内，吏得使情，推断不平，因成宽滥”，严令“无问有赃无赃，并不在原免之限”。①

《大明律》嘱托公事条规定：“凡官吏诸色人等，曲法嘱托公事者，笞五十。但嘱即坐。谓所嘱曲法之事，不问从与不从、行与不行，但嘱即得此罪。当该官吏听从者，与同罪；不从者，不坐。若事已施行者，杖一百。所枉罪重者，官吏以故出入人罪论。若为他人及亲属嘱托者，减官吏罪三等。自嘱托已事者，加本罪一等。若监临势要为人嘱托者，杖一百；所枉重者，与官吏同罪。至死者，减一等。（一）谓监临势要之人，但嘱托者，杖一百。官吏听从者，仍笞五十，已施行者，亦杖一百。所枉之罪重于一百者，官吏与监临势要之人，皆得故出入人之罪。官吏依律合死者，监临势要之人，合减死一等。若受赃者，并计赃以枉法论。若官吏不避监临势要，将嘱托公事实迹赴上司首告者，升一等。”

上述《大明律》嘱托公事条的规定较之唐律区分情节更为具体，而且还规定下级首告上司嘱托公事者，升一等。

《大清律例》嘱托公事条基本仿明律，但所加小注更适合清朝统治的实际：

“凡官吏诸色人等，或为人，或为己；曲法嘱托公事者，笞五十。但嘱即坐。不分从、不从。当该官吏听从而曲法者，与同罪；不从者，不坐。若曲法事已施行者，杖一百。其出入所枉之罪重于杖一百者，官吏以故出入人罪论。若为他人及亲属嘱托，以致所枉之罪重于笞五十者，减官吏罪三等。自嘱托已事者，加所应坐本罪一等。若监临势要曲法为人嘱托者，杖一百。所枉重于杖一百者，与官吏同故出入人罪。至死者，减一等。若曲法受赃者，并计赃通算全科以枉法论。通上官吏人等嘱托者，及当该官吏，并监临势要言之。若不曲法而受赃者，只以不枉法赃论。不曲法又不受赃，则俱不坐。若官吏不避监临势要，将嘱托公事实迹赴上司首告者，升一等。吏

① 《册府元龟》卷一五五，《帝王部·督吏》。

候受官之日，亦升一等。”

5. 挟仇枉法

因挟私仇而枉法陷人于罪，亦属司法渎职的一种。明律中有“怀挟私仇故禁平人”之条：“凡官吏怀挟私仇故禁平人者，杖八十；因而致死者，绞。提牢官及司狱官、典狱卒知而不举首者，与同罪。至死者，减一等。不知者，不坐。若因公事，干连平人在官无招，误禁致死者，杖八十。有文案应禁者，勿论。若故勘平人者，杖八十；折伤以上，依凡斗伤论；因而致死者，斩。同僚官及狱卒知情共勘者，与同罪；至死者，减一等；不知情，及依法拷讯者，不坐。若因公事，干连平人在官，事须鞫问，及罪人赃仗证佐明白，不服招承，明立文案，依法拷讯，邂逅致死者，勿论。”①

清朝顺治三年律沿用此条，除增加小注外，根据司法实践中的案例，在规范内容上做出了若干新的补充：“凡官吏怀挟私雠，故禁平人者，杖八十。(平人系平空无事与公事毫不相干，亦无名字在官者，与下文公事干连之平人不同)。因而致死者，绞(监候)。提牢官及司狱官典狱卒，知而不举首者，与同罪，至死者减一等。不知者，不坐。若因(该问)公事，干连平人在官，(本)无招(罪，而不行保管)误禁致死者，杖八十。(如所干连事方讯鞫)，有文案应禁者(虽致死)，勿论。”

“若(官吏怀挟私雠)故勘平人者(虽无伤)，杖八十。折伤以上，依凡斗伤论。因而致死者，斩(监候)。同僚官及狱卒知情，(而与之)共勘者，与同罪，至死者减一等。不知情(而共勘)及(虽共勘而但)依法拷讯者(虽至死伤)，不坐。若因公事干连平人在官，事须鞫问，及(正犯)罪人赃仗证佐明白，(而干连之人独为之相助匿非)不服招承，明立文案，依法拷讯，邂逅致死者，勿论。”②

“承审官吏，凡遇一切命案、盗案，将平空无事，并无名字在官之人，怀挟私雠，故行勘讯致死者，照律拟罪外，倘事实无干，或因其人家道殷实，勒诈不遂，暗行贿嘱罪人，诬扳刑讯致死者，亦照怀挟私雠，故勘平人致死律，拟斩监候。如有将干连人犯，不应拷讯，误执己见，刑讯致毙者，依决人不如法因而致死律，杖一百。其有将干连人犯，不应拷讯任意叠夹致毙者，照非法殴打致死律，杖一百。其有将干连人犯，不应拷讯，任意叠夹致毙者，

① 《大明律》卷二八，《刑律・断狱》。

② 《读律存疑》卷四十八，《刑律》二十四・断狱上。

照非法殴打致死律，杖一百，徒三年。如有将徒、流人犯，拷讯致毙二命者，照决人不如法加一等，杖六十，徒一年。三命以上，递加一等，罪止杖一百，徒三年。其有将笞杖人犯，致毙二命者，照非法殴打致死律加一等，杖一百，流二千里。致毙三命以上者，递加一等，罪止杖一百，流三千里。若因公事干连人犯，依法拷讯，邂逅致死，或受刑之后，因他病而死者，均照邂逅致死律勿论。如有奸徒挟雠诬告平人，官吏知情，受其嘱托，因而拷讯致死者，本犯依诬告律拟抵，官吏照为从律满流。如有诬告平人，官吏不知情，依法拷讯致死者，将诬告之人拟抵，官吏交部议处。若被诬之人，不肯招承，因而迭夹致毙，照非法殴打致死律定拟。均不得删改律文内怀挟私雠字样。混引故勘平人，概拟重辟。在外不按实具题，在内含糊照覆，照官司出入人罪律，分别治罪。”①

据薛允升考证，此条系乾隆元年，刑部议复尚书傅鼐条奏定例。

因怀挟私仇枉法报复而致司法渎职者虽不多见，但因以权谋私陷人于罪，情节恶劣，故处刑较重。

6. 滥用酷刑

中国古代司法审判重视口供，所谓罪从供定，因此有些司法官急欲取得罪犯口供，往往滥施酷刑。为防止此类现象发生，早在《云梦秦简·封诊式》中便宣布：“凡讯狱，‘必先尽听其言而书之。’”如供词矛盾或情节交代不清，可以反复诘问，如当事人多次变供“更言不服”者，可用刑讯，即“笞掠”。但秦不提倡刑讯，强调“治狱，能以书从迹其言，毋治（笞）谅（掠）而得人请（情）为上；治（笞）谅（掠）为下，有恐为败”。②

至唐朝以法治相尚，拷讯也趋于规范化、法律化。唐律具体规定如下：“诸应讯囚者，必先以情，审察辞理，反复参验；犹未能决，事须讯问者，立案同判，然后拷讯。违者，杖六十。”

疏议曰：依狱官令：“察狱之官，先备五听，又验诸证信，事状疑似，犹不首实者，然系拷掠。”故拷囚之义，先察其情，审其辞理，反复案状，参验是非。“犹未能决”，“谓事不明辨，未能断决，事须讯问者，立案，取见在长官同判，然后拷讯，若充使推勘及无官同判者，得自别拷。若不以情审察及反复参验，而辄拷者，合杖六十。”

① 《读律存疑》卷四十八，《刑律》二十四·断狱上。

② 《云梦秦简·封诊式》。

“诸拷囚不得过三度，数总不得过二百，杖罪以下不得过所犯之数。拷满不承，取保放之。”

疏议曰：“依狱官令：‘拷囚每讯相去二十日。若讯未毕，更移他司，仍须拷鞫，即通计前讯以充三度。’故此条拷囚不得过三度，杖数总不得过二百。‘杖罪以下’，谓本犯杖罪以下、笞十以上，推问不承，若欲须拷，不得过所犯笞、杖之数，谓本犯一百杖，拷一百不承，取保放免之类。若本犯虽徒一年，应拷者亦得拷满二百，拷满不承，取保放之。”

“若拷过三度及杖外以他法拷掠者，杖一百；杖数过者，反坐所剩；以故致死者，徒二年。”

“即有疮病，不待差而拷者，亦杖一百；若决杖笞者，笞五十；以故致死者，徒一年半。若依法拷决，而邂逅致死者，勿论。仍令长官等勘验，违者杖六十。拷决之失，立案、不立案等。”

“诸拷囚限满而不首者，反拷告人。其被杀、被盗家人及亲属告者，不反拷。被水火损败者，亦同。拷满不首，取保并放。违者，以故失论。”

“诸决罚不如法者，笞三十；以故致死者，徒一年。即杖粗细长短不依法者，罪亦如之。”

疏议曰：“依狱官令：‘决笞者，腿、臀分受。决杖者，背、腿、臀分受。须数等。拷讯者亦同。笞以下，愿背、腿分受者，听。’决罚不依此条，是‘不如法’，合笞三十。以此决罚不如法，而致死者，徒一年。依令：‘杖皆削去节目，长三尺五寸。讯囚杖，大头径三分二厘，小头二分二厘。常行杖，大头二分七厘，小头一分七厘。笞杖，大头二分，小头一分五厘。’谓杖长短粗细不依令者，笞三十；以故致死者，徒一年。故云‘亦如之’”。[①]

至清朝，《大清律例》关于拷讯之法，基本传承唐律，但亦有所发展。如《断狱律》规定：“内而法司，外而督抚、按察使、正印官，许酌用夹棍外，其余大小衙门概不准擅用。若堂官发司审理事件，呈请批准方许刑审。若不呈请而擅用夹棍、拶指、掌嘴等刑，及佐贰并武弁衙门擅设夹棍、拶指等刑具者，督抚题参，交部议处。正印官亦照失察例处分。”

“凡问刑各衙门一切刑具，除例载夹棍、拶指、枷号、竹板，遵照题定尺寸式样，官为印烙颁发外，其拧耳、跪链、压膝、掌责等刑，准其照常行用。如有私自创设刑具，致有一二三号不等，及私造小夹棍、木棒、棰、连根带须

---

① 《唐律疏议·断狱》。

竹板，或擅用木架撑执，悬吊敲踝，针刺手指，或数十斤大锁并联枷，或用荆条互击其背，及例禁所不及赅载一切任意私设者，均属非刑，仍即严参，照违制律，杖一百。其有将无辜干连之人，滥刑拷讯，及将应行审讯之犯恣意凌虐，因而致毙人命者，照非法殴打致死律治罪。上司各官不即题参，照徇庇例议处。”

对此，薛允升特作按语如下：

> ［谨按］有例准用之刑，有例不准用之刑。准用者，防其改造，不准用者，防其私设，皆所以惩酷也。然严于官吏，必致过宽于匪类凶徒矣。夹棍拶指系刑之极重者，若不照定式造用，则残酷甚矣，故严其禁。自设立滥用夹棍例文，而一切应用刑具，遂不免违式造用，且有另立别项名目者。平情而论，木棒棰、荆条、及连根带须竹板，未必即重于夹棍拶指，特不应施之于轻罪及寻常案犯耳。若例应夹讯之犯，如上条所云情罪重大案件等类，即用此刑具敲踝击背亦属无碍；若不应夹讯之犯，不敢显用夹棍而改用此等刑具，即以滥用夹棍论，庶有区别。不然夹棍准用，而此等刑具不准用，亦属轻重失平。现在强盗匪类均不夹讯，改用别项刑具，有何违碍？不然名目随时添造，恐未能概行禁止也。处分则例：“于刑律所载应用刑具之外，私设非刑者，革职。”又：“承审命盗抢窃及一切要案，如实系有罪之人，证据明确，而犯供狡展，或用拧耳、跪练、压膝等刑者，免其置议。若系案内干连人犯，或被扳无罪之人，以及审理寻常事件，辄用跪练等刑者，降一级调用；因而致死者，仍照擅用非刑例革职。”又：“以长木将各犯同击，令其不能转动者，革职。”亦系联枷之类，应参看。再：此例，因而致毙，照非法殴打律应拟满徒。处分例照擅用非刑例，革职；并无“治罪”二字，亦应参看。

《大清律例》还规定：“强窃盗、人命及情罪重大案件正犯，及干连有罪人犯，或证据已明，再三详究不吐实情，或先已招认明白，后竟改供者，准夹讯外；其别项小事概不许滥用夹棍。若将案内不应夹讯之人，滥用夹棍，及虽系应夹之人因夹致死，并恣意叠夹致死者，将问刑官题参治罪。若有别项情弊，从重论。”

例一：河抚奏：“延津县知县黄家绅于缉获窃贼许二保明、林妮，因其狡供，迭用竹板荆条责打百余下，致许二保明、林妮受刑过重，先后身死。该犯等犯窃计赃，首从均罪止拟杖。许二保明拒伤捕役成笃，罪应绞候，例无致毙一绞一杖人犯二命治罪明文，将黄家绅照监临官因公事非法殴打致死律，杖一百，徒三年。”[①]

例二：广西司奏：“临桂县知县田皖承审抚署窃案，并不虚心研鞫，辄将毫无指证之郭升等刑逼多伤，复押毙一命。若仅照非法殴打至死律拟徒，尚觉轻纵，应请旨发往新疆效力赎罪。”[②]

综上可见，历代法典虽严禁非法拷讯，但由于承审官急于结案，以彰显政绩，因此非法拷讯禁而不止。《续通典》说：“在外有司……凡有讯鞫，不论轻重，动用酷刑，有问一事未竟而已毙一二命，到任甫期年而拷死数十人者，轻视人命，有若草菅……甚可骇也。”[③]

7. 淹禁稽迟

在司法审判中承审官出于主观上的各种原因，出现应审不审，应释不释，应结不结等淹禁稽迟现象，亦属司法渎职行为。为克服此种现象，唐律以来的法典中规定了相应的惩治条款：

“诸徒、流应送配所，而稽留不送者，一日笞三十，三日加一等；过杖一百，十日加一等，罪止徒二年。不得过罪人之罪。”

疏议曰：“‘徒、流应送配所’，谓徒罪断讫，即应役身。准狱官令：‘犯徒应配居作，在京送将作监，在外州者供当处官役。’案成即送，而稽留不送；其流人，准令‘季别一遣。若符在季末三十日内至者，听与后季人同遣。’违而不送者，一日笞三十，三日加一等；过杖一百，十日加一等，五十二日罪止徒二年。注云‘不得过罪人之罪’，谓罪人应徒一年者，稽留官司亦罪止徒一年之类。”

宋朝为了提高司法效率，规定了审判期限。凡大理寺审判的案件，大事不过二十五日，中事不过二十日，小事不过十日。审刑院详符(复核)，大事不过十五日，中事十日，小事五日。所谓大事、中事、小事，哲宗时曾经具体规定，凡二十缗以上为大事，十缗以上为中事，不满十缗为小事。但虽有上述期限的规定也无法避免审判实践中的拖沓淹滞与旷日废时。

元时，政治腐败、司法昏乱，淹禁稽迟现象极为严重，时任提刑按察使胡祇遹在《杂著・稽迟违错之弊》中说：

---

① 《读例存疑》卷四十九，刑律二十五，断狱下。

② 《读例存疑》卷四十九，刑律二十五，断狱下。

③ 《续通典》卷一一二。

违错之奸易见，稽迟之奸难明。格例虽立小事、中事、大事之限，府州司县上至按察司皆不举行。纵有依格欲举行者，多不通吏事。奸吏倒提月日，补贴虚检，行移调发，文饰捏合，弥缝完备，应对支吾，恣为欺谩，苦虐军民。小民所争，不过土田、房舍、婚姻、良贱、钱债而已，是数者皆非难问难断可疑之大事。有争田一二亩而稽迟不断，受赂枉法，巧文佞说，直至三月务革，十月务开，又复如前，动经一年二年不决。按察之于司县，钓卷求奸，不亦悚乎？所争之物不直数贯，随衙经年累岁，一家起讼，连累数家，妨废生理农功，破家坏产，冤抑百端。然则稽迟之祸民，岂为细过？有司恬然不问，纵遇鞫问明白者，不过笞县吏一二十下，不满奸顽之一笑。虽立按察司，与无何异？又且动经二年，不行照刷，虎狼蛇虺，何所畏惧？朝廷仁爱，问民疾苦，使诉陈官吏奸弊，每人每月每年须上陈若干款项及断讫情由，牒司申台呈省。

他还在《官吏稽迟情弊》[①]一文中痛陈："稽迟害民，甚于违错。若词讼到官，立便决断。案牍之间，虽欲文过饰非，错失自见，小民衔冤，随即别有赴诉。司县违错，州府辨明改正；州府违错，按察司辨明改正。小民无淹滞枉屈之冤，官吏当违背错失之罪。近年奸贪官吏恐负罪责，事事不为断决，至于两词曲直显然明白，故为稽迟，轻则数月，甚则一年二年，以至本官任终，本司吏更换数人，而不决断。元告、被论两家公共贿赂，又不决断，岁月既久，随衙困苦，破家坏产，废失农务岁计，不免商和。商和之心，本非得已，皆出于奸吏掯勒延迟之计。两家贿赂，钱多者胜，以屈为直，以直为屈，不胜偏倍。条画虽定大小中三事限次，终无明白罪责。拟合照依违限条画，初犯职官罚俸一月，两犯罚俸两月，三犯的决罢职。吏人初犯的决，再犯决罢。因稽迟而掯勒商和者，尤不可准，罪责加稽迟一等。伏乞申台呈省，如蒙俯允，乞赐遍示天下，将此情弊断例，省谕府州司县，大字真书于各衙厅壁，以示惩戒。"[②]

明朝建立以后鉴于非法淹禁所造成的后果，严格规定："凡狱囚情犯已完，监察御史、提刑按察司审录无冤，别无追勘事理，应断决者，限三日内断决。应起发者，限一十日内起发。若限外不断决、不起发者，当该官吏，三日，笞二十；每三日加一等，罪止杖六十。因而淹禁致死者，若囚该死罪，杖

---

① 胡祇遹：《紫山大全集》卷二十一，《杂著·稽迟违错之弊》。

② 胡祇遹：《紫山大全集》卷二十一，《杂著·官吏稽迟情弊》。

六十；流罪，杖八十；徒罪，杖一百；杖罪以下，杖六十，徒一年。”

“凡狱卒非理在禁，凌虐、殴伤罪囚者，依凡斗伤论，克减衣粮者，计赃以监守自盗论；因而致死者，绞。司狱官典及提牢官，知而不举者，与同罪；至死者，减一等。”①

清袭明律，但内容作了较大补充，显示了清朝统治者对司法淹禁稽迟的重视。《大清律例》之《刑律·断狱》淹禁条规定：

“凡狱囚情犯已完，在内经法司，在外经督抚审录无冤，别无追勘未尽事理，其所犯笞、杖、徒、流、死罪、应断决者，限三日内断决。系徒、流应起发者，限一十日内起发。若限外不断决、不起发者，当该官吏过三日，笞二十；每三日，加等，罪止杖六十。因过限不断决，不起发，而淹禁致死者，若囚该死罪，杖六十；流罪，杖八十；徒罪，杖一百；杖罪以下，杖六十，徒一年。唯重囚照例监候。”

另据“鞫狱停囚待对”条规定：

“凡鞫狱官推问当处罪囚，有同起内犯罪人伴见他处官司当处停囚，专待其人对问者，虽彼此职分不相统摄，皆听直行文书勾取。他处官司于文书到后限三日内，即将所勾待问人犯发遣。违限不发者，一日笞二十；每一日加一等，罪止杖六十。当处鞫狱者，无以其不发而中止，仍行移他处本管上司，问违限之罪、督令将所取犯人解发。若起内应合对问同伴罪囚，已在他处州、县事发见问者，是彼此俱属应鞫，听轻囚移就重囚，若囚罪相等者，听少囚从多囚。若囚数相等者，以后发之囚送先发官司并问。若两县相去三百里之外者，往返移就恐致疏虞，各从事发处归断。移文知会。如违轻不就重，少不从多，后不送先，远不各断者，笞五十。若违法反将重囚移就轻囚，多囚移就少囚者，当处官司随即收问，不得互相推避，仍申达彼处所管上司，究问所属违法移囚笞五十之罪。若当处官司囚到不受者，一日笞二十；每一日加一等，罪止杖六十。”

“凡在京衙门承审事件，限一个月审结。被证在外者，以到齐日为始。内外移咨行察者，以文到为始，催文至三次无回文者，题参。”

“凡钦部等事件，直省督抚俱以文到日为始，限四个月具题。总督辖两省者，隔省事件限六个月具题。两广总督、广东巡抚所属琼州，亦照隔省例限六个月。福建、台湾府限十个月。其湖、广、衡州等府所属有苗民二十六

---

① 《大明律》,《刑律·断狱》。

州、县，及乾州、平溪等卫，距省遥远，凡命盗案件，俱于定限外，各展限两个月。”

“督抚新任及署理印务，如钦部等事件原限内难于完结，准分别展限。原限四个月展两月，原限六个月展三月。遇公事出境一切事件，准题请展限。若监临科场准按日扣限，隔省提人准到日扣限。”

“刑部行文八旗、内务府、五城、顺天府提人，限文到三日内即行查送过部，或人犯有他故不到，即将情由报明。如违，将该管官参处。倘人犯已至而胥役勒索不行放人，经司务厅查出，照例严加治罪。如徇隐不究，察出或被首告.将该司务一并参处。”

“刑部现审事件应会三法司者，仍照定例限一个月完结。杖责等罪，限十日完结。发遣、军流等罪，限二十日完结。案内有应行提质及患病之犯，以提到及病愈之日为始，仍将应行扣限及三法司会审日期，并于科、道衙门注销内声明。倘该司员任意因循，或三法司不即会审以致逾限，书役得以乘机作弊者，严加治罪。其承审司员及会审迟延之堂司官，并交部分别议处。”

“凡参审之案，督抚于具题后，即行提人犯要证赴省，其无关紧急之左证，及被害人等止令州、县录供保候，俟奉旨到日，率同在省司道审理。其有应行委员查办之处，亦即就近酌委，以奉旨文到之日扣限，起旧限四个月者，限两个月具题。总督隔省旧限六个月者，限四个月具题。如果案情繁重，实有不能依限完结者，督抚据实先期奏明，请旨展限。如在旧限四个月、六个月内完结者，宽其议处。若逾旧限不结，照例查参议处。”

又如“原告人事毕不放回”条规定：

“凡告词讼，对问得实，被告已招服罪，原告人别无待对事理，鞫狱官司当随即放回。若无待对事故稽留三日不放者，笞二十；每三日加一等，罪止笞四十。”

此外在“盗贼捕限”条例中规定：“命盗重案，内外问刑衙门，各宜迅速查办，应辑拏者，上紧缉拏。应定拟者，即行定拟。若承审官不能审出实情，以监候待质，迁延时日者，该堂官督抚查处，即严行参处。”

对于已经断决的徒、流、迁徙、充军囚徒，“原问官司限一十日内……关防发遣所拟地方交割。若限外无故稽留不送者，三日笞二十，每三日加一等，以吏为首科断，罪止杖六十”。

总括上述，中国封建时代司法渎职种种现象的形成原因，或由于官吏不知法、故不如法；或有意故出入人罪、或受贿枉法、或请托枉法、或挟仇枉法等等。除此之外，有些官吏疲软不作为，遇有案件委诸幕吏或下属代审，由此弊端丛生。元人张养浩说："近年司宪受词讼，往往檄州郡官代听之，代听者不可承望风旨，邀宠一时，使人茹枉受刑，而靡恤阴理。"①可见中国封建时代的司法渎职的成因是复杂的，虽与承审官的品格道德修养有关，但归根结底决定于封建司法制度的本质。

三、克服司法渎职的主要法律与措施

由于司法关系到社会治安与国家稳定，因此历代统治者为克服司法渎职都殚精竭虑制定相应的法律，策划了各种措施，在一定时期一定程度上取得了效果。尽管无补于大局，但某些历史经验颇值得研究。

1. 制定"断罪引律令"条，使司法者知法援法

秦汉以来，为培养承审官，专设律博士。至西晋，为了防止承审官任意断案，出入人罪，曾提出"律法断罪，皆当以法律令正文"，以发挥法律的功能。至隋唐，科举中专设明法科，以培养承审官，《唐律疏议》还专门规定："诸断狱皆须具引律令格式正文，违者笞三十。"此条要点有二：一是具引，即完整引用，不得断章取义；二是正文，即国家正式制定的法律。如同疏议所云："犯罪之人，皆有条制。断狱之法，须凭正文。若不具引，或致乖谬。违而不具引者，笞三十。"此外，"决罚不如法"条还规定："诸决罚不如法者，笞三十；以故致死者，徒一年。即杖粗细长短不依法者，罪亦如之。"

宋朝科举中也设有刑法科，以读书读律相尚，"读书万卷不读律，致君尧舜知无术。"并实行鞫谳分司制度，务使判决依法合法。

明清律皆仿《唐律》，规定："凡断罪皆须具引律令。违者，笞三十。"但将疏议中数事共条作为律文，若"数事共条，止引所犯罪者，听"。为强调所引须正文，特作补充规定："其特旨断罪，临时处治不为定律者，不得引比为律。若辄引出，致罪有出入者，以故失论。"②"凡官司断罪，皆须具引律例。违者，如不具引笞三十。若律有数事共一条，官司止引所犯本罪者，听。所犯之罪止合一事，听其摘引一事以断之。其特旨断罪，临时处治不为定律

① 张养浩：《牧民忠告》卷上，《听讼第三・移听》。

② 《大明律集解附例》卷二十八。

者，不得引比为律。若辄引比致断罪有出入者，以故失论。故行引比者，以故出入人全罪，及所增减坐之。失于引比者，以失出入人罪，减等坐之。”①

由于明清两朝科举中不设明法科、刑法科，而以八股取士，为弥补以制艺入仕之官不谙法律，难于依法审断的缺憾，《大明律》“吏律·公式”中首列“讲读律令”：“凡国家律令，参酌事情轻重，定立罪名，颁行天下，永为遵守。百司官吏务要熟读，讲明律意，剖决事务。每遇年终，在内从察院，在外从分巡御史、提刑按察史官，按治去处考校。若有不能讲解，不晓律意者，初犯罚俸钱一月，再犯笞四十附过。三犯于本衙门递降叙用。其百工技艺，诸色人等，有能熟读讲解，通晓律意者，若犯过失及因人连累致罪，不问轻重，并免一次。其事干谋反、谋逆者，不用此律，若官吏人等，挟诈欺公、妄生异议，擅为更改，变乱成法者，斩。”据沈家本考证：“此条唐律无文，盖自元废律博士之官，而讲读律令者，世遂无其人，明虽设有此律，亦具文耳。”②但清人吴坛在《大清律例通考》中对此律条有如下考证：前明成化四年旧例内开，“各处有司，每遇朔望诣学行香之时，令师生讲说律例及御制书籍，俾官吏及合属人等通晓法律伦理，违者治罪”。这说明讲读律令条在现实中仍有一定的影响，并非完全具文。

清入关以后在《大清律集解附例》中也仿明律设有“讲读律令”条。雍正三年议准：“嗣后年底，刑部堂官传集满汉司员，将律例内酌量摘出一条，令将此条律文背写完全，考试分别上、中、下三等，开列名次奏闻。”③乾隆五年《大清律例》成，“吏律·公式·讲读律令”条规定如下：“凡国家律令，参酌事情轻重定立罪名，颁行天下，永为遵守。百司官吏务要熟读，讲明律意，剖决事务。每遇年终，在内、在外，各从上司官考校。若有不能讲解、不晓律意者，官罚俸一月，吏笞四十。其百工技艺诸色人等，有能熟读讲解通晓律意者，若犯过失及因人连累致罪，不问轻重并免一次。其事干谋反、叛逆不用此律。若官吏人等挟诈欺公，妄生异议，擅为更改，变乱成法（即律令）者，斩（监候）。”

“讲读律令”条所规定的考校时间，明、清律都定在每年年终，但负责考校的机关与对不合格者的惩治，明、清律稍有不同。按明律：京内官由察院考校，京外官由分巡御史、提刑按察司官考校。对于“不能讲解，不晓律意

① 《大清律例》。

② 沈家本：《历代刑法考》“明律目笺”二。

③ 吴坛：《大清律例通考》。

者，初犯罚俸钱一月，再犯笞四十附过，三犯于本衙门递降叙用”。按《大清律例》，无论京内、京外官均由“上司官考校”。对于“不能讲解、不晓律意”的官吏的制裁，“官罚俸一月，吏笞四十”。

乾隆初，吏部以内外官员各有本任承办事例，“律例条款繁多，难概责以通晓，奏请删除官员考校律例一条”，乾隆帝“不允”，谕曰：“诚以律例关系重要，非尽人所能通晓，讲读之功不可废也。”①

“讲读律令”实施情况虽缺乏确证，但乾隆帝不准吏部废除“讲读律令”条的提议，说明此条在一定时期一定范围内是得到执行的。对于克服官吏茫然不知律例的状态和贯彻断罪引律令的法律规定，起了积极的作用。

清代律学之兴盛，是和官吏习法分不开的。明清时的官箴书中也多有关于读律的阐述，显然也是对明清律中“讲读律令”条的回应。

2.选良吏执法，使法与吏统一

选吏执法，是中国古代思想家、政治家为防止司法渎职，正确发挥司法功能的一项重要措施。早在春秋战国时期，管子便说：“吏者，民之所悬命也。”②吏的作用就是，“奉主之法，行主之令，以治百姓而诛盗贼也”。③“选贤论才而待之以法。”④可见管子对于选吏执法的重视。对此，荀子更作出了恢宏的论断，他说：“故法不能独立，类不能自行，得其人则存，失其人则亡。法者，治之端也；君子者，治之原也。故有君子，则法虽省，足以偏矣；无君子，则法虽具，失先后之施，不能应世之变，足以乱矣。”⑤因此选吏执法便成为当政者重要的历史使命。

奉行法治的秦朝，特别提出以“明法律令”为区分良吏与恶吏的标准。良吏明法律令，恶吏“不明法律令”。

唐初，谏议大夫王珪向太宗谏言：“但选公直良善人，断狱允当者，增秩赐金，即奸伪自息。”⑥太宗听从了王珪的谏言，慎重司法官的人选。唐德宗时，白居易曾经发出概叹：“虽有贞观之法，苟无贞观之吏，欲其刑善，无

---

① 沈家本：《历代刑法考》“大清律例讲义序”。
② 《管子·明法解》。
③ 《管子·明法解》。
④ 《管子·君臣上》。
⑤ 《荀子·君道》。
⑥ 《唐会要》卷八八，《盐铁》。

乃难乎。”[1]贞观时期制定的《贞观律》是一部良法，而贞观朝的魏征、房玄龄、杜如晦、戴胄等人又都是一代贤吏，故而创造了贞观之治的盛世。而白居易所面对的官僚状态，却是君子少小人多，故而发出了上述的慨叹。

宋王安石和陈亮先后论证了法与吏的关系，指出：“守天下之法者，莫如吏。”[2]“法当以人而行，不当使法之自行。天下不可以无法也，法必待人而后行者也。然尝思之，法固不可无，而人亦不可少。闻以人行法矣，未闻使法之自行也。立法于此，而非人不行，此天下之正法也。”[3]

明末清初，卓越的思想家王夫之在《读通鉴论》中提出：“任人任法，皆言治也。”[4]但是“任人而废法，是治道之蠹也”[5]，“非法何以齐之”[6]。任法而废人也是“治之弊也”，“未足以治天下”[7]。结论就是任人与任法相结合，“择人而授之以法，使之遵焉”。[8]

晚清修律大臣沈家本说：“法之善者仍在有用法之人，苟非其人，徒法而已。”[9]“大抵用法者得其人，法即严厉，亦能施其仁于法之中；用法者失其人，法即宽平，亦能逞其暴于法之外。”[10]

为了使法与吏结合发挥执法之吏的作用，除严格选吏外，还需要以严法治吏。主张“明主治吏不治民”的法家商鞅说：“守法守职之吏有不行王法者，罪死不赦，刑及三族。”[11]韩非说：“人臣循令而从事，案法而治官。”[12]

综观历代法典，都不乏对执法者知法犯法的处罚规定，或予以刑责，或交部议处。如《大清律例》规定：“命盗案件……傥审理错谬，关系重大者，即将承审之州县，及率转之知府，一并开参，照例分别议处。”[13]

---

① 《长庆集》卷四八。
② 《翰林学士除三司使》。
③ 《陈亮集》“人法”。
④ 《读通鉴论》卷三。
⑤ 《读通鉴论》卷十。
⑥ 《读通鉴论》卷四。
⑦ 《读通鉴论》卷十。
⑧ 《读通鉴论》卷十。
⑨ 《寄簃文存·书明大诰后》。
⑩ 《历代刑法考·刑制总考·唐》。
⑪ 《商君书·壹刑》。
⑫ 《韩非子·孤愤》。
⑬ 《读例存疑》卷四十九，《刑律》二十五·断狱下。

经过历史的检验证明，选良吏执法，使法与吏统一，是一个成熟的治国经验。二者结合好的王朝多为盛世，如汉文景之治、唐贞观之治，既有善法又有良吏，相得益彰，造就了少有的盛世。两者悖谬的王朝多为衰世，如秦任用酷吏恣意违法，隋末宪章遐弃，不以官人违法为意，结果不旋踵而亡，成为历史上少有的两个短命王朝。这反映了历史发展的规律。

3.司法监察是防止司法渎职的一道防线

中国古代的监察制度，是产生在中华民族文化土壤上的具有鲜明特色的一种制度。它经历了漫长的发展过程，形成了完备的制度和庞大的监察官员队伍，对于国家活动的方方面面，如行政、经济、军事、司法、文教等进行监察，维持了国家的纲纪、整肃了官僚队伍、提高了行政效率，特别是司法监察有效地纠正了冤假错案、惩治了贪腐枉法之吏、维护了社会公平与秩序，成为遏制司法渎职的一道重要防线。

汉高祖七年，特令制诏御史负责上报疑狱："狱之疑者，吏或不敢就决，有罪者久而不论，无罪者久系不决。自今以来，县道官狱疑者，各谳所属二千石官，二千石官以其罪名当报。所不能决者，皆移廷尉，廷尉亦当报之。廷尉所不能决，谨具为奏，傅所当比律令以闻。"[①]

两汉时期监察官对司法的监察，主要表现为：(1)参与重案、疑案的审理和复核。著名的御史中丞于定国就是因"治反者狱，以才高举侍御史，迁御史中丞"。[②] (2)监督审判，考察疑案。(3)审录囚徒，平反冤狱。除定期审录外，武帝以后，在董仲舒天人感应思想的影响下，每逢灾异则派出监察官审录囚徒。例如，后汉灵帝熹平五年，天下大旱，"使侍御史行诏狱亭部，理冤枉，原轻系，休囚徒"。[③]

唐朝以大理寺为最高审判机关，刑部为最高司法行政机关，御史台为最高监察机关，同时负责监督大理寺和刑部的司法审判活动，遇有重大疑案，也参与审判，或受理有关行政诉讼的案件，可见唐统治者对司法监察的重视。除此之外，台官有权参加刑部的官员会议，以就便执行监察。《唐六典》明确规定："尚书省诸司七品以上官员会议，皆先牒报台，依一人往监。若具状有违及不委议意而署名者，纠弹之。凡有敕令，一御史往监，则监察受命而行。"唐朝监察官也在一定程度上约束了司法权的滥用。

---

① 《汉书·刑法志》。

② 《汉书·于定国传》。

③ 《后汉书·灵帝纪》。

宋朝是一个提倡读书读律、君臣知法和重视司法的朝代，同时又是实行鞫谳分司、改革司法制度卓有成就的朝代。御史的司法监察职能也较之唐代进一步扩大。御史台有权与刑部、审刑院、大理寺共同议定刑名。太祖时，为宰相赵普包庇的四名贪官，皆奉诏"下御史府按问，悉抵罪"。①

为了避免囚系淹延，乾兴元年十一月，真宗诏令御史纠察在京刑狱和诸路监司及州县长吏，"凡勘断公事，并须躬亲阅实，无令枉滥淹延"。② 因此录囚既是御史台的职掌之一，也是司法监察的重要方式。史载：御史台每季第二个月与刑部"亲录囚徒"。③

在录囚过程中，如发现案件断遣不当而又情节严重者，御史台即可将原断官吏劾奏。隆兴二年八月十三日，臣僚上言："伏见御史台讼牒，日不下数十纸，皆由州县断遣不当，使有理者不获申，无辜者反被害，遂经省部以至赴台。"为此朝廷令"御史台择其甚者，具事因及原断官吏姓名奏劾，取旨行遣"。司法官如非法用刑、将罪犯拷掠致死或狱具违戾，并听御史台弹劾。

统一的元朝建立以后，世祖曾郑重宣布："中书朕左手，枢密朕右手，御史台是朕医两手的。"这个被称为"重台之旨，历世遵其道不变。"④世祖至元五年，制定"宪台格例"的形式，规定御史台有权"弹劾中书省、枢密院、制国用使司等内外百官奸邪非违，肃清风俗，刷磨诸司案牍，并监察祭礼及出使之事"。⑤

元朝由于司法权分散，因此司法监察受到重视。在诉讼中"如事应接受或循私妄生枝节，不为受理；纵受理不即从公与决，故延其事，日久不行结绝，许赴本管上司陈诉，量事立限归结。违者，在外行台廉访司，在内监察御史纠察究治"。⑥《设立宪台格例》中还规定："诸衙门有见施行枉被囚禁及不合拷讯之人，并从初不应受理之事，委监察从实体究。如是实有冤枉，即开坐事因，行移元问官司，即早归结改正。若元问官司有违，即许纠察。"

① 《宋史》卷二五六，《赵普传》。

② 李焘：《续资治通鉴长篇》卷九十九。

③ 《皇宋中兴两朝圣政》卷六十一，淳熙十一年三月辛卯。

④ 叶士奇：《草木子》，中华书局1959年版。

⑤ 《元典章》卷五，《台纲一》。

⑥ 《元典章》卷五十三，《刑部》。

元朝从世祖起便遣官审录囚徒。世祖至元六年下诏,“遣官审理诸路冤滞,正犯死罪明白,名正典刑,其杂犯死罪以下量断遣之”。[①] 大德八年诏曰:“诸处罪囚,仰肃政廉访司分明审录,轻者决之,滞者纠之,有禁系累年,疑而不能决者,另具始末及具疑状,申御史台,呈省详谳。在江南者,经由行御史,仍自今后所至审录,永为定例。”[②]

明朝建立以后,太祖朱元璋深知司法不公不仅关系到当事人的身家性命,而且也会影响到社会的稳定和政权的巩固,因此,着意从制度上和立法上确保监察机关司法监察权的行使。

明初仿唐制建立了三法司会审大狱重囚的制度。所谓三法司是由刑部、都察院、大理寺组成的最高司法审判机关,拥有参与重大刑狱案件的会审权。《明史・刑法志》说:“刑部受天下刑名,都察院纠察,大理寺驳正。”可见,会审制度使得监察机关的司法监察得到了最重要的制度保证和组织保证。

除此之外,监察机关行使司法监察权的重要形式,是奉旨巡按全国各地录囚。如洪武十六年遣监察御史往浙江等处录囚,“按临所至,必先审录罪囚,吊刷卷案,有故出入者理辨之”。[③] 成祖永乐元年令:“各布政司死罪重囚,至百人以上者,差御史审决。”宣宗宣德八年谕法司:“天下重囚,遣的当官分临各处,公同巡按御史详审处决。”[④]在审录过程中,若罪名不当,驳回再问,仍将所驳招罪,察详明白,再拟改正。除审录各地囚犯外,对于由县至省直至京控,均派御史监察。

有明一代,监察官的司法监督,不仅督励了法司依法问刑,而且在辩明冤枉方面,也确实起到了一定的作用。陈选巡按四川时,“黜贪奖廉,雪死囚四十余人”。[⑤] 并对地方申诉或控告案件,“其所受理必亲决,不令批发”。[⑥]

御史如在司法监察中徇私舞弊或过误杀囚,要受到严刑处置。洪武三十年“有乡人系狱,家人击登闻鼓状诉”,左都御史杨靖为之改状,被御史奏

---

① 《元史・世祖纪三》。

② 《元典章》卷三,《圣政二》。

③ 《明会典》卷二一一,《都察院・审录罪囚》。

④ 《明会典》卷二一一,《都察院・审录罪囚》。

⑤ 《明史》卷一六一,《陈选传》。

⑥ 孙承泽:《春明梦余录》卷四十八,《都察院》。

劾，赐死。[①] 正统四年定："凡监察御史、按察司官司追问公事，中间如有仇嫌之人，并听移文陈说回避。若怀私按问，敢有违枉者，于反坐上，加二等科罪。所问虽实，亦以不应科断。"[②]

清袭明制，仍以都察院为最高监察机关。顺治十八年批准："官民果有冤枉，许赴院辨明，除大事奏闻外，小事立予裁断，或行令该督抚复审昭雪。"各级官吏有"被上司参劾冤抑者"，亦许"赴都察院控诉"。[③]

都察院在审理上控案的过程中，逐渐形成了固定的处理方式，即首先核察各案是否符合上控程序，不符者治以越诉之罪；符合者分别按照"奏"、"咨"、"驳"三种方式办理。"奏"即奏闻取旨，"咨"即咨刑部或督抚，"驳"即驳回田土户婚钱债等"细事"案件。

都察院所属科道对于直省及各省案件有权察核。顺治十一年覆准："凡直省重案已结、未结者，令按察使司、各道，年终具题造册送刑科察核。"[④]康熙十二年议准："各省刑名事件，分道御史与掌道御史一同稽核。"[⑤]

凡是死罪中应处斩、绞监候的重大案件，在京由三法司会审，即秋审。都察院堂官和各道掌印监察御史例应参与秋审、朝审的全部审理活动。其余御史，遇审某省、某道御史即一同上班与审。都察院及十五道监察御史，对各重案案情的拟罪、引律，均可发表意见。在"律无正条"、"引别条比附"时，刑部承审官必须会同都察院、大理寺官共同议定罪名。刑部引律不确，御史、寺丞"即行察明律例改正"。御史、寺丞"驳改未允，三法司堂官会同妥议"。[⑥]

由于监察官参与司法活动，并且针对司法领域中的种种积弊，不断抨击，力求整治，对提高司法公正与效能起了一定的作用。例如，积案不结，任意压搁是清朝司法中的通弊。嘉道以后，愈加严重。嘉庆八年，京畿道御史多福等上奏，指斥地方官常"视民间争讼细故以为无足轻重"，既已"批令讯详，仍然置之高阁"，"请敕下各督抚转敕所属"。嘉庆帝准其所奏，通

① 孙正容：《朱元璋系年要录》，浙江人民出版社 1983 年版。

② 《明会典》卷二一一，《都察院·问拟罪名》。

③ 《钦定台规》卷一四，《辨诉》。

④ 《钦定台规》卷一六，《六科二》。

⑤ 《钦定台规》卷一三，《会谳》。

⑥ 《钦定台规》卷一三，《宪纲五》。

谕各省:“地方词讼申详事件务须依限审结,不得迟逾。”若地方官及督抚“狃于积习”、“任意延迟”,必严惩不贷。

除此之外,有些监察官员在复审案件时确能认真核察,务求信谳。道光年间,御史梁中靖在核实山西榆次县阎思虎强奸赵二姑一案时,发现“情节支离,疑窦多端”,遂奏请“彻底认真审办”。后经“刑部提犯严鞫,始得昭雪沉冤,并将该省承审各官贿嘱舞弊,以及山西巡抚‘听任属员草率迁就,颟顸入奏’,逐一究出,分别予以惩处。”[①]

以上可见,由于监察官参与案件的审判、复核、驳正,以及冤案的平反,对违法失职官吏的纠弹,不仅维护了当事人的合法利益,也在某种程度上防止了司法渎职行为的发生,起到了防线的作用。但是封建时代的监察制度受到专制主义政治制度的约束,所能起到的作用往往受圣意约束,是有局限性的。

总括上述,中国古代司法渎职是官吏腐败的重要表现,为防止和制裁司法渎职,制定了法律,建立了各种制度,以期杜绝。但是只能收到一时的效果,却无法从根本上加以遏制,这是由中国古代司法制度的本质所决定的。不过历代为防止和克服司法渎职所采取的措施仍有一定的历史借鉴意义。

---

① 《钦定台规》卷五,《训典五》。

中华法系凝结少数民族的法律智慧

20 世纪初期，梁启超在《中国法理学发达史论》一文中，第一次从中国学者的角度提出了法系问题，他说："近世法学者称世界四法系，而吾国与居一焉，其余诸法系，或发生早于我，而久已中绝；或今方盛行，而导源甚近。然则我之法系，其最足以自豪于世界也。夫深山大泽，龙蛇生焉，我以数万万神圣之国民，建数千年绵延之帝国，其能有独立伟大之法系，宜也。"民国以来的法制史学者杨鸿烈、陈顾远、程树德、丁元普等，也对中华法系问题多有论述。但从中国统一多民族国家的实际出发，探讨中华法系的论著，尚不多见。1984 年，我在《再论中华法系的若干问题》一文中，提出中华法系的特点之一就是融合了以汉民族为主体的各民族的法律意识和法律原则。作为世界五大法系之一的中华法系，是一个历史悠久的古老法系，它的形成与发展都由固有的国情所决定和制约。譬如，农本主义的经济结构、专制主义的政治体制、稳固的血缘地缘关系、儒家思想的统治地位等国情因素，都给它打上深深的烙印，使它成为独树一帜的本土化法系。还需指出的是，由于中国自古以来就是统一的多民族国家，因此中华各族都为创制中华法系做出了自己的贡献。

一、中华法系是集各族法律智慧共同缔造的

早在公元前 3 世纪，秦并六国便形成了统一多民族国家。由此，中国的疆域、中国的物质文明和精神文明，便由中华各族共同开发、共同创造，其中也包括中华法制文明的创制。

自上古迄至先秦，是中国各民族融合与统一基业的发端。以华夏族为

主干，融入了古史所称东夷、南蛮、西戎、北狄等部族，形成了一个颇具规模的民族共同体。正是由于民族融合的成功，才出现了秦汉时代统一强盛的封建帝国。在这个过程中也开始了各族法律智慧最初的交融。史载：在华夏族创制法律之前，活动在长江流域的三苗，便已开始制定法律，所谓"苗民弗用灵，制以刑，爰始淫为劓、刵、椓，黥，越兹利刑并制，罔差有辞"。[①]古文献的记载得到了地下遗存的证实。三苗活动的地域较之华夏族活动的黄河流域更适于原始的农业耕种，因此很早便出现了财产私有和贫富分化。杜预在注《左传》时指出："贪财为饕，贪食为餮，是三苗也。"[②]正是为了压制被剥削者的反抗，出现了最早的刑罚。其后黄帝联合炎帝战败三苗，灭其族而用其刑，使三苗的刑制发展成为整个夏商周三代通行的奴隶制五刑——墨、劓、刵、宫、辟，并沿用至汉初。

自战国末期至秦汉，北方兴起的匈奴族建立了统一的游牧军事政权，并开始设范立制制定刑法。史书说："其法，拔刃尺者死，坐盗者没入其家；有罪小者轧，大者死。狱久者不过十日，一国之囚不过数人。"[③]这可以说是中华法制文明史上少数族谱写的最早的法制历史篇章。

西晋末年开始的"五胡内迁"，在中华民族的大家庭中，又融入了匈奴、鲜卑、氐、羌、羯等诸民族。至南北朝，一些少数民族相继在广大的中原地区建立了政权，为适应统治广大中原地区的需要，结合本民族的传统，制定了适用范围不同的法律。特别是鲜卑族统治的北魏时期，较为重视法制建设，迅速由习惯法过渡到成文法阶段，并在汉族思想家和律学家的帮助下，以"齐之以法，示之以礼"[④]为指导思想，终于在太和五年颁布了著名的《太和律》。这部律典既融汇了汉、魏、晋以来儒家的法律思想与立法成就，同时也保留了某些元魏旧制，可以说是这个时期游牧民族与农耕民族大融合在法文化上的产物。例如"世祖定律，妇人当刑而孕，产后百日乃决"[⑤]便体现了儒家人本思想的影响，而这项法律规定对后世的相关立法也起了先导的作用。

北魏以后，经过长期探索，至北齐，立法进入了一个新的发展时期，无

---

① 《尚书·吕刑》。

② 《春秋左传正义·文公十八年》。

③ 《史记·匈奴列传》。

④ 《魏书·刑罚志》。

⑤ 程树德：《九朝律考》卷五，《后魏律考》（下），中华书局 2003 年版，第 383 页。

论是体例、篇目、罪名、刑制、法例都趋于定型。程树德先生评论说:“南北朝诸律,北优于南,而北朝尤以齐律为最。”[①]《北齐律》创立的体例、刑制与主要罪名对于隋唐律的传承关系十分明晰:“盖唐律与齐律,篇目虽有分合,而沿其十二篇之旧;刑名虽有增损,而沿其五等之旧;十恶名称,虽有歧出,而沿其重罪十条之旧。”[②]程氏虽然阐述了北优于南的法律演变的事实,却未能揭示出这一演变的原因。

北优于南的原因之一:是“由它的先驱者传给它,而它便由以出发的特定的思想资料作为前提。”[③]北朝修律时重用崔浩、高允、熊安生等著名的汉律学家和名儒,经过他们之手传播了先进的汉族法文化,综合了魏晋以来的司法经验,造就了北朝律系统的辉煌成就。以《北齐律》为例,它是在崔昂的主持下,封述、赵彦深、魏政、阳休之、马敬德等一大批律学家共同参与,历时十余年始完成的。它克服了南朝律的繁芜,也不似北周律的刻意仿古,注意了礼律并举,又在罪名与刑制上有所创新,做到了“法令明审,科条简要”[④],因而为隋朝所取法。

北优于南的原因之二:北朝统治者进入中原以后,为了适应统治广大汉族地区的需要,开始重视运用法律的手段,积极组织立法活动,并且令“仕门子弟,讲习法令”。如同恩格斯所说:“每一次比较野蛮的民族所进行的征服,不言而喻地都阻碍了经济的发展,摧毁了大批的生产力,但是在长时期的征服中,比较野蛮的征服者,在绝大多数情况下,都不得不适应征服后存在的比较高的‘经济状况’,他们为被征服者所同化,而且大部分甚至还不得不采用被征服者的语言。”[⑤]历史事实证明,北朝统治者只有采用被征服者汉族的较为先进的统治方式,接受被征服者的法律文化,才得以稳固其在中原地区的统治,克服游牧民族的积习,抑制世家势力的离心倾向,协调家国关系,巩固专制主义中央集权的政权。

北朝从元魏律首开端绪,至北齐律已经蔚然可观,并创制了新的法律形式“格”、“式”。它如“八议”论赎范围的明定、十条重罪的法律化与五刑

① 程树德:《九朝律考》卷六,《北魏律序》序,中华书局2003年版,第391页。

② 同上。

③ 《马克思恩格斯选集》第四卷,《恩格斯致康·施米特》,人民出版社1972年版,第485页。

④ 《隋书·刑法志》。

⑤ 《马克思恩格斯选集》第三卷,人民出版社1972年版,第222页。

的制度化都为隋唐律及其以后的封建法律的发展奠定了基础。北朝法律系统可以称为我国封建中期法律发展之滥觞。

北优于南的原因之三：南朝在腐朽的士族统治下，以清谈互相标榜，热衷于玄学、佛学，轻视刑名法例之学，法制趋于保守，律学也因之大衰。相反，进入中原地区的北朝少数民族统治者却富于积极进取精神，由游牧文化迅速向封建的农业文化转变，无论经济、政治、法律、思想、文化都保持改革的态势，在传承中原汉族法文化的同时，也从实际出发进行了创新。

正是由于各民族坚持不懈地进行法制的创造和法文化的交流，才有隋唐时期中华法系的成熟与定型。

隋唐时期中国的法律文化、典章制度远播海外，中华法系成为相邻国家和地区的母法。而建立在祖国边陲的吐蕃、突厥、南诏等地方民族政权，各自都有着一套行之有效的法律体系。尽管这些法律带有浓厚的地域色彩，并杂有民族习俗和宗教规条，但是不可否认，它们都包容在中华大法苑中，都是中华法制文明的重要组成部分，都体现了当时这些少数民族对法制的重视、思考和创制。

唐朝统治者对少数民族的法律和习俗持认同态度。《唐律疏议》在处理化外人相犯时提出了这样的原则："诸化外人，同类相犯者，各依本俗法，异类相犯者，以法律论。"在此条律文的疏议中特别提到："'化外人'谓蕃夷之国，别立君长者，各有风俗，制法不同。其有同类自相犯者，须问本国之制，依其俗法断之。"[①]由此开创了在统一多民族国家中，不同的民族在特定条件下可以适用本民族法律的先河。这条规定也从一个侧面反映了各族法律的发展状况，以及在互相交流中不断得到演进的历史事实。

由于唐朝统治者开明的民族观念和民族政策，使得各民族关系更为和谐，唐太宗曾提到"夷狄亦人耳，其情与中夏不殊。人主患德泽不加，不必猜忌异类。盖德泽洽，四海可使如一家"。[②] 以致有唐一代，在内附的民族区域建立的羁縻府州县多达856个，"羁縻，犹言维系也"[③]。在这些羁縻府县中，政权事务由当地少数民族首领经过册封、世袭管理，原少数民族的习惯法得以保留，许多民族还制定了地方性的法规。

宋朝是面临民族问题最多的朝代。统治者非常重视运用法律的手段

① 《唐律疏议》卷六，"化外人相犯"条。

② 《资治通鉴》卷一九八，贞观二十一年五月。

③ 《纲鉴易知录·唐纪》，中华书局本。

调整与西北番族的关系，制定了《番官法》、《番兵法》、《番丁法》、《茶马法》等法规。在宋朝统治期间，契丹族、党项族、女真族先后崛起，建立了辽、西夏、金等国，分别制定了既吸收中原地区传统法律文化，又具有各民族特色的辽《重熙新定条例》、金《泰和律义》、西夏《天盛改旧新定律令》等。辽金律只保留片段记载，全文已佚。西夏《天盛改旧新定律令》是中国历史上第一部用少数民族文字印行的法典，其详细程度为现存中古法律之最，内容包括刑法、诉讼法、民法、经济法、军事法，多方位地反映了西夏社会生活的各个方面。①

有宋一代既是民族对立纷争时期，也是民族不断融合的时期。特别是民族立法呈现出前所未有的发展态势，成为中原汉族法律文化影响下法文化融合的新产物，构成了中华法制文明的特定组成部分，并成为继起的元朝法制建设的历史渊源。

至元朝，建立了以蒙古少数族为主体、蒙古贵族领导下的全国性统一政权。元朝的法制在传承唐宋律、金律并参以国制的基础上，形成了具有某种创新精神和民族特色的一代法制。

其一，在立法思想上充分体现了汉蒙民族法律文化的交融。

元世祖即位后，根据"帝中国，当行中国事"，"北方之有夏者，必行汉法，乃可长久"的认识，在即皇帝位的诏书中，明确宣布新王朝的立国原则是："祖述变通"，"稽列圣（祖宗）之洪规，讲前代（中国）之定制。"②这实际上就是构建既能确保蒙古贵族的利益，又大体上与中原封建社会相适应的政权机构与各种制度。为了适应运用法律手段统治全国的需要，采纳了汉族官僚提出的"遵用汉法"、"附会汉法"的建议，积极编纂以"国之成法"即蒙古习惯法为基础并"援唐宋之故典"参"辽金之遗制"的元朝法律。以"附会汉法"作为元世祖最具代表性的立法指导思想不是偶然的，在经济、文化、国家管理各方面都落后于汉族的蒙古贵族，为了统治全中国，只能吸收、参用汉族先进的统治方式与法律制度。因此，"附会汉法"是唯一的选择，也是明智的选择。

有元一代代表性的法典《大元通制》，承袭唐宋律五刑、五服、十恶、八议等内容，如同《经世大典·宪典总序》所说："名例者，古律旧文也，五刑、

① 史金波、聂鸿音、白滨译注：《天盛改旧新定律令》，法律出版社2000年版，原文献藏于俄国科学院东方研究所圣彼得堡分所写本部。

② 《元史·世祖纪二》。

五服、十恶、八议咸在焉。政有沿革，法有变更，是数者之目，弗可改也。”有些则“暗用而明不用，名废而实不废”。[①] 与此同时，又从元朝统治的实际出发增加了唐宋律所没有的新的条文，如“平反冤狱”。

元朝实行的“祖述”与“变通”相结合，既附会汉法，又参以旧制的立法思想，对于清朝的“参汉酌金”立法思想的形成提供了历史的先验。无论“祖述”、“变通”还是“参汉酌金”，都是驱动法制落后的少数族走向进步的历史必由之路。

其二，制定从中央到地方的专门监察法律。

为了监督汉族官僚忠于职守，并为克服蒙古贵族官僚的陋习，元初非常重视监察机关的作用。世祖曾说：“中书朕左手，枢密朕右手，御史台是朕医两手的，此其重台之旨，历世遵其道不变。”[②]

元朝的监察机关除中央御史台外，还于江南、陕西两地设行御史台，作为地方最高监察机关，标志着监察体制的重大变化，特别是专门性的监察立法取得了重大发展。

世祖至元五年，在设置御史台的同时，由侍御史高鸣主持制定《设立宪台格例》，作为御史台行使监察权的基本法律依据。《设立宪台格例》大体分为宪纲与条例两部分。“宪纲”部分规定了御史台的职权范围和地位；“条例”部分包括纠察、纠弹、体究、推纠、体察、纠劾、照刷及罚则等。元世祖之后，《设立宪台格例》仍然遵行不悖，后经不断补充，汇编成《元典章·台纲》。

至元十四年七月设立行御史台后制定的《行台体察等例》规定了行御史台的职掌范围，有权弹劾行中书省、宣慰司及以下诸司官吏奸邪非违。鉴于地方官贪赃枉法、司法黑暗，因此在《行台体察等例》中，属于司法监察的条款竟有十条之多。为避免失察、漏察，其最后一条规定“其余该载不尽，应合纠弹事理，比附已降条画，斟酌彼中事宜就便施行”。

元朝于地方设立按察司作为基层监察机构，其职能的充分发挥，关系到基层政权的稳定和整个国家的状况。因此，至元六年二月制定的《察司体察等例》对提刑按察司的权责作出明确规定，使之奉行有准，考察有据。但由于《察司体察等例》赋予提刑按察司以广泛的监察职权，以致该条例颁布后出现了提刑按察司官员滥用职权，甚而造成种种腐败的现象。为此，

---

① 吴澄：《大元(通制)条例纲目后序》，《草庐吴文正公全集》卷一九。

② 叶士奇：《草木子》，中华书局 1959 年版。

至元二十一年八月又制定了《禁治察司等例》，对此进行约束。

至元二十八年，将提刑按察司改为肃政廉访司，制定《廉访司合行条例》，共五条，强调廉访司官委任既重，分临监治不得苛细生事，违者以不称职论处。每年年终检校所在监治去处，根据事迹分为称职和不称职，以定奖惩。

元朝监察法的实施，对于维持吏治起了一定的作用。其立法的形式与基本内容，成为明朝监察法《宪纲条例》的范例。

其三，民事诉讼制度取得新的发展。

随着元朝社会经济的发展与各族人民经济往来的增加，大量民事纠纷随之发生，"诸民讼之繁，婚田为甚"。① 为了解决日益增多的民事纠纷，在传承宋代民事诉讼制度的基础上，元朝有了新的发展。如扩大了民事诉讼代理的范围，包括致仕官与一般百姓。据《元史·刑法志》："诸致仕得代官，不得已与齐民讼，许其亲属家人代诉，所司毋侵挠之。"年老笃疾残废等人许令其同居亲属代理诉讼。妇女"若或全家无男子，事有私下不能杜绝，必须赴官陈告，许令宗族亲人代诉，所告是实，依理归结，如虑不实，止罪妇人，不及代诉……"如果"寡居无依及虽有子男，别因他故妨碍，事须论诉者，不拘此例"。近人徐朝阳说："一般人民许与代理诉讼者，盖自元代始。"②

此外，广泛运用司法调解。根据《至元新格》："诸论诉婚姻、家财、日宅、债负，若不系违法重事，并听社长以理谕解，免使妨废农务，烦挠官司。"③调解的方式有民间调解，即由社长负责对邻里间的民事纠纷"以理论解"，还有司法机关调解。调解的结果对当事人具有法律效力，诉讼双方一般不得再以同样的事实和理由重新提起诉讼。《元典章》对此有详细记载："凡告婚姻、田土、家财、债负不违法者，若已拦告，所在官司不许轻易再接词状归问，如违从廉访司照刷究治。""今后凡告婚姻、寺院有财债负，如原告被论人等自愿告拦休和者，准告之后，再兴讼端，照勘得别无违错事理，不许受状。""今后凡告婚姻、田宅、家财、债负，若自愿告拦，详审别无违法，准告以后，不许妄生词讼，违者治罪。"元人张养浩说："亲族之讼宜徐而不宜亟，宜宽而不宜猛，徐则或悟其非，猛则益滋善恶，下其里中开愉之，斯得休矣。"元代调解制度对明清都有明显的影响。

---

① 《元典章》卷五三，《刑部》（十五）。

② 徐朝阳：《中国诉讼法溯源》，商务印书馆 1973 年版，第 60 页。

③ 《通制条格》条十六，《田令》。

以上可见，元朝虽不是尚法、遵法的朝代，但由于社会进步的推动，在唐宋旧制的基础上仍有所创新，为中华法制文明添写了重要的一笔。

清朝于关外肇基时期便注意吸收明朝先进的法制，建设后金(清)的法制，并在汉臣的帮助下形成了“参汉酌金”的立法路线。

作为第二代金主的皇太极一方面表示：“朕闻国家承天创业，各有制度，不相沿袭……朕缵承基业，岂可改我国之制，而听从他国。”[①]另一方面，积极吸收汉族法律文化，用以改变满洲旧俗。天聪五年(1631 年)七月，皇太极在申明谕禁同族嫁娶违者以奸论罪的理由时说：“明与朝鲜皆礼义之邦，故同族从不婚娶。彼亦谓既为人类，若同族嫁娶，与禽兽何异？是以禁止耳。”[②]天聪六年(1632 年)三月皇太极对民间讦告例中“若子告父、妻告夫及同胞兄弟相告，果系反叛逃亡，有异心于上及诸贝勒者，许告，其余不许”的规定解释说：“所以严禁者，以此乃古圣王之成法，故今仿而行之耳。前禁不许乱伦婚娶，亦此意也。”[③]皇太极所说的“古圣王之成法”就是指以明朝为代表的体现封建等级伦理的典章制度。

崇德六年(1633 年)文馆大臣宁完我提出：“《大明会典》虽是好书，我国今日全照他行不得……况《会典》一书，自洪武到今，不知增减改易了几番，何我今日不敢把《会典》打动他一字？他们必说律令之事非圣人不可定，我等何人，擅敢更议？此大不通变之言，独不思有一代君臣，必有一代制作。”他明确提出：“参汉酌金，用心筹思，就今日规模，立个《金典》出来。”[④]“参汉酌金”以“渐就中国之制”，“必如此，庶后得了蛮子地方不致手忙脚乱。”“参汉酌金”四字既是皇太极积极吸收明朝法制的概括，又是进一步推行民族法文化融合的指导思想。

综括皇太极统治时期“参汉”的主要成就表现为仿明会典建立内三院、六部与都察院，并制定了相应的组织条例。此外还将《唐律》以来的十恶入律，成为关外时期清政权刑法的主体部分。至于“酌金”主要是确认八旗制度，建立蒙古衙门(后改为理藩院)，其为与六部平列的管理民族事务的最高机关，又是民族地区重大司法案件的上诉审级。

入关以后，更将“参汉酌金”的立法路线推行到全国。顺治三年制定的

---

① 《清太宗实录》卷一八，天聪八年四月。

② 《清三朝实录采要·太宗》卷二，天聪五年七月庚辰。

③ 《清太宗实录》卷一一，天聪六年三月。

④ 《天聪朝臣工奏议》卷中，宁完我：“请变通《大明会典》设六部通事奏。”

《大清律集解附例》其实是《大明律》的翻版。随着汉满法文化交流的深化，至乾隆五年修订的《大清律例》，除某些确认满族权益的特殊规定外，实质上已经成为与唐明律相同的正统封建法典，这也是中国封建社会最后一部集大成的封建法典。

除《大清律例》外，清朝还制定了五朝会典（康熙、雍正、乾隆、嘉庆、光绪）与各部院则例，从而形成了最为完备的封建行政法体系。

特别需要指出的是，清朝作为以少数民族为主体的政权，更注重对少数民族地区进行专门性立法。诸如《理藩院则例》、《回疆则列》、《西藏章程》、《苗疆条例》等等，代表了民族立法的成就，对于稳定统一多民族国家政权起到了重要的作用。

以上可见，自从中华民族进入文明时起，在中华大地上便孕育了包括汉族在内的众多民族。尽管在不同的时代，它们由于文化、经济、政治发展的差别而处于不同的历史地位，对于缔造中华法系所起的作用也有所不同，但无论如何，这体现了中华法制文明内容极其丰富的中华法系是各族共同缔造的，凝聚了各族的法律智慧，是各民族的法律文化与法制经验相互交流与吸收的结果。

二、少数民族的习惯法、民间法是中华法文化的组成部分

在悠久的历史长河中，建立地方性的独立政权的少数民族毕竟是少数，而建立全国性政权的少数民族也仅有元清两朝的蒙古族与满洲族。绝大部分的少数民族依然固守在世代生活的一隅之地，遵循着传统的习俗和共同推崇的权威规则，维持着社会的秩序，调整着生产与生活，使民族的生命得以延续和发展。

这些民族的生产与生活如何有序进行，相互间的矛盾与纠纷如何解决，对财产的侵犯与人身的伤害如何制裁等，都需要依靠约定俗成的规则。这些规则有些是成文的习惯法，有些是不成文的习俗。这些习惯法与习俗是简单疏陋的，但却世代相传，具有很高的权威与约束力，发挥着对该族内部诸多方面的规范作用，这是我们研究中华法文化所不可忽视的。事实上，国家制定的大法难以覆盖的角落，习惯法、民间法、家族法，或者其他的风俗习惯都对建立与维持一定的秩序发挥了重要的乃至主要的作用。韦伯在论中国传统皇权治理模式时说："出来城墙以外，统辖权威的有效性便

大大地减弱，乃至消失。”[①]这个论断虽然稍嫌绝对，但却揭示了一个现象：在乡土中国，存在着王法难以到达的真空。一般偏僻地域犹且如此，更何况在少数民族聚居的边远地区呢？因此，全面研究中华法文化也需要探究在少数民族地区起实际作用的法律渊源；需要了解少数民族的生活秩序中，法与情、法与理是如何统一的；尤其需要掌握具有共同性的法律意识的生成、发展及其应用。

一个王朝的法制的生命力毕竟是有限的，而内蕴在少数民族心目中的法律意识和法律思想是世代相延的。以下，以彝族、羌族、苗族、藏族、蒙古族为例加以说明：

处于奴隶社会的大小凉山的彝族，是一个人口众多、历史悠久和拥有古老文化的民族。自秦汉以来，彝族就与中央王朝及周边各民族在政治、经济、文化各领域始终保持着水乳交融的联系。至唐朝，以彝族为主体的南诏政权与唐王朝修好，促进了西南与中原地区的经济和文化交流。彝族的法律文化是在彝族人民长期的社会生活实践中累积而成的，反映了独特的生活经验和法律意识。其主要形式是不成文的习惯法，大多存在于格言和谚语之中，被人们以口耳相传的方式世代承袭，内含调整彝族的存在秩序，以及婚姻、家庭、继承、契约关系的规范和家支头人据以行使刑赏处罚大权，等等，借以维持彝族社会的延续和发展。清朝统治时期虽然存在着清政府的官方法、土司法、习惯法等多层次的格局，但彝族传统习惯法仍起着主要的调整作用。在各种法文化相互影响、相互交融的大氛围中，这使得彝族法文化具有融入中华法文化的可能性。

羌族也是中国古老的民族之一，已故社会学家费孝通曾经指出：“羌人在中华民族形成过程中起的作用似乎和汉人刚好相反，汉族是以接纳为主而日益壮大，羌族却以供应为主，壮大了别的民族，很多民族（包括汉族在内）从羌人中得到血液。”[②]所以研究中华民族的历史离不开了解羌族的历史。唐宋以后，羌族多与汉族或其他民族融合，唯有岷江上游的一部分，由于多种原因一直延续至今，成为祖国各民族大家庭中的一员。

秦汉以来，羌族法制基本由三部分构成：一为中央政府的相关立法，二为羌族地方割据政权制定的法律规范，三为习惯法。羌族习惯法是羌人公

---

① 马克斯·韦伯著，洪天富译：《儒教与道教》，江苏人民出版社 1993 年版，第 109 页。

② 费孝通：《中华民族的多元一体格局》。

认并且被视为具有法律约束力的一些习惯、惯例和通行的做法。它是从羌族社会中提炼出来,由羌族成员共同维护、共同遵守的行为准则,违反者要受到处罚。羌族习惯法的内容极为丰富,涉及土司、刑事、财产、婚姻、家庭、继承、诉讼等诸多方面。其表现形式既有口耳相传的民歌民谣、民间谚语、民间传说等口碑资料,也有石刻碑文、家谱族规、文书契约、诉讼档案等文献资料。在国家制定法还不完善和渗透不到的情况下,这些习惯法起着强有力的调整作用,补救了国家制定法的不足,丰富了中华法文化。

苗族也同华夏族一样具有极为悠久的历史,三苗曾对中华法制文明的萌发起过重要的作用。进入封建社会以后,苗族基本上是按宗支建立自己的社会组织,所谓"立鼓为社",各鼓社均有自己的民主议事制度,并根据古礼和传统习惯制定了规约。从形式上看,既有法规、碑刻、族规、案例;也有"埋岩"(无字碑)、议榔规约、法的传说等。

在苗族法的实际执行中,习惯法是以鼓社强制力保证实现的,这些社会组织有自己的法庭、监狱和执法人员,对危害社会秩序的各类违法犯罪,轻则罚款、罚畜,重的要驱逐出村寨,甚至活埋、沉水和杀人祭祖,这些多在村寨范围内得到执行。

清朝统治中后期,在苗疆立法中准许按照苗族习惯法"苗例",解决人命斗殴一类刑事案件。

乾隆元年(1736 年)七月,发布上谕进一步明确:"苗民风俗与内地百姓迥别。嗣后苗众一切自相争讼之事,俱照苗例完结,不必绳以官法。至有与兵民及熟苗关涉之案件,隶文官者,仍听文员办理,隶武官者,仍听武弁办理,必秉公酌量,毋得生事扰累。"①乾隆二年(1737 年)闰九月,又"以苗地风俗与内地百姓迥别",谕古州等处苗人"一切自相争讼之事,俱照苗例完结,不治以官法"。②

乾隆五年(1740 年)完成《大清律例》的修订,特附苗疆条例如下:"凡苗夷有犯军、流、徒罪,折枷责之案,仍从外结,抄招送部查核,其罪应论死者,不准外结。亦不准以牛、马、银两抵偿,务按律定拟题结。如有不肖之员,或隐藏不报或捏改情节,在外完结事,事发之日,交部议处。其一切苗人与苗人自相争讼之事,俱照苗例归结,不必绳以官法,以滋扰累。"③

① 《清高宗实录》卷二十二,乾隆元年七月。

② 《清高宗实录》卷五十二,乾隆二年闰九月上丁卯。

③ 《大清律例》卷三十七,条例"断狱下·断罪不当"。

至乾隆中叶,清廷对原有苗疆条例进行增删。增者如:“苗民伏草捉人,为首斩监候。”“凡黔、楚两省相接红苗,彼此仇忿,聚众抢夺者,照抢夺律治罪。人数不及五十名,伤人为首者,枷号两个月;为从者一个月。杀人者斩监候……”①

此外,删除雍正六年“土蛮、瑶、僮、苗蛮居住混杂者,照例议处”之例,因“苗蛮鲜得宜,全在随时斟酌变通,若定为成例,恐反有窒碍难行之处,无庸纂入”。

另将雍正六年“苗、倮、蛮户不许带刀出入例”改为“其佩刀跳月之处毋庸禁止”。②《清高祖实录》亦云:“查佩刀本苗人之夙好,而跳月亦自仍其土风,原无碍于政教。”③

清朝对于苗族习惯法“苗例”的认定,以及《大清律例》所附条例的增删修订,反映了清朝因俗制宜的民族立法政策,也清楚地说明了汉苗在法文化的交流中不断臻于妥善的发展过程。

藏族也是一个古老的民族,在漫长的历史发展过程中形成了以古老的苯教法与佛教法相结合的多种形式的藏族法文化。这不仅是藏民族精神财富与物质文化的核心内容,也是中国文化与中华法文化总体覆盖下的重要组成部分。

藏族早在远古时期就产生了调整氏族和部落之间、氏族与氏族之间、部落与部落之间的人伦道德规范和以原始苯教文化为主要内容的习惯法。

藏族在历史发展的长河中形成了刑事、民事、行政等世俗法律、伦理道德法律、宗教法规以及各种部落习惯法。这些法律在中央政府立法的统领下,发挥着重要的调整作用,构成了藏族独具特色的法律文化。

蒙古族是民族大家庭中最重要的成员之一。蒙古族自古就有许多世代相传的“约孙”(蒙古语音译“yusun”),被长期奉行和遵守。“约孙”具有“理”、“道理”的含义,通常汉译为“习惯”④。元代又译为“体例”⑤,其义为

---

① 《大清律例》卷二十四,条例。

② 《大清律例》卷十九,条例。

③ 《清高祖实录》卷七七三。

④ [明]火源洁:《华夷译语》上,《涵芬楼密籍》第四集,洪武二十二年,明经厂刻本。

⑤ 《元朝秘史》卷九,第216页。

道理、规矩、缘故，即社会上长期以来形成的习惯法规，[①]是蒙古族据以评判是非的标准、调整社会关系的准则。其中有些内容随着社会经济的发展以及蒙古国立国后法规的出现，成为蒙古大汗立法的参照和依据，体现为具体的法律条文。“约孙”作为“习惯法”，是蒙古法——“札撒”的主要法律渊源；另一些“约孙”则随时代延续下来，虽然没有成为蒙古汗国的具体的法律条文，但它的社会调节功能，特别是在社会意识形态领域里占据与法律（札撒条文）同等重要的地位，是蒙古社会起实际作用的“习惯法”。

清朝，根据因俗而治的政策指导下制定的《蒙古律例》与《理藩院则例》，也对蒙古族固有的习惯法与习俗加以认定，如：承认蒙古固有的盟旗制度；刑事法律中规定的“罚九定数”（即罚马二匹，犍牛二只，乳牛二只，三岁牛二只，两岁牛一只）；司法制度中的入誓制度等。

以上可见，少数民族习惯法与民间法的数量是庞大的，形式是多种多样的，内容涉及社会生活的方方面面，并且起着重要的调整作用。它们的存在有其必要性与合理性。特别是经过了漫长的岁月，无论是成文的或不成文的习惯法、民间法，都沉积了少数民族的法律意识、法律智慧与法律创造，形成了独具特色的民族法文化。而纷繁多样的少数民族法文化又都融入以汉族为主体的法文化中，如同涓涓细流之汇入长江一样，这样最终形成了丰富多彩的中华法文化。

三、关于多元一体的法文化问题

从中华法制文明的起源来看，除华夏族外，三苗之功不可忽视。而在中华法制文明发展的整个过程中，各少数族也都作出了自己的贡献。由于各族发展的状况不同，或者建立了偏安一隅的政权和法制，或者进入中原地区建立更为宽广的政权与法制，或者建立了统一全国的、以少数族为主体的全国性政权与法制。由于中华少数民族之间是开放的，因此各族法文化是相互交流的，经过交流而渐趋于融合，最终丰富了以汉族为主体的中华法文化。可见，无论中华法文化的形成还是发展，都具有多元一体的特性。其所以形成，一是各民族由游牧文化、渔猎文化逐渐向农耕文化过渡，

① ［英］道森编，吕浦译，周良宵注：《出使蒙古记》，中国社会科学出版社 1983 年版，第 12 页。

从而为多元一体的法文化奠定了经济基础；二是统一专制主义中央集权的国家体制，为多元一体的法文化提供了政治条件；三是汉族法文化不仅具有先进性和包容性，而且还表现出巨大而长久的凝聚力、融合力和同化力。自夏朝建立以后，中原地区迅速发展成物质文明、精神文明、法制文明最发达的中心地区。经过夏商周三代一千余年的统治，巩固了中原地区汉族的主体地位。各族的法文化成就最终都融入了以汉族为主体的、以儒家思想为指导的法文化中去，成为构成中华法文化的重要因子。

在这个过程中，一些有作为的政治家、思想家也起了推波助澜的作用。例如：北魏孝文帝鉴于“律令不具，奸吏用法，致有轻重”[①]，不仅多次修律，而且亲自执笔定拟，史书说：“孝文用夏变俗，其于律令，至躬自下笔，凡有疑义，亲临决之，后世称焉。”[②]他还总结汉以来的统治经验，提出了“营国之本，礼教为先”[③]以及“法为治要”[④]的礼法并用的治国方略。没有孝文帝积极推行汉化的政策，就不可能有北朝的法制建树。

唐朝不仅设置了数百个羁縻州县，而且在《唐律疏议》中规定了“化外人相犯”的专门条款，充分显示了对少数民族法律与习俗的认可，也表现出了作为中央政权统一适用法律的考量。

金世祖在位期间对法律进行了系统修订，完成《大定重修制条》十二卷，一千一百九十条，由于大定以来“尽行中国法”[⑤]，这部法典更多地融入了汉法。章宗统治时期金朝社会经济发展、政治稳定、民族融合，儒学本体的汉文化已为女真人所普遍接受。章宗彻底推行了汉化政策，他在法制上总结经验，在权衡汉蕃法律杂糅利弊得失的基础上，更多地引进唐宋律，造就了金朝颇为辉煌的法制文明。

元世祖在汉臣的建议下，在即位诏书中，明确宣布“祖述变通”的治国方略，“祖述”指“稽列圣（祖宗）之洪规”，“变通”指“讲前代（中国）之定制”。[⑥] 由此而形成了特色鲜明的元朝法律体系。

清朝在民族立法中既坚持因俗制宜的原则，又注意内地化的倾向，以

---

① 《魏书·刑罚志》。

② 程树德：《九朝律考·后魏律考序》。

③ 《魏书·任城王云传》。

④ 《魏书·高祖纪》。

⑤ 刘祁：《归潜志》卷一二。

⑥ 《元史·世祖纪》(二)。

加强法律的统一适用。例如《理藩院则例》规定办理蒙古案件，蒙古例所未备者，准照大清律办理。蒙古处分例无专条准咨取吏、兵、刑等部则例比照引用，“体察蒙古情形定拟，毋庸会办”。又如蒙古人、汉人在不同地区犯罪的处罚，清初与清中叶的规定也有所不同。清初规定，汉人在蒙古地区犯罪，依大清律办理，蒙古人在汉人辖区犯法，依蒙古例办理，体现了属人主义原则。随着蒙汉混居逐渐普遍，继续适用上述原则已不能达到预期的立法效果，因而进行了调整。乾隆十四年六月上谕：“理藩院奏请更定民人行窃蒙古律文甚是。向来蒙古与民人互相偷窃治罪之案，定例原未周详。蒙古行窃，从重治罪者，盖因蒙古居住，并无墙垣防卫，易于被窃，是以从重定拟。若民人在蒙古地方，偷窃蒙古牲畜，其易于行窃，与蒙古何异。现今蒙古偷窃民人牲畜，治以重罪，而民人偷窃蒙古牲畜，从轻杖责发落，殊未平允。况窃匪巧诈，蒙古因见民人治罪甚轻，或贿令民人承认者有之，民人或教令蒙古行窃，而代为承认者有之。凡在蒙古地方行窃之民人，理应照蒙古律治罪。如谓新定例不无过重，则蒙古之窃蒙古，照蒙古例，蒙古之窃汉人，照汉人例，始为允当。但蒙古地方辽阔，部落蕃孳，俱赖牲畜度日，不严加治罪，何所底止。今将汉人之窃汉人，仍照汉人例；汉人之窃蒙古，照蒙古律，则窃盗自必渐少，而立法亦属平允。著照理藩院所奏，将律文更定。即行文沿边驻答界连蒙古地方之督、抚、将军等。令其通行晓谕。嗣后民人有在蒙古地方行窃者。即照现定律文。从重治罪。”①

在统一多民族的古代中国，经过经济、政治、文化各种条件的推动，形成了多元一体的法文化。多元不仅不妨碍一体，而且是构成一体的因子；一体也不否认多元的价值，相反在不同程度上加以认定。多元一体的法文化，符合中国的实际国情，有利于发挥各族的积极性，从而加强了民族大家庭的和谐，巩固了统一国家的统治。

综括上述，历史雄辩地证明了中华法系是以汉族为主体，各族共同缔造的，凝聚着少数民族的法律智慧，吸纳了少数族优秀的法文化成果。尽管不同的民族对中华法系的贡献有所不同，但都反映了其作为中华民族大家庭一员的历史责任。

在世界文明古国中，埃及、巴比伦、波斯、希腊等，由于种种原因，或已失去独立自主的民族生命，或已丧失其固有的文字和文化传统，惟有中国

① 《清高宗实录》卷三百四十二，乾隆十四年六月上巳日。

虽然经历了四千多年的历史发展过程，但却始终延续其独立的民族生命。这是和以汉族为代表的先进文化的渗透力、亲和力、凝聚力所形成的统一的中华文化分不开的，它为构建稳定的中华民族提供了精神支柱和思想基础。尽管古代曾经存在过华夏文化中心论的华夷之辨，但并没有妨碍自秦汉以来中华民族便已形成为稳定的共同体这一事实。由于中华各族都繁衍生息在中国固有的土壤之上，因此尽管血缘上有异，居住地域上有别，生产生活方式也有所不同，但却没有形成民族隔阂。相反，数千年来，各民族经过不断地迁徙、杂居、通婚、互市，在文化上互相学习，在血统上互相融合，你中有我，我中有你，民族畛域逐渐消弭，而统一的民族精神则不断地凸显，这种民族精神，早已超越了一种一族的界限。正是各民族的多样性发展，才形成了绚烂多彩的中华文明，才凝聚成厚重的“中华魂”。法律作为中华文化的重要组成部分，虽有其源与流、干与枝的关系，但并不妨碍其多样性的统一。考察中华法系，需要进行多方面探索，但无论如何离不开古代中国统一多民族的国情。只有如此，才能把握住中华法系的真实内容，才能理解中华法系何以如此博大精深。

（引自:《民族研究》2011 年第 6 期）

法制文明与和谐社会

——唐初盛世一瞥

在漫长的中国古代社会，唐朝是一个极为重要的朝代。从贞观起至开元中期，虽经历了李、武、韦、杨集团的权力争夺，但总体上政治稳定、经济发展、文化繁荣、人口增加，出现了少有的和谐社会的景象。在中国古代，成康之治、文景之治、康雍乾之治，都是具有代表性的盛世。但以贞观之治为盛世之最，它所表现出的社会和谐与安宁，为其他盛世所不及。史书说：其时“天下贴然”、“人人自安”、[①]“商旅野次，无复盗贼，囹圄常空，马牛布野，外户不闭。又频致丰稔，米斗三四钱。行旅自京师至于岭表，自山东至于沧海，皆不赍粮，取给于路。入山东村落，行客经过者，必厚加供待，或发时有赠遗”，[②]史书的记载难免有溢美的成分，但终究须有史影可循，何况古人写史最珍重的是信史，史而无信，为史德所诟病。

唐初和谐社会的出现不是偶然的，是多种因素相互作用的结果，圣君贤相所起的作用固不可以忽视，但更重要的是制度使然，尤其是唐初法制既是动力，也是保障。

早在公元前21世纪左右，中国便由野蛮迈进了文明的门槛，经过秦汉魏晋至唐朝，中华法制文明已臻于成熟，立法有蜚声世界的律典；法律文化有《疏议》为代表的最高成就；司法审判有罪刑法定的重大贡献。不仅如此，唐朝法制还从多方面、多角度为缔造亘古少有的和谐社会做出了贡献。

① [唐]吴兢：《贞观政要》卷六。

② [唐]吴兢：《贞观政要》卷一。

一、均田、减税法，奠定和谐社会的物质基础

均田法源自北齐，至隋开始在全国范围内推行。按隋均田法：男丁授露田（口分田）八十亩，桑田（水业田）二十亩；妇人受露田四十亩。既保证了朝廷的赋税收入，也促进了国有荒地的开垦。杜佑说："隋代之盛，实由于此。"[①]但由于隋炀帝时"征役繁兴，课税百端"，"海内骚然，无聊生矣"[②]，终致农民大起义，两代而亡。唐朝建立以后，国家掌握了大量无主荒地，使得全面推行均田法成为可能。武德七年（624 年）颁布均田令如下："诸丁男、中男给田一顷，笃疾、废疾给四十亩，寡妻妾三十亩，若为户者加二十亩。所授之田，十分之二为世业，八为口分。世业之田，身死则承户者便授之，口分则收入官，更以给人。"[③]

至开元二十五年（737 年），根据推行均田的经验，进一步修订颁行均田法："诸丁男给永业田二十亩，口分田八十亩，其中男年十八以上亦依丁男给。老男、笃疾、废疾、各给口分田四十亩，寡妻妾各给口分田三十亩。先有永业者，通充口分之数。黄、小、中、丁男女及老男、笃疾、废疾、寡妻妾当户者，各给永业二十亩，口分田二十亩。"[④]永业田可以传子孙，"不在收授之限，即子孙犯除名者，所承之地亦不追"。[⑤] 口分田，本人死后还官。

此外，"诸以工商为业者，永业、口分田各减半给之。在狭乡者并不给"；[⑥]"道士给田三十亩，女官二十亩"；"僧尼亦如之"；[⑦]"杂户者，依令，老免进丁受田，依百姓例"。

贵族高官可依勋爵和官品获得永业田，京都文武职事官还可以依品级分得京城百里内不同数量的职分田。此外，还有充作各级办公费用的公廨田。均田法的实施，使民安于室，农耩于田，普遍达到了农业社会的小康水准，而且限制了贫富差距的扩大，这是构建唐初和谐社会的最重要的物质

---

① 《通典·食货序》。

② 《隋书·炀帝纪序》。

③ 《唐令拾遗·田令序》，武健七年。

④ 《唐令拾遗·田令序》，开元二十五年。

⑤ 《唐令拾遗·田令序》，开元二十五年。

⑥ 《唐令拾遗·田令序》，开元二十五年。

⑦ 《唐令拾遗·田令序》，开元二十五年。

基础。

在均田法的基础上改革税制，武德七年（624 年）颁布租庸调法，凡授田者，每丁每年向国家纳粟二石或稻三斛，为“租”，亦即田赋。每年每丁服劳役二十天，闰年加两天，如不服役，可用绢或布代替，一天折绢三尺，或布三尺七寸五分，为庸”，亦即百姓对国家应负的劳役。每年纳绢或绫、纯二丈，加丝绵三两，不产绢之地交纳布二丈五尺和麻三斤，为“调”，亦即国家对家庭手工业产品的征课，实为户口税。除正役外，还有额外加役，加役十五天者，免调；加役三十天者，租调全免。从租庸调法中，我们可以看出唐朝课税的对象一是田，二是户，三是身。三者之间联系密切，“有田则有租，有家则有调，有身则有庸，天下为家，法制均一，虽欲转徙，莫容其奸，故人无摇心，而事有定制”。①

由于租、庸、调三者统一征收，赋役量比较稳定，赋役的减免规定也较为详备，而这一切又得到了法律的确认，因此可以说唐代的赋役制度是成功的改革，大大减轻了农民的税役负担。由此可见，均田法与租庸调法的实施，使得家给人足，是唐初和谐社会的坚实基础和重要保证。

二、运用法律维持中枢权力的平衡，防止权力的滥用

唐朝的中枢体制实行三省制度，中书省、门下省、尚书省同为宰相机构。为了维系中枢机关的权力平衡，使之各有分工、互相制约，法律确认“中书取旨，门下覆奏，尚书施行”的运行机制。按唐六典：中书省为决策和最高出令机关，“盖以佐天子而执大政者也”。门下省为审核驳正中书政令的机关，所谓“佐天子而统大政者也”。尚书省为最高执行机关。唐太宗曾对黄门侍郎王硅说：“国家本置中书、门下以相检察，中书诏敕或有差失，则门下当行驳正。人心所见，互有不同，苟论难往来，务求至当，舍己从人，亦复何伤。比来或护几之短。遂成怨隙，或苟避私怨，知非不正，顾一人之颜情，为兆民之深患，此乃亡国之政也。”②

三省制衡之制，使得秦汉时期宰相专权之弊已不复存在。而且多相制也有利于集思广益，推动国家事务的发展，是封建专制制度下权力制衡的

① 《唐陆宣公奏议序》卷四。

② [宋]司马光：《资治通鉴序》卷一九二，贞观元年十二月。

最佳体制。譬如门下省通过封驳的方式，不仅对中书省行使立法审核的职能，而且约束了皇帝权力的滥用。

唐初，统治者吸取隋亡的教训，注意纳谏，尤其是太宗树立了封建帝王纳谏的典范。贞观八年(634 年)，"陕县丞皇甫德参上书忤旨，太宗以为讪谤。侍中魏征进曰：'昔贾谊当汉文帝上书云云可为痛哭者一，可为长叹息者六。自古上书，率多激切。若不激切，则不能起人主之心，激切即似讪谤……。'太宗曰：非公无能道此者。'令赐德参帛二十段"。[①] 太宗晚年颁发《令群臣直言诏》表示："朕登临宇内，宇育黔黎，恐一德之或亏，惧小瑕之有累……昔惟魏征，每显余过。自其逝也，虽过莫彰，……自斯以后，各悉乃诚，若有是非，直言无隐。"[②]太宗纳谏之风，影响及于高宗、玄宗。高宗永徽二年九月一日，左武侯引驾卢文操盗左藏库物，高宗命有司处死，谏议大夫萧钧谏曰："文操所犯，情属难原，然准诸常法，罪未至死。今致之极刑，将恐天下闻之，必谓陛下轻法律，贱人命，任喜怒，贵财物。臣之所职，以谏为名，愚臣所怀，不敢不奏。"上纳之，谓钧曰："'卿职在司谆，遂能尽规，特为卿免其死'。顾侍臣曰：'真谏议也'。"[③]开元十二年(724 年)四月，玄宗发布敕文提出："自今以后，谏官所献封事，不限旦晚，任封状进来。所由门司不得有停滞。如须侧门论事，亦任随状面奏，即便令引对。如有除拜不称于职，诏令不便于时，法禁乖宜，刑赏未当，征求无节，冤抑在人，并极论失，无所回避，以称朕意。"[④]

唐初，职司谏诤的门下谏官组织的建立，扼制了皇帝的以意为法，对于政令的正确性和稳定性起了一定的积极作用，是封建开明政治的重要表征。当然谏官作用的发挥是以皇帝重视纳谏为前提的。

为了防止官吏滥用权力，还制定了专门的监察法——《六察法》："察官人善恶；察户品流散，籍账隐没不均；察农桑不勤，仓库减耗；察妖猾盗贼，不事生业，为私蠹害；察德行孝悌，茂才异数，藏器晦迹，应时行用；察黠吏豪宗，兼并纵暴，贫弱冤苦不能自申者。"[⑤]由于《六察法》的对象、要求、范围、处理方式均有具体规定，这使得出巡御史得以依法纠弹违法失职的官

① [唐]吴兢：《贞观政要》卷五，纳谏。

② 《唐大诏令集序》卷一〇〇。

③ 《唐会要序》卷五五。

④ 《唐会要序》卷五五。

⑤ 《新唐书·百官志序》。

吏。唐朝的监察官"位卑权重"，虽不过八品，不及县令，但上可以纠百司长官，下可以察地方大员，尤其是受命巡察地方的御史，对吏治起了重要作用。贞观八年(634年)，太宗发布《遣使巡行天下诏》曰："宜遣大使，分行四方，申谕朕心，延问疾苦，观风俗之得失，察政刑之苛弊。耆年旧齿，孝悌力田，义夫节妇之家，疾废茕嫠之室，须有旌赏赈赡，听以仓库物赐之。若有鸿材异等，留滞末班，哲人奇士，隐沦屠钓，宜精加搜访，进以殊礼，务尽使乎之旨，俾若朕亲觌焉。"①开元八年(720年)八月，玄宗遣御史大夫王晙等巡按诸道，"巡内有长吏贪扰，狱讼冤抑，暗懦尸禄，苛虐在民，即仰随事按举所犯状，并推鞫准格断覆旋闻奏。仍便覆囚"。② 有时针对特别事项，派出御史专察，例如，开元四年(716年)七月遣使分道巡按时，以司法监察为重点。"其天下囚徒，虑有冤滞，宜令大理及本巡所在理滞，死罪以下，非犯名教及官典取肥，并听减一等收赎；即是非理均事可疑者并杖以下罪，并宜放免"。③ 可见封建的监察机关是防止官吏权力滥用的一项重要保证。唐朝监察活动的制度化、法律化，对于整饬吏治，调整官民关系起了积极的作用。

不仅如此，法律还严惩官府署置过限，以减轻百姓负担。唐朝无论国家的机构设置，官员的编制与考课，都详定法律，严格实施。中央国家机关形成三省、六部、九寺、五监、一台的系统；地方形成州、县二级的管理体制。各个机关均有固定编制，以中央监察机关御史台为例，设御史大夫一人为长官，御史中丞二人为副长官，设侍御史六人执掌纠弹中央百官，设殿中侍御史九人执掌纠察朝仪，设监察御史十五人，其中三人分察六部，余十二人巡按州县。据《通典》记载，贞观六年(632年)朝廷文武官吏不过六百四十二员，为了防止机构扩大增加民众负担，引起百姓反抗，《唐律·职制律》中明确规定："诸官有员数而署置过限，及不应置而置，一人杖一百，三人加一等，十人徒二年。"

由于唐律严于治官，超出法定权限者予以惩治，使官不敢非法遇民，官与民的关系得到较好的调整，成为构建唐朝和谐社会的重要条件。此外，官僚机构是封建国家与专制制度的重要支柱，官僚群体素质的提高，按职任事，明职课责，有利于提高行政效率，从而推动国家机器的运转。

---

① 《唐大诏令集序》卷一二〇。

② 《唐大诏令集序》卷一四〇。

③ 《唐大诏令集序》卷一四〇。

三、健全法制，励行法治，构建和谐社会所必需的秩序

唐初鉴于隋朝“宪章遐弃”，[①]“不以官人违法为意”[②]，“人不堪命，遂至于亡”[③]的历史教训，将健全法制提到“安民立政，莫此为先”的重要地位。唐朝法制是封建法制的成熟形态，也是中华法制文明的辉煌时代，其影响深广，世界所公认的中华法系，就确立于唐朝。

唐统治者传承了法的客观性与公平性的传统认识，以公平为法律的价值取向。魏征曾经向太宗进言：“且法，国之权衡也，时之准绳也。权衡，所以定轻重，准绳，所以正曲直，今作法贵在宽平。”[④]只有公平正直，才是“理国要道”。他说：“公之于法，无不可也，……私之于法，无可也，过轻则纵奸，过重则伤善，圣人之于法也公矣。”[⑤]作为“万乘之主”，如果“任心弃法”，无异于“舍准绳以正曲直，弃权衡而定轻重”，“不亦惑哉”？[⑥] 魏征的进言得到太宗的肯定，他多次表示：“法者非朕一人之法，乃天下之法”，不可以因私“挠法”。[⑦] 由于“志存公道，人有所犯，一一于法。……民知罪之无私，故甘心而不怨”。[⑧]

正是从“法者非朕一人之法，乃天下之法”的认识出发，太宗多次折服于法律。例如，贞观初所选官大都伪造资历，太宗曾颁发敕令，限其自首，否则处死。不久，温州司户参军柳雄诈冒资荫事发，大理寺少卿戴胄“据法断流”。“太宗曰：‘朕初下敕，不首者死，今断从流，是示天下以不信矣。’胄曰：‘陛下当即杀之，非臣所及。即付所司，臣不敢亏法。’太宗曰：‘卿自守法，而令朕失信邪。’胄曰：‘法者，国家所以布大信于天下，言者，当时喜怒之所发耳。陛下发一朝之忿而许杀之，既知不可而置之以法，此乃忍小忿而存大信，臣窃为陛下惜之’。”最后太宗折服，表示：“朕法有所失，卿能正

---

① 《隋书·刑法志序》。

② 《魏郑公谏录序》卷三。

③ 《旧唐书·刑法志序》。

④ ［唐］吴兢：《贞观政要》卷五，公平第十六。

⑤ ［唐］吴兢：《贞观政要》卷五，公平第十六。

⑥ ［唐］吴兢：《贞观政要》卷五，公平第十六。

⑦ ［唐］吴兢：《贞观政要》卷五，公平第十六。

⑧ ［唐］吴兢：《贞观政要》卷五，公平第十六。

之，朕复何忧也。”[①]裴仁轨私自役使门夫，太宗怒“欲斩之”，按法“诸监临之官，私役使所监临……各计庸赁，以受所监临财物论”，罪不至死。因此，监察御史李乾佑为之力争，指出“法者，陛下所与天下共也，非陛下所独有也。今仁轨坐轻罪而抵极刑，臣恐人无所措手足”。[②] 太宗听从李乾佑的意见，收回成命，并提升李乾佑为侍御史。在封建时代，至高无上的皇帝能够奉法、遵法、行法是法治秩序的最高体现，也是维系法治秩序的最权威的力量。正如史书所云：流风所及“官吏多自清谨，制驭王公妃主之家，大姓豪滑之伍，皆畏威屏迹，无敢侵欺细人”。[③]

不仅如此，在唐朝的司法审判中，要求司法官在判决时“皆须具引律、令、格、式正文，违者，笞三十”，表现了罪刑法定的法治主义，在世界法制文明史中赢得了尊重。

唐朝的历史证明法律的权威不在于规范如何详密，而在于“人有所犯，一断于律”；不在于程序如何繁复，而在于“法必信必行”。魏征有言：“言而不信，言无信也；令而不从，令无诚也。不信之言，无诚之令，为上则败德，为下则危身。”[④]贞观六年（633 年）十二月二十日，太宗“亲录囚徒，闵死罪者三百九十人，纵之还家，期以明年秋即刑。及期，因皆诣朝堂，无后者。太宗嘉其诚信，悉原之”。[⑤]

和谐社会必定是一个具有法律秩序的社会，如果因人废法，法律失去权威，很难约束人们超越法律轨道的行为，也就丧失了调整社会的功能，欲其不乱，难矣。

四、德礼为本，刑罚为用，建立统一的道德体系

早在西周时期，统治者便吸取殷亡之鉴，把礼德的教化与刑罚的惩治结合起来，提出了“明德慎罚”的治国方略。春秋时期，在礼与法的关系上，孔子提出“礼乐不兴，则刑罚不中”，[⑥]充分注意到礼乐对于法律适用的指

---

① ［唐］吴兢：《贞观政要》卷五，公平。

② 《资治通鉴序》卷一九二。

③ ［唐］吴兢：《贞观政要》卷一。

④ ［唐］吴兢：《贞观政要》卷十七。

⑤ 《新唐书・刑法志序》。

⑥ 《论语・子路》。

导作用，他还说："导之以政，齐之以刑，民免而无耻；导之以德，齐之以礼，有耻且格"[①]，以示德礼教化的社会效果优于刑政。至汉代，汉儒阐述了"礼禁于未然之前，法施于已然之后"[②]，"礼之所去，刑之所取，失礼则入刑，相为表里者也"。[③] 这说明礼是预防犯罪的道德规范，而法是对已然发生的犯罪行为的制裁措施，由此而形成了德主刑辅的国家政策。至唐朝，《唐律疏议》用法典的形式把德礼与刑罚密不可分的关系与两者的位置固定下来，明确宣布："德礼为政教之本，刑罚为政教之用，犹昏晓阳秋相须而成者也。"[④]唐律纳礼入法，使得纲常名教与宗法伦理的道德准则法律化了，从而为在全社会建立统一的道德体系提供了强制性的保证。

唐以德礼为本，刑罚为用，不是偶然的，是和唐初统治者的指导思想密不可分的。唐初君臣论政，否定了以封德彝为首主张"严刑峻法"的一派，肯定了魏征道德教化为治国之本的意见。魏征说："臣闻道德之厚，莫尚于轩、唐；仁义之隆，莫彰于舜、禹。欲继轩、唐之风，将追舜、禹之迹，必镇之以道德，弘之以仁义，举善而任之，择善而从之，不择善任仁，而委之以俗吏，既无远度，必失大体，惟奉三尺之律，以绳四海之人，欲求垂拱无为，不可得也。"[⑤]他还借用后汉王符在《潜夫论》中所云"人君之治莫大于道德教化也，民有性、有情、有化、有俗。情性者，心也，本也；化俗者，行也，末也。是以上君抚世，先其本而后其末。顺其心而履其行。心情苟正，则奸慝无所生，邪意无所载矣，是故上圣无不务治民心。……民相爱，则无相伤害之意；动思义，则无畜奸邪之心。若此，非律令所能理也，此乃教化之所致也"。[⑥] "是以圣帝明王，皆敦德化而薄刑罚也"。[⑦] 在充分论证的基础上形成了德礼与刑罚的本用位置和交相并用的关系，"若不遵诲诱，忘弃礼法，必自致刑戮"。[⑧]

作为诠解和疏释律文的疏议，以礼为中心，以维护君主专制，尊卑贵贱

---

① 《论语·为政序》。

② 《大戴札记·礼察序》。

③ 《后汉书·陈宠传序》。

④ 《唐律疏议·名例序》。

⑤ ［唐］吴兢：《贞观政要》公平第十六。

⑥ ［唐］吴兢：《贞观政要》公平第十六.

⑦ ［唐］吴兢：《贞观政要》公平第十六。

⑧ ［唐］吴兢：《贞观政要》卷四，教戒大于诸王第十一。

长幼之别为着眼点，构建了完整的封建法律的理论基础，以及在法律外衣下的封建道德体系。疏议阐明了律文的礼义内涵，论证了律文的道德价值，表现了《唐律》所依据的社情、国情，以及深厚的文化底蕴。

《四库全书提要》说：唐律“一准乎礼”，于“礼”以为出入，显示了在司法实践中道德对于量刑尺度的重要影响。道德虽然不具备法律那样的强制性，但它可以移民心于隐微，它所发挥的止恶与劝善的作用，同样具有凛人的权威。道德与法律的密切结合，协调了法、理、情三者的关系，减少了法律运行的阻力，有助于增强社会成员的亲和力。

在中国悠久的历史上，以纲常为核心的道德体系至唐代已经稳固地建立起来了。它从正面规范了人们的思想与行为，确认了伦常等级之间的权利义务关系。它生成于本土，符合中国的国情，因而被广泛接受。遵行道德的自觉性大于守法的自觉性。因此统一的道德体系的建立，体现了“治天下者以人为本”的理念，在一定程度上化解了矛盾冲突，巩固了血缘地缘关系的纽带，支撑了法治的秩序，成为缔造唐初社会和谐的重要因素。

除上述外，唐朝法制文明的内涵还包括基于以人为本而对社会弱势群体的法律倾斜；基于对少数民族法律与习俗的认同而形成的“化外人有犯”，以及死刑执行的三复审、五复审的复核制度等等，都对社会的安定，各民族的和睦相处以及良好的社会风尚起着积极的作用。鉴古明今，是治史者的特殊使命，本文撰写的初衷即在于此。

（《国家行政学院学报》2007.6）

“社稷沦亡，衣冠扫地”的反思

——记清初经世致用思想的兴起

清初，以顾炎武、王夫之、黄宗羲等人为代表的封建士大夫痛感明亡清代、国破家亡的严峻形势，从政治、哲学、思想各方面进行反思，企图从中探寻规律性的认识。清初经世致用思想的兴起与实学学风的倡导，就是他们从思想文化上反思的结果，其影响颇为深远。

一、清初经世致用思想的兴起

明朝末年，各种社会矛盾十分尖锐，封建统治机器已经运转失灵。波澜壮阔的明末农民大起义，深刻暴露了封建制度的腐朽性，终于导致明亡清代的政权更替。明朝的顷刻瓦解和满洲贵族入主中原，使一些封建士大夫的思想受到空前震动。他们以惶惑的心情面对这一“天崩地解”的形势，注视着新涌现出的社会问题，思考着招致“社稷沦亡，天下陆沉”、“衣冠扫地”的原因。阶级斗争和民族斗争的洗礼，他们对于封建社会末期产生的种种弊端有着十分深切的感受，因此，能够以前所未有的深刻程度抨击封建专制制度，批判唯心主义理学，提倡经世致用，形成了清初别开生面、气势磅礴的进步的社会思潮。其代表人物是顾炎武、黄宗羲、王夫之、朱之瑜、傅山、李颙、颜元等人。

“人们的观念、观点和概念，一句话，人们的意识，随着人们的生活条件、人们的社会关系、人们的社会存在的改变而改变”。① 明朝自嘉靖、万历以来，长江流域一带在商品经济发展的基础上产生了资本主义萌芽，虽

① 《马克思恩格斯选集》第一卷，人民出版社1956年版，第270页。

然这些发生在封建社会内部的新的经济因素，还极其微弱，但已经开始显露出它的社会影响。清初的思想家大多生活或活动在东南地区，与工商业存在着这样或那样的联系。他们之所以能够突破封建正统思想的重重笼罩，产生出某种民主主义思想的萌芽，是和比较发达的经济条件分不开的。

除此之外，清初思想家们继承了中国古代历史上朴素唯物主义传统，但由于他们经历了封建社会后期更为复杂尖锐的矛盾和斗争，因此，涉及的领域更宽广，占有的材料更丰富，特别是明末自然科学思想的传播，也有助于他们剔除自己宇宙观和历史观中的神秘色彩，摆脱理学观点和迷信思想的束缚，开始用求实的态度和比较科学的方法来观察政治问题和社会问题，逐渐形成了经世致用的思潮和求实的学风，树起了批判泛滥于宋元明三代的唯心主义理学的旗帜。

以上可见，清初经世致用思想的产生不是偶然的，在中国思想历史的漫长发展过程中，每处于社会转折时期，都有人作出自己所处时代所能作出的总结。清初思想家正是站在急速变化的社会潮流的前面，总结性地批判过去，揭开了中国思想史上辉煌、瑰丽的新篇章。

二、批判唯心主义理学，倡行实学学风

清初，经世致用的思想表现在学术上，首先是对空疏不实的唯心主义理学的批判。顾炎武将理学与禅学等而视之，说："今之所谓理学，禅学也。不取之五经而但资之语录，较诸括帖之文而尤易。"朱之瑜斥理学家"不曾做得一事"，是"优孟衣冠"、"与今和尚一般"。[①] 傅山在听了理学家的一次讲谈之后，说："我闻之俱不解，不知说甚……闻此等如说梦[②]。"他反对理学家的道统说，提出："今所行五经四书注，一代之王制，非千古之道统也。"[③]特别是王夫之以"入其垒、袭其辎、暴其恃、而见其瑕"[④]的批判精神，发起了对理学的系统批判。他痛斥陆王心学是误国之学、亡国之学，说"陆子静出而宋亡"[⑤]，王守仁"以良知为门庭，以无忌惮为蹊径，以堕廉耻、捐

① 朱之瑜：《舜水文集》卷九《与安东守约》，卷十四《答安东守约杂问》。

② 傅山：《霜红龛集》卷四十《杂记》五。

③ 傅山：《霜红龛集》卷四十《杂记》一。

④ 王夫之：《读通鉴论》卷五。

⑤ 王夫之：《张子正蒙注·乾称篇上》。

君亲为大公无我……祸烈于蛇龙猛兽”。[1]

王夫之还从哲学的根本问题入手，用唯物主义观点阐明了理气关系、道器关系、知行关系，给予理学的唯心主义理论基础以沉重的打击。王夫之否定了“理本气末”、“理在气先”的唯心主义观点，肯定了“理在气中”、“理即气之理”[2]的唯物主义一元论，把程朱颠倒了的物质与精神的关系重新颠倒过来，建立了超越前人的包括自然观和认识论的较为完整的唯物主义体系。他批判了“无其道则无其器”、“道在器先”、“道本器末”等以道为世界本原的唯心主义世界观，精辟地指出：“天下惟器而已矣。道者器之道，器者不可谓之道之器也”，[3]离开客观存在的具体事物，就无所谓具体事物的规律。正如“未有车马”便不会有“御道”，“未有弓矢”便不会有“射道”。

不仅如此，王夫之还在一定程度上阐述了发展变化和矛盾对立的观点。他说：“天地万物，恒生于动而不生于静”，[4]“动者，道之枢，户之牖也”。[5] 并以“相反相仇”、“风雷相搏”的矛盾斗争说，论证了事物运动的根源，从而有力地批判了理学家坐而论道、空谈心性的“主静”哲学，强调“形、神、物三相遇而知觉乃发”，认识来源于“外物”；“知”依赖于“行”。较王夫之稍后，标举“习行”的颜元，通过论证直接经验和感性认识在认识过程中的重要作用，批判了理学家奉行静坐诵读的“心法”。他说：“讲之功有限，习之功无已”，[6]“一事不学，则一事不能；一理不习，则一理不熟”，[7]譬如行医不能只读医理，学琴不能只读琴谱，而要“亲下手一番”，“向习行上做功夫”。他的格言就是“讲解千卷不如习行一、二也”。[8] 他以辛辣的语言戳穿理学家从所谓“穷理居敬”、“静坐读书”中得来的知识，纯属“望梅止渴”、“镜花水月”，是虚幻而又无用的谎话，揭露他们“全不见梅枣，便自谓穷尽

---

① 王夫之：《老子衍·序》。
② 王夫之：《思问录·内篇》。
③ 王夫之：《周易外传·系辞》。
④ 王夫之：《读四书大全》。
⑤ 王夫之：《周易外传》卷六。
⑥ 颜元：《存学编余》卷一，《总论诸儒讲学》。
⑦ 李塨：《颜习斋先生年谱》。
⑧ 颜元：《习斋记余》卷六。

酸甜之理”，[1]以至“通五百年学术成一大谎”。[2]

颜元生活在清廷重新提倡程朱理学的时代，面对理学的泛滥，他发出了“理”学杀人的呐喊。他说：“果息王学而朱学独行，不杀人耶？果息朱学而独行王学，不杀人耶？”[3]他抨击王学“近禅处尤多……所谓与贼通气者”。[4] 同时也谴责朱熹“原只是说话读书度日”，“自误终身，死而不悔”，而且企图“率天下入故纸堆中，耗尽身心”，使之“成为弱人、病人、无用人”。[5] 痛斥朱熹“主敬习静”之说“愈炎愈惑……愈妙愈妄”，[6]是“分毫无益于社稷生民”的“曲学”、“异端”。[7] 如果天下人皆以“读书、著述、静坐”为务，势必“灭弃士农工商之业，天下之德不惟不正，且将无德；天下之用不惟不利，且将无用；天下之生不惟不厚，且将无生”。[8] 因此，理学之为害“不啻砒霜鸩羽”。[9] 梁启超称颜元为：“其对于旧思想之解放最为彻底，……其对于宋学为绝无闪烁之攻击。”[10]

清初的思想家尤其激烈地反对理学家“存天理，去人欲”的论说，而把“理”和“欲”统一起来，充分肯定情欲私利的合理性。他们认为：“有欲斯有理”，[11]“私欲之中，天理所寓”，[12]“人欲之各得，即天理之大同”，[13]“天理正从人欲中见，人欲恰好处即天理也。向无人欲，则亦并无天理之可言矣”。[14]他们理直气壮地主张顺应和满足作为自然人的本能要求，反对封建理学家冷酷而虚伪的禁欲主义，这种离经叛道的理欲观，只有在封建社会后期，商品交换关系发展和新经济因素萌芽所造成的封建束缚逐渐松弛的历史条件下才是可能的，先进的思想家不仅有可能以与前此不同的眼光来对待个

---

① 颜元：《习斋记余》卷六。
② 颜元：《习斋记余》卷六。
③ 颜元：《习斋记余》卷六。
④ 颜元：《存人编》卷二。
⑤ 颜元：《朱子语类评》。
⑥ 颜元：《存人编》卷一。
⑦ 颜元：《习斋记余》卷九。
⑧ 颜元：《习斋记余》卷九。
⑨ 颜元：《朱子语类评》。
⑩ 梁启超：《清代学术概论》。
⑪ 王夫之：《周易外传》卷二。
⑫ 王夫之：《读四书大全说》卷二十六。
⑬ 王夫之：《读四书大全说》卷四。
⑭ 黄宗羲：《南雷文定》后集卷三《陈乾初先生墓志铭》。

人的情欲和私利，甚至敢于挺身而出，为之辩护。长年经商的唐甄说：“生我者欲也，长我者欲也。……舍欲求道，势必不能[1]。”思想激进的颜元说：“岂人为万物之灵而独无情乎？故男女者，人之大欲，亦人之真情至性也”，[2]“嗜欲不作……正如深山中精怪。”[3]黄宗羲、顾炎武也把自己设计的政治蓝图建立在承认私利的基础之上。黄宗羲反对君主以一人之私欲侵害天下人的私欲，主张“人各其私”；顾炎武为了顺应“天下之人各怀其家，各私其子”的常情，倡导“寓封建于郡县”的地方自治。这种鼓吹情欲私利合理的潮流，代表了正当利益得不到满足的社会中下层被压抑者的呼声，其锋芒针对着封建阶级的特权和道德，有利于资本主义萌芽的发展，是具有一定进步意义的。

其次，表现在务实的治学宗旨和方法上。顾炎武提出以“明道救世”为治学的宗旨。他认为治学就是求治道，他从青年时起就提倡读书务实，“自一身以至于天下国家，皆学之事也”，[4]并以“博学于文，行己有耻”，“多学而识，行必有果”，自勉励人，企图造就“探讨国家治乱之原，生民根本之计”的良好风气，力图把学术研究和解决社会问题联系起来，扭转明末“置四海之穷困不言，而终日讲危微精一之说”[5]的腐朽学风。他在自述著书宗旨时说：“有王者起，将以见诸行事，以跻斯世于治古之隆”，[6]“意在拨乱涤污，法古用夏，启多闻于来学，待一治于后王。”[7]他在抗清失败以后，遍游北方各省，“频年足迹所至，无三月之淹”，“一年之中，半宿旅店”[8]，每至一地，则“考其山川风俗，疾苦利病，如指诸掌”。[9] 著名的《天下郡国利病书》就是实践这个方法论的光辉结晶。为了撰写这部巨著，他历览“二十一史，十三朝实录，天下图经，前辈文编说部，以至公移邸抄之类，有关民生之利害者随录之，旁推互证，务质之今天所可行而不为泥古之空言”。[10] 虽然顾

① 唐甄：《潜书·性功篇》。
② 颜元：《存人编》卷一。
③ 颜元：《存人编》卷一。
④ 顾炎武：《亭林文集》卷三《与友人论学书》。
⑤ 顾炎武：《亭林文集》卷三《与友人论学书》。
⑥ 顾炎武：《亭林文集》卷四《与友人书》二十五。
⑦ 顾炎武：《亭林文集》卷六《与杨雪臣书》。
⑧ 顾炎武：《亭林文集》卷五《与潘次耕书》。
⑨ 顾炎武：《日知录·序》。
⑩ 顾炎武：《天下郡国利病书·考序》。

炎武的哲学思想不如王夫之丰富，政治思想不如黄宗羲激进，但却始终贯彻经世致用的主线，构成了顾炎武学术思想的突出特点。梁启超在《清代学术概论》一书中，充分肯定顾炎武对扭转晚明以来学风的历史功绩，他说："炎武对于晚明学风首施猛烈之攻击……其锋芒峻露……然大声疾呼以促思潮之转捩，则炎武最有力焉"。然而清朝统治者出于政治需要，只赞赏顾炎武"考据精详"，却诋毁其经世致用之学"迂而难行"、"愎而过锐"，竭力把顾炎武歪曲为脱离现实政治的考据学派的宗师，其实这完全背离了顾炎武的治学实际，真正承其经世之学而衍其绪的是19世纪中叶以包世臣、龚自珍为代表的今文经学派。

除顾炎武外，朱之瑜、傅山、李颙和颜元都非常注重学术的实际效用，赞赏宋朝陈亮、叶适的功利主义。朱之瑜作为当时士大夫中具有强烈民族意识、坚持抗清斗争的突出代表，鉴于空谈"性命之学"的唯心主义理学所造成的流弊，主张治学应置重心于"经邦弘化，康济艰难"，从"日用之能事"做起，以求达到"明德笃行"。[①]

李颙则提倡"匡时要务"，说："学贵实效，学而不足以开物成务，康济时艰，真拥衾之妇女耳，亦可羞矣[②]。"李颙的著作被世人称作是"体用兼备之书"。

颜元积极倡导以富国强兵为主的实学，说："救弊之道在实学，不在空言"，"实学不明，言虽精，书虽备，于世何功，于道何补"。[③] 他曾用22个字概括表述了"实学"的内容："如天不废予，将以七字富天下：垦荒、均田、兴水利；以六字强天下：人皆兵，官皆将；以九字安天下：举人才，正大经，兴礼乐。"[④]他尖锐地批判了宋明理学家自命清高，重义轻利的谰言，嘲笑他们"全不谋利计功是空寂，是腐儒"，把理学家一贯奉行的"正其谊不谋其利，明其道不计其功"的教条，改为"正其谊以谋其利，明其道而计其功"。[⑤] 一字之改，充分反映了颜元把"义"和"利"，"道"和"功"统一起来，以实际效用为衡量学术标准的反理学思想。在程朱理学被清朝统治者奉为统治思想的历史条件下，颜元旗帜鲜明地大作翻案文章，表现了十分可贵的

① 朱之瑜：《舜水遗书·文集》卷十五。

② 李颙：《二曲全集》卷七。

③ 颜元：《存学编余》卷三。

④ 颜元：《存学编余》卷三。

⑤ 颜元：《四书正误》卷一。

斗争精神。

他的弟子李塨继承和宣传颜元的学说，世称“颜李学派”。李塨不同于颜元的长期乡居，经常往来于京师南北，广交当时的名士，著有《大学辨业》、《论语传注问》、《瘳忘编》等书，对颜元的思想有所补充发挥。

三、尖锐抨击封建专制制度

清初学者经世致用的思想和学风，将他们引向了深刻地批判封建专制主义的目标。其中以黄宗羲、唐甄最为激烈。1663年，黄宗羲从总结“亡国”深恨的立场出发，写了一部以批判封建专制主义为特色的《明夷待访录》。在这部书中，他大胆地突破了纲常名教观念的束缚，剔除了君权神授的神秘色彩，用赤裸裸的“利”、“害”观点，论证了君权的起源及其实质。他指出：“君主以天下之利尽归于已，以天下之害尽归于人”，不惜“屠毒天下之肝脑，离散天下之子女”，“敲剥天下之骨髓”，供一已之淫乐，致使天下人的“私”与“利”完全淹没在君主个人的“大私”之中。因此，在天下人心目中君主是“寇仇”与“独夫”。他赞美“以天下为主，君为客”的尧舜之世，反对“以君为主，天下为客”的今世，公开宣称“为天下之大害者，君而已矣”。[①]在君主的淫威笼罩一切并得到理学家百般辩护的专制时代，这个结论确如惊雷骇电，猛烈震动着黯然窒息的思想界。

针对“君为臣纲”的封建教条，黄宗羲阐述了君臣“名异而实同”，是平等的“师友”关系，有别于宦官宫妾。臣的职分“为天下，非为君也；为万民，非为一姓也”。[②] 他嘲笑鼓吹“臣为君而设”、“君臣之义无所逃于天地之间”的理学家，是见识狭小的“规规小儒”，蔑视他们尊为最高道德标准的忠君思想，认为：“不以万民之忧乐”为意的君主，其兴亡只是“一姓之兴亡”，臣下无需“从君而亡”，或“杀身以事君”。[③] 这种万民之忧乐重于一姓之兴亡的观念，是对传统的封建纲常的挑战。

黄宗羲之后，唐甄从“君臣之伦，不达于我也”、[④]“不敢言君臣之义”的

---

① 黄宗羲：《明夷待访录·原君》。

② 黄宗羲：《明夷待访录·原臣》。

③ 黄宗羲：《明夷待访录·原臣》。

④ 唐甄：《潜书·守贱篇》。

鲜明立场出发，指出："天子虽尊，亦人也"，[1]"天子之尊，非天帝大神也，皆人也"，[2]从而抹去了君主头上的神圣光环，降格与平民同列。他在"天下之人视君主如寇仇"的认识基础上，进一步揭露了历代君主都是屠杀人民的刽子手："自秦以来，凡为帝王者皆贼也。""大将杀人，非大将杀之，天子实杀之……官吏杀人，非官吏杀之，天子实杀之。杀人者众手，实天子为之大手"，[3]"嗟呼，何帝王盗贼之毒至于如此其极哉！"[4]唐甄的激烈抨击不仅清算了历史上君主的罪恶，锋芒也触及清初的社会现实，所谓"近者二三十年……杀人之事……帝王居其半"，[5]就是指满洲贵族的军事镇压活动。但是，无论黄宗羲还是唐甄，都没有从揭露君主的罪恶中得出废除君主专制制度的结论。他们的激烈抨击确实倾泻了长期积郁的愤懑，黄宗羲甚至还提出了"向使无君也"的假设。然而他们实际的着眼点仍在于提高相权，限制君权，用宰相传贤制补充天子世袭制，使君主"不以一己之利为利，而使天下受其利，不以一己之害为害，而使天下释其害"。[6]

四、涉及政治与社会的改革方案

清初经世致用的思想，还表现在这些学者苦心孤诣地设计了很有价值的政治与社会改革方案。其政治改革方案是，扩大宰相与地方官吏的职权，使二者达到平衡，借以实现"不以天下私一人"的"均天下"[7]的目的。

黄宗羲还希望通过学校和实行法治来监督君权的行使。他主张学校不能单纯"养士"，而应成为具有"公其是非"职能的清议机关。他引古筹今，以东汉和宋朝的历史为例论证了学校的作用。提出太学祭酒应拥有"其重与宰相等"的权力，可以当天子之面直言"政有缺失"，使"天子不敢自为是非而公其是非于学校"。[8] 郡县学官对地方官也可以"小则纠绳，大则

---

① 唐甄：《潜书·善游篇》。
② 唐甄：《潜书·抑尊篇》。
③ 唐甄：《潜书·室语篇》。
④ 唐甄：《潜书·全学篇》。
⑤ 唐甄：《潜书·鲜君篇》。
⑥ 黄宗羲：《明夷待访录·原君》。
⑦ 王夫之：《读通鉴论》卷末《叙论》。
⑧ 黄宗羲：《明夷待访录·学校》。

伐鼓号于众”,[1]这样的学校颇类似近代的代议机关。它是黄宗羲政治思想中最激进的、具有初步民主主义的政治设计,表达了专制积弊之后对于贤人政治的渴望心情。

与此同时,黄宗羲提出“有治法而后有治人”的法治思想,力图以“贵不在朝廷,贱不在草莽”、“各得其私,各得其利”为原则的“天下之法”,取代“桎梏天下人之手足”的“一家之法”,[2]借以约束君主个人的“人治”。这种法治思想在一定程度上包含有近代君主立宪的因素。

其社会改革方案,提出了限制贵族、大地主兼并土地的均田说与“工商皆本”的思想。经历了明末农民大起义的思想家们,从此伏彼起的农民反抗中认识到明末官僚贵族、大地主疯狂地兼并土地,造成“有田者什一,为人佃作者什九”的严重“不均”,是招致农民大起义的根源。为了改革明末“聚敛以败国”的弊政,他们设计的社会改革方案,大都触及了土地问题。王夫之主张“有其力者治其地”,“王者能臣天下之人,不能擅天下之土”,[3]“人所自占为自耕者,有力不得过三百亩”。[4] 黄宗羲在《明夷待访录》中借恢复井田为号召,提出“授民以田”,“田土均之”。顾炎武针对明末“阡陌其田无升合之税,税数十石者地鲜立锥”[5]的严重不合理现象,力主“均田”、“垦荒”和“轻赋”。颜元不仅揭露了“一人而数十百顷,或数十百人而不一顷”[6]的严重社会不均,而且把抨击的锋芒指向了清初的圈地政策,谴责说:“国朝之圈占,几半京辅。”他大声疾呼“天地间田,宜天地间人共享之”,[7]均田为“第一义”,“田不均则教养诸政,俱无措施处”。[8] 他的“垦荒、均田、兴水利”七字富天下的经济纲领实际也是以均田为基石的。在措施上颜元与黄宗羲相近,借用理想化了的三代井田制度,调整现行的租佃关系,曾经幻想“一月不刑一人,而均一邑之田亩”。[9] 上述“均田说”,在浓厚的复古色彩的掩盖下具有极其现实的针对性。它从维护封建制度的基点

---

① 黄宗羲:《明夷待访录·学校》。

② 黄宗羲:《明夷待访录·原法》。

③ 王夫之:《噩梦》。

④ 王夫之:《读通鉴论》卷二。

⑤ 顾炎武:《天下郡国利病书》。

⑥ 颜元:《存治编》。

⑦ 颜元:《存治编》。

⑧ 钟錂:《习斋先生言行录》三代第九。

⑨ 钟錂:《习斋先生言行录》三代第九。

出发，揭露了当时社会发展的主要症结和动乱的根源，抵制了土地兼并的泛滥，反映了岌岌可危的自耕农的要求。均田的主张同平等的参政权要求，构成了清初进步思潮的重要内容。

此外，黄宗羲还提出“工商皆本”的思想，而与传统的“重农抑商”的经济思想、经济政策相对抗。他说：“世儒不察，以工商为末，妄议抑之，夫工固圣王之所欲来，商又使其愿出于途者，盖皆本也。”①王夫之也很重视富商的作用，他说：“大贾富民者，国之司命也”，认为“惩墨吏，纾富民，而后国可得而息也”。② 唐甄也把封建统治者历来视为“末业”的商贾，提到与农业并重的高度，说“农商皆本”。他曾幻想通过增加生产于市易的途径，改变“四海之内，日益穷困，农空、工空、市空、仕空”③的现状。

工商皆本与农商皆本的思想是资本主义萌芽的物质关系的产物，是代表市民利益的意识形态。当然，这种思想还是零碎片段的，而非完整系统的。因为，当时城市中工商业者的力量、作用虽有所增长，但还没有形成强大的、可以和封建势力抗衡的社会力量。因此，反映在思想上也只能是模糊不定的轮廓。

五、历史的评价

综括前述，清初的思想家们生活在政治风云瞬息万变的大动荡之中，他们从切身的经历中，清醒地认识到专制主义统治所造成的社会危机，以及封建理学对于思想界的扼杀，因而激起了救世的责任感，把学术探讨和经世致用结合起来。他们虽然是不当权的封建士大夫，但却能以天下为己任，顾炎武从捍卫民族利益和反对封建专制主义出发，把“国”和“天下”区分为两个概念。“国”是一姓的王朝，“天下”是匹夫的天下。他强调“保国”责在君臣百官，“保天下”则“匹夫之贱，与有责焉”。尽管其中杂有狭隘的民族主义感情，但这种“天下兴亡，匹夫有责”的理念，不仅批判了宋明理学家的空谈误国，而且一直激励后人，为挽救祖国的危运，建设美好的未来而奋斗。

---

① 黄宗羲：《明夷待访录·财计三》。

② 王夫之：《黄书》大正第六。

③ 唐甄：《潜书·存言篇》。

清初思想家重视实际，追求功利，把着眼点从天上转移到人间，从内心世界转移到客观现实。他们奋笔抨击了封建专制制度的危害，提出了平衡君权的政治改革方案，和以均田说、工商皆本为核心内容的社会改革方案，达到了前人无法企及的高度。他们还从唯心主义理学空疏误国的认识出发，对其偏误进行了系统的清算，也在思想史上凸起了一个高峰。而就其经世致用思想与学风的某些方面，在今天也仍有值得借鉴的现实意义。

但是阶级的和历史的局限使他们虽然以激烈的言辞，满腔怒火地抨击封建专制制度，但却找不到取代这一制度的途径，只能退而求其次，寄希望于贤人政治。他们对唯心主义理学的批判，虽不无偏颇之处，但确实在思想史上留下了极为光彩的一页，然而他们不可能彻底摆脱封建文化的束缚。他们所描绘的前景虽然给人们以希望，但只是个轮廓而且是模糊的，最终在清朝文化专制政策的高压下黯然失色。

“青山遮不住，毕竟东流去”，历史进入 19 世纪后半叶，在民族危机日益深重，富国强兵成为全民族追求的目标时，经世致用思想冲破了考据之学重重罗网，重新成为思想界的主流，这时清初思想家的某些著作又受到人们的重视，表现了其不朽的价值。

1840 年鸦片战争前夜，中国社会内部出现了尖锐危机。至道光帝即位，清朝已经陷入“岌岌乎不可支日月”的境地。危机首先源于土地的迅速高度集中。嘉庆朝官僚百龄占地数千顷。道光朝琦善占地多达两万五千余顷。一般占地数千顷、数十顷的中小地主，全国各地比比皆是。失去土地的农民除遭受地主剥削外，还承担着高利贷资本和垄断性商业资本的压榨。尖锐的贫富分化使社会经济陷于严重的颓势，农民反抗此伏彼起。与经济衰敝相对应的清朝专制政治也日益腐败。“国家设官分职，本以为民，而任事者匪惟不恤，又从而鱼肉之，使斯民之性命膏血，日呼号宛转于豺狼之吻，而莫之救以死。”[①]不仅如此，西方资本主义国家的扩张政策，已经逼近至中国国门，侵略者的炮火即将轰向闭关锁国的天朝。面对各种危机，清王朝统治集团仍然顽固坚持“祖宗家法”，恪守成法陈规，反对革新。这时，地主阶级内部比较开明的官僚、士大夫，如龚自珍、魏源、包世臣、冯桂芬等人，为了“纠偏补弊”挽救危局，他们传承了黄宗羲、顾炎武的思想传统，重新举起“经世致用”的思想旗帜，主张改制更法。由于时代背景的不

① ［清］刘蓉：《养晦堂文集·致某官书》。

同，龚、魏、冯等人的经世致用思想中萌发了清初顾炎武、黄宗羲等人经世致用思想中所未有的内容，那就是“师夷长技以制夷”，提出研究外国、向西方学习的主张。冯桂芬还提出“以中国之伦常名教为原本，辅以诸国富强之术”，成为中体西用论的先导。19世纪中叶兴起的“经世致用”思想带有鲜明的新时代烙印，上承清初顾、黄，下启清末民初康、梁。1923年梁启超曾经评价说：“最近三十年思想之变迁，虽波澜一日比一日壮阔，内容一日比一日复杂，而最初的原动力，我敢用一句话保举他，是残明遗献思想之复活。”①

有清一代几度兴起的经世致用思想早已潮落平息，但其代表人物气吞山河的历史使命感和脚踏实的刻苦学习的学风，至今仍然给我们以激励和启迪。

① 梁启超：《中国近三百年学术史》，东方出版社1996年版，第36页。

综论清开国肇基时期的法制

在清朝的官方文献中，多以关外太祖、太宗两代统治为肇基时期。清朝于 1644 年入关之前曾于关外建立后金（崇德改元后称“清”）政权，经过太祖、太宗两代君主的艰苦经营，不仅统一了女真各部，发展了社会生产，而且建立了较为定型的国家机构与典章法制，故称之为肇基。

肇基时期的成就是多方面的，其中，法制建树较为突出。在不到半个世纪的时间里，由女真族传统习惯法过渡到仿明制的成文法阶段，发展至为迅速。其何以能如此？法制与社会的转型发展有何关系？其法制具有哪些时代特点和作用？对于入关以后统一的法制建设具有何种渊源意义和影响？都是值得我们加以研究的。

一、研究关外肇基时期法制的意义

（一）研究肇基时期的法制可以了解社会转型与法律变革的相互关系与规律性

关外时期，后金统治下的社会是由庄园奴隶制向农奴制迅速转型的时期。努尔哈赤统治时，就社会形态而言，是由家内奴隶制向庄园奴隶制过渡。这一时期被掳掠来的汉人主要被当做奴隶使唤，有的被驱使耕作，他们的人身是不自由的，可以“相互买卖使唤”。[①] 至努尔哈赤创建八旗制度，以旗统人，八旗旗主控制了全部社会劳动力，开始由家内奴隶制向庄园

① 《李朝实录》第十九册，《燕山君日记》卷十七，朝鲜社会科学院 1959 年版，第 209 页。

奴隶制过渡。明万历四十四年(1616 年),努尔哈赤建立后金政权以后,社会经济迅速发展。天命四年(明万历四十七年,1619 年),朝鲜人李民寏根据目睹,记载说:“土地肥饶,禾谷甚茂,旱田诸种,无不有之。”[①]而且“收获颇丰,仓库充盈”[②],显示了农业已成为后金社会生产的主要部门。努尔哈赤及其家族各有农庄不等,并委派专人管理,以驱使和监督奴隶进行耕作,这是典型的庄园奴隶制。

天命六年(明天启元年,1621 年)七月,努尔哈赤进入辽沈地区。辽沈地区汉族人口居多,封建生产关系已占主导地位,努尔哈赤为恢复生产,稳定社会秩序,将汉民编为民户,组成庄屯自耕自种,向后金国家缴纳官粮,应差服役。这些民户实为后金国家的农奴,而社会形态也开始向农奴制转变。关外肇基时期,尽管奴隶制的生产方式与农奴制的生产方式存在着矛盾与冲突,但先进的生产方式终究会战胜落后的生产方式,正像马克思和恩格斯所指出的:“定居下来的征服者所采纳的社会制度形式,应当适应于他们面临的生产力发展水平,如果起初没有这种适应,那么社会制度形式就应当按照生产力而发生变化。”[③]在这个过程中法律不仅相应地发生了变革,而且积极促进新的生产方式的发展和社会的转型。

就一般社会发展规律而言,社会是法律的形成与发展乃至其全部历史的真正发源地,法律关系是社会关系的反映,法律的形式与内容、思想与语言、制度与实施都不过是社会生活的记录。关外时期社会的转型,决定着法律关系的变化与法律的变革。

1. 反映家内奴隶制瓦解的《离主条例》

天聪五年(1631 年)七月,议定《离主条例》:凡私行采猎;出征所获私行隐匿;擅杀人命;诸贝勒奸属下妇女、冒功滥荐、以威钳制,不许申诉等情形,准许家下人告主,获准者准予离主。[④] 天聪六年(1632 年)三月又颁谕作出补充规定:“凡讦告之人,务皆从实。如告两事以上,重者审实,轻者审虚,免坐诬告罪,仍准原告离主。如告数款,轻重相等审实一款亦免坐诬告之罪。如所告多实,及虚实相等,原告准离其主。所告多虚,原告不准离

① 李民寏:《建州见闻录》。

② 《满文老档》太祖四,万历四十二年十二月。

③ 马克思、恩格斯:《德意志意识形态》,载《马克思恩格斯全集》第三卷,人民出版社 1965 年版,第 83 页。

④ 《清太宗实录》卷九。

主。所告两事以上，而轻者实，重者虚，与告一事，而情轻诉重者，审实，坐被告以应得之罪，其原告仍坐诬诉罪，不准离主，若子告父，妻告夫，及同胞兄弟相告果系反叛逃亡、有异心于上，及诸贝勒者，许告。其余不许，若有告者，被告照常审拟，原告罪亦同，不准离主。”[①]崇德元年(1636 年)议定《会典》时收录《离主条例》，这显示了皇太极对它的重视。

《离主条例》不可能出现在家内奴隶制盛行之时，它的出现是家内奴隶制瓦解的反映，同时又是促进家内奴隶制瓦解的一种强制力量。除此之外，《离主条例》所规定的“告主”事项和范围，也表现了皇太极维护中央集权制度，控制和削弱八旗旗主及贵族势力的意图。

2.制定保护农业生产的一系列法律

皇太极时期面对农奴制取代奴隶制的社会发展趋势，注意制定保护兴起中的封建性农业经济的立法。他曾多次告诫官员“劝农讲武，国之大经，尔等宜各往该管屯地，详加体察，不可以部务推渎”。[②] “各屯堡拨什库，无论远近，皆宜勤督耕耘，若不时加督率，至废农事者，罪之。”[③]特别是实行保护汉民从事农业生产的政策，凡缺少耕牛、农具者“给以牛具”，以利于“乘时耕种”，“有驻下不堪耕种，愿迁移者，听之”，以“使各安其业，无荒耕种”。[④] 禁止满人“擅取(汉)庄民牛、羊、鸡、豚”等财物。[⑤] 为改变满族壮丁只战不耕的现象，实行“三丁抽一”之法：三丁中一人披甲出征，二人留家称为余丁，专事农业生产，负责供给披甲人生计，披甲人战争所获，也酌分给余丁。为防止行师出猎践踏农禾及牲畜进入农田，定“纵马食禾”罪及牲畜入农田罚例。天聪九年(1635 年)皇太极还谕诸贝勒大臣禁止郊外放鹰，蹂践田园。[⑥]

为保护农业生产力，皇太极还禁止屠杀牛、马、驴、骡。天聪元年(1627年)九月初一日，颁发上谕：“嗣后自宫中暨诸贝勒以至小民，凡祭祀、筵宴及殡葬、市卖，所用牛、马、骡、驴永行禁止”，违者治罪。[⑦] 同时严禁滥役民

---

① 《清太宗实录》卷十一。

② 《清太宗实录》卷十三。

③ 《清太宗实录》卷三十四。

④ 《清太宗实录》卷一。

⑤ 《清太宗实录》卷一。

⑥ 《清太宗实录》卷二十三。

⑦ 《清太宗实录》卷三。

夫，致误农时。[①]

（二）研究肇基时期的法制可以了解统治者法律观念的变化

努尔哈赤既是后金一国之主的汗，又是女真部落的最强大家族的族长，他颁布的谕令，既是家法，也是国法。据史书记载，后金于明万历十五年（1587年）筑城费阿拉，“上始定国政，禁悖乱，缉盗贼，法制以立”。[②]“法制”一词在满文体实录中意为“禁约”、“禁令”、“定例”。可见所谓“法制以立”，当为初步整理的努尔哈赤口头宣布的“禁令”、“定例”，但仍十分简陋。

开国时期的实践使努尔哈赤逐渐认识到法为治世之具的作用。他曾下令“著将明国所定诸项章典，俱缮文陈奏，以便去其不适，取其相宜”。[③]他鉴于明朝之衰败，源于法令不公平、不严明，故严戒诸子及诸大臣“为国之道以何为贵？在于谋事公信，法度严明也。其弃良谋、慢法度之人，无益于此道，乃国家之鬼祟也”。[④]他要求诸大臣立誓“严守法度，严束部下”，“秉公持正”。[⑤]天命七年（1622年），努尔哈赤在与蒙古王公议论法制的重要性时，颇为自诩地说：“吾国之风俗，主忠信，持法度，贤能者举之不遗，横逆者惩之不贷，无盗贼诈伪，无凶顽暴乱，……尔蒙古人，持素珠念佛，而盗贼欺伪之行不息，是以上天不佑，使汝诸王之心，变乱为害，而殃及国矣……若旧恶不悛，即国法治之。”[⑥]努尔哈赤临终前仍叮嘱八旗旗主：“继我之后亦如是严法度，以效信赏必罚。”[⑦]

继立的皇太极在努尔哈赤法观念的基础上更注意以史为鉴，法律意识进一步加强。崇德二年（1637年）六月，他在训谕诸王群臣时，将“宣布法纪，修明典常”，提高到“保邦致治之计”的高度加以认识，并在总结历史经验的基础上，把法制是否详明与国家的兴衰联系在一起，他说：“尝观前代，励精图治，法制详明者，国祚必永；怠忽政事，废弛纪纲者，国势必危。”[⑧]

---

① 《清太宗实录》卷二十三。

② 《清太祖实录》卷二。

③ 《满文老档·太祖》（第二十册），天命六年四月初二日。

④ 《满文老档·太祖》（第三册），癸丑年十二月。

⑤ 《满文老档·太祖》（第十一册），天命四年七月初八日。

⑥ 《清太祖武皇帝实录》卷四。

⑦ 《清太祖武皇帝实录》卷四。

⑧ 《清太宗实录》卷三十六。

为督励诸王贝勒贵族勋戚奉法执法，皇太极宣布自庶民以至王公贵族，犯法者分别治罪："王贝勒贝子等犯者议罚，官员犯者幽系三日议罚，庶民犯者，枷号八日，责治而释之。"①他自己也表示对法律的凛然戒惧，说："朕心时加敬谨，尔等安能忘越于法耶？"②

（三）研究肇基时期的法制可以了解满汉法文化交流的真实过程及对肇基法制的推动作用

努尔哈赤与皇太极不仅是汉文化的崇拜者，也是汉族先进法文化的积极仿效者与推行者。在法制肇基的数十年间，注意运用汉族法文化改造满洲落后的习俗，如禁止同族嫁娶，禁止子告父、妻告夫等等。但更为重要的是，仿效明朝法律，制定后金与清的法律制度。

天聪七年（1633 年），文馆大臣宁完我提出"《大明会典》虽是好书，我国今日全照他行不得……况《会典》一书，自洪武到今，不知增减改易了几番，何我今日不敢把《会典》打动他一字？他们必说律令之事非圣人不可定，我等何人，擅敢更议？此大不通变之言，独不思有一代君臣，必有一代制作。"他明确提出："参汉酌金，用心筹思，就今日规模，立个《金典》出来。"③此后，至崇德元年（1636 年）四月，仿《明会典》颁布议定的《崇德会典》，尽管内容杂乱，体例粗疏，但却是入关以后五朝会典之滥觞。除此之外，还仿明制制定了六部一院的组织法规。天聪六年（1632 年）六部衙门竣工，皇太极命将"其职掌条约备录之，榜于门外"④，显而易见，六部职掌条约即适用于六部的组织法规。天聪十年，皇太极还就都察院的职掌明确颁发上谕："凡有政事悖谬，及贝勒、大臣骄肆慢上者，许直言无隐。"⑤崇德元年，再就都察院的职掌颁谕："尔等身任宪臣，职司谏诤，朕躬有过，或奢侈无度，或误谴功臣，或逸乐游畋，不理政务，或荒耽酒色，不勤国事，或废弃忠良，信任奸佞，及陟有过，黜有功，俱当直谏无隐。至于诸王贝勒大臣，如有荒废职业，贪酒色，好逸乐，取民财物，夺民妇女，或朝会不敬，冠服违式，及欲适己意托病偷安而不入朝参署者，该礼部稽查，若礼部徇情容隐，

① 《清太宗实录》卷四十二。

② 《清太宗实录》卷四十一。

③ 《天聪朝臣工奏议》卷中，宁完我："请变通《大明会典》设六部通事奏。"

④ 《清太宗实录》卷十二。

⑤ 《清史稿·职官二》。

尔等即应察奏。或六部断事偏谬，及事未审结，诳奏已结者，尔等亦稽查奏闻。”[1]前述两段上谕的历史根源，显然是明朝的监察法规。

最足以反映汉族法文化对肇基时期创制法律的意义，莫过于十恶入律。十恶重罪首见于隋律，其后辗转相承，成为汉族封建法典的核心内容。天聪十年(1636年)三月，在大赦诏书中明确表达了唯十恶不在赦免之列，“十恶不赦外，其余罪犯悉赦之”。[2] 崇德五年(1640年)，皇太极为自己的诞辰颁诏：“除十恶外，其余概行肆赦。”[3]

(四)研究肇基时期的法制有助于全面了解清朝二百六十余年法制发展的源流

清朝是中国封建社会的末代王朝，其法制堪称完备。满洲族又是中华民族大家庭中最重要的成员之一。关外时期，满洲族迅速兴盛，拥有强大的政治军事实力，终于问鼎中原，取代明朝天下。有清一代的法制，确实奠基于关外肇基时期，无论对于治军、理政、驭民，都起了十分重要的作用。没有肇基时期的法制，就不可能建设具有勃勃生机的政治军事制度与稳定的民族团结，和良好的社会治安；它在刑事政策、民族立法、八旗制度等方面都为入关以后的立法奠定了重要的基础。有清一代最具代表性的法典《大清律例》，剔除其少量的民族歧视条款，实际已经成为与汉族法典无异的一部封建性质的法典。举一可以反三，知近可以悉远，研究肇基时期的法制，可以推论中国历史上少数民族建立政权后法制兴起的路径。

二、关外肇基时期法制的特点

(一)带有女真族习惯法的遗痕

1. 实行族内不分辈分的婚姻关系。按女真族的习惯法，不同辈分之间可以缔结婚姻关系。子侄可以娶继母、伯母为妻，兄叔也可以娶弟妇、侄妇为妻。直至天聪三年(1629年)，在汉族伦理礼制的影响下，才以“乱伦婚

---

① 《清太宗实录》卷二十九。
② 《清太宗实录》卷二十八。
③ 《清太宗实录》卷五十三。

娶”的罪名，废除了这种婚姻关系上的习惯法。“凡娶继母、伯母、弟妇、侄妇，永行禁止……同族嫁娶，男女以奸论。”[①]天聪五年（1631年）七月，皇太极在申明谕禁同族嫁娶违者以奸论罪的理由时说：“明与朝鲜皆礼义之邦，故同族从不婚娶。彼亦谓既为人类，若同族嫁娶，与禽兽何异？是以禁止耳。”[②]

2. 允许夫之恩爱者陪葬。家主死后妻妾殉葬是女真族的习惯法，直至崇德元年议定《崇德会典》时才有所限制：“凡妻从夫死，若平昔素所恩爱者许死，众必称扬之。若恩爱的妻不死，反逼房下侍妾而死，问死罪。若丈夫素不恩爱者及侍妾，不许从死。”

3. 保留父系家长制。根据女真习惯法，家长称为“额真”。凡属家内一切财产，包括牧群、奴婢、银两、敕书等，均归家主所有，听其支配。家长还独揽对子女婚嫁的支配权，以及对子女的惩戒权。习惯法维护父系家长的各项权利，违背者要受到族内的惩罚和舆论的谴责。努尔哈赤的权威就有赖于父系家长制的支持，汗命与家法成为肇基时期的二元法律系统。需要说明的是，这种父系家长制的权威并没有受到儒家伦理礼制的影响，而更多地带有女真族的原始性。

4. 实行早婚制。在女真族中，流行早婚制度。至天聪九年（1635年），在汉族法文化的影响下，皇太极颁发上谕：“凡女子十二岁以上者许嫁，未及十二岁而嫁者，罪之。”[③]需要指出，关外时期，年龄的计算多为虚岁，十二岁实际为十一岁，虽经皇太极禁止早婚，但法定婚姻年龄仍然过早。入关以后，法定婚姻年龄才又改为男十六岁，女十四岁。

5. 鞫讯下人，家主参预。天聪六年（1632年）正月，刑部承政高鸿中奏称：“凡犯事人自有正身，如正身不到，审事官必不问理。见得我国中下人犯事，或牛录，或家主就来同审事官坐下，正犯未出一语，家主先讲数遍……切思暗中嘱托公事者，尚且有罪，况明明坐在一处讲事，不系嘱托，此系势压，而法纪安在？”[④]这种情况仍然保留了家内奴隶制的痕迹，奴隶作为主人的财产，自然要受到家主的关注。

---

① ［清］朱璘：《明纪辑略》。

② 《清三朝实录采要·太宗》卷二，天聪五年七月庚辰。

③ 《清太宗实录》卷二十三。

④ 《天聪朝臣工奏议》卷上，第2页。

(二)维护帝权专制的法律逐渐增多

早在努尔哈赤起兵"定国政"之际,就有了"犯上"罪的具体规定,"凡作乱……悉行严禁"[①],"作乱"有"悖乱"之意,包括了"犯上"的内涵。努尔哈赤长子褚英被处死的罪名之意就是"诅咒出征的汗"。[②]

皇太极即位以后,随着对明战争的节节胜利,以及社会经济的发展与秩序的稳定,其权威迅速增长,逐渐由八王共治向帝权独尊过渡。天聪十年(1636 年),皇太极晋皇帝位,改国号为大清。改元崇德之后,帝权独尊的局面已经形成,法律也作出了维护帝权不可侵犯的一些规定。崇德元年,将犯上罪列为十恶之首,犯之则处以极刑。犯上罪包含的内容广泛,如"烧毁宗庙山陵宫阙"、"盗御用器物"、"冲犯仪仗"、"国丧娱乐"、盗毁上服御器物等均被列为十恶大罪之一。除此之外,诳称上命也属重罪,处死刑。崇德四年(1639 年),刑部就以镶白旗阿玉石诳称上命论死。

天聪五年(1631 年),在向帝权独尊的过渡过程中,改革了朝贺礼仪,由诸大贝勒并坐,改为皇太极居中,代善与莽古尔泰侍坐两侧。至皇太极晋皇帝位后,最终由皇帝面南独坐取代了诸大贝勒共坐制度,一切朝贺、朝议、宴飨、仪仗均以帝权为依归,重新作出调整,成为关外时期行政法的重要内容。

除此之外,一方面制定了九等宗室爵位:和硕亲王、多罗郡王、多罗贝勒、固山贝子、镇国公、辅国公、镇国将军、辅国将军、奉国将军;另一方面又确立了各部职官的系列,由此形成了以皇帝为中心的朝廷。

(三)军律在立法中占有较大的比重

从努尔哈赤起兵之日起,以武力统一女真各部、征服蒙古族部、进取中原,可谓兵无宁日。为了约束部队,争取战争的胜利,军律因之而产生。努尔哈赤颁布的第一条军令就是"从令者馈酒,违令者斩头"[③]。至皇太极统治时期,颁发军律已成为经常的立法活动和主要的法律形式,这突出地反映了时代加给法律的烙印。

军律的主要内容涉及行军宿营、协同作战、戒杀戒淫、分配俘获、管理

① 《清太祖武皇帝实录》卷一。

② 《满文老档·太祖》卷三,癸丑年六月。

③ 《清太祖武皇帝实录》卷二。

甲胄军器马具、规范围猎等等。如天聪八年六月行军约会至西喇兀苏河之南山平冈，皇太极特颁军律如下："师行动众，约束宜严，不可不明示法律以肃众志。大军按队安驱，毋许喧哗，勿离旗纛。若驮载有一二欹斜，全旗暂止，以俟整顿，然后前行。大军入境，如一二人私出劫掠，为敌人所杀者，妻子入官，该管将领坐罪。经过之处，勿毁庙宇，勿杀行人，敌兵抗拒者，杀之，归顺者，养之。所俘之人，勿夺其衣服，勿离其夫妇，即不堪驱使之人，亦不许大夺其衣服，勿加侵害，勿淫妇女，其俘获之人勿令看守马匹。至往取粮草时，若一二人擅往被杀，照离众私掠者治罪。勿餐熟食，勿饮酒。曩我兵往征时，敌人见军士随处沽买食物，今多置毒于中，不可不慎也，若有违命者，正法。"[1]

（四）确立军、政、民统一的八旗制度

明万历四十三年(1615 年)，努尔哈赤在女真族传统组织的基础上，创立了以牛录为基础的八旗制度。史载："上既削平诸国，每三百人，设一牛录额真。五牛录，设一甲喇额真。五甲喇，设一固山额真。每固山额真左右设两梅勒额真。初设有四旗。旗以纯色为别：曰黄、曰红、曰蓝、曰白，至是添设四旗。并用其色镶之。共为八旗。"[2]

八旗制度是军政合一、寓兵于民的一项重要制度。在八旗制度中，军籍与户籍是统一的，"按行军旗色，以定户籍"[3]，由分属不同旗色的甲士及其家属，组成不同的固山。各旗平时负责组织战备训练和生产活动、审理诉讼案件、管理旗人社会生活，为战争提供优秀的甲士、充足的给养、精良的武器装备和战马。战时，即以旗为基本军事单位，协同完成军事任务。八旗制度使整个国家成为一部战争机器，把整个社会军事化了。由于国家军政合一、事权统一，故效能极高。

八旗的旗主由努尔哈赤的子侄担任，形成了世袭罔替的权力格局。努尔哈赤将全部国人，以及牲畜、家奴、财物等分为八份，由八和硕贝勒分别承受。天命十一年六月二十四日，努尔哈赤训诫诸王："……吾……预定八家但得一物，八家均分公用，勿得分外私取。……凡军中所获之物，毋隐匿

---

① 《清太宗实录》卷一九。

② 《清太祖武皇帝实录》卷四。

③ 《(乾隆)大清会典》卷九五。

而不明分于众。”[①]此训谕是维系八旗制度的最具权威的法律。乾隆朝《大清会典》曾有以下记载:“天命间,立八和硕贝勒,共议国政,各置官属,朝会燕飨,皆异其礼,锡赉必均及,是为八分。”[②]可见肇基时期的国家不过是努尔哈赤家族的扩展,“汗犹一家之祖父也,贝勒犹一家之子弟也”[③]。努尔哈赤身兼国汗与家父的双重身份,而作为努尔哈赤子侄的八和硕贝勒,所分管的八旗则是国家统治的根本。正如皇太极所说:“尔等(指八旗旗主)入则赞襄庙谟,出则办理国事,上下中外,一切事宜未有不知者。”[④]

八旗制度,是获取军事胜利的重要制度保证,也是法制维护的重点。

三、关外肇基时期的法制成就

从明万历四十三年(1615 年)六月“始定国政,禁悖乱,缉盗贼,法制以立”[⑤]算起,至顺治元年(1644 年)清军大举入关,在短短的几十年时间里,经过努尔哈赤和皇太极的两代经营,统一了关外辖地,稳定了社会秩序,形成了强有力的军政法度。在这个过程中,法制不仅起了积极的作用,而且获得了突出的成就,为入关以后统一法制的建立提供了历史基础。

关外肇基时期法制的主要成就表现在以下两个方面:

(一)进行了控制社会与国家的多方位立法

首先是刑事立法。刑事法律是关外时期立法的核心部分。天命初期刑事法律仍以女真族的习惯法为主,随着后金国的发展,努尔哈赤颁发的某些谕令,如禁单身行路谕,已具有刑事法律的性质。至天聪朝,刑事法律逐渐采取成文法的形式。无论罪与罚,都趋向于规范。

就犯罪而言,除十恶大罪外,主要罪名有:通敌、冲突仪仗、逃人及容隐逃人、隐匿及售卖武器、渎职、斗殴、杀人、窃盗与抢夺、奸情、蛊毒厌魅、左道惑众等等。

刑制由努尔哈赤时期常用的贯耳鼻、射鸣镝箭、打腮等逐渐趋向规范

① 《清太祖武皇帝实录》卷四,第 11 页。

② 《(乾隆)大清会典》卷一,“宗人府”。

③ 《天聪朝臣工奏议》卷中。

④ 《清太宗实录》卷八。

⑤ 《清太祖武皇帝实录》卷二。

化，其死刑有斩头、枭首、磔杀、戮尸等；身体刑有贯耳鼻、鞭责等；自由刑有圈禁、饿禁、发边外安置等；财产刑有籍家、罚银、罚物等。

需要指出，刑法原则既反映了皇太极为扩大统治基础而宽待新人犯罪的策略思想，也保留着女真旧制中的"罚重于上"的习俗。皇太极对于入旗较晚的汉人和蒙古人，即所谓"新人"，在刑罚上予以宽宥。崇德三年（1638年）五月，正黄旗蒙古人塞冷去外藩审案时，以通同徇情，刑部拟赎身、解部任，皇太极以"塞冷系新人，免罪"。[①] 但如犯"通敌罪"，则不得以"新人"宥免。这条刑法原则对于广泛吸收"新人"，使之归附起了积极的作用。

关于"罚重于上"的女真习俗，见于皇太极的上谕。天聪七年（1633年）十一月，皇太极谕曰："凡行猎处，有擅入围中者，贝勒罚良马一匹，甲喇额真罚银十五两，旗长罚银十两，闲散人罚银九两。"[②]

其次是民事与经济立法。关外时期社会经济的迅速发展，人身与财产关系的急遽变动，推动了民事法律规范不断完善，也使经济法律规范有所发展。

进入辽沈地区以后，在土地分配上，实行计丁授田法，将土地分给士兵。计丁授田以丁为依据，获得土地之丁要承担披甲、当差、交纳官粮等义务。

关外时期商品货币关系不发达，债法的内容简单，主要为借贷之债。此外，还禁开设以经营高利贷为业的当铺。

在婚姻上，无论王公贵族以至庶民百姓婚嫁，均需报请获准，方许结婚。诸王大臣及其子女婚嫁须呈请于皇帝。民间女子婚嫁，须问明本管牛录章京。婚姻缔结需定礼及迎亲礼，且有定制，违者处罚。奴婢婚姻由家主"指配"于同等身份之人。奴婢所生子女，称为"家生子"，仍属家主财产。离婚的主动权操于丈夫之手，妻子没有离婚的自由，即使丈夫另行婚娶，妻子也不许任意离去。

掌握家内财产的家主在世时即可将家产分给已成年之子。根据女真族习惯法，亡父遗产并非诸子平分。除已分家的诸子无权继承外，未分家诸子中，幼子享有优厚待遇。

在爵位与世职的继承上，因涉及政治、经济权利，努尔哈赤于天命六年

---

① 《满文老档·太祖》（第二十六册），天命六年九月初五日。

② 《清太宗实录》卷十六。

(1621年)规定承袭爵号的顺序:“我所擢用之大臣,凡尽忠者,或阵亡,或病故,即令其子承袭其父所升之职。”[①]若功臣无嗣,则按先兄弟,后侄儿的顺序袭职。子侄承袭爵位只论功德,不分嫡长。

除民事法律规范外,为适应社会经济的转型,制定了许多保护农业经济的单行法,详见前文。

此外,还针对商业及对外贸易,制定了相应法律规范。天命六年(1621年),向辽东旧时商人,发给“印照”,命令开店营业,以恢复辽东地区原有的工商业,并按明辽东旧例规定应纳税额。皇太极时期,于都城沈阳(后改盛京)按八旗设立市场八处,称“八门之市”,由各旗派官分管本旗贸易。在对明朝、朝鲜和蒙古的贸易上,实行国家统管,皇太极即位之始,便颁发谕令:“往外国贸易,亦当告知诸贝勒,私往者罪之。”[②]

第三是行政立法。关外时期,至崇德改元,统治疆域迅速扩大,确立国家基本体制与行政机关职责范围的行政法律规范,取得明显发展,其中多取法于《大明会典》,体现了“参汉酌金”的立法特点。

主要立法内容有:

1. 确立帝权独尊形式下的朝议、朝会制度

崇德改元以后,帝权独尊已成定局,由此而形成了一系列的朝议、朝会制度。崇德二年(1637年),确定每旗设议政大臣参与议政,务要“启迪主心,办理事务,当以民生休戚为念。”[③]崇德元年,制定元旦、万寿节朝贺礼。崇德八年(1643年),定诸王贝勒贝子公等失误朝会处分例:“凡常朝之期有一次不到者”,亲王及以下各罚牲畜不等,“如奉上命传集不至者,坐以应得之罪。”[④]诸王贝勒大臣如托病偷安而不朝参入署者,由礼部稽察,若礼部徇情容隐,都察院官员即应察奏。[⑤]

2. 规定六部二院职掌

六部为吏、户、礼、兵、刑、工六部,二院为理藩院、都察院。上述衙门各有法定职掌,其法律内容是粗疏的,但却成为入关以后各部院则例的原型。其中,理藩院由蒙古衙门发展而来,始于关外时期,是清朝所独创。其主要

① 《满文老档·太祖》(第三十一册),天命六年十二月十四日。
② 《清太宗实录》卷一。
③ 《清太宗实录》卷三十四。
④ 《清太宗实录》,卷六十五。
⑤ 《清太宗实录》,卷二十九。

职掌为：凡征调外藩蒙古诸部军队从征，及查户口、编牛录、颁法律、禁奸盗、会审罪犯、清理刑狱……均由该衙门会同文馆（内三院）、都察院官员办理。[①] 此外还职掌喇嘛宗教事务。

3. 规定职官选任与考绩制度

努尔哈赤时期，开始实施荐举之法，他曾谓众大臣曰："尔诸大臣，勿曰为何舍亲而举疏，勿论家世，观其心术正大而荐之，不拘血统，视其才德而举之为臣。"[②]至天聪朝，仿明制，选官考绩逐渐规范。天聪三年（1629 年），皇太极决定开科取士，谕曰："朕今欲振兴文治，于生员中考取其文艺明通者优奖之，以昭作人之典。诸贝勒府以下及满汉蒙古家所有生员，俱令考试。于九月初一日，命诸臣公同考校，各家主毋得阻挠，有考中者，仍以别丁偿之。九月壬午朔，考试儒生……至是考试分别优劣，得二百人。凡在皇上包衣下，八贝勒等包衣下，及满洲蒙古家为奴者，尽皆拔出。"[③]

天聪七年（1633 年）十月，皇太极谕六部启心郎："各部之事若不勤加整理，至三年考绩，或升或降。"可见，三年考绩之法已经确立。[④] 除对部院文职官员考绩外，边城驻大臣也行三年考绩之法。但关外时期军事倥偬，考绩之法很难如期举行。

4. 向外藩蒙古颁布盛京定制

为巩固后金与外藩蒙古诸部的政治军事联盟，特向外藩蒙古部落颁发盛京条例，加以约束。皇太极时期，针对"蒙古诸部落，向因法制未备，陋习不除"[⑤]，于天聪三年（1629 年）正月，"上颁敕谕于科尔沁、敖汉、奈曼、喀尔喀、喀喇沁五部落，令悉遵我朝制度"。[⑥] 天聪七年（1633 年）八月，"遣国舅阿什达尔汉等颁钦定法律于科尔沁国土谢图济农"。[⑦] 同年十月，"遣国舅阿什达尔汉、塔布囊达雅齐等往外藩蒙古诸国宣布钦定法律"。[⑧] 崇德元年（1636 年）四月，"以圣汗钦定律令书，颁行外藩十五城"。[⑨] 同年十月，命

① 《清太宗实录》卷三十一。

② 《满文老档·太祖》（第四册），第 37 页。

③ 《清太宗实录》，卷五。

④ 《清太宗实录》卷十六。

⑤ 《清太宗实录》卷十七。

⑥ 《清太宗实录》卷五。

⑦ 《清太宗实录》卷十五。

⑧ 《清太宗实录》卷十六。

⑨ 《满文老档·太宗》（第九册），第 1447 页。

大学士希福等往察哈尔、喀尔喀、科尔沁“颁法律，禁奸盗”。①

盛京定制巩固了满蒙之间的政治军事联盟，同时在外藩蒙古初步建立了调整刑事、民事的法律规范，推动了外藩蒙古的法制进程，取得了“边外诸国，俱奉声教”②的效果。盛京定制的成功经验使此后的清朝统治者注意民族地区的专门立法，出现了《理藩院则例》、《回疆则例》、《西藏章程》等一系列民族立法，成为中国封建社会民族立法之大成。

（二）建立了饶有特色的司法制度

关外肇基时期，随着疆域的扩大与商品货币关系的发展，争讼日益增多，由此推动了司法机关与诉讼审判制度的发展，形成了饶有特色的司法制度。

明万历十七年（1589 年），努尔哈赤称王后，设立了“扎尔固齐”一职，负责解决法律争端。但扎尔固齐并非专职司法官，出则统领军队，入则参预国政，握有军政与司法之权。随着汗权的扩大与争讼的日益增多，努尔哈赤着意改革散漫无序的女真诉讼旧制。天命元年（1616 年）丙辰七月己巳，发布上谕：“凡事不可一人独断，如一人独断，必致生乱。国人有事，当诉于公所，勿得诉于诸臣之家，其有私诉者，曾付以鞭索俾执而责之。前以大臣额亦都巴图鲁有私诉于家者，不执送，已治以罪。兹更加申谕，传于国中。”③

努尔哈赤还曾效法古人，立“诽谤之木”，为直诉于汗者提供条件。天命五年（1620 年）六月初四日，汗谕：“国人有何言，欲诉告于汗者，无需亲至汗前，可将欲诉之言，书写成文，悬于门外所立之二木上，阅其诉词，酌情审理。”④

皇太极时期，逐渐形成了司法机关体系。天聪五年（1631 年）七月颁谕，确认牛录为基层司法机关。凡窃盗、斗殴等小事“俱令各该牛录额真，即行审结；事有大于此者，送部审理”。⑤ 同时建立了刑部，以贝勒济尔哈

---

① 《清太宗实录》卷三十一。

② 《清太宗实录》卷二十六。

③ 《大清太祖高皇帝圣训》卷四。

④ 《满文老档・太祖》（第十五册），天命五年六月初四。

⑤ 《清太宗实录》卷九。

朗管刑部事。[1] 除此之外，诸王贝勒大臣会议、觉罗会议与部院会议，也对特定案件行使一定的司法权。凡涉王、贝勒或其亲属之案，或情节严重之案，由诸王贝勒大臣会议审议拟罪，奏闻皇太极裁决。其余重大案件，经刑部审理后，也要奏请皇太极裁决。

皇太极躬亲善断之风持续到晚年病重时。崇德七年(1642 年)十月二十七日，皇太极接受都察院诸臣"以圣躬为重"、"息虑养神"的奏议，下谕："今后诸务，可令和硕郑亲王、和硕睿亲王、和硕肃亲王、多罗武英郡王会议完结。"[2]然据《清太宗实录稿本》卷三十八记载，两日以后，即十月二十九日，刑部共审理十二案，皇太极亲自断结了九案，且也不尽是大案要案。

关外肇基时期的诉讼提起采取四种形式：自诉、举首、参劾、自首。初尚无诉状要求，至崇德元年(1636 年)始有规定："满洲、蒙古、汉人凡有奏上及告状等项，代书者务要照本人情辞书写，后写代书的名字。如有代书笔贴式分别假捏情辞，不写自己姓名，问以应得之罪。无代书的名字，不准。"[3]

在司法审判中，除言词审理外，也重视查验证据。天聪五年(1631 年)建立刑部时，皇太极特颁谕令："听讼务持其平，谳狱贵得其实。尔司刑诸臣，审理民事，于两造未陈，当即拘见证，同众面鞫，庶有实据。若不速问见证，两造知觉，潜相嘱托，支饰避罪，则审断安得公平？自今以后，不先取见证口供，致事有冤抑者，即按事之大小，坐以罪。"[4]证据含人证和物证。作为人证，不仅家主具有作证资格，奴婢也可以充当证人。证人如不以实对，则坐之以罪。在物证中如属贪赃，则以赃物为证；如属欺诳，则以书证为凭。在审讯中，如两造各执一词，又无其他证据，或免议，或令誓于神。但立誓必于公所，或得到皇帝特许，私下立誓，为法所禁。

需要特别指出的是，对于外藩蒙古地区的司法活动，努尔哈赤和皇太极也作出了专门规定。外藩各旗，由王、扎萨克、贝勒、贝子、公等分别执掌属下的司法权。为维护其权威，限制上诉。重大案件，如外藩蒙古王、贝勒征调兵马不及定额；违反军律约束；越所限之地驻牧等，由后金蒙古衙门(理藩院)大臣与外藩蒙古王、贝勒会审。外藩蒙古各部之间的案件亦须会

---

① 《清太宗实录》卷九。

② 《清太宗实录》卷六十三。

③ 《清太宗实录稿本》，第 12 页。

④ 《清太宗实录》卷九。

审。判决的执行以罚牲畜为主。

综括上述，关外肇基时期的法制历史，是清朝开国史的重要组成部分，是满洲族奋发进取，建立统一法制前的光辉一页。它反映了在汉族法文化的主导下，各族间法文化的融合，带有鲜明的时代特点，给我们留下许多值得思索的课题和经验。

首先，从关外肇基时期的法制历史中，还可以看出，满洲族的勃兴不是偶然的，是与其领袖的卓越领导才能分不开的。两代君主，尤其是皇太极所起的历史作用是不可低估的。

其次，从中也可以看到有清一代的政治法律制度之间的衔接承续关系。如割断关外的历史，便无以了解入关以后的国家与法律制度的建制由来。

最后，在法制肇基的过程中，汉族官僚设定的“参汉酌金”的路径，不仅是关外时期取得重要成就的渊薮，而且也为入关以后全面的法制建设提供了重要的战略思维。

总之，关外肇基时期的法制历史，是值得从多角度去进行研究的。

明清律中“讲读律令”法的启示

讲明律令之法，见于《大明律》及《大清律例》，是中国本土化的产物，不见于外国的古代法制史中。《大明律》“吏律公式”中首列“讲读律令”法：“凡国家律令，参酌事情轻重，定立罪名，颁行天下，永为遵守。百司官吏务要熟读，讲明律意，剖决事务。每遇年终，在内从察院，在外从分巡御史、提刑按察司官，按治去处考校。若有不能讲解，不晓律意者，初犯罚俸钱一月，再犯笞四十附过，三犯于本衙门递降叙用。其百工技艺，诸色人等，有能熟读讲解，通晓律意者，若犯过失及因人连累致罪，不问轻重，并免一次。其事干谋反、谋逆者，不用此律。若官吏人等，挟诈欺公、妄生异议，擅为更改，变乱成法者，斩。”据沈家本考证：“此条唐律无文，盖自元废律博士之官，而讲读律令者，世道无其人，明虽设有此律，亦具文耳。”[①]但清人吴坛在《大清律例通考》中对此律条有如下考证：前明成化四年旧例内开：“各处有司，每遇朔望诣学行香之时，令师生讲说，俾官吏及合属人等通晓法律伦理，违者治罪。”说明“讲读律令”条在现实中仍有一定的影响，并非完全具文。明河南道监察御史吴遵以其切身经验表述了“讲读律令”的重要意义，他说：“大明律令，处事之尺度权衡，动不可违。入官之初，先将大明律熟读，次将律条疏议行移体式等书研心讲贯，更求诸衙门堂稿供招相兼考究，即选善行移者略资启发。其申呈上司供招，俱要情与律合，供与招合。法家所云移情就律不可不察也。假如威力制缚与威逼人死相去不远，而律之轻重顿疏者，情之异也。老吏舞文或贿通，则暗藏话语；或所恶，则巧捏重

① 沈家本：《历代刑法考》“明律目笺”二。

罪，以致情律不同，上司翻驳。切宜慎之。”①

清朝建立以后，仿大明律制定《大清律集解附例》，仍将讲明律令列于“吏律公式”之中。“雍正三年议准，嗣后年底，刑部堂官传集满汉司员，将律例内酌量摘出一条，令将此条律文背写完全，考试分别上、中、下三等，开列名次奏闻。”时任封疆大吏河东总督的田文镜和浙江总督李卫遵照雍正帝旨意撰写的《钦颁州县事宜》中列有“讲读律令”一项，其中首先阐明《大清律例》在国家立法中的地位，“律例一书乃本朝之定典，万世之成宪也。蒙我皇上圣明鉴定，归于允协，特赐颁发，以昭遵守，仰见治益求治之圣怀，刑期无刑之至意”。接着强调指出初任州县官熟读讲明律意的必要性，“盖州县亲民之官，百姓诉讼，既听其剖断以辨是非，上司批发，更藉其审定以成谳狱。若胸中茫然，并不谙晓律意，则事由之轻重，案情之出入，不能识其端委。而奸胥猾吏，得以高下其手。曲直莫分，颠倒任意，民间将有覆盆矣”。因此“尤其须臾不可释手”。再次，指出虽有幕友仍需熟读律例，以免为其操纵。“如曰署中延有幕宾，是固熟谙律例者，何必官又读之讲之也。不知幕中之友，佐理簿书以分其劳，而刑名钱谷，我为官守，若不能明白于胸，了然于口，洞悉于首尾，斟酌于情理，而梦梦焉徒听于入幕之宾，此即谓尸位而素餐也，又何以堪。况当听断之际，哓哓讦讼。摘奸发隐，止须片言，即足以折其心，而俯其首。所谓老吏断狱者，盖其得于讲读也深矣。故初任牧令，其于办事之暇，即应将《大清律例》，逐篇熟读，逐段细讲，务必晓畅精意，而于轻重疏密之间，以会其仁至义重之理，然后胸有定见，遇事可决，而民无冤狱。”最后，劝诫年少州县官既已出仕自当以律例为重，捐弃其他风雅之事，“每见少年州县，喜恃聪明，或于无事时，学书学画，讲弈讲诗，津津然自诩为能。而问之以律例，则呐呐不能出诸口。夫书画诗弈等类，家居文人之余事也；律例者，出仕治人之大纲也。既已出仕治人，而乃效彼家居者，挥毫拈韵，子声铮铮然，以侈得意，是何异于舍己芸人者之可笑也。夫居官之贤否，视乎吏治。若经济无闻，纵其笔墨入妙，而已无当于国计民生之要，况必至于废时，必至于误公。是以有用之精神，施于无用之游衍，方且足以引累而招尤，岂不甚可惜哉。若以此副心思，而于退食之下，究心律例，所谓学问中实际也。故圣人有云：君子思不出其位。又云：君子素其

① 吴遵：《初仕录》，见官箴书集成编纂委员会编《官箴书集成》（第二册），黄山书社1997年版，第41页。

位而行。初仕者之讲读律例，正所以靖共尔位也，可不勉欤。”①

以上可见《钦颁州县事宜》渊源于“讲读律令”条，是为贯彻其法律规定而制定的。它以“钦颁”的形式发布，这说明不仅适用于河南、浙江两省，而是适用于直省各州县。

乾隆五年《大清律例》成，“吏律·公式·讲读律令”条规定如下：“凡国家律令，参酌事情轻重，定立罪名，颁行天下，永为遵守。百司官吏务要熟读，讲明律意，剖决事务。每遇年终在内、在外，各从上司官考校。若有不能讲解、不晓律意者，官罚俸一月，吏笞四十。其百工技艺诸色人等，有能熟读讲解，通晓律意者，若犯过失及因人连累致罪，不问轻重并免一次。其事干谋反、叛逆不用此律。若官吏人等挟诈欺公，妄生异议，擅为更改，变乱成法（即律令）者，斩（监候）。”

明清律“讲读律令”条，一是针对内外百司官吏，一是针对百工技艺诸色人等。本文主要论述前者。“讲读律令”条中所谓“国家律令”是就“颁行天下，永为遵守”的《大明律》和《大清律例》而言。这两部法典虽以刑法为核心内容，但也是按诸法合体编成的国家大法，其涵盖十分宽广，涉及行政、民事、财经、刑法、诉讼、断狱、监狱以及家庭社会等诸多方面，故而要求百司官吏，“务要熟读，讲明律意，剖决事务”。

“讲读律令”条所规定的考校时间，明、清律都定在每年年终，但负责考校的机关与对不合格者的惩治，明、清律稍有不同。按明律：京内官由察院考校，京外官由分巡御史、提刑按察司官考校。对于“不能讲解，不晓律意者，初犯罚俸钱一月，再犯笞四十附过，三犯于本衙门递降叙用”。按《大清律例》：无论京内京外官均由“上司官考校”。对于“不能讲解、不晓律意”的官吏的制裁是“官罚俸一月，吏笞四十”。

清代律学家吴坛在《大清律例通考》一书中，对明、清律中“讲读律令”条的沿革关系考证如下：“此条系原律改定。其原律‘每遇年终’下，原系‘在内从察院，在外从分巡御史、提刑按察司官按治去处考校。若有不能讲解、不晓律意者，初犯，罚俸钱一月，再犯，笞四十，附过；三犯，于本衙门内递级叙用’五十九字。雍正三年馆修，以官吏俱应讲读律令，但今无在内从察院，在外从按察司年终考校，及不晓律意、三犯递降叙用之例，应将‘每遇

① 《钦颁州县事宜》见官箴书集成编纂委员会编：《官箴书集成》（第三册），黄山书社1997年版，第680～681页。

年终'以下句改为'在内在外，各从上司官考校。若有不能讲解、不晓律意者，官罚俸一月，吏笞四十'，改如前律。"

明清律中专列"讲读律令"条不是偶然的。明清时期的科举制度已不再设明法科、刑法科，而以制艺即八股文为官吏入仕的敲门砖。因此，明清两朝入仕之官对于法律完全处于愚氓无知的状态。临民之后又面对大量的司法案件，而且《大清律例》明文规定："凡(官司)断罪，皆须具引律例，违者(如不具引)笞三十。"为避免州县官断狱时瞠目不知所措，和避免受制于刑名幕吏的操控，故而专列此条。可见"讲读律令"条的针对性是非常突出的，是对于八股取士的选官制度的补偏救过之举。

乾隆初，吏部以内外官员各有本任承办事例，"律例条款繁多，难概责以通晓，奏请删除官员考校律例一条"，乾隆帝"不允"，谕曰："诚以律例关系重要，非尽人所能通晓，讲读之功不可废也。"①

为适应官员讲读律令的需要，涌现出一批类似参考书之类的律学著作，如《大清律例提纲》、《读律心得》、《大清律例便览》等简明读本，而图表歌诀类的律学著作也应运而生。

在清朝律学家的队伍中，由州县官至封疆大吏是为重要的组成部分。如康熙时州县官于琨撰《祥刑要览》、知县黄六鸿撰《福惠全书》。雍正时知县蓝鼎元撰《鹿州公案》、河南总督田文镜撰《州县事宜》。乾隆时江苏巡抚徐士林撰《守皖谳词》、《巡漳谳词》，江苏巡抚吴坛撰《大清律例通考》。嘉庆时广东提刑按察使陈若林撰《大清律例重订统纂集成》，湖南布政司理问、瞿中溶撰《洗冤录辩证》。道光时四川保宁府知府刘衡撰《读律心得》、州县官穆瀚撰《明刑管见录》。同治时湖广总督李翰章撰《大清律例汇集便览》。光绪时湖北州县官江峰撰《大清律例略记》等。他们从司法实践中体验到讲读律令的应用价值，因而提高了司法的水准。这说明了"讲读律令"条在实践中取得的效果。2001 年 11 月齐鲁出版社出版的《徐公谳词》就是一例。

徐公即徐士林，山东文登人，康熙五十二年进士。曾任内阁中书、刑部主事、礼部主事、礼部员外郎，后外任江南安庆知府、江苏按察使、河南布政使、寻迁汀漳道、卒于江苏巡抚任上。《徐公谳词》由《守皖谳词》与《巡漳谳词》合编而成，是徐士林任安庆知府与汀漳道道员任上审理 102 件案件的

① 沈家本：《历代刑法考》"大清律例讲义序"。

判词手稿。

徐士林以善于断狱而著称。多年断案的实践经验，以及他对大清律例的研习体悟，使他深感“律例犹医书《本草》也，其情事万端，如病者之经络虚实也。不善用药者杀人，不善用律者如之。”正因为如此，史书说他“治狱不以刑讯，而以理折；不以迹拘，而以情求”。因而，他能够“握一狱之关键，晰众口之异同，而折以是非之至当。揆之天理而安，推之人情而准，比之国家律法而无毫厘之出笔入”。他反对深文周纳，期在必得以至刑讯逼供，也不许“姑息养奸”，无原则的宽容。“每谳狱定，必先摘大略牌示，始发缮文册，吏不得因缘为奸。”因此，经他审定的案子，从无翻案者。每当士林奉委派会审部驳大案时，他也尽力做到了“听断精敏……析疑疏滞，如见如绘；批隙导窾，无不迎刃而解”。徐士林不仅以不善用律者杀人自警，也据以勉励属下，“每守令来谒，辄具狱命判试其才”。①

乾隆时贵阳兵备道张经田在《励治撮要》一书中阐明了读律的重要性：“士人学古入官，读书尤贵读律。律之为书，仁至义尽，词简意赅，一句一字具有精蕴存焉。而律为一定不易之成规，例则为因时制宜之良法。凡律有未备，藉例以权其大小轻重之衡。纤悉比附，胥归至当，非就其同异之处，宽严之别，参互而考订之。遇有一案到手，且茫然无所适从，善办案者以案就例，兼之以例就案，两相就以准乎，宽严之并济，合乎仁义之至尽。有一成而不可变者，是在平日明习例文，深知其意，庶于审案时中有把握，且亦知所趋避，而操纵自如矣。”②

乾隆时名幕、后任知县的汪辉祖，以其经验强调“律例不可不读”：“听讼不协情理，虽两造曲遵，毕竟是孽断，事茫无把握，以覆讯收场，安得不怠。原其故，只是不谙律例所致。官之读律，与幕不同。幕须全部熟贯，官则庶务纷乘势有不暇。凡律例之不关，听讼者原可任之幕友，若田宅、婚姻、钱债、贼盗、人命、斗殴、诉讼、诈伪、犯奸、杂犯、断狱诸条，非了然于心，则两造对簿猝难质诸幕友者，势必游移莫决，为讼师之所窥测。熟之可以因事傅例，讼端百变，不难立时折断，使讼师慑服。诳状自少，即获讼简刑清之益。每遇公余，留心一二条，不过数月可得其要。惮而不为，是谓安于

① 以上均见《清史稿》列传，卷三百八。

② 官箴书集成编纂委员会编：《官箴书集成》（第六册），黄山书社 1997 年版，第 50 页。

自怠，甘于作孽矣。”①

嘉道时曾任州县官的刘衡提出读律在熟读诉讼、断狱两门：“或问律例浩繁，其要旨安在？有尤要而宜先读者乎？曰：有。伏查现行律例，系道光五年钦定刊颁，计四百三十有六门，凡一千七百六十有六条。言言酌情理之平，字字协中和之轨。而其要旨，敢以一言蔽之，曰：保全良民，禁制棍蠹诬扰而已。至诉讼门之十二条，断狱门之二十九条，则其尤要而宜先读者也……律例既熟，胆力以壮，乃能于收呈时，依据刑律诉讼门之十二条，分别准驳。于听断时，则体会设身处地四字，恪遵断狱门之二十九条，分判曲直，乃稍稍能禁制棍蠹之害民者。”②

总括上述，明清律中专设“讲读律令”条，是针对以八股文入仕之官不明于律令之学，以至临民之后每遇民词往往不辨是非，受制于幕吏的现实而制定的，是补偏救弊的一大措施，反映了统治者对于司法的重视。从现存的清代判词与档案资料中，可以看出对于案件的判决是依法和合法的，而且其中虽不乏出自幕友之手，但有些确为州县府道长官所亲自拟定的。现存的明清官箴书中也多有关于读律的阐述，显然是对明清律中“讲读律令”条的回应。

由于《大明律》与《大清律例》是中国封建社会后期最完备的两部法典、涵盖面极为宽广，从总体上体现了国家意志。因此要求内外百官都要熟读、讲明律意、剖决是非。尽管明清两代部院司各有专门律例，尤其清朝则例纷繁，对各部院司权责奖惩规定得十分具体，但仍要求百官在了解本部院则例的同时，仍须熟读《大清律例》，而且不限于临民司法之官。在“讲读律令”条中首列官、次列民。官之责在于执法，民之责在于守法。守法者利害仅限于自身，执法者是否援法，其影响及于社会的振荡、国家的安危。因此“讲读律令”首列官次列民。这表现了明清统治者对于明主治吏而后治民的传统认识。凡是不明律意、考校不及格的官与吏分别予以惩戒，这表现了“讲读律令”条带有一定的强制性。其实施情况虽缺乏确证，但从《钦颁州县事宜》的公布，与乾隆帝不准吏部关于废除讲读律令条的提议，说明此条在一定时期一定范围内是得到执行的。现存的地方官亲自撰写的判

① 汪辉祖：《学治说赘》，见官箴书集成编纂委员会编：《官箴书集成》（第五册），黄山书社 1997 年版，第 311 页。

② 刘衡：《蜀僚问答》，见官箴书集成编纂委员会编：《官箴书集成》（第六册），黄山书社 1997 年版，第 149 页。

词以及官箴书中读律明法的种种议论，以及律学简易读本的广泛印行，都从不同侧面印证了“讲读律令”条的效力和它的引导功能。

明清两朝“讲读律令”条的制定，反映了统治者对于选官治吏中所存在的弊病，以及如何救弊补过是了然于胸的，是从实际出发、经验总结的产物。它是中国古代本土法文化的特有成果，不见于外国的法制史料，带有特定时代的鲜明烙印。

明清两朝的律令早已成为法文化史上的陈迹，但仅就“讲读律令”的规定而言，仍有一定的启示意义，譬如：为官者不可不知法，故普法对象首在于官；官员习法不限于本部门的法规，而当熟悉国家的根本大法；而且不在于一时的轰轰烈烈，而在于年年考校奖优汰劣，形成一定的制度和法律。抚今追昔，只有执法者法律素质的提高，才有助于援法断罪，改善司法状况；只有官员群体法律意识的增强，才能促进法律秩序的稳定，有助于依法治国方略的实施。

清朝民族立法经验管窥

清朝是中国末代的封建王朝，其法制传承了汉唐宋明的传统，具有较大的发展，尤其是民族立法取得了显著的成就，堪称中国古代民族立法之大成。清朝的民族立法，从关外时期宣布盛京定制起，直至晚清修订《理藩部则例》等具有一贯性，无论立法原则、立法程序、立法经验都带有时代的特色，而且颇有借鉴意义。

一、宣布盛京定制为清统治者提供了重视民族立法的先验

后金天命时期虽云“法制”以立，[①]但仍十分粗疏，“所著为令，鞭扑斩决而已”。[②] 然建设后金政权的实践，使努尔哈赤逐渐形成了治国必须重视法律的意识。他曾告诫诸子侄和八旗将领：“要怀公正之心，教导国人牢记法令。”[③]“为国之道以何为贵？在于谋事公信，法度严明也。其弃良谋、慢法度之人，无益于此道，乃国家之鬼祟也。”[④]天命七年(1622 年)二月，努尔哈赤以颇为自得的口吻谕示来归之科尔沁蒙古乌鲁特部贝勒：“吾国之风俗，主忠信，持法度，贤能者举之不遗，横逆者惩之不贷，无盗贼诈伪，无凶顽暴乱，……尔蒙古人，持素珠念佛，而盗贼欺伪之行不息，是以上天不佑……若旧恶不悛，即国法治之。”[⑤]

① 《清太祖高皇帝实录》卷二，台湾华文书局出版，第 6 页。

② 《皇朝文献通考·刑考一》。

③ 《满文老档·太祖》卷十一，天命四年七月初八日。

④ 《满文老档·太祖》(第三册)，癸丑年十二月。

⑤ 《清太祖武皇帝实录》卷四。

天聪朝建立以后，随着后金对明王朝与察哈尔战争的胜利，皇太极已被归附的蒙古各部落拥戴为盟主，针对“蒙古诸部落，向因法制未备，陋习不除”①，时叛时服的状况，为了使之接受后金法制的规范与军律的约束，共同征战，进而巩固满蒙的政治军事联盟，皇太极自天聪三年（1629 年）至崇德三年（1638 年），先后以敕谕的形式向外藩蒙古诸部落颁示后金法律，令其遵守。史书称之为向外藩蒙古宣布盛京定制。

盛京定制内含的主要规范如下：

其一，确认外藩蒙古对后金政权的从属关系，“令悉遵我朝制度”。对来归的有功诸部落仿满洲制封给亲王、郡王、贝勒、贝子、公等爵号，同时规定外藩各旗每年元旦俱来朝贡，当至不至者治罪。

其二，以军律的形式，约会从征，整饬军旅，严惩叛逃。

其三，划定各部落驻牧界限，不得越界，以防止纷争。

其四，制定蒙古各部落惩治命、盗、奸情以及逃人之法。

其五，仿后金编丁之法，整顿户籍。

其六，严申后金的司法管辖权。一般命盗案件由扎萨克王、贝勒、贝子、公等审理；重大案件由理藩院派官审理，或由理藩院组织会审，最终由皇太极断结。

关外时期向外藩蒙古诸部落宣示盛京定制，使归附的蒙古部落接受后金法制的约束，这就巩固了其对于后金政权的从属关系，加强了与后金政权的政治、军事联盟，推进了对明战争的胜利。这项成功的历史经验，对于有清一代的统治者，产生了深远的影响，体现在清朝统一政权建立以后重视民族立法之中。

二、清朝民族立法的基本原则

清朝建立后，为了巩固统一的多民族国家，统治者关于民族立法的视野已由蒙古扩展至全国主要少数民族地区。

清朝除制定了主要适用于外藩蒙古的《理藩院则例》外，还针对回疆、青海、苗疆、西藏等民族聚居地区进行立法，形式多样、内容丰富，反映了清朝统治者为巩固统一多民族国家的远见卓识。

---

① 《清太宗实录》卷十七。

清朝统治者在总结后金宣布盛京定制的经验基础上，根据疆域辽阔、民族众多的国情，形成了因族因俗而治和因势制宜的民族立法原则。

（一）既因族因俗而治又加强统一中央集权的立法原则

中国的各少数民族居住的地域环境不同，经济政治与文化的发展水平具有显著的差异，而且其生成与发展的历史亦有长短之别，因而形成了不同的习俗。这些习俗曾经是调整族内成员生活与行为的规则，是维系该民族的生存与发展所必须遵守的共同意志的体现，它具有很强的权威性，违反者要受到惩治。国家立法如与该族的习俗相悖，势必招致抵制而难以推行，故而清朝采取因族因俗而治的立法原则，"修其教不易其俗，齐其政不易其宜，旷然更始而不惊，靡然向风而自化"。[①] 这既表现了对民族习俗的尊重，又可减少推行国家立法的阻力。

其在蒙古立法《理藩院则例》中的体现：

1. 行政体制上实行盟旗制度。盟旗制度是在原蒙古封建领主制经济结构和社会等级制度的基础上，按照满洲八旗制度的组织原则，并结合蒙古原有的鄂托克、爱玛克等社会组织建立起来的。旗作为基本的行政单位，具有一定的自治权，旗长官扎萨克一般兼有贵族身份。旗上为盟，盟为监督机构。各级蒙古王公贵族依据身份享有不等的特权。盟旗制度得到蒙古贵族的拥护，有助于巩固满蒙之间的政治联盟。

2. 保护蒙古地区奉行的宗教——喇嘛教。《理藩院则例》中专设《喇嘛事例》，乾隆帝曾指出："兴黄教即所以安众蒙古，所系非小，故不得不保护之。"

3. 蒙古地区除死刑外，以罚代刑。根据犯罪情节，罚以不等牲畜，如一九、二九、三九、五九之数。在司法中证据不足者令入誓断决，"入誓后别经发觉，加等治罪"等等。

《理藩院则例》作为清朝最重要的一部民族立法，除主要针对蒙古族及藏族外，也涉及新疆维吾尔族、哈萨克族以及黑龙江打牲索伦族、鄂伦春族，四川土司、土舍、头人等。

其在回疆立法中的体现：

康熙朝建立以后，开始制定适用于哈密、吐鲁番一带维吾尔族的立法。

① ［清］祁韵士：《皇朝藩部要略》序，第 2 页。

“康熙三十七年，遣使赴哈密，编旗队，设管旗章京、参领、佐领、骁骑校各员。”①

乾隆二十四年(1759年)平定大小和卓叛乱，“各部归一”，回疆地区纳入清朝的直接统辖，“自应遵我朝之律”。② 但回疆地区民族、宗教、历史、文化同中原地区迥异，只可按因俗制宜原则进行立法调整。同年七月，参赞大臣舒赫德等奏称“阿克苏系回部大城，村庄甚多，旧系伯克密喇布等管理，今虽不必推以内地官制，而品级职掌宜为厘定，庶足以辨等威，而昭信守”。乾隆帝朱批：“所奏甚是。著照所请，以阿奇木伯克为三品，伊什罕伯克为四品，噶匝纳齐伯克为五品，将应升人员奏请补授。其小伯克密喇布为六、七品，俟缺出拣选补授。其余各城，俱一体办理……俟回部全定后举行。”③此谕正式认可新疆地区传统的伯克制度。

嘉庆十六年(1811年)四月，理藩院纂修《蒙古则例》时，发现涉及回疆的谕旨臣工条奏积案甚多，因此奏请编纂《回疆则例》，奉旨“依议”④。嘉庆十九年(1814年)完成。

《回疆则例》确认回疆地区仍实行固有的伯克制度，并详定职官设置、职掌、品秩、承袭、任用、休致等各种规定。清代前期，伊斯兰教法在南疆地区已广泛施行，清统一南疆后坚持政教分离原则，承认伊斯兰教法在一定范围内的适用，凡涉及婚姻、继承、家庭、债务等民事案件和轻微刑事案件，允许清真寺的阿訇审理，但不得染指于刑事案件的司法权和维持治安的警察权。

其在苗疆立法中的体现：

乾隆元年(1736年)七月上谕规定：“苗民风俗与内地百姓迥别。嗣后苗众一切自相争讼之事，俱照苗例(指苗族习惯法，作者注)完结，不必绳以官法。至有与兵民及熟苗关涉之案件，隶文官者，仍听文员办理，隶武官者，仍听武弁办理，必秉公酌理，毋得生事扰累。”⑤

乾隆二年(1737年)闰九月再谕古州等处苗人：“一切自相争讼之事，

---

① [清]祁韵士：《皇朝藩部要略》卷十五。

② 《西域地理图说法》卷二，官职制度。

③ 《清高宗实录》卷五九二，乾隆二十四年七月上。

④ 《钦定回疆则例：原奏》，理藩院嘉庆二十年二月二十七日奏。

⑤ 《清高宗实录》卷二十二，乾隆元年七月。

俱照苗例完结,不治以官法。”[①]

乾隆五年(1740 年)《大清律例》修订后,条例中规定“其一切苗人与苗人自相争讼之事,俱照苗例归结,不必绳以官法,以滋扰累”。[②]

乾隆七年(1742 年),《大清律例》废除此前禁止苗民出入带刀之例。《清高宗实录》对此记载如下:“查佩刀本苗人之夙好,而跳月亦自仍其土风,原无碍于政教。”[③]

以上所引民族立法具体反映了因族因俗制宜立法原则的适用。但在因族因俗制宜的前提下,既承认某些习惯法的效力,同时又坚持分析的态度,并不一概袭取。如在承认民族宗教信仰的同时,又防止宗教权的滥用。尤其强调加强国家的集中统一,立法权与重大案件的司法权均由中央政府掌握,使民族的特殊利益与国家的整体利益相一致,以巩固统一多民族的国家统治。

在根据民族习俗作为立法考量的同时,并不阻止由于民族地区经济、政治、文化的发展而出现的法制“内地化”的趋向。相反,清朝政府还及时立法予以引导,以促进民族地区法制的发展。如办理蒙古案例,蒙古例所未备者,准照大清律办理。蒙古处分例无专条,准咨取吏、兵、刑等部则例比照引用,“体察蒙古情形定拟,毋庸会办”。又如在刑罚制度上,除继续实行罚九习惯法外,同时适用《大清律例》中笞、杖、徒、流、死、充军、凌迟、罚俸等刑罚规定,“凡蒙古戏杀过失杀伤人,俱查照刑例分别定拟”。

道光二十年(1840 年)将《理藩院则例》中“蒙古等在内地犯事,照依刑例定拟”,改为“蒙古人在汉人辖区犯罪,照大清律办理”。这就扩大了对蒙古人犯罪适用《大清律例》的空间。但汉人在蒙古地区犯罪,仍适用蒙古条例办理。[④]

此外,《大清律例》规定:发生在苗疆的苗人的重大犯罪,或苗人与军民交涉案件俱以《大清律例》定拟,不得适用苗例。

如果说因族因俗制宜赋予民族聚居地区以一定的自治权,其目的在于减少推行中央法律法令的阻力,争取少数民族上层的支持,增强内附的向心力,形成稳定的中央与民族聚居区的相互关系。不仅如此,对于少数民

---

① 《高宗纯皇帝实录》(一)卷五十二,乾隆二年闰九月上丁卯。

② 《大清律例》卷三十七,条例“断狱下·断罪不当”。

③ 《清高祖实录》卷七七三。

④ 《钦定大清会典事例》卷九九四,《刑法·名例》。

族聚居区的法制秩序的建立与社会的发展都具有积极的意义。

但需要指出清朝统治者更关注的是专制主义的中央集权。有关年班、朝贡、约会等各项制度的建立,都是为了树立中央政府的权威,使少数民族上层牢固地树立起服膺中央的观念。清朝政府还通过控制民族聚居区的立法权、行政权、军事权、司法权和重大事项的决定权,以确保相互间法定的权利义务的贯彻实施。

(二)因势制宜,及时立法的原则

清朝统治期间,少数民族的上层出于维护传统的权力,在接受清政府统辖时,固然有心悦诚服者,但亦有消极抵制或公然抗拒甚至武装叛乱者,其间还杂有外部敌对势力对民族分裂分子的挑唆、煽惑。因此,建立稳定多民族国家的过程是充满斗争的过程,这迫使清朝统治者根据形势采取对策。统观清朝的民族立法可以发现,清朝统治者善于根据形势的变化采取有针对性的立法,及时解决矛盾,恢复秩序,实现安定。以西藏立法为例:

乾隆十五年(1750 年),西藏郡王珠尔墨特那木扎勒发动叛乱,清廷派兵平定后,乾隆帝鉴于“信息往来,惟藏王之言是听,而驻藏大臣毫无把握,如此即驻兵万人,何济于事?”命令策楞与岳钟琪“详议善后事宜”,务使“令自我出”,[①]“为一劳永逸之计”。[②] 遵旨,在拟定的《酌定西藏善后章程十三条》中废除郡王制,实行三俗一僧四噶伦制。地方的一般事务,由众噶伦秉公会商妥善办理,重要事务,“务须遵旨请示达赖喇嘛并驻藏大臣酌定办理”。[③] 噶伦的任免,由驻藏大臣会同达赖喇嘛奏请补放。

《酌定西藏善后章程十三条》是清朝整顿西藏事务的第一个法律文件。其因势制宜的针对性十分清楚,同时也体现了“多立头人,分杀其势”,“众建而分其势”[④]的政策。

乾隆五十三年(1788 年),廓尔喀在与西藏贸易中,受到西藏地方官员的种种盘剥,因而发兵犯藏,侵占聂拉木、济咙等地。清朝派兵收复失地后,乾隆帝下谕“此事虽易完结,而藏内诸事究无一定章程,倘日后复有匪徒侵扰,又需再为经理,藏众也不得长享安全。从前补放噶伦、代本、第巴

---

① 《清高宗实录》卷三七七,第 7 页。

② 牙含章:《达赖喇嘛传》,人民出版社 1984 年版。

③ 《清代藏事辑要》,第 179 页。

④ 同上书,第 167 页、第 169 页。

等缺，俱由达赖喇嘛专主，驻藏大臣竟不与闻。……以致噶伦、第巴等肆意妄行，酿成边衅。嗣后藏内遇有噶伦等缺出……由驻藏大臣拣选请补，较为妥协”。[①] 同年八月十七日，驻藏大臣鄂辉等遵旨制定《设站定界事宜十九条》：划分西藏行政辖区，扩大了驻藏大臣的职权，对地方官员的任免、考核扩展至头人及官弁；驻藏官兵和唐古特兵的驻扎与管辖，以及驻防守备、操练兵丁，由驻藏大臣统管。禁止地方官员擅征赋税，以免招致边衅，“倘有第巴、头人及官弁兵役，倚势勒买，若累外番，即禀驻藏大臣拿究”。[②]

乾隆五十六年（1791 年），廓尔喀因西藏地方政府不交付应赔偿白银，再次派兵入侵西藏。次年平定后乾隆帝谕示福康安等人“将来撤兵后，必当妥立章程，以斯永远遵循”[③]，“趁此将藏中积习翦除，一切事权归驻藏大臣管理，俾经久无弊，永靖边隅，方为妥善”。[④] 遵旨，议定《藏内善后章程二十九条》，根据形势需要规定，驻藏大臣对大小官员的统管权及任免权；最高军事指挥权与最高司法权；外事独断权。

鉴于原有活佛灵童转世种种弊端，乾隆帝亲定灵童转世的“金奔巴瓶”制度。此项改革受到达赖喇嘛的拥护：“今蒙大皇帝振兴黄教，惟恐吹忠等降神作法，指认未真，致有流弊。特颁金奔巴瓶，卫护佛门，实已无微不至，我实感戴难名。嗣后惟有钦遵圣训，指认呼毕勒罕时，虔诵经于大众前秉公拈定，庶使化身真确，宣扬正法，远近信心，阖藏僧俗顶戴天恩，无不感激。”[⑤]

乾隆帝也颇为自诩：“盖举大事者，必有其时与其会，而更在乎公与明，时会至而无公与明以断之，不能也；有公明之断而非其时与会，亦望洋而不能成。兹之降廓尔喀，定呼毕勒罕，适逢时会，不动声色以成之。去转生一族之私，合内外蒙古之愿，当耄近归政之年，复成此事，辑藏安边，定国家清平之基于永久，予幸在兹，予敬益在兹矣。”[⑥]

此外，还规定有针对性地统一货币制度、禁止滥行征税、蠲免差役乌拉。

---

① 《清高宗实录》卷一四二三，第 5 页。

② 《清高宗实录》卷一三三三，第 18 页。

③ 牙含章：《达赖喇嘛传》，人民出版社 1984 年版，第 61～62 页。

④ 《清高宗实录》卷一四一七，第 3 页。

⑤ 《卫藏通志》卷五。

⑥ 乾隆：《御制喇嘛说》，见《卫藏通志》卷首。

《藏内善后章程二十九条》是清政府中后期治理西藏地方政治的基本法规，颁行后，得到全面地执行，产生了积极的效果和深远的影响，一直到晚清才有所变化。正如清光绪五年(1879年)闰三月七日四川总督丁宝桢上书光绪皇帝《会筹藏中应办事宜折》中所言："伏思西藏地方，从前祖宗定制，自察木多、乍丫至前后藏以及江孜、定日各隘口，均设有游击都司兵丁，以资驾驭，而临之以驻藏大臣，居中统治，凡藏中事务，其小而易办者，则由各该番官办理，层次申送，取裁于该摄政。其大而难办者，则由摄政咨送驻藏大臣核办，即其番官之拣补升除，均须由驻藏大臣主持办理，体统极为尊严，事权不容紊越，所以控驭该藏者立法至为精详。是以二百年来番官颇受汉官约束，番人自不敢轻视，汉番一体办理，一切令行禁止，极为顺手。"[①]

再以晚清回疆立法为例。同治年间在沙俄和英帝国的支持下，阿古柏受喀什噶尔封建主之请，率兵侵入南疆地区，自立为汗，建立哲德沙尔汗国。至同治九年阿古柏又相继侵占吐鲁番和乌鲁木齐，把侵略势力扩展到北疆的一部分地区。清政府于光绪二年(1876年)派钦差大臣左宗棠率兵出征，迅速平息了阿古柏叛乱。

平定阿古柏叛乱后，清政府对原有回疆立法作出重大修改。光绪九年(1883年)废除伯克制度，建立行省，设立巡抚，废除参赞大臣、办事大臣、领队大臣等机构。将回疆各城区改为朝廷直接控制的厅、州、县，所谓"裁伯克之权，一统于州县"。[②]《大清律例》及其他相关法律在回疆统一适用。清政府明确规定："嗣后新疆命盗等案应照定例拟罪名，专折奏明请旨，俟奉准部覆，将应行立决人犯再行处决。应入情实、缓决各犯归入秋审办理，其遣、军、流各犯即于南北互相调发。"

上述改革沉重打击了封建领主势力，使新疆牢固地成为中国领土不可分割的一部分。

以上可见，清政府根据民族地区所发生的重大事件，及时地、有针对性地进行立法。既注意解决招致变乱的矛盾根源，又从总体上进行必要的改革，加强中央政府的控制权，同时也注意改善民生、疏缓民族关系。在因势调整立法方面，清政府十分重视效率，既有很强的针对性，又具有很高的时

① 吴丰培：《清代藏事奏牍》，中国藏学出版社1994年版，第495页。

② [清]袁大化：《新疆图志》卷八，东方学会1923年铅印本。

效性。这些立法多以“善后”为名，受到了各族的拥护，充分发挥了法律的功能，维护了国家的主权与统一、维护了民族团结和加强了中央的集中统一。

三、民族立法的特定程序

清朝统治者对于民族立法十分重视，在程序上多由主管民族事务的理藩院直接奏请，由皇帝亲自掌握。以《理藩院则例》纂修为例：

乾隆五十四年(1789年)至嘉庆年间，由于统一准噶尔部以及土尔扈特部回归，整个厄鲁特蒙古编旗建制，原有的蒙古律例已近半过时。因此，理藩院于嘉庆十六年(1811年)四月十八日奏称：“查臣院旧有满洲、蒙古、汉字则例一百九条，自乾隆五十四年校订后，迄今二十余载，所有钦奉谕旨及大臣等陆续条奏事件，俱未经纂入颁行……请将自乾隆五十四年以来，应行纂入案件增修纂入，永远遵行……理合恭折奏明请旨”[①]纂修。奉旨：“依议。”由此，正式开馆纂修《理藩院则例》。

嘉庆二十年(1815年)十月初七日，理藩院奏称：“将旧例二百九条逐一校阅。内有二十条系远年例案，近事不能援引，拟删。其余一百八十九条内，修改一百七十八条，修并二条外，并将阖院自顺治年以来，应遵照之稿案，译妥汉文，逐件复核，增纂五百二十六条。通共七百十三条。”并将翻译为满洲、蒙古文字。奉旨：“依议”。[②]

嘉庆二十二年(1817年)十月二十七日，理藩院奏请：“……翻写清书六十七卷，蒙古书六十七卷，刷印汉字样本六十七卷，共计二百零一卷，均已告成。”俟满文、蒙古文刊刻后，颁发蒙古、新疆等处。

道光朝，《理藩院则例》仍进行多次纂修。道光二年(1823年)十二月，理藩院奏请续纂《理藩院则例》。道光六年(1826年)十一月初四日理藩院谨奏：“于现行则例内前项不妥各处，共修改二十一条。仍照前次进呈式样，将原例先列于前，次列续加修改新例于后，以清眉目。并于原例下逐加

---

① 《原修则例原奏》，嘉庆十六年四月十八日。见《钦定理藩部则例》，天津古籍出版社出版1998年版。

② 《原修则例原奏》，嘉庆十六年四月十八日。见《钦定理藩部则例》，天津古籍出版社出版1998年版。

按语，以识删改缘由。其续加修改条例之首，并删改字句处所，均粘贴黄签，以便圣览。”①

道光七年(1827年)九月十一日，理藩院谨奏：“有关蒙古、回部王、公等升降、袭替、户婚、田土、仓粮、军政、议处、议叙、刑名、罪罚以及呼图克图喇嘛等事宜，分别纂辑修改，详酌确定，恭缮黄册，于道光五年六月进呈。并因定例各条均已明备……统计新旧共得例一千四百五十四条，共分六十五门。”②

道光十三年(1833年)三月初五日，理藩院谨奏“蒙古则例应行修辑”，“其蒙古则例中，如例文不备、例意两歧、例语含溷、例句虚冒等处，一体妥为修辑。其有案可辑者，钦遵原奉上谕及臣工条奏原案纂辑；其无案可遵应行增纂者，拟比照六部则例，仍体察蒙古情形量为变通，缕晰条分，详酌确定。”“奉旨，依议。”③

除理藩院奏请、奉旨立法外，皇帝还针对某些立法亲自拟定要点，指陈方略，供立法者遵照执行。例如在制定《藏内善后章程二十九条》之前，乾隆帝亲自开列六款立法要点，要求福康安等“将所指各款，熟筹妥办，务期经久无弊”。“六款”如下：

“一、……查藏内达赖喇嘛、班禅额尔德尼等呼毕勒罕圆寂后，令拉穆吹忠作法降神，俟神附伊体，指明呼毕勒罕所在。乃拉穆吹忠往往受嘱，任意妄指，以致达赖喇嘛、班禅额尔德尼等亲族姻娅递相传袭，总出一家，与蒙古世职无异……嗣后应令拉穆吹忠四人认真作法降神，指出实在根基呼毕勒罕若干，将生年月日各书签，贮金奔巴瓶内，令达赖喇嘛等会同驻藏大臣对众拈定，作为呼毕勒罕。不得仍前妄指，私相传袭。

二、……嗣后商卓特巴、噶布伦等缺，应听驻藏大臣秉公拣选，其收支一切，亦令驻藏大臣综核。凡换班官兵及驻藏大臣公用，俱不得于商上侵挪。其商上出息，除养赡喇嘛番众，或有羡余，即为添补唐古忒兵丁养赡之用。

三、派往驻藏办事之员多系中材谨饬。伊等前往居住，只图班满回京，于藏中诸事并不与闻，听达赖喇嘛等率意径行，是驻藏大臣竟成虚设。

① 《续修则例原奏》，逆光六年十一月初四日。

② 《续修则例原奏》，道光七年九月十一日。

③ 《续修则例原奏》，道光十三年三月初五日。

嗣后藏中诸事，责成驻藏大臣管理。遇有噶布伦、商卓特巴、第巴、戴绷等缺，秉公拣选奏补，不得仍前任听达赖喇嘛等专擅，致滋弊端。倘原设章京、笔帖式等员数不敷，酌量添设，以资差委。

四、查系藏内边地，一一设立鄂博，毋许越界。驻藏大臣按季轮往稽查，并将各该处驻兵勤加操练。

五、廓尔喀抢掠扎什伦布物件，倘送出时即稍有短绌，不必过于查究。仍将物件给还该喇嘛，不必入官。

六、布达拉，扎什伦布两处商上改隶驻藏大臣综理，只须代为稽核，不可过于严切。其达赖喇嘛、班禅额尔德尼自用及公用各项仍听其便，无庸管束太过，以示体恤。”①

据此，福康安等会同达赖、班禅方面人员，共同议定《藏内善后章程二十九条》，经乾隆帝批准，称为《钦定藏内善后章程二十九条》，又称《钦定西藏章程》或《钦定章程》。②

清朝统治期间，并没有专门的立法机关，一般立法，多由皇帝临时指派大臣组成立法机构，嗣后即行解散。但民族立法则由民族事务最高管理机关理藩院负责纂修，一者熟悉该法的纂修演变过程，了然应删应补之处；再者更能体现妥善管理民族事务的要求。而由皇帝直接掌握理藩院立法的进程，不仅增强了立法的严肃性和权威性，且能及时反映皇帝的意志与国家的政治倾向。除《理藩院则例》外，其他民族立法也多由皇帝指陈方略，亲自掌握，这充分显示了清朝最高统治者对于民族立法的重视。

总括前述，清朝的民族立法是其法律体系中的重要组成部分，在实践中有效地调整了民族关系，巩固了统一的多民族国家，丰富了中华法制文明的内涵。其立法经验，对于建设中国特色的社会主义法制，特别是民族立法，具有一定的借鉴意义。

① 《清史录藏族史料》之七，第3465～3466页。

② 《钦定章程》藏文原本地拉萨大昭寺和扎什伦布寺内，译文见牙含章：《达喇喇嘛传》，第62～71页。

清代律学兴起之由的探析

清代律学是中国古代传统律学发展的最后阶段，也是官私并举极一时之盛的发展阶段。它兴起于顺康朝，发展于雍乾嘉道朝，直至晚清引进西法大规模修律始为西方法学所取代。在专制主义高度发展的清朝，在文字狱思想高压的氛围中，清律学何以取得发展且绵延二百余载而不衰，其原因颇值得探索，或有某些值得借鉴之处。

一、传承明律学，奠下新发展的基石

中国古代注释律学之书始见于官修的《云梦秦简·法律答问》，"法律答问"对于术语概念的解释，疑点、难点的回答以及定罪量刑的论证，均已呈现规范化的趋势。说明在"法律答问"成书之前，注释法律之学当有一发展过程，但其详情迄今已不得而知。秦以后历代律学纵向传承、因革损益代有新篇。

至清代，律学之书官私并举，转趋繁盛，并延续二百余年。其兴起并非偶然。首先是在传承明律学基础上的新发展。如同恩格斯所说，在文化的发展史上，总是"由它的先驱者传给它，而它便由以出发的特定的思想资料作为前提"。[①]

明初，大明律制定以后，朱元璋惟"恐小民不能周知，命大理卿周桢等取所定之律令，自礼乐、钱粮、制度、选法外，凡民间所行之事类，取类成编，

① 《马克思恩格斯选集》第四卷，人民出版社1956年版，第485页。

训释其义”，[1]名为《律令直解》。《律令直解》是明初官方注律的成果，是为便于小民知法而作，对明代律学的发展极有影响。中叶以后，条例日繁，律例之间牴牾百出，为司法官统一适用法律造成困难。此时宦官专权，政治腐败，国势衰微，官府既无力也无意组织官方注律，而委之于私家。由于得到官府的认可和鼓励，遂使私家注律兴起，且多有成果。

私家注律既源于司法之所需，因此司法解释遂成为律学的主流。在私家注律中雷梦麟所著的《读律琐言》受到推崇。雷梦麟，江西进贤人，嘉靖进士，曾任无为知州、刑部主事、员外郎、山东按察使等职，曾参与刑部《问刑条例》的制定。

除雷梦麟的《读律琐言》外，著名的还有王肯堂的《律例笺释》、张楷的《律条疏议》、彭应弼的《刑书据会》、唐枢的《法缀》等，其中以王肯堂著的《律例笺释》最具代表性。

王肯堂，江苏金坛人。万历十七年(1589 年)进士，曾任南京行人司副、福建参政等职。王氏博览群书，通晓经学、律学、医学，在律学上尤以家学渊源著称。其父王樵著有《读律私笺》二十四卷。王肯堂所著《律例笺释》三十卷，以补《读律私笺》的不足。

王肯堂所著《律例笺释》对律文的解释被时人奉为解律的圭臬之作。他对以、准、皆、各、其、及、即、若八字的解释，起到了开清律学风气之先的作用。清初律学家多以读王氏之书作为律学的起步。清律学对明律学的继受，体现了法文化上的传承吸收与发展的规律性。

至康熙朝，王明德撰《读律佩觿》始逐渐摆脱明律学的影响。正如王明德所云：“兹刻所笺，止缘在公同志，偶为指难，共证互参、退而笔之，非若王君因时详考，备为足法也。是以凡于王君所已者，概不剿袭。”[2]

清律学之所以以明律学作为起步，又是和清初详绎明律，参以国制的立法特点分不开的。

顺治元年(1644 年)六月，顺天巡抚柳寅东上书陈言，“请速定律令，颁示中外”。睿亲王遂令在刑书未定之前，问刑衙门准依明律治罪。

八月，刑科给事中孙襄条陈刑法四事，其一曰定刑书。内云：“刑之有律犹物之有规矩准绳也。今法司所遵乃故明律令，就中科条繁简，情法轻

① 《明史·刑法志》。

② 王明德：《读律佩觿》“凡例”。

重，当稽往宪，合时宜，斟酌损益，刊定成书，布告中外，俾知画一遵守。庶奸慝不形，风俗移易。”[①]就此睿亲王谕令法司官会同廷臣详译明律，参酌时宜，集议允当，以便裁定成书，颁行天下。[②]

九月，刑部右侍郎提桥启言：“修明律令，需人甚急，请令内院酌议遴选各衙门官为总裁，为分校，刻期刊定，颁式天下。”疏上，睿亲王谕：“各衙门中有才识通明，熟谙律令者，著堂官开送内院，酌派具启。”[③]

十月，世祖入京，即皇帝位，刑部左侍郎党崇雅奏：“在外官吏，乘兹新制未定，不无凭臆舞文之弊，并乞暂用《明律》，候国制画一，永垂令甲。”得旨：“在外依照《明律》行，如有恣意轻重等弊，指参重处。”[④]

顺治二年（1645 年），开律例馆，特简王大臣为总裁，以各部院通习法律者，为提调、纂修等官。以刑部尚书吴达海主其事。[⑤]

顺治四年（1647 年）三月，颁行详绎明律，参以国制而成的《大清律集解附例》。律文四百五十九条，附例四百三十四条。原《大明律集解附例》中所增小注多保留，其中不乏明人王肯堂的注律观点。

顺治四年律定后，迄至康熙朝，期间十余年，社会情势变更甚大，新例亦不断增加。原仿明律而成之顺治律若干条文渐不应时，加之条例新旧杂成，法司无所适从。故康熙三年（1664 年）八月，刑部题请将现行条例，添入律内，通行直隶各省。并写清字本发江南、浙江、陕西、满洲将军。帝从之。[⑥]

康熙七年（1668 年）八月，帝命刑部酌定《现行则例》，详晰分款，陆续进览。[⑦] 谓将尚未入律之条例，汇集成册。

康熙十八年（1679 年）九月，谕刑部：“国家设立法制，原以禁暴止奸……乃近来犯法者多、而奸宄未见少止、人命关系重大……其定律之外所有条例，如罪不至死而新例议死，或情罪原轻而新例过严者，应去应存，著

---

① 《清世祖实录》卷七，第 74 页。

② 《清世祖实录》卷七，第 75 页。

③ 《清世祖实录》卷八，第 84 页。

④ 《清史稿·刑法志一》。

⑤ 张德泽：《清代国家机关考略》，学苑出版社 2001 年版，第 108 页。

⑥ 《清圣祖实录》卷十三，康熙三年八月。

⑦ 《清圣祖实录》卷二六，康熙七年八月。

九卿詹事科道会同详加酌定，确议具奏。”[①]刑部奉旨，“遂将刑部现行条例内罪不至死者新例议死，或情罪本轻而新例过严，或律虽有正条情罪可恶因时事斟酌所定之例，或应照律者将例删去照例遵行，逐件详核，分别应减应留，除不便改者不题外，其所更定条例，缮具成册，进呈御览。”康熙帝“依议”。[②] 遂刊刻《刑部现行则例》单行，未附于律文之内。《刑部现行则例》共计二百六十四条。此后则例之纂定，一秉于此。

《刑部现行则例》，是顺治四年律颁行后根据近三十年司法实际所制定的，所谓因时著定。其所举名目均为此前顺治律所无，为大清自创之例，是因时事之需所做之修改。刑部则例的制定显然摆脱了清初“详译明律，参以国制”的框架，以新的经验或增补或删改顺治四年律的内容，由此明律学逐渐失去了载体，而压缩了其影响的空间。与此相适应，康熙朝受到重视的律学家是清人沈之奇而不再是明人王肯堂，受到推重的律学著作是沈著的《大清律辑注》而不是王著的《律例笺释》。

沈之奇，浙江秀水人，曾于淮徐皖司、府、州、县衙门任刑幕三十余年。所著《大清律辑注》是他潜心名法，“屡佐烦剧之幕”的经验总结，又是精研明人注说与清初各家注释成果的心得体会。自序有云：“解律之书，如《管见》、《琐言》、《折狱指南》、《刑书据会》、《读法须知》、《辩疑疏义》、《法家裒集》、《律解》、《笺释》诸家，各有发明，尚未详尽，且多穿凿附会，奇采辑诸家者十之五，出于鄙见者半焉。其有诸家谬误之处，为世所遵信者，间为指出，请正法家。”[③]

《大清律辑注》涉及律文四百五十八条、条例四百八十条，可谓全面细致。刻印后即被奉为私家释律权威之作，被执法者广泛应用，对雍乾两朝立法亦有一定影响。

乾隆五年（1740 年）《大清律例》告成，律文作为成法不再修订。而以增例弥补律文的不足，有例则不用律，例有新者则不用旧者。由此大清律与例成为清律学家注释的主要对象，清律学真正走向独立发展的道路。

综括上述，前明律学不仅在内容上为清律学的发展奠下基石，就所采取的以裨益司法为目的，就律例释律例，就疑案释疑案，就刑罚释刑罚，不

① 《清圣祖实录》卷八四，康熙十八年九月。

② 参见《刑部现行则例》卷前奏议，载《中国珍稀法律典籍集成》，丙编第三册所载之《沈家本未刊稿》所附之《刑部现行则例》，科学出版社 1994 年版，第 488 页。

③ 《大清律辑注》“自序”。

涉及国家大政，不评论政治事件与人物的注律方法与风格，也对清律学家深有影响。实际上清律学也是在远离政论是非的前提下专研律例注释之学，因而能够在推行文字狱的政治与文化的高压下得以存在和发展。清代律学在传承明律学的基础上，注释的内容更加丰富，涉及历史考证、刑案汇编、司法勘验等诸多领域。创造了歌诀、图表等多种形式，而且形成了庞大的注律学家群体，造就了传统律学的辉煌成就。其所蕴藏的司法经验的升华与法理方面的探究，显示了它在法学上的价值。清律学的兴起与发展，反映了文化思想史上传承与创新的规律性。

二、重视司法，兼及律学

有清一代统治者，极为重视司法活动。历代皇帝均亲自掌握大案要案的判决权与死刑的决定权，这不仅是一贯的传统，而且建立了一系列制度保证。为督励司法官统一地准确地适用法律，朝廷也支持官私注律，由此促进了律学走向兴盛。

早在明万历十七年(1589 年)后金政权建立之始，努尔哈赤便命主管军政的扎尔固齐审决法律争端。万历四十三年(1615 年)，努尔哈赤遴选四十名审事官，“每五日集诸贝勒、大臣入衙门一次，协议诸事，公断是非，著为常例”。① 重大案件“……须送汗城理事大衙门……审断”，努尔哈赤握有最高司法权。据《满文老档》记载，天命时期的案件经由法司分别审拟奏闻后，由努尔哈赤亲自裁决，为终审判决，付诸执行。

皇太极即位以后，天聪五年(崇祯四年，1631 年)七月癸巳颁谕，确认牛录为基层司法机关。凡窃盗、斗殴等小事“俱令各该牛录额真，即行审结；事有大于此者，送部审理”。②

同年七月八日，建立刑部，以贝勒济尔哈朗管刑部事，下设满洲承政二员、蒙古承政一员，汉承政二员，另设参政八员，启心郎一员。③ 天聪六年(崇祯五年，1632 年)八月甲午，“谕八固山额真，于所属各旗，察问民间贫

---

① 《满文老档·太祖》(第四册)，乙卯年十一月。

② 《清太宗实录》卷九，第 16 页。

③ 《清太宗实录》卷九，第 11 页。

乏疾苦，并悉心审断罪犯”。[①]

刑部审理的案件一般需奏闻取旨，因此崇德元年（崇祯九年，1636年）五月十四日，汗谕“每月初五、十五、二十五等日，自和硕亲王、多罗郡王、多罗贝勒以下牛录章京以上，于日出前齐集崇政殿，所依编班次排列毕，圣汗出御宝座，听臣工奏报所办之事及所断之案”。[②]

据崇德三、四两年《盛京刑部原档》所载案例，凡比较重大的案件刑部审理后，均奏请皇太极裁决。

除刑部外，理藩院会审的案件，最后也需请旨裁断。不仅如此，皇太极还派遣各固山额真分赴地方审理冤狱。“崇德五年（崇祯十三年，1640年）闰正月癸未朔，谕各固山额真曰：今遣尔等往各处地方，稽察穷民，审理冤狱。尔等须各亲至分属屯堡，巡行料理，毋使民间冤抑，不得上闻。”[③]

崇德以后，皇太极已经建立起凌驾八旗诸王、贝勒之上的权威，因此，遇有大案，法司多揣摩上意，故为轻重。皇太极对此已有所感。崇德七年（1642年）七月，就诸王贝勒大臣压制阿桑喜首告一事谕刑部大臣：“朕因诸王贝勒等，以力战之阿桑喜，及冲敌步队之俄罗塞臣，反坐以罪，至败奔投壕之两白旗、正蓝旗护军参领宜成格，巴雅等反袒护之，深用痛恨。朕虽于此事格外宽免，诚恐凡事审理差谬。尔等须详加复审来奏。若以轻为重，以重为轻，滥及无辜，人民怨憾，无有过于此者。嗣后尔等宜秉公审理，勿妄揣合朕意，疑联先有成见也。”[④]

皇太极躬亲善断的作风，一直继续到晚年病重时期。崇德七年（1642年）十月，皇太极接受都察院诸臣“以圣躬为重”、“息虑养神”的奏议，下谕：“今后诸务，可令和硕郑亲王、和硕睿亲王、和硕肃亲王、多罗武英郡王会议完结。”[⑤]此日为十月二十七日。此后二日（二十九日），《清太宗实录稿本》卷三十八记载，刑部共审理十二案，只有两件未奏闻请旨，而经皇太极断结的九案也不尽是大案。说明皇太极逝世前仍尽可能地控制司法权。

努尔哈赤和皇太极认真对待和处理司法案件的言与行，反映了他们从建设政权的实践中，体会到司法是否公正关系到社会的稳定和政权的巩

① 《清太宗实录》卷十二，第22页。
② 《满文老档·太宗》，第十二册。
③ 《清太宗实录》卷五十，第23页。
④ 《清太宗实录》卷六十一，第33～34页。
⑤ 《清太宗实录》卷六十三，第21页。

固。努尔哈赤曾经指出明王朝之所以每况愈下，就在于“法令不公平，不严明”[1]所致。他还利用满洲族人的迷信心理，从天道观上加以论证，他说：“四季不相违，风雨日月运行，大道永存”，就是“公正信守（天的）法度”[2]的结果。后世史官称颂努尔哈赤确实做到了“有罪者，虽亲不贳，必置之法；有功者，虽仇不遗，必加之赏”。[3]

皇太极统治时期为了做到司法公正，他对刑部上奏的案件或者加以宽宥，或者指出畸轻畸重的错误，以及科刑的原则和误判的缘由，很少简单地“依议”断结。表明了他对司法所持的慎重态度。

努尔哈赤与皇太极重视与亲自掌握司法的传统，对入关以后的清朝皇帝是很有影响的。

清朝统一政权建立以后，由皇帝直接控制大案要案、复核死刑的传统继续保留，并创造了京控的诉讼程序与会审的审理制度。

京控是民间上控的法定渠道。凡内外官民遇有冤抑之事，原审衙门不理或审断不公时，可赴通政使司击鼓诉冤。先由通政使司讯供，如确属冤枉，奏报皇帝交刑部查办。《大清会典》记载：“有击鼓之人，由通政使司讯供，果有冤抑确据，奏闻请旨，交部昭雪。”[4]

为防止越诉，各省民人于京控之前，应在本籍地方及该上司先行具控并经审断结案。嘉庆五年（1800 年）定例：“军民人等遇有冤抑之事，应先赴州县衙门具控。如审断不公，再赴该管上司呈明，若再有屈抑，方准来京呈诉。如未经在本籍地方及该上司先行具控，或现在审办未经结案，遽行来京控告者，交刑部讯明，先治以越诉之罪。”[5]《大清律例》中还特别规定：“或有冤抑审断不公，须于状内将控过衙门审过情节开载明白，上司官方许受理”，“如审断不公再赴该管上司呈明，若再有屈抑方准来京呈诉。”[6]

京控案件由都察院、通政使司、步军统领衙门受理，有些案件由刑部、户部、兵部、理藩院、八旗都统衙门等分别受理。

京控案件如原审审理正确，定罪量刑恰当，则维持原审判决，驳回诉

---

① 《满文老档·太祖》卷十一，天命四年七月初八日。

② 同上，卷十六，天命五年七月十一日。

③ 《清太祖高皇帝实录》卷四，第 20 页。

④ 《钦定大清会典事例》卷六九。

⑤ 《钦定大清会典事例》卷八一五。

⑥ 《大清律例》卷三十，《刑律·诉讼·越诉》。

讼。原审审理不清，案情重大或案关伦纪，有待确情，则发回重审。原审审理错误，则直接依法改判，并追究原审官吏司法责任。原审审理结果正确，但审理过程中存在违法行为，也要追究相关官吏的司法责任。

除京控外，还有通过邀车驾等形式，直接向皇帝呼冤的叩阍之诉。叩阍案件除个别案情简单的由皇帝直接裁决外，多发交刑部等中央各部院衙门或各省督抚审办，或钦派大臣前往审办，完结之后，奏闻皇帝，听候裁决。

清朝还沿袭明朝的会审制度，形成了朝审、热审、秋审。而以秋审最为重要和最具代表性。

按照《大清律例》，斩、绞死罪的执行有立决与监候之别。监候之犯，留待秋后复审。经秋审的案件分为情实、缓决、可矜、留养承祀四类。

鉴于秋审时，“与议者即有不行到班，或到班后随例公坐，不发一言者”，雍正六年(1728年)规定：“秋审、朝审，民命攸关，九卿、詹事、科道有紧要公事不能到班者，即知会刑部不必列衔。请派满、汉御史各一员到班稽查。其无故不到者，指名题参。”[①]雍正七年(1729年)谕，九卿会审时，“傥九卿所议未当，或伊等别有所见。准其(列席的宗人府府丞，太常寺太仆寺光禄寺正卿少卿)密奏。”[②]

九卿审定后，由刑部缮进黄册和题本进呈，奏请皇帝裁决。死刑犯由皇帝勾决后执行。康熙帝曾谕“此等虽皆当死。然朕于伊等情罪当死之中曲求可生之路，不忍轻毙一人也”。[③] 康熙四十年(1701年)，在上谕中再次表达了他对秋审的重视和对刑部的批评，“朕详阅秋审重案，字句多误，廷臣竟未察出一二，刑部尤为不慎，其议罚之”。[④] 雍正三年(1725年)五月二十七日，雍正帝在上谕中自称：“临御以来，钦恤刑狱，每遇法司奏谳，必再三复核，惟恐稍有未协。”[⑤]雍正十一年(1733年)，再谕刑部：“此内有一线可生之机，尔等亦当陈奏。”[⑥]乾隆十四年(1749年)，谕中说：“朕每当勾决之年置招册于傍，反复省览，常至五六遍，必令毫无疑义，至临勾时，犹必与

① 《大清会典事例》卷八四六，《有司决囚等第三》。

② 《大清会典事例》卷九十五。

③ 《清实录 圣祖仁皇帝实录(二)》卷一百九十五。

④ 《清史稿·圣祖记二》。

⑤ 《大清律例通考》卷首，《世宗宪皇帝上谕》。

⑥ 《清史稿·刑法志》三。

大学士等斟酌再四，然后予勾，岂啻三复已哉。”[①]

除死刑外，秋审拟议的缓刑、可矜、留养承祀均需题奏皇帝裁决。《秋谳纪要》一书记载了从乾隆直到光绪朝皇帝对秋审的批示，有的多至千余言，非常具体。

以上可见清朝皇帝对于司法是何等重视。由于重视司法进而重视执法之官。雍正元年(1723年)七月，上谕中说："但天下事有治人无治法，得人办理则无不允协，不得其人，其间舞文弄法正自不少，虽条例划一，弊终难免。”[②]雍正三年(1725年)七月，雍正帝再次于谕中指出："凡立法行政，孰可历久无弊，从来有治人无治法。文武之政，布在方策，其人存则其政举，正谓有治人无治法。”[③]为了培养治人使之治法，并克服制艺入仕之官对于法律知识的不足，《大清律例》仿《大明律》专列“讲读律令”条："凡国家律令，参酌事情轻重定立罪名，颁行天下，永为遵守。百司官吏务要熟读，讲明律意，剖决事务。每遇年终在内、在外，各从上司官考校。若有不能讲解、不晓律意者，官罚俸一月，吏笞四十。……若官吏人等挟诈欺公，妄生异议，擅为更改，变乱成法者，斩(监候)。”[④]

《大清律例通考》对此律条考证如下：

前明成化四年旧例内开："各处有司，每遇朔望诣学行香之时，令师生讲说律例及御制书籍，俾官吏及合属人等通晓法律伦理，违者治罪。”“雍正三年议准，嗣后年底，刑部堂官传集满汉司员，将律例内酌量摘出一条，令将此条律文背写完全，考试分别上、中、下三等，开列名次奏闻。”[⑤]

雍正年间由封疆大吏河东总督田文镜和浙江总督李卫遵照皇帝旨意撰写的《钦颁州县事宜》中列有“讲读律条”一项，其文曰："弼教在于明刑，陈法因而布令。律例一书乃本朝之定典，万世之成宪也。蒙我皇上圣明鉴定，归于允协，特赐颁发，以昭遵守，仰见治益求治之圣怀，刑期无刑之至意。百司官吏士庶，均应熟读讲明。而在州县中之初任，尤其须臾不可释手者。盖州县亲民之官，百姓诉讼，既听其剖断以辨是非，上司批发，更藉

---

① 《钦定台规》卷一四，《六科分掌》。

② 《清实录》，雍正元年七月己未。

③ 《清实录》，雍正元年三月丁未。

④ 《大清律例》卷七，《吏律》。

⑤ 马建石、杨育棠：《大清律例通考校注》，中国政法大学出版社1992年版，第373、374页。

其审定以成谳狱。若胸中茫然，并不谙晓律意，则事由之轻重，案情之出入，不能识其端委。而奸胥猾吏，得以高下其手。曲直莫分，颠倒任意，民间将有覆盆矣。如曰署中延有幕宾，是固熟谙律例者，何必官又读之讲之也。不知幕中之友，佐理簿书以分其劳，而刑名钱谷，我为官守，若不能明白于胸，了然于口，洞悉于首尾，斟酌于情理，而梦梦焉徒听于入幕之宾，此即谓尸位而素餐也，又何以堪。况当听断之际，哓哓讦讼。摘奸发隐，止须片言，即足以折其心，而俯其首。所谓老吏断狱者，盖其得于讲读也深矣。故初任牧令，其于办事之暇，即应将《大清律例》，逐篇熟读，逐段细讲，务必晓畅精意，而于轻重疏密之间，以会其仁至义重之理，然后胸有定见，遇事可决，而民无冤狱。上佐祝网之仁，下有明允之誉，不亦美乎？但人之心思才智，多不善用，每见少年州县，喜恃聪明，或于无事时，学书学画，讲弈讲诗，津津然自诩为能。而问之以律例，则呐呐不能出诸口。夫书画诗弈等类，家居文人之余事也；律例者，出仕治人之大纲也。既已出仕治人，而乃效彼家居者，挥毫拈韵，子声铮铮然，以侈得意，是何异于舍已芸人者之可笑也。夫居官之贤否，视乎吏治。若经济无闻，纵其笔墨入妙，而已无当于国计民生之要，况必至于废时，必至于误公。是以有用之精神，施于无用之游衍，方且足以引累而招尤，岂不甚可惜哉。若以此副心思，而于退食之下，究心律例，所谓学问中实际也。故圣人有云：君子思不出其位。又云：君子素其位而行。初仕者之讲读律例，正所以靖共尔位也，可不勉欤。”①

“乾隆初吏部以内外官员各有本任承办事例，律例款项繁多，难概责以通晓为由，奏请删除官员考校律例一条，上不允，诚以律例关系重要，非尽人所能通晓，讲读之功不可废也。”②

清朝讲读律令的规定，在康雍乾嘉时期确认真执行，由此而推动解释律例条文的律学著作大量涌现。如《大清律例提纲》、《读律心得》、《大清律例便览》等简明读本，图表、歌诀类的律学著作也应运而生。此类著作无异于是官吏应对讲读律令的参考书。道光中叶以后，国情陡变，统治者穷于应付内忧外患，已无力顾及讲读律令之法的贯彻。但是，为适应讲读律令的需要，特别是为在司法中准确适用《大清律例》而兴起的注释律学，已然成为一种专门的学问，继续沿着自己的发展轨道前进。

---

① 官箴书集成编纂委员会编：《官箴书集成》（第三册），黄山书社 1997 年版，第 680～681 页。

② 沈家本：《历代刑法考》卷四，《大清律例讲义序》。

三、执法者注律蔚成风气

清代律学家在长期的发展中形成为规模可观的群体。此群体由官员律学家与私人律学家构成。

（一）官员律学家

官员律学家分为两类：一为殿阁大学士及各部堂官及刑部各司官员；一为地方州县官以至督抚。

第一类官员或参与立法，或批答直省上报的案件。故其律学著作意在剖解律意，阐述立法的根据，指出某些律例适用时应注意之处。如：顺治时，左副都御史李柟撰《大清律集解附例笺释》。康熙时，刑部尚书对哈纳校解《大清律例朱注广汇全书》、吏部尚书朱轼撰《大清律例总类》、《大清律集解附例》。雍正时，兵部尚书鄂尔泰编撰《钦定京卫道里表》、户部尚书蒋廷锡撰《祥刑典》。乾隆时，户部尚书徐本编撰《三流道里表》、刑部右侍郎阮葵生撰《秋谳志略》。嘉庆时，兵部尚书明亮编撰《钦定五军道里表》。道光时，兵部尚书伊里布撰《学案初模》、刑部尚书桑春荣撰《秋审实缓比较汇案》。光绪时，刑部尚书薛允升撰《读例存疑》、《唐明律合编》等。

至于刑部，为"直省刑名总汇"，所属十七省清吏司官员，对于各省题结案件或秋审核拟案件定罪量刑不当，可以奏准皇帝驳回，是为题驳。《大清会典》有云："外省督抚具题案件，内有情罪不协，《律例》不符之处，部驳再审。该督抚及司道等官虚心按《律例》改正具题，将从前错之处免其议处。"[①]由于部驳案件涉及律意的理解、刑罚掌握的尺度以及适用律例是否得当。因此其所著律学之书，或从宏观视野进行剖析，或针对具体案例辨析疑难两可之处，指出应行驳正之点。故此类著作，具有较强的指导意义。如康熙时，刑部郎中王明德撰《读律佩觿》。乾隆时，刑部郎中曾恒德撰《律表》、刑部主事全士潮等撰《驳案新编》。嘉庆时，刑部郎中张沣中撰《大清律例根源》。咸丰时，刑部官蔡逢年、蔡嵩年撰《大清律例便览》。同治时，刑部司官宋邦僡撰《祥刑古鉴》。

第二类官员，因系地方临民之官或封疆大吏，故所撰多为读律与司法

① 光绪《大清会典》卷五四，刑部。

的经验心得，以及个人审结的案例汇编。由于州县官审理命案需亲自勘验，因此，不乏《洗冤录》之类的著作。如康熙时，州县官于琨撰《祥刑要览》、知县黄六鸿撰《福惠全书》。雍正时，知县蓝鼎元撰《鹿州公案》、河南总督田文镜撰《州县事宜》。乾隆时，江苏巡抚徐士林撰《守皖谳词》、《巡漳谳词》、江苏巡抚吴坛撰《大清律例通考》。嘉庆时，广东提刑按察使陈若林撰《大清律例重订统纂集成》、湖南布政司理问、瞿中溶撰《洗冤录辨正》。道光时，四川保宁府知府刘衡撰《读律心得》、州县官穆翰撰《明刑管见录》。同治时，湖广总督李瀚章撰《大清律例汇辑便览》。光绪时，湖北州县官江峰撰《大清律例略记》等。

清朝注释律学以服务于司法应用为出发点与着眼点。因此，此类著作数量最多，质量最高。其代表作之一为《读律佩觿》，此书为刑部陕西清吏司郎中王明德所撰。

卷一，载有《大清律例》中常见的“八字”（以、准、皆、各、其、及、即、若），亦称“律母释义”。王氏认为，“正律为体，八字为用”，不懂八字律母不足以言知法。以“以”字为例，大清律本注：“以者，与真犯同。谓如监守贸易官物，无异真盗，故以枉法论，以盗论，并除名刺字，罪至斩绞，并全科。”

王氏注曰：“以者，非真犯也。非真犯，而情与真犯同，一如真犯之罪罪之，故曰以。乃律中命意，备极斟酌，有由重而轻，先为宽假而用以者，如谋叛条内所附逃避山泽，不服追唤，此等之人，未叛于君，先叛于所本管之主矣。与叛何异？而律则以谋叛未行论。若拒敌官兵，实有类于反，而律则以谋叛已行论，按其迹，似用以之意极严。而详其实，则实仁爱之至也。有由轻而重，示人以不可犯。而用以者，如私借钱粮条内，凡监临、主守，将官钱粮等物，私自借用，或转借与人，虽立有文字，并计赃，以监守自盗论。夫立有文字借用，及转借与人，非盗也。乃私自为之，则渐不可长矣。盖监守之人，易于专擅，非重其法，无以示警，故罪非其罪，而以其罪罪之。若以过失杀诸条，则又充类致义之尽，以行其权之妙也。”

卷二、三，将清律中常用之“例、减、杂、但、并、依、从、罪同、同罪、并赃论罪、折半科罪、坐赃论、收赎、缘坐、革、不言刺免”等词语，从文字学、音韵学和法律适用的角度进行解释，称为“律眼释义”。王氏注曰：“不知母固不可以读律，而不知眼更不可以用律。”以“并”字为例，“并，即日月并行不悖之并，与同字、俱字相似而实非。盖同对异言，义取乎恰合，因其所犯各异也。特为合论而罪之，以同如同强盗论是也。俱对独言，义取乎概括。因其事理散殊也，故特概言而统之以俱。如俱勿追坐，俱勿论之类是也。然律中凡用同字与俱字处，大约皆包有尊卑、上下、巨细、远近在内，若用并字处，则系平平合看，有横理而无竖义。盖缘事理本同一致，情罪无分大小，流品更不甚相悬绝，而准理执法，则罪应齐等，情应一视者，因一以并字该之。”“如监守自盗等各条内各云，并于右臂膊上刺字之类。总之，与皆字、俱字命意相同，而用皆字、俱字各律中，实有大小轻重，严急宽缓，及广狭横竖之各别。故前贤于用并字处，则不得不为之斟酌，以异其文。”

“读律八法”、“八字广义”与“律眼释义”三篇，为《读律佩觿》一书中最为重要之篇章，诸多观点得到官方认可，并对清代立法与司法审判实践产生了较大影响。

卷四，分“金科玉律”与“五刑附闰”两部分，共三十二项解释。

卷五，“以准总类”，王氏注曰：“罪有真犯，律有明条。凡律所称依某项问及问某项者，皆真犯也。若冠之以‘以’‘准’字样于上，则皆非本罪之真，乃从其类而以之准之者耳。”并以对“以……论”、“准……论”等法律用语详加论注。

卷六，“罪止……”王氏于“罪止总目”注曰：“律有加减各例，备载正律各条，其类甚夥，每一查阅，辄为目眩神迷……减者，就本罪上减轻……称加者，就本罪上加重……即或误减而至失出焉，其法固犹可及追也。若加罪，乃加而入乎重……则本犯业已身受而弗可追；如止就一人一事妄施焉，似亦无甚大为差谬。但比类递加，其有重乎此者，又将何以为地耶？得毋上干天和而下重不平之鸣欤？是以律中，即于一笞之微亦必各著以罪止之例，以重示夫刑之不可不慎……则廷鞫之下，或为肤诉所乘，喜怒所驱，其不幸而至肉飞气尽，立毙杖下者，恐亦不鲜。因于律中，凡言罪止各条，备检汇集，以备观览，庶乎偶为经心，寓目于平昔，自不至愤怒酷罚于临顷。其于钦恤详刑之义，未必无小补，慎勿视为冗杂繁夥而忽之。然本卷所标虽以止云罪止，乃实所以著加律也，明乎其为罪止之加。……”

卷七，“不准折赎总目”王氏注曰：“夫必有不准折赎之严，而后民始不敢犯，亦必有不准折赎之法而后准令折赎之恩。”本卷汇集“不准折赎”字样律文二十条，进行说解。

卷八，洗冤录补、辨周身骨脉等十三项为上。辨受毒伤、辨火炙伤等十二项为下，分别注解。

王氏还在潜心研读律文的基础上，总结出“读律八法”，即“扼要、提纲、寻源、互参、知别、衡心、集义和无我”，成为司法者的“读律捷径”。《读律佩觿》一书名副其实地成为司法官断狱的“佩觿”。

王氏为刑部官，接触的是全国报送的大案要案，故其论著全面，涉猎广泛非专指一端。与之有所不同的州县官著律家所接触的仅是本州县所辖之案件，其面虽窄，但具体深入，对州县官司法亦有借鉴意义。刘衡撰的《读律心得》即为例证。

刘衡，嘉道时曾任广东、四川州县官，所撰的《读律心得》三卷，内含理讼撮要、通用拟断罪名、通用加减罪例、祥刑随笔等四目。刘氏结合司法实践经验，从《大清律例》中节选律文四十四条，例文四十九条，进行评注。如其自序所云：“皆所以示有司法所得为与所不得为”[①]而已。他反对滥引成案，严防棍蠹，注意体恤民情，减轻讼累，所谓“衡尝谓律意忠厚，本之为治，求达爱民之心，然爱民必先去其病民者，故恒寓宽于严。官民之阻隔，皆缘丁胥表里为奸”。[②]

《读律心得》对初任执法者颇有引领入门之功，故被一再刊印，转相传阅。

稍晚于刘衡的穆翰，系道光年间州县官，时人称为“治狱有声”。[③] 所著《明刑管见录》“述其在官经历所得”，于光绪六年首刻之后多次刊印，受到各级审判衙门的重视与推崇。全书共一卷二十九篇，依次为：审案总论、慎刑、讲求律例、相验、勘验受伤路尸、无干命案、共殴命案、自戕命案、邻封相验、开验、谋故斗戏误辨、办招、慎重钉封、告奸、本夫杀奸、奸杀本夫、子妇拒奸、审办窃案、查讯盗案、勘讯半路强劫、两界抢劫、缉凶捕盗、自理词讼、查办讼棍、勘办水冲地亩、奉委覆查、邻封委审、会审案件、面禀案件。

从上述篇目可知该书主要在于阐述诉讼程序、审案要领，以及司法检验等，借以提高官员处理司法实务能力与办案水平。如“讲求律例”中提出“每有新改之例，（官员）一经奉文，当即抄录，或令伺候签押，家人抄写粘于律例内本条之上，以使翻阅。可学而不用，不可不学”。

以上概述官员注律成果的大略，由于官员注律者的身份、地位、经历，使之有可能较全面掌握国家整体与地方某些地区法律适用的情况，明了立法的重心和法律适用的症结所在，故其律注多是经验的总结与升华。而执

① 《读律心得》序。

② 《清史稿》列传二百六十五，循吏三。

③ 《明刑管见录》之黄彭年序，光绪十三年（1887 年）陕西县署重刻本。

法之官又竞相注律，由此形成了蔚然壮观的经验主义的佳作。这不仅是清朝律学发展的原因之一，也是清律学价值之所在。此项经验颇具现实借鉴意义。

（二）私人律学家

私人律学家以刑名幕友为主体，间有少数科场失意文人侧身其间。刑名幕友由来已久，迄至雍正朝已形成队伍庞大、家世相袭、门生众多的特殊社会阶层，直至清亡才最终消失。幕友多为科举不第或仅取得生员之文人士子，各自以刑名律例、文书案牍、钱粮会计等专业知识，襄赞主官治理政务。所谓“佐官为治”，“掌守令司道督之事，以代十七省出治者，幕友也”。[①]

刑名幕友在司法审判中的主要职责为拟律和批答案牍。拟律即根据案件选拟适用的律例以定罪量刑。按清律，“凡（官司）断罪，皆须具引律例。违者（如不具引）笞三十”。“承问各官审明定案，务须援引一定《律例》”。

然而，科举出身的官员于律例或茫然无知，或知之甚少。而刑幕则多明习《律例》，明了律例条文的变化，因而不仅掌握了拟律之权，还代主官批答案牍。从州县至督抚，以主官名义批写的判词、批语、札饬等，多为幕友代笔，实际成为主官断案决狱的主宰。刑名幕友实际适用法律的需要，促使其钻研律例知识，总结审判经验，著书立说，聚徒传授。著名律学家沈之奇、汪辉祖、万维翰、沈辛田、王又槐、李观澜等人，均为一代名幕，其解释律意和应用律例的著作，既是学幕秘本，又是佐治司法的指南，在司法实践中被广泛援用。

刑名幕友的律例注释虽为无权解释，但却受到朝廷的关注，视为“备律所未备”。[②] 在官府的支持下，幕友们纷纷以个人名义刊印发行其注律文本。著名的如：康熙年间江苏吴兴钱之清撰《大清律例笺释合抄》、沈之奇撰《大清律辑注》。乾隆时，浙江钱塘王又槐撰《办案要略》、江苏吴江万维翰撰《大清律例集注》、浙江武林鲁廷礼撰《律例掌珍》、浙江萧山汪辉祖撰《佐治药言》、江苏澄江夏敬一撰《律例示掌》。嘉庆时，浙江山阴李观澜撰

---

① 《皇朝经世文编》卷二五，吏政一，韩振《幕友论》。

② 《大清律例汇辑便览・凡例》，同治十一年，江苏臬署刻本。

《大清律例全纂集成汇注》。道光时，山阴姚润、胡仰山撰《大清律例增修统纂集成》、江苏常熟邵春涛撰《读法图存》。同治时，会稽任彭年重辑《大清律例增修统纂集成》。光绪时，会稽陶东皋等增辑《大清律例增修统纂集成》等。

以刑幕为主的注律者，多从司法实践中发现律例中的难点、疑点以及适用上两可之处，因此除对律文作规范性的解释外，更关注如何适用条例。名幕夏敬一有言："自汉唐递相沿革，至我本朝(清)百余年来，因时损益，条例极繁……各律目中所附条例，有律轻例重，律重例轻，律与例不符者，有此条例与彼条例重复浮赘者，有一事数款不隶一门而散见于他条者，有即附此条而不用之，旧例尚存彼条者，有旧例已更而至今尚未修入者，有本例已经删改而另条仍复援引入例者"，[①]故"若不为之旁参互证，剖析注明，初学方苦"。[②] 通过注律"阐发律例中之精蕴，而听狱讼者得资以为观指"。[③]私家注律的成果着眼于实际应用，对司法审判颇有指导价值。

由于私家注律队伍庞大，因而形成了不同的流派，或以辑注擅长，或以考证名世，或以司法应用相标榜，或以图表歌诀为时人所称道。这既丰富了律学的内容，其某些注释方法和律例应用理论，亦颇有可取之处。

私家注律著作中以沈之奇著《大清律辑注》为代表：

沈之奇深知"律文简严，意义赅括……必深思寻绎，始能融会贯通"，故"不揣浅陋，考据思索，谬为辑注"。[④] 所谓"辑注"，按律学家万维翰解释："辑，录也；注，著也。辑诸家之说，间申鄙见，疏其意，解其辞，析其同异，使断狱者准情以比例，依例以定律，互相证明，开卷了然。"[⑤]

《大清律辑注》康熙五十四年(1715 年)刊印，共十册三十卷。分为上、下两栏。下栏辑录康熙五十四年以前行用之律文与条例，及律文中官方小注，并于每条律文后附官方评注和自注。为区别官注与自注，自注以略低于官注的格式排写，注文后辑条例。上栏为注释与论评，对下栏的律文、注解与条例作进一步阐述，内含律目历史源流、律文注解、术语及关键词解释、名家笺注、本人评注与按语等项。如《刑律·贼盗·盗内府财物》：(律

① 夏敬一：《大清律目附例示掌序》，简称《律例示掌》。

② 夏敬一：《大清律目附例示掌序》，简称《律例示掌》。

③ 万维翰：《大清律例集注·马腾蛟序》。

④ 《大清律辑注》"自序"，法律出版社 2000 年版。

⑤ 《大清律例集注·叙》。

文)“凡盗内府财物者,皆斩。(杂犯。但盗即坐,不论多寡,不分首从。若财物未进库,止依盗官物论。)”沈氏注曰:“天子之库曰内府,在皇城禁地之中,但盗一切财物者,不论多少,不分首从,皆问杂犯斩罪。但有死罪之名,而无死罪之实,以其罪难免,而情可矜,故准徒五年以贷之。虽贷其死,而不易其名,所以示戒也。若财物尚未进库而盗之,则止依常人盗论。”

沈氏注解律文尤重阐明律意。自序有云:“集解足发律之精意,兼补律之未备。”如《名例·流囚家属》:(律文)“凡犯流者,妻妾从之。父祖子孙欲随者,听。迁徙安置人(随行)家口,(妻妾、父祖、子孙)亦准此。若流徒人(正犯)身死,家口虽经附(入配所之)籍,愿还乡者,放还。其谋反逆叛及造畜蛊毒,若采生拆割人、杀一家三人,(此等人恶极祸延,虽)会赦犹流者,(指家口,即使正犯身死,不得如前无罪之家属可还原籍也。)家口不在听还之律。”沈氏注曰:“流罪者之妻妾,非应流之人,而俱令从之,欲其有家而安之也。父祖子孙,非应随之人,而愿随者听之,顺其就养之情也。迁徙安置,与流相同,故应从愿随之家口,亦准此例。若本犯死于流徒之所,家口虽以附籍,而愿还乡者,准与削籍,给引照回。此为寻常流徙之人言也。其中若有谋反、逆叛等项,其亲属家口,在常赦不原之数,即会赦犹流之人,自不在前项听还之律。”

《辑注》对于时下流行解律书中的不妥之处,也提出己见。如《刑律·贼盗·发塚》:(律文)“凡发掘坟塚见棺椁者,杖一百,流三千里。已开棺椁见尸者,绞。”沈氏注曰:“见棺椁见尸两‘见’字,音胡甸切,显也,露也,谓发掘坟塚,至于显露棺椁,已开棺椁,至于显露其尸也。开动曰发,穿地曰掘,二字亦有浅深之别。下未至棺椁者,若蒙上文发掘而言,则于掘字义不合,故复用发字另起。止曰发,不曰掘,谓虽开动,尚未掘穿至棺椁也。律文精密如此。《笺释》诸书,皆解见为视,意义俱谬。且以未至为未见,曰发掘坟塚未见棺、已见棺、已见尸云云,殊可笑也。夫所重于见棺、见尸者,谓暴露其棺与尸也,故塚必发掘,棺必开,方坐本罪。假如发而未至棺椁,仅于穴旁去指大一砖,便可窥见棺椁,即做见棺椁之罪乎?”一时难以辨明之歧见,则以“俟考”存之,审慎对待。如《户律·钱债·违禁取利》(律文)“若准折人妻妾子女者,杖一百”,律文后有注:“奸占即从和奸论”。沈氏注曰:“奸占即从和奸论。谓准折非同强夺,有奸亦系和同也。但本律准折即杖一百,而和奸止杖八十,俟考。”

《大清律辑注》涉及的律例较为全面,评析允当,且多创见,被奉为私家释律的权威之作，被执法者广泛应用，直至同光时期仍不断有重编、重刻本问世。

稍晚于沈之奇，活动于乾隆中叶的王又槐，长期从事刑幕，所著的《办案要略》，是其丰富的司法实务经验的总结。该书侧重于诉讼与司法文书制作及现场勘验，内含《论命案》、《论抢夺》、《论犯奸及因奸致命案》、《论强窃盗案》、《论杂案》、《论批呈词》、《论详案》、《叙供》、《作看》、《论作禀》、《论驳案》、《论详报》、《论枷杖加减》、《论六赃》等十四篇专论。由晚清律学家张廷骧刻印成册并为之作序，称其书"议论精确，颠扑不破……与诸先辈幕学各书，合为全璧，亦足为初学准绳矣"。[①] 此书被列入《清史稿·艺文志》。

上述官、私并举的注律活动，蔚成风气，是治狱经验的升华。但在清廷文字狱的氛围中，注律的自由度是有限的，凡与圣谕及注律宗旨相抵触的注律不仅无效，而且难免受到惩罚。

四、汇编成案，开清律学的新路径

乾隆五年《大清律例》修订之后，律文不再修订，而以随时增修之例弥补律文之不足。例文是在成案的基础上纂修为例，所谓采案入律。由于成案是司法实践中应用法律进行审判的真实记录，具有适用法律的示范与借鉴作用，因而在司法实践中也出现了以案代例的现象。根据乾隆三年例规定："除正律正例而外，凡属成案未经通行、著为定例，一概严禁，毋得混行牵引，致罪有出入。如督抚办理案件，果有与旧案相合，可援为例者，许于本内声明，刑部详加查核，附请著为定例。"但在五年后乾隆帝删改前例，谕称"司刑名者，偿引用律例，意为低昂，其弊亦不可不防。嗣后如有轻重失平、律例未协之案，仍听该督抚援引成案，刑部详加查核，将应准应驳之处，于疏内声明请旨"。[②]

至嘉庆朝，以案代例的情况已经十分普遍，以至习刑幕者皆从熟悉成案入手，而不读律例。[③] 乾、嘉、道三朝，刑案汇编之书不断问世，较重要的

① 《办案要略·序》。

② 光绪《大清会典事例》卷八五二。

③ 张廷骧：《入幕须知·赘言十则》。

有《成案质疑》(洪弘等辑,八十册,乾隆十一年刊本)、《成案续编》(乾隆二十年刊本,十九册)、《成案续编二刻》(乾隆二十八年刊本,十册)、《驳案新编》(乾隆四十六年全士潮等刊印本)、《秋审比较条款》(乾隆四十九年本)、《成案备考》(嘉庆十三年沈廷瑛原刻本)、《刑部说帖》(有嘉庆十六年、道光五年、十一年、十三年、十四年等多种版本,计一百八十六卷、册)、《加减成案新编》(道光十三年刊本)、《刑部比照加减成案》(三十二卷,许梿等辑,道光十四年刊本)、李馥堂辑《两歧成案新编》(二卷),等等。其中《刑案汇览》一书,以其资料源自档案,内容精确、案件收录多、时间距离长而备受推重。

《刑案汇览》,会稽名幕祝庆祺纂辑、歙(县)鲍书芸参订,道光十四年刊行。祝氏曾任福建总督孙文靖刑幕多年,通晓清代司法状况,潜心收集刑部驳议之重大案件与有关资料纂辑而成。全书分为二编,前编八十册八十八卷,辑录自乾隆元年(1736年)至道光十四年(1834年),九十九年间刑案五千六百四十余件;续编二册十六卷,名为《续增刑案汇览》,辑录道光三十年(1850年)间刑案一千六百七十余件。从刑部官鲍书芸为该书撰写序文中可以了然纂辑此书的背景、目的与构成:

“夫抉狱断刑,必衷律例,垂邦法为不易之常经,例准民情,在制宜以善用。

我朝钦定《大清律例》,节经修纂,至当至精。而其用之也,要在随时随事比附变通,期尽乎律例之用,而后可以济情法之平。

《易》曰:君子以明慎用刑而不留狱。至哉是言!不穷其理于律例之中,未足为明慎也;不通其意于律例之外,亦未足为明慎也。

天下刑名,汇于刑部,凡值省题达各案,刑部详加核义,苟有可疑,必援彼证此,称物而类比之,剖析毫厘,律例之用于是乎尽。情与法皆两得矣。

岁癸未余奉职西曹,见历年成案,顜(jiang,又读jiao,直,明)若画一,而文牍浩如渊海,每思分门别类,裒(pou,聚集)集一书以便检阅。自维研究未精,未遑从事。洎居母忧归扬州,晤会稽祝君松庵,读所录例案一编,窃幸与鄙见同也。爰馆之家属成全帙,而君虚怀雅抱,与余商榷是非,悉心对勘,昕夕忘疲。编次未竟,会祀君应闽督孙文靖公幕府之聘,壬辰复至扬州,重加研究,阅三寒暑而始蒇(chan)事,得书六十卷。于广搜博采之中,寓共贯同条之义,胪陈案以为依据,征说帖以为要归，一切谨按通行，无不备具。散见者会之，繁称者简之，其有未尽，更缉拾遗以备参考，门分类别，条理秩然，以是征祝君刑名之精而用心之苦也。既成，谋付剞劂，名曰《刑案汇览》。盖以穷源竟委，俾阅者一览无遗，汇而通之，可以无不明，无不慎。荟萃之功洵深矣哉！”①

《刑案汇览》主要辑录说帖、通行与成案。刑部说贴，“始自乾隆四十九年，因各司核覆外省题奏咨文并审办词讼各案，逐一拟稿呈堂阅画，遇有例无专条，情节疑似者，经批交律例馆核覆，于核定时缮具说帖，呈堂酌夺，再行交司照办”。②

“通行”，按刑部解释：“各直省通行，系律例内所未备载，或因时制宜，或随地立法，或钦奉谕旨，或奏定章程，均宜遵照办理者也。”“通行”为地方法司办案时必须参考之法律依据。部分“通行”于律例馆修例时作为新例编入《大清律例》。《刑案汇览》收录“通行”，共计六百余件。

“成案”，按《刑案汇览・凡例》：“成案俱系例无专条、援引比附加减定拟之案”，“成案与律例相为表里，虽未经通行之案不准混行牵引，然衡情断狱，律无正条，准援他律例比附。”③《刑案汇览》共集入一千四百余件。如《刑案汇览卷二・犯罪存留养亲》。嘉庆二十年(1815年)案“川督奏：沈现顺杀死一家二命，拟以斩枭，沈现宇从而加功，拟以绞候。该督奏称，该犯父母现存弟兄二人，俱拟正法，例得存留一人养亲等语。相应照例声明，请旨定夺。倘蒙圣恩，将加功拟绞之沈现宇准留养亲，臣部行文该督，将沈现宇照例枷号两个月，杖一百，准其存留养亲。奉旨：准其照例留养”。

此外，祝氏自录所见成案与《邸抄》例无专条之案、《坊本所见集》所载例无专条尚可比附之案、《平反节要》与《驳案汇抄》所载之案，均为资料来源，故而《刑案汇览》规模宏大，史料丰富，影响深远。同治时，吴潮、何锡俨续辑自道光十八年(1838年)至同治十年(1871年)间刑案一千六百九十六件，名为《刑案汇览续编》。光绪时，潘文舫、徐谏荃再辑自道光二十二年(1842年)至光绪十一年(1885年)间刑案二百九十一件，名为《新增刑案汇览》，四编共收刑案九千余件，历时长达一百五十年，其规模之大，资料之广，均为历代所未有。而且附有刑部和律例馆审议案件时提出的说帖，以

① 《刑案汇览・序》。
② 《刑案汇览・凡例》。
③ 道光十三年李逢辰辑《比引成案新编》序。

及皇帝就特定案件颁发的上谕及有关资料。使阅者了然案件的处理依据和量刑的弹性考虑，及司法审判制度的演变。

《驳案新编》系与《刑案汇览》齐名的一部驳案汇编，由乾隆时刑部官员全士潮、张道源、李大翰、怀谦、周元良、金德舆等纂辑。初版，十二册，三十二卷，汇辑清高宗乾隆元年（1736年）至四十九年（1784年）间刑部历年奉谕旨驳改拟及大臣援案奏准永为定例之成案。按律分类，分编于名例、吏律、户律、礼律、兵律、刑律、工律等目中，书后附续编七卷，继本书续辑至仁宗嘉庆二十一年（1816年）历年驳案，内依律目分为名例、吏、户、礼、兵、刑、工等七部分，下各有细目。

凡各省题结案件或秋审核拟案件定罪量刑不当，为刑部奏准皇帝驳回，即为驳案。《大清会典》有云："外省督抚具题案件，内有情罪不协，《律例》不符之处，部驳再审。该督抚及司道等官虚心按《律例》改正具题，将从前错之处免其议处。""凡部驳案件，如督抚拟罪过轻而部议重者，应驳令再审，如外拟过重而部议从轻，其中尚有疑窦者，亦驳令妥拟；倘所见既确，即改拟题复，不必辗转驳审，致滋拖累。"①

按清律，徒、流案件由督抚咨达刑部知悉或复核，无须具题，故称"咨驳"。死罪案件由督抚具题皇帝，刑部奉旨核拟。如有异议，提请皇帝驳审，是为"题驳"。"凡钦奉上谕指驳改拟及内外臣工援案奏准永为定例者，均依次编辑。每案先叙该督抚原题于前，然后恭录谕旨。次叙及内外衙门原奏，俾阅者知某案因何驳正，并某条律例因何改定之处，一目了然，源委悉得。""是编自乾隆元年至四十九年，凡遵驳改正者，十之八九。其中，照驳复审有始略终详，因疑得信，惟期详慎得当，虽仍照原议拟结者，亦所必录。""断罪依新颁律令，……其间有引用各条，稍与现行定例不符，俱详加考核，将增删修改之原委于卷端注明。"②

山西道监察御史、刑部律例馆提调阮葵生于书序中，对《驳案新编》的司法适用价值，特作如下说明："律一成而不易，例因时以制宜。谳狱之道，系于斯二者而已。至情伪百变，非三尺所能。该则上比下比，以协于中，此历年旧案亦用刑之圭臬也。……全君秋涛，偕同曹诸君子，取近年驳案，汇集成编。予读之数过，见其搏采广收，芟繁提要，按门排纂，具有手眼，极案

① 光绪《大清会典》卷五四、五五，刑部。

② 《驳案新编·凡例》。

情之变而为齐非齐，抉律例之精而有伦有要，斯其用意亦良深矣。司牧者得是编而读之，即一案而通乎情法之准，究心律令之源，庶与以礼制刑，以教祇德之微意肫然有合，而非第为引证比附之取资也。”①

由以案代例而发展起来的汇编成案，成为清中叶以后律学的新发展。此类著作不仅展示了清朝律例演变的轨迹，而且也表明了清朝在重视制定法的同时也给予判例法以一定的空间。这是汉以来律令科比相辅相成的传统在新的历史背景下的展现。《刑案汇览》可以说是编纂成案类律学著作的代表。这不仅是中国古代所鲜有，也是世界法学史上所仅见的。

总括上述，作为传统律学最后阶段的清律学，其发展不是偶然的，传承明律学使清律学获得了可靠的基石；国家对司法的重视以及择人而授之以法的法律统一适用需求，有力地推动了律学的研发；加之执法者积极著述，力求以其自身经验丰富律学著作，有补于司法实践，都构成了清律学发展的条件。

除此之外，律学释文纂为律注使之法律化，无疑对律学家是极大的鼓舞。至于在司法实践中对于律学著作的依赖，更是清律学绵延二百余载而不衰的重要原因。清律学作为宏大的文化遗产，需要研究的问题是多方面的，本文只就其兴起缘由稍作分析，希望从中获取某些镜鉴。

① 《驳案新编·序》。

富国强兵之路的可贵探索

——冯桂芬《校邠庐抗议》读后

冯桂芬是中国近代史上开风气之先的思想家之一，《校邠庐抗议》一书是他的代表作。书中对改革清朝弊政，采取西学，以达富国强兵之路，做了可贵的探索。此外，他的思想对于洋务派、维新派也有着重要的影响，他所提出的学习西方的目的在于“驾而上之”，其立脚点在于自强。这是很有借鉴意义的。

《校邠庐抗议》一书，是冯桂芬根据自己二十余年从政作幕的实际经验，并以十年读书所涉猎的天文、舆地、兵制、刑法、盐铁、河渠、钱漕、食货等多方面知识为基础，于 1861 年撰写而成的。冯桂芬以思想家的敏锐眼光，立足于古今之变、中外异势的时代背景，鞭辟入里地剖析了清朝统治的积弊，提出了采纳西学，向西方学习的主张。这不仅上承龚自珍、魏源的思想余绪，而且对洋务派和资产阶级改良派都有着不同程度的影响。

在冯桂芬的思想中虽有适应世界潮流采西学的一面，但此书的立论却仍不得不奉三代圣人之法为宗旨。这既反映了时代国情所加给他的思想烙印，也反映了披荆斩莽的先驱者所受到的羁绊和局限。如同他在该书《自序》中所说：“桂芬读书十年，在外涉猎于艰难情伪者三十年，间有私议，不能无参以杂家，佐以私臆，甚且羼以夷说，而要以不畔于三代圣人之法为宗旨。”

为了阐明此书“要以不畔于三代圣人之法为宗旨”，他从十二个方面论证了三代圣人之法善，而今日之法弊，实际是借圣人之法为名，抨击现实的弊政。稍早于冯桂芬的龚自珍、魏源，也曾对晚清的行政与司法进行了猛烈的批评，这是以经世致用自诩的思想家的共同特点。只是涉及问题的层面，龚、魏不若冯氏之广泛，更缺乏冯氏的洋务色彩。

冯桂芬虽以不畔于三代圣人之法为全书的宗旨，却并非意在复古。他以明确肯定的语气说："然则为治者将旷然大变一切复古乎？曰：不可"。理由就是"古今异时亦异势，《论语》称损益，《礼》称不相沿袭，又戒生今反古"。他强调治理国家要根据时代的变化和需要，采取不同的方法和措施，不能一味拘于古法。同时他也指出"古法有易复，有难复；有复之而善，有复之而不善；复之不善者不必论，复之善而难复，即不得以其难而不复，况复之善而又易复，更无解于不复"，结论就是"去其不当复者，用其当复者"。这种进化的历史观和在文化上既尊重传统，又批判传统的矛盾统一观，是从实际出发的，是立足于改制更法的。

此书以"抗议"为名，是借用《后汉书·赵壹传》语，即"位卑言高之意"。这说明冯桂芬写作此书的心态是矛盾的，一方面唯恐为当政者所忌，"固宜绝口不挂时政"；另一方面经世致用思想的影响和民族自尊的爱国主义情操，使他"明知有不能行者，不可行者"，仍然奋笔成书，飨之世人。如他所说："夫不能行则非言者之过，而千虑一得，多言或中，又何至无一可行，存之以质同志云尔。"①

《校邠庐抗议》为正在兴起的洋务运动提供了理论根据和向西方学习的具体方向。因此主持洋务的两江总督曾国藩致书冯桂芬，称赞此书"足以通难解之结，释古今之纷。至其拊心外患究极世变，则又敷天义士所切齿而不得一当者一旦昭若发蒙，游刃有地，岂胜快慰。……天下之大，岂无贤哲窥见阁下苦心，而思所以竟厥功绪，尊论必为世所取法，盖无疑义"。②

同时代的思想家王韬也称赞此书"补偏救弊，能痛抉其症结所在，不泥于古法，不胶于成见，准古酌今，舍短取长，知西学之可行，不惜仿效；知中法之已敝，不惮变更，事事皆折衷至当"，确为"今时有用之书也，贾长沙（谊）、陈同甫（亮）逊此剀切矣"。③

二

《校邠庐抗议》连同附议共四十七篇。其中属于抨击时弊、匡补缺失的

① 《校邠庐抗议》自序。

② 《曾国藩全集》，《书信七》，同治三年九月初五日。

③ 王韬跋：《校邠庐抗议》。

篇章占绝大多数,如:“公黜陟议”、“汰冗员议”、“免回避议”、“厚养廉议”、“许自陈议”、“复乡职议”、“省则例议”、“易吏胥议”、“折南漕议”、“利淮盐议”、“改土贡议”、“罢关征议”、“节经费议”、“筹国用议”、“杜亏空议”、“复陈诗议”、“变科举议”、“改会试议”、“广取士议”、“停武试议”、“减兵额议”、“严盗课议”、“重专对议”、“变捐例议”、“绘地图议”、“兴水利议”、“均赋税议”、“稽旱潦议”、“改河道议”、“重酒酤议”、“收贫民议”、“劝树桑议”、“壹权衡议”、“稽户口议”、“崇节俭议”、“复宗法议”、“重儒官议”、“裁屯田议”、“寓兵于工议”、“通道大江运米运盐议”、“垦荒议”、“用钱不废银议”、“以工巧为弊议”等。

从上述诸议中可以看出冯桂芬的视野所及十分广泛,而且多是经验之谈,不仅言皆窾要,并且辅之以改革的具体措施,因此,受到极大的重视。曾国藩在复冯桂芬的信中说:此书“传抄日广,京师及长沙均有友人写去副本”。他自己在平定太平天国以后,曾就金陵召开乡试和苏松太地区减漕赋二事,向冯桂芬请教,表示“弟不敢拘执己见,俟台旌至金陵之日,𢡟聆至论,以祛疑滞”。[①]

为了说明冯桂芬这位忧世愤俗的思想家,对于清朝弊政的冷静观察和透辟分析,以及他对于改革弊政的审慎思考,特举以下二例加以评介:

例一:汰冗员、变捐例、易吏胥

冗员、捐例和吏胥三者相互联系与孳生是晚清吏治败坏的重要来源之一,也是封建社会后期专制统治与社会发展相悖的突出表现。自隋唐以来,为了防止冗官出现,曾经制定“署置过限”之法,违者治罪。但至清代,由于捐例大开,遂使“署置过限”之法成为具文。通过捐纳入仕之官的素质自不必言,即使科举入仕之官也只是精于八股制艺,而懵懂于世事民情,由是而使吏胥擅权。晚清时期有识之士对于冗员、捐例、吏胥的为害虽有所抨击,但将三者联系起来一并予以鞭挞的,当属冯桂芬。

冯桂芬在“汰冗员议”中说:“国家多一冗员,不特多一糜廪禄之人,即多一浚民膏之人,甚且多一偾国是之人,亦何苦而设此累民累国之一位哉!”如果说冗员“累民累国”是历代封建王朝步入晚期的共同特征,那么,清代的冗员还有其自己的特征,那就是冯桂芬所说的“冗于大”、“冗于要”、“冗于十百”。他痛心地说:“今之冗员多矣,不冗于小,冗于大;不冗于闲,

① 《曾国藩全集》,《书信七》,岳麓书社,第4736页。

冗于要；不冗于一二，冗于十百”。其结果必然造成行政效率低下，国家机器运转失灵，推诿之风笼罩官场。

根据《大清会典》记载：内外文武官员共两万七千余人，“于古不为多”。但是“大官之多，为汉以来所未有”。“国家鼎盛之时，物力丰盈”，冗官之害，常为“人所不觉”。随着国势衰微，冗官日益成为百姓不堪忍受的沉重负担。为“汰冗员”，冯桂芬提出有些机关如监督织造必须全裁；有些机关如按察使司应与布政使司合并；而多数机关可以减员额之半。

清朝冗官之所以充斥朝堂上下内外，又是和捐例盛行分不开的。顺治初年士子可以“纳粟入监”，已革职的官员“分别纳银，许其开复原系官职”[①]，尚无捐官之事。康熙十三年(1674 年)，为补充平三藩叛乱军费之不足，在“搜集异途人才，补科目所不及”的名义下，实行捐纳制度。为了防止捐纳官滥用职权，曾经规定：“捐纳官到任三年，称职者具题升转，不称职者题参。”[②]雍乾时期，道府、郎中、游击等文武官员均可捐纳，从而开辟了地主、商人进入官场的捷径，遂使“异途”冲击了科举入仕的“正途”。捐纳制度的实行，虽然对国家财政有所补益，但却使官僚机构急遽膨胀，冗官充斥，吏治败坏。尤其是嘉道以后，捐纳多补实缺、要缺，许多根本无从政经验而以利禄相希求的人进入官场，其危害更加明显。冯桂芬说：“近十年来，捐途多而吏治益坏，吏治坏而世变益亟，世变亟而度支益蹙，度支蹙而捐途益多，是以乱召乱之道也。”[③]在这里冯桂芬非常深刻地揭示了晚清官场上的这个恶性循环的弊端，并且指出了形成这个恶性循环的不只是捐纳，更有其复杂的社会原因。他大声疾呼：“居今日而论治，诚以停止捐输为第一义。”[④]

通过捐纳进入仕途的官员，只以追逐得利为目的，完全谈不上道德文章、治国理政。即使是科举正途出身的官员，也只熟悉八股制艺之学，对于国计民生、社会民情、经济、司法大都懵然无知。因此冗官不只是数量的多少，更重要的是素质的高低。由于冗官学识浅薄，从而为胥吏擅权提供了机会。

明末顾炎武曾经痛斥明代吏胥之害，他说：“今天下官无封建，而吏有

① 叶梦珠：《阅世编》，见《上海掌故丛书》第一集，第 64 页。

② 《清史稿・选举志》。

③ 《校邠庐抗议》、《变捐例议》。

④ 《校邠庐抗议》、《变捐例议》。

封建。州、县之弊，吏胥窟穴其中，父以是传子，兄以是传弟，而其尤桀黠者，则进而为院司之书吏，以掣州县之权，上之人明知其为天下之大害，而不能去也。”①至清代，无论部、院、司、省、道、府、县各有吏胥，以致流行着“清朝与吏胥共天下”之词，其为害也更甚于官，所谓“任你官清似水，难免吏滑如油”。虽然从顺治朝起，严定律例惩治吏胥玩法行私、舞文作弊，但收效甚微。嘉道以后，清朝的政治明显下滑，吏胥虐民害政的弊端也更加凸显出来。

冯桂芬以深沉的笔触揭露说，清朝吏胥的社会地位虽然低下，但他们的权势却“驾于公侯矣”，“出于宰相大臣之上”，而且“但知搏噬，噬民不已，继以噬国”。国家养百万吏胥，“不啻养百万虎狼者是也”。他谴责说：“今天下之乱谁为之，亦官与吏耳，而吏视官为甚。”如果再不思改变吏胥专权的现状，无异于“以国计民生全付之奴隶盗贼也”。他建议：首先，大大减少吏胥借以生存的繁琐案牍；其次，“外官可并其事于幕”，以幕代吏；再次，由诸生中选取有才行之人，担任大吏及部院幕职；最后，设“幕职”一途，与科目、荐举二途并用。他认为如此“则人知自重，舞文牍之风庶几少衰息乎”。②

然而清朝吏胥的存在是有着深刻的社会历史根源的。开明的官僚和士大夫虽都痛诋它是败坏吏治的丛弊之薮，也提出过种种设法防范与惩治的措施，但由于它根植于封建社会末期的土壤，是腐朽的专制政治的产物，并和封建专制主义的考选制度、文书制度密切联系在一起，因此或议之而不能行，或行之而不能果，直到清朝覆亡才最终结束了吏胥为恶的现象。

例二：省则例，避免挟例牟利

冯桂芬指出：“今天下有大弊三，吏也、例也、利也，任吏挟例以牟利，而天下大乱于乎尽之矣。”吏以利为目的，以则例为手段，这揭露是何等的深刻和犀利，它说明晚清时期的吏治与法纪已经败坏到足以招致天下大乱的地步。

则例是清朝制定法的基本形式，不但各部院皆有则例，而且重要部、院的下属机构也有相关则例。本来制定则例的目的，按冯桂芬所说，是“治天下也”。客观而言，清朝的则例对完善行政立法、规范行政行为，起过重要

---

① 顾炎武：《日知录》卷八。

② 《校邠庐抗议》，《易吏胥议》。

的作用。但是，随着时间的推移，则例条文日益繁杂，以致各部则例多有不尽统一之处，即使一部之内的则例也因颁定有先后而存在着很大的差异。为了规避行政责任，各级官员往往避重就轻，避实就虚，丧失了则例原有的积极意义。在为政者摇手触严，动辄得咎的情况下，为了规避行政责任，官员们只能依靠幕吏，使得官司之权下移吏胥。冯桂芬说：则例的大纲"尚不失为治天下宗旨"，则例的条目，则"愈勘愈细，其始若离若合，其继风马牛不相及，其终则郑声谵语不知所云，遂于宗旨大相悖谬"。[①] 他举赋税则例为例，说："凡则例等书'关涉银钱'者犹如牛毛隙丝，令人不可猝茧，此皆舞弊之经传也。"又说："赋役全书具在，骤阅之，但见款项之繁多，名目之猥琐，分合杂糅之离奇，非老于此事者无从得其每亩征税之数。"[②]那些靠八股制艺起家的尚书、侍郎虽遍阅全书，也不可能查知苏松地区与其他省赋税的差异所在，只能听由钱谷吏胥窃夺国家财政的实际权力，任其中饱私囊。冯桂芬愤懑地说："凡户工二部纪银钱之书，皆胥吏舞弊之书也。"

早在冯桂芬之前，龚自珍在抨击清朝法律制度的弊病时，便指出了苛细的条例使得官与民都遭受重重束缚，失去了思想与行动的自由，压制了才智的发挥。他说："天下无巨细，一束之于不可破之例，则虽以总督之尊，而实不能以行一谋，专一事。"[③]他希望"圣天子""删弃文法，捐除科条，……内外臣工有大罪，则以乾断诛之，其小故则宥之，而勿苛细以绳其身"。[④] 冯桂芬也持相同的观点，他说："卿贰督抚大官而必束之以例案，且束之以无一定之例案，是疑大臣而转信吏也，慎孰甚焉。"他建议如果援引新例，不足以判明是非曲直，则"小事两可者，卿贰督抚以理断之"，而不必完全拘宥于例。

龚、冯上述观点，虽有其合理的一面，但也会导致君权与官权的膨胀。从而助长了人治的倾向，而使对某种行为的判断失去了法律的依据。为了避免矫枉过正，冯桂芬下述编定简明则例的建议是可取的。他认为应该采取果断的手段，对繁苛的则例，"非一编菅一秉秆拉杂摧烧之，则天下不治"。具体说来，"宜简谙习吏事大小员数人，纳绎会典则例等书，挈存其要，名之曰简明则例，每部不得逾二十万言，旧册存之，旧例旧案，无论远近

① 《校邠庐抗议》，《省则例议》。

② 《校邠庐抗议》，《省则例议》。

③ 《龚自珍全集》第一辑，《明良论》。

④ 《校邠庐抗议》，《省则例议》。

一切毁之，以新例颁发大小官员……自今非新例不得援引”。同时他也建议删去套语，颁定统一的上下行文书和呈状纸呈式等等，以养成务实和规范的风气。他认为例简则易知，便于掌握，是有效的抑制吏胥挟例牟利的良方，他说二十万字的简明则例“不过两帙，纵中材暮齿不习吏事亦能通晓”。[①] 冯桂芬的上述主张显然具有很强的可操作性，是革除清朝拘于文法之弊的良方。

二

在《校邠庐抗议》中最具有价值和最足以反映冯桂芬思想中进步性、时代性的，莫过于他对西学的倡导。这在他的《制洋器议》、《采西学议》、《善驭夷议》和《上海设立同文馆议》等篇章中，都有详尽的阐发。

在《制洋器议》中，冯桂芬站在天朝大国的传统立场上，认为：“中华幅员八倍于俄，十倍于米(美)，百倍于法，二百倍于英”，而且“五洲之内，日用百需无求于他国而自足者，独有一中华。”正是这种带有盲目自负的心理，使他痛感鸦片战争后清朝的屈辱求和和资本主义侵略者肆无忌惮地劫掠，是“有天地开辟以来未有之奇愤，凡有心知血气莫不冲冠发上指者”。他认为“广运万里”，天时地利物产无不甲于地球的“第一大国”，却“受制于小夷”“腼然屈于四国之下者”并非偶然。他总结说：“人无弃才不如夷，地无遗利不如夷，君民不隔不如夷，名实必符不如夷……船坚炮利不如夷，有进无退不如夷。”在这里，冯桂芬已经朦胧地接触到君主专制与西方民主的优劣问题。但是他或许没有真正认识到，或许有意避开这个要害问题，所以只是提出“然则有待于夷者，独船坚炮利一事耳”。他一方面批评魏源“以夷攻夷，以夷款夷”的观点是不现实的，因为“以疏间亲”，不但“万不可行”，而且“欲以战国视诸夷”，与“中西杂处”的时代已大为不合，无异于“胶柱鼓瑟”。另一方面，却也赞同魏源“师夷长技以制夷”的主张，并且提出“宜于通商各口拨款设船炮局，聘夷人数名，招内地善运思者，从受其法，以授众匠。工成与夷制无辨者赏给举人，一体会试。出夷制之上者，赏给进士，一体殿试”。通过以上种种措施，有着几千年文明的中国，就能迎头赶上，不被时代所遗弃。他充满自信地表述说：“始则师而法之，继则比而齐之，终

① 中国史学会编:《戊戌变法》第一册，第 509 页。

则驾而上之，自强之道实在乎是。”冯桂芬的这些论断，使他成为中国近代史上第一个明确提出赶上和超过西方的进步思想家。他还举日本等国仿造西洋船炮渐趋强盛为例，来证明中华大国不能“纳污含垢以终古哉”。

冯桂芬还从时代的发展、科学技术的进步，来说明制洋器的必然性和必要性。他说：“夫世变代嬗，质趋文、拙趋巧，其势然也。时宪之历，钟表、枪炮之器，皆西法也。居今日而据六历以颁朔，修刻漏以稽时，挟弩矢以临戎，曰：吾不用夷礼也，可乎？且用其器非用其礼也，用之乃所以攘之也。”他批评反对师夷制夷的言论是“迂阔之论”。并指出空谈攘夷并不难，难在“试问何具以攘之”。对于器和礼的关系，冯桂芬在此议中只是提出师夷要在“用其器非用其礼”。而在另一议中，则进而阐发了“中体西用”的理论原型。

冯桂芬不但把制洋器作为“雪耻”、“复强”的根本方术，强调通过自造、自修、自用洋器，“内可以荡平区宇”，外可以“雄长瀛寰”，“雪从前之耻”，“完然为广运万里地球中第一大国”，而且从世界各国的力量对比关系和发展趋势来论证只有有了洋器，才能使中国“有隐然之威”。如遇外敌入侵，“战可必克也，不战亦可屈人也”，只有这样，“我中华始可自立于天下”。人类社会也同生物界的进化一样，充满了弱肉强食，物竞天择的斗争。有鉴于此，冯桂芬向当政者大声疾呼，如不及早为计，“不独俄英法米之为虑也，我中华且将为天下万国所鱼肉，何以堪之”。

对于西方国家“何以小而强，我何以大而弱”，冯桂芬以正视现实的坦然心境表示：“忌嫉之无益，文饰之不能，勉强之无庸，”重要的是知耻自强。他说：中国“人才健壮未必不如夷”，如果“九州岛之人，亿万众之心思才力，殚精竭虑于一器，而谓竟无能之者，吾谁欺。”他强调“中华之聪明智巧，必在诸夷之上，往时特不之用耳。上好下甚，风行响应，当有殊尤异敏，出新意于西法之外者……不于此急起乘之，只迓天休命，后悔晚矣”。

在《善驭夷议》中，冯桂芬阐述了“国家以夷务为第一要政，而剿贼次之”，理由就是“贼可灭，夷不可灭也，一夷灭百夷不俱灭也，一夷灭代以一夷，仍不灭也，一夷为一夷所灭，而一夷弥强，不如不灭也”。既然夷不可灭，就需要讲求驭夷之道，否则夷务坏而国家危。他说：“驭夷之道不讲，宜战反和，宜和反战而夷务坏；忽和忽战而夷务坏；战不一于战，和不一于和而夷务更坏。”

上述议论，是从鸦片战争以来中外交涉均以清政府失败的实际教训中总结出的，是对清朝大员缺乏国际知识，以致战和不定，举措乖张的批评。在此基础上他提出了以下具体的驭夷之道。其一，不能一切曲从；其二，需要据理交涉。他说："夷人动辄称理……理可从，从之；理不可从，据理以折之"。他特别指出中国"原隰衍沃，民物蕃阜"为"百国所垂涎"。从英俄不断逼近中国边疆的事实中，可知"诸夷不能无异志……而和不可以久恃"。在这种背景下，讲求驭夷之道，最重要的是自强，"不自强而有事，危道也；不自强而无事，幸也，而不能久幸也"。只有自强，无论发生何种事变，都能"有以待之"，立于主动的地位。由此可见，冯桂芬《善驭夷议》的根本着眼点在于自强，这是很有见地的。只有自强自立，才能发挥驭夷之道的作用。

在《采西学议》中，冯桂芬首先指出：今之天下，已非三代之天下，中国传统的某些文化知识已经落后于时代。他说：西方国家的算学、重学、视学、光学、化学等，"皆得格物至理，舆地书备列百国山川，阨塞，风土物产多中人所不及"，这不能不是中华"学士之羞也"。他从"法苟不善，虽古先吾斥之；法苟善，虽蛮貊吾师之"的基本认识出发，提倡采西学，即向西方国家学习。而且采西学，不限于"历算之术，格致之理、制器尚象之法，轮船火器"等。中国凡是现藏西方国家的书籍，应"择其有理者译之"，凡有益于国计民生者，都应该广泛取法，而不应视其为奇技淫巧。

冯桂芬对于"采西学"不仅充满了信心，而且把它的落脚点置于"中国多秀民，必有出于夷而转胜于夷者"。他把这看作是采西学的"要务"，舍此便失去了方向和动力。

在《上海设立同文馆议》中，冯桂芬从"通商为时政之一"的角度提出"既不能不与洋人交，则必通其志达其欲，周知其虚实情伪，而后所收称物平施之效"。他赞赏总理内阁事务衙门下设的同文馆"招八旗学生，聘西人教习诸国语言文字"的举措，"最为善法，行之既久，能之者必多……然后得西人之要领而驭之"。他提出在上海、广州洋人总汇之地，"仿照同文馆之法各为一馆，募近郡年十五岁以下之颖悟诚实文童，聘西人如法教育……三年为期"，同时翻译西人擅长之书。如此"安知不冰寒于水、青出于蓝"。使中国跻身于强国之列。

综括上述，近代中国自鸦片战争以后，国情发生了重大变化，由此而产生了以救亡图存、富国强兵为目标的新思想、新文化。为了救中国而寻求新思想，再将新思想用于改革变法，这是近代中国历史发展的基本轨迹。因此，近代史上的爱国者、思想家和改革先驱基本上是三位一体的。

三

传统的封建文化发展至近代，也在特定的历史背景下发生了转型，在这个过程中，西方的文化起了导向的作用，冯桂芬就是在封建文化向近代文化转型中的代表人物之一。在他的思想中不可避免地带有旧的遗痕和影响，但是他从中西对比中感到传统的封建旧文化，已经不能适应时代的发展和振兴民族的需要。因而抛弃了以夏变夷的传统，转向师夷制夷。曾经被视为邪说的西学，成了救国的良方。尽管冯桂芬对西学的认识还是肤浅的，更多的是停留在技术层面，在他的整个思想体系中还没有摆脱旧文化的束缚。但是他所设计的"中学为本，西学为术"的方案，较之魏源"师夷"的观点，无疑前进了一步。不仅具有可操作性，更为可贵的是提出向西方学习的目的不是停留在"治夷"，而是"始则师而法之，继则比而齐之，终则驾而上之"，说明冯桂芬的眼界要比开风气之先的龚、魏高明得多。这种赶超西方的思想是在中国处于积贫积弱、遭受西方殖民主义者百般欺凌的条件下提出的，可以说是时代的最强音。正是在这种意义上，他所设计的试图使中国走向富强的方案，不仅受到了正在兴起的洋务派的礼赞，而且在此书出版三十年后仍然受到维新派的高度重视。大约在光绪十五年初，翁同龢就向光绪帝推荐了《抗议》一书，光绪帝对该书"采西学议"、"制洋器议"等有关洋务的内容极感兴趣，并令臣僚将此数篇"装订一册，题签交看"。

戊戌变法期间，充任光绪帝师傅的大学士孙家鼐，也向光绪帝上《请饬刷印〈校邠庐抗议〉颁行疏》。他在慨叹该书主张未见实行之后，特别建议将《抗议》发交群臣讨论，并说："岁月蹉跎，延至今日，事变愈急，补救益难，然即今为之，犹愈于不为也。……《抗议》书版在天津广仁堂，拟请饬下直隶总督刷印一二千部，交军机处，再请皇上发交部院卿寺堂司各官，发到后限十日，令堂司各官将其书中某条可行，某条不可行，一一签出，或各注简明论说，由各堂官送军机处，择其签出可行之多者，由军机大臣进呈御览，请旨施行。"[①]孙家鼐上疏的当天，光绪发出上谕："着荣禄迅即饬令刷印一

① 《戊戌变法》第二册，第 430 页。

千部，克日送交军机处，毋稍迟延。”[①]不久，包括大学士、内阁学士各部尚书侍郎、总理衙门等中央各部门及顺天府尹，所属州县在内共三百七十二人在《校邠庐抗议》上签注意见。戊戌变法期间涉及洋务、西学的许多措施，都与《校邠庐抗议》有着直接或间接的联系。遗憾的是戊戌变法旋即失败，这部《校邠庐抗议》的历史命运正像冯桂芬《自序》中预言的那样只好“存之以质同志云尔”。

从《校邠庐抗议》一书可以看出，冯桂芬继承了地主阶级改革派抨击时政、改制更法的主张，而且涉及的范围更为宽泛，议论也更为具体。但由于他生活与活动的时代晚于龚、魏，而且面对着太平军对清朝的强烈攻击，和英法等殖民国家的深入侵略，在这样的背景下，作为地主阶级的官僚士大夫的冯桂芬完全站到敌对太平军的立场上，而且陷入了借洋助剿的泥淖。这不是偶然的。在太平军和西方侵略者两种威胁面前，清朝统治者认为“发捻交乘，心腹之害也”，而西方殖民主义者的侵略不过是“肘腋之忧也”、“肢体之患也”，故“灭发捻为先，治俄次之，治英又次之”。[②] 这个观点在官僚士大夫中是很有影响的。冯桂芬就是在“贼可灭，夷不可灭”的形势下，作出了两害相权取其轻的上述选择。

耐人寻味的是与冯桂芬同时代的太平天国后期领导人洪仁玕，虽然出身经历不同，又处在敌对的营垒，但他们在采西法，仿行西制的问题上却是不谋而合，尽管他们的认识有深浅之分，方案有繁简之别，政治目的更是大相径庭，但却共同说明了一点，就是在中国社会沦为半殖民地半封建的过程中，一些先进的思想家的思路是带有某种共同性的。

（《中国法学》2011.6）

① 《戊戌变法》第一册，第529页。

② 《筹办夷务始末》（咸丰朝）卷七一。

从晚清修律官“固有民法”论所想到的

一、晚清修律大臣的固有民法论

宣统三年(1911年)九月初五日，修订法律大臣俞廉三等在《奏呈编辑民律前三编草案告成折》中说：“吾国民法，虽古无专书，然其概要，备详周礼地官司市以质剂，结信而止讼。郑注质剂，谓两书一札而别之，言保物要还。又质人掌稽市之书契，同其度量，壹其纯制，巡而考之，是为担保物权之始。又媒氏掌万民之判，凡娶判妻入子者皆书之，是为婚姻契约之始。又秋官司约之治民、治地、治功、治挚诸约，郑注谓治者，理其相抵冒上下之差。大率不外租挈、经界、功事、往来等项，实即登记之权舆。其他散隶六典者，尚难缕举，特不尽属法司，为不同耳。汉兴去古未远，九章旧第户居其一，厥后渐更增益，令甲以下流派滋繁，风习相沿，因革可溯。徒以尸素之俦，鄙夷文法，茅茨之士，罔知诵言，遂令古府旧藏，随代散佚。贞观准开皇之旧，凡户婚、钱债、田土等事，摭取入律，宋以后因之，至今未替，此为中国固有民法之明证。”①

以上是百年前清朝修订法律大臣俞廉三及法律馆内参与起草民律的法学家，其中不乏熟悉近代资产阶级民法的留学生的共同认识。在西学笼罩一切文化领域，而中法又遭到西人百般诟病的背景下，坚持此种观点实属不易。折中提到的“固有民法”是指就产生于中华土壤上的、具有本土化特点的民事法律而言，强调“固有”一词，一者与近代资产阶级民法划清界

① 《清末筹备立宪档案史料》(下册)，中华书局1979年版，第911～912页。

限，再者凸显中国古代民事法律的特点与价值。在四千余年的中国法制历史上，虽无近代民法的概念，但却有与近代民法某些原则与内容相通的规范。这些规范纳入户婚、田土、钱债诸门，亦即俞氏所谓"固有民法"。

不仅如此，在起草近代民事法律草案之际，提出中国"固有民法"，意在截取符合中国国情的某些民事法律的规定，编入新的民律草案之中。此点在光绪三十三年五月民政部奏章中表达得十分清楚："中国律例民刑不分……历代律文户婚诸条实近民法……国家（清朝）损益明制，户婚分列七目，共八十二条，较为完密。第散见杂出于刑律之中，以视各国列为法典之一者，犹有轻重之殊，因时制宜，折衷至当。非增删旧律别著专条，不足以昭整齐划一。"[①]俞氏等所云"中国固有的民法，虽无专书"，亦即指就中国古代无独立的民法典而言，但他又不厌其烦地概述中国古代民事法律的基本方面，用以证明"此为中国固有民法之明证"的结论。俞氏等人对于中国固有民法的论述远不全面，而且修律时间的紧迫也限制了广泛地收集资料和深入地研究。但他们的固有民法论基本符合中国古代民法史的实际，他们的见识与魄力使百年后的学子油然而生亲敬之心。

如果说中国古代没有近代资产阶级性质的民法，无疑是正确的，且属于赘言。但如认为中国四千年的文明社会没有民事法律规范是违背历史真实的，是在重复外国学者所云"中国古代只有刑法，没有民法"的旧说。古今中外任何一个国家都不可能只有一种法——刑法，而没有调整与统治者及整个社会成员切身利益攸关的财产关系的法律。

二、封建社会前期民事法律观念与立法状况

中国是法制文明起源很早的国家。至西周中期以后，随着土地所有制由国有向私有的过渡，出现了土地买卖、转让、租赁等一系列民事法律行为，在此过程中，逐渐产生了全新的民事法律观念。土地作为最主要的财产，其转让不仅受到双方当事人的极端重视，经常铸铭文于鼎以记其事，鼎为国家重器，铸铭文于鼎以记其财产转移的民事法律行为，突出地显示了对所有权的重视。土地所有权的转移，虽属贵族间的私人行为，但有时国家也参与其事，以至周王要派出官吏监督，以保证其合法性。如共王时期

---

① 《清末筹备立宪档案史料》（下册），中华书局1979年版，第911～912页。

铜器《五祀卫鼎》中，记载了裘卫以田四田交换邦君厉田五田，得到厉的认可，并有官员、证人参加，裘卫为使此项交换合法化，保护通过交换获得的“田五田”的所有权，铸鼎记述交换的全部过程。

这一时期也出现了因侵犯他人财产权而受到官府责令赔偿的民事诉讼记录。《曶鼎》铭文就是一例。根据曶鼎铭文，小贵族匡季于荒年抢去另一贵族曶十秭禾，曶控于东宫，由东宫判决匡季以“田七田，人五夫”作为赔偿，并铸鼎以记其事。

随着早期民事法律行为的经验积累，逐渐上升为一般调整意义的民事法律规范，《秦简》仓律、效律、金布律、牛羊课、军功爵律及《法律答问》中均有民事法律的规定，内容涉及所有权的取得与消灭、侵权赔偿、不当得利、债权债务关系、孳息、时效等。虽然粗疏简略，但仍不失为早期民法形态，体现了民事法律观念的进步。

唐朝是封建盛世，文物典章莫备于唐，民事法律观念得到进一步充实，并以立法的形式表现出来，多见于《名律例》、《户婚律》、《厩库律》、《诈伪律》、《杂律》及户令、田令、关市令、厩牧令、杂令、服制令、丧葬令及各种相关的格、式、诏、敕。

除此之外，礼也被唐人认为是重要的民事法律渊源，从贞观朝起对礼不断进行增损修改，至开元朝颁布《开元礼》，“由是五礼之文始备，而后世用之，虽小有损益，不能过也”。礼涉及民事方面的有祭祀、册封、仪仗、丧葬、婚姻、家庭、继承、买卖等。而从现存的大量分家、放良、遗嘱等契约文书中可以发现，惯例不仅是民事法律渊源之一，而且其应用程度与地位不断上升，成为唐后期民事法律发展的一个特点。这和安史之乱以后，国家立法渐趋停顿的形势不无关系。

唐朝在民事权利主体方面，严格区分良贱身份的界限不许逾越。奴婢隶属主人，无户籍，完全失去独立人格，成为一种物品。所谓“奴婢贱人，律比畜产”，[①]“奴婢同于资财”，《唐律疏议》规定：“诸监临主守，以官奴婢及畜产私自借，若借人及借之者，笞五十；计庸重者，以受所监临财物论。驿律，加一等。”[②]

对于所有权的取得，唐律根据不同情况作出了明确区分。有些物品实

① 《唐律疏议·名例律》“诸官户、部曲官私奴婢有犯”条，中华书局 1983 年版。

② 《唐律疏议·厩库律》“监主借官奴畜产”条，中华书局 1983 年版。

行先占原则。《唐律疏议·贼盗律》规定:"诸山野之物,已加功力刈伐积聚而辄取者,各以盗论。"疏议曰:"'山野之物',谓草、木、药、石之类,有人已加功力,或刈伐,或积累,而辄取者;'各以盗论',谓各准积聚之处时价计赃,依盗法科罪。"

此外,于他人地内得宿藏物与本主中分,隐而不送者,计合还主不分,坐赃论减三等。对于阑遗物与漂流物的所有权归宿,唐律规定如下:"诸得阑遗物,皆送随近县。在市得者,送市司。其金吾各在两京巡察,得者,送金吾卫。所得之物,皆悬于门外,有主识认者,检验记,责保还之。虽未有案记,但证据灼然可验者,亦准此。其经三十日无主识此者,收掌,仍录物色目,牓村坊门。经一周年无人认者,没官,录账申省听处分。没入之后,物犹见在,主来识认,证据分明者,还之。"①"诸官私阑遗马、驼、骡、牛、驴、羊等,直有官印、更无私记者,送官牧。若无官印及虽有官印、复有私记者,经一年无主识认,即印入官,勿破本印,并送随近牧,别群牧放。若有失杂畜者,令赴牧识认,检实印作'还'字付主。其诸州镇等所得阑遗畜,亦仰当界内访主。若经二季无主认者,并当处出卖。先卖充传驿,得价入官。后有主识认,勘当知实,还其价。"②

"诸公私竹木为暴水漂失,有能接得者,并积于岸上,明立标牓,于随近官司申牒,有主识认者,江河五分赏二,余水五分赏一。限三十日,无主认者,入所得人。"③

唐代与农业社会和家族主义相关的典权亦有所发展,但受均田制的限制,口分田所有权在国家,一般禁止以口分田出典。开元二十五年(737年)田令:"诸田不得贴赁及质,违者财没不追,地还本主。若从远役、外任,无人守业者,听贴赁及质。其官人永业田及赐田,欲卖及贴债者,皆不在禁限。"④均田制废弛后,土地流转已成事实,土地出典不可阻挡,唐穆宗长庆元年(821年)敕令强调:"应天下典人庄田园店,便合祗承户税。本主赎日,不得更引令式,依私契征理以组织贫人。"意为典人庄田者应承担原主的户税,承认了庄田出典的合法性。

除土地外,庄宅、园林、店铺、碾硙等不动产出典是不受限制的。唐宪

① 《唐令拾遗·捕亡令》,长春出版社,1989年11月版。

② 《唐令拾遗·厩牧令》。

③ 《唐令拾遗·杂令》。

④ 《唐令拾遗·田令》。《文苑英华》卷四二六,中华书局1996年版。

宗元和八年(813 年)再次下敕,对庄宅等"一任贴典货卖"。[①]

典权的设立,要求制作文书,并须有官人、牙人、业主、四邻同署文契[②],否则无效。典权的期限最长为 30 年,过 30 年不予保护。[③]

唐代,私有经济和城市商业都进入了新的阶段,与此相适应民事上债的关系迅速发展,出现买卖、租赁、借贷、雇佣、质押等各种形式的契约。唐律中已有若干调整债务关系的条文。如在借贷契约中规定月利息率,不得过三分,"积日虽多,不得过一倍"。取息过律被视为"为政之弊,莫过于此",因此从汉代起便被列为一种罪名要受到惩罚。但如"负债违契不偿,一匹以上、违二十日,笞二十,二十日加一等,罪止杖六十。三十匹加二等,百匹,又加二等。各令备偿"。律疏曰:"负债者,谓非出举之物,依令合理者;或欠负公私财物,乃违约乖期不偿者……三十匹加二等,谓负三十匹物,违二十日笞四十,百日不偿,合杖八十。百匹又加三等,谓负百匹之物,违契满二十日,杖七十,百日不偿,合徒一年。"

债的担保亦较为盛行。唐开元二十五年(737 年)令规定,"诸公私以财物出举者,任以私契,官不为理……家资尽者,役身折酬。"如"负债者逃亡,保人代偿"。[④]

私债虽然是私人行为,但必然涉及当事人双方之间、当事人与社会之间的利害关系,所以官府进行必要的干预,《唐律疏议·杂律》"负债强牵财物"条规定:"诸负债不告官司而强牵财物过本契者,坐赃论。"律疏曰:"谓公私债负,违契不偿,应牵掣者,皆告官司听断。若不告官司而强牵掣财物,若奴婢、畜产,过本契者,坐赃论。"

唐代凡买卖田地房宅、奴婢、牛马等必须立契,称为"市券"。《唐六典·太府寺·京都诸市令》规定:"凡卖买奴婢、牛马,用本司本部公验以立券。"

在买卖契约中,卖主的担保责任进一步法律化。一为瑕疵担保,《唐律疏议·杂律》规定:"诸买奴婢、马牛、驼、骡、驴,已过价,不立市券,过三日笞三十;卖者,减一等。立券之后,有旧病者三日内听悔,无病欺市如法,违者笞四十。"疏议曰"买奴婢、马牛、驼、骡、驴等,依令并立市券。……若有

① 《旧唐书·宪宗本纪》,中华书局 1975 年版。

② 《五代会要》卷二六,上海古籍出版社 1978 年版。

③ 《唐会要》卷八五,中华书局 1975 年版。

④ 《宋刑统》卷二六,《受寄财物辄费用门》引唐《杂令》,中华书局 1984 年版。

病欺，不受悔者，亦笞四十”，即买卖已讫，而市司不时过券者，一日笞三十，一日加一等，罪止杖一百，主管官吏不验证契券，也要负法律责任。

二为违约担保，唐文书中载有“若先悔者，出绢五匹。”租佃契约虽不如买卖契约发达，但仍见于文献记载和实物凭证。如吐鲁番文书中发现隋大业年间的租佃契约，以及唐高宗龙朔三年与武则天天授二年的两件租佃契约，表明尽管在隋唐均田制下，民间仍然存在着租佃关系。

正如诚实信用是民事法律的共通原则一样，《唐律疏议·杂律》还强调市场流通的商品必须讲求诚信标准，规定：“诸造器用之物及绢布之属，有行滥、短狭而卖者，各杖六十。”注曰：“不审谓之行，不真谓之滥，即造横刀及箭簇用柔铁者，亦为滥。”疏义进一步解释说：“行滥，谓器用之物不审不真；短狭，谓绢匹不充四十尺，布端不满五十尺。幅阔不充一尺八寸之属而卖，各杖六十。故礼云‘物勒工名，以考其诚，功有不当，必行其罪。’其行滥之物没官，短狭之物还主。”

唐代依契约所生之债有因当事人意志的变更，有因债的清偿、抵消或免除而消灭。

三、宋以后民事立法的不断充实

（一）

宋初实行不抑兼并、不抑工商的政策，这刺激了私有土地的流通与转让的加快，中小地主和自耕农的数量明显增加，农业经济取得了显著的成就，由此带动了手工业的发展，促进了商业的繁荣与对外贸易的扩大，商业城市不断涌现。商贸的发展带动了民事法律关系与法律规范的新发展。宋代的基本法典是《宋刑统》，“终有宋之世用之不改”。从对《宋刑统》与唐律的比较中可以发现，民事立法较之唐律大为扩充，涉及所有权、债、财产继承、婚姻嫁娶、检校析财等十几个方面，内容广泛、条文细密。其中户绝资产、死商钱物、典卖指当论竞物业、婚田入务等等，均为唐律所未见。

作为《宋刑统》补充的编例、编敕中也有关于民事法律方面的规定。见于《名公书判清明集》中，所引“按法”、“准法”、“在法”的民事法律条款不下七十余条。例如：

诸典卖田宅,已印契而诉亩步不同者,止以契内四至为定;其理年限者,以印契之日为始,或交业在印契日后者,以交业日为始。

应交易田宅,过三年而论有利债负准折,官司并不得受理。

应交易田宅,并要离业,虽割零典买,亦不得自佃赁。

诸祖父母、父母已亡,而典卖众分田宅私辄费用者,准分法追还,令元典卖人还价。即典卖满十年者免追,止偿其价,过十年典卖人死,或已二十年,各不在论理之限。

诸理诉田宅,而契要不明,过二十年,钱主或业主死者,官司不得受理。

典田宅者,皆为合同契,钱、业主各收其一。

分财产满三年而诉不平,又遗嘱满十年而诉者,不得受理。

诸僧、道犯罪还俗,而本家已分者,止据祖父财产众分见在者均分。

妇人财产,并同夫为主。

交易诸盗及重叠之类,钱主知情者,钱没官,自首及不知情者,理还。犯人偿不足,知情牙保均备。

又诸典卖田宅投印收税者,即当官推割,开收税租。

诸无子孙,听养同宗昭穆相当者,法也。

立嗣合从祖父母、父母之命,若一家尽绝,则从亲族尊长之意。

诸已绝之家而立继绝子孙,谓近亲尊长命继者,于绝家财产,若无在室、归宗、出嫁诸女,以全户三分给一分,余将没官。

异姓三岁以下,并听收养,即从其姓,听养子之家申官附籍,依亲子孙法。

男年十五,女年十三以上,并听婚嫁。

宋代商品经济的发展与私有财产的法律保护的加强,使继承法显著发展,尤以女子继承权的规定为细密。凡未嫁者称为在室女,已嫁者称之为出嫁女,出嫁之后因故(如夫亡、被出、和离等原因)又返回父母家者,为归宗女。由于宗法制度下以男子为中心的宗祧继承是继承法的核心,也是财产继承的先决条件,无论在室女、出嫁女、归宗女均无宗祧继承权。但户绝之家在室女可以继承全部家产。《宋刑统》卷一二“户绝资产”条规定如下:

诸身丧户绝者,所有部曲、客女、奴婢、店宅、资财,并命近亲(亲,依本服,不以出降。)转易货卖,将营葬事及量营功德之外,余财并与女(户虽同,资财先别者,亦准此)。

养女的财产继承权与亲女同，见以下判例：

今解汝霖只有幼女、孙女，并系在室，照户绝法均分，各不在三千贯以上。……七姑虽本姓郑，汝霖生前自行收养，与亲女同。[①]

归宗女“还归父母家后户绝者，并同在室女例”。[②] 哲宗元符元年(1098年)重申归宗女与在室女均分户绝财产，但作出新的调整：户绝财产达到1000贯以上者，内以一分给出嫁诸女。若只有归宗女者，则只能继承户绝资产的三分之二，表明归宗女的财产继承权已有所削弱。后归宗女的户绝财产继承权进一步下降，只能继承在室女对户绝财产承份额的一半：“户绝财产尽给在室诸女，而归宗女减半。”[③]

户绝之家经近亲尊长命继之后，命继子也可继承绝户部分财产，但份额少于在室女与归宗女。“准法：诸已绝之家而立继绝子孙，谓近亲尊长命继者，于绝家财产，若只有在室诸女，即以全户四分之一给之，若又有归宗诸女，给五分之一，其在室并归宗女即以所得四分，依户绝法给之。止有归宗诸女，依户绝法给外，即以其余减半给之，余没官。”[④]

根据以上规定，户绝之家只有在室女和命继子时，在室女可得遗产的四分之三。只有归宗女和命继子时，归宗女可得遗产的一半，命继子继承余下一半的二分之一，其余部分没官。同时有在室女、归宗女及命继子时，在室女和归宗女共得遗产五分之四。在共得的五分之四中，在室女可获三分之二，归宗女获三分之一。根据这一规定，户绝财产在1000贯以上者，即使有在室女、归宗女承分，出嫁女也能继承部分遗产。户绝财产在3000贯以上，出嫁女只能继承三分之一，并得至2000贯止；若达贰万贯以上，则需临时具数奏裁增给(在室女及归宗女并不受这一限制)。如果户绝财产不满100贯者，出嫁女可以全部继承，不再受三分之一的限制。说明富户与一般贫户出嫁女的财产继承权是有别的。

户绝之家立有命继子，且无在室女与归宗女时，出嫁女与命继子可以各继承户绝财产的三分之一。

宋仁宗天圣四年，《户绝条贯》规定，户绝之家无在室女及归宗女时，

---

① 《名公书判清明集》卷八，《处分孤遗田产》。

② 《宋刑统》卷一二，《户婚律·户绝资产》。

③ 《名公书判清明集》卷九，《孤女赎父田》。

④ 《名公书判清晰集》卷八，《处分孤遗田产》。

"即给与出嫁亲姑姊妹侄一分"。①

出嫁女只有在父家户绝，被继承人未立遗嘱，且无在室女继承时，才有一定的财产继承权。《户绝资产》规定："自今后，如百姓及诸色人死绝无男，空[室]有女已出嫁者，令文合得资产。"但"其间如有心怀觊望，孝道不全，与夫合谋有所侵夺者，委所在长吏严加礼察，如有此色，不在给与之限。"

后又补充规定：出嫁女只能继承户绝资产中的"店宅、畜产、资财"中的三分之一，而且"均与近亲承佃"，无权继承田产。至元符元年(1098 年)八月，又颁新规："户绝财产均给在室及归宗女，千贯以上者，内以一分给出嫁诸女；止有归宗诸女者，三分中给二分外，余一分中以一半给出嫁诸女，不满二百贯给一百贯，不满一百贯全给；止有出嫁诸女者，不满三百贯给一百贯，不满一百贯亦全给，三百贯以上三分中给一分，已上给出嫁诸女并至二千贯止，若及二万贯以上，临时具数奏裁增给。"②

对于寡妇的继承权，《宋刑统》卷一二《户婚律·卑幼私用财》规定："寡妻妾无男者，承夫分，若夫兄弟皆亡，同一子之分。"寡妻妾守志虽可承夫分产，但必须为夫家立继，以继承夫家的宗祧和财产，立继子孙才是真正的财产继承人。寡妻如果改嫁，不得将夫家财产带走，而由子孙继承。

寡妻若有幼子并承分得夫家田产后，如携子改嫁，此承分田产的主人是其子。若子死，寡妻及后夫均无所有权，此田产即作户绝没官。

寡妻即使在夫家"守志"，也无权典卖夫家田产，寡妻若原有子或有养子，若子已成年，与儿子共同享有对家产的处分权："交易田宅，自有正条。母在，则合令其母为契首。兄弟未分析，则合令兄弟同共成契。"③

母子共同成契之法，一者是防范寡母私自典卖田产，二者是防范子孙擅自典卖田产。这表明寡妇对家庭财产有一定的处置权。

寡妇无子孙而招后夫者，前夫田产须经官登记，可暂据有不超过 5000 贯的前夫田产，有用益权，无处分权。寡妇身死或改归后夫家，前夫家产按户绝处置，如前夫有幼子而招后夫者，财产继承人仍是前夫之子。

按唐律，寡妇一经改嫁，便完全丧失对前夫家产的一切权利，而宋律允许寡妇召进后夫仍可终身享有对其前夫家产的用益权。

---

① 《宋会要辑稿·食货》，中华书局 1957 年版。

② 《续资治通鉴长编》卷五〇一。

③ 《名公书判清明集》卷九，《母在与兄弟有分》。

以上可见宋代商品经济的发展加之义利观念的变化，使得妇女的财产继承权得到法律的充分认定，这在当时世界立法史上也是少有的。

（二）

清朝是中国最后一个封建王朝，清代民法也是中国古代民法的最后形态，同时又是向现代民法转型的过渡形态，因而在中国民法史上具有承前启后、继往开来的重要地位。

清代尽管没有制定出一部单一的民法典，但却形成了一个多种形式的民事法律渊源。其中既有制定法，也有习惯法；既有朝廷立法，也有地方法规，它们共同承担着民事法律的调整任务。

清代的民事制定法散见于《大清律例》、《大清会典》、《户部则例》、《大清通礼》及其他有关部院则例，其中《户部则例》颇类似于民事法律汇编。在地方法规中《省例》、《告示》、《章程》也含有民事法律规范的内容，如福建的《典卖契式》、江安县的《学田章程》等。

1.《大清律例》虽为刑法典，但也含有纯粹的民事法律条款，如：分家析产立“分书”已定，不许重分，告词立案不行。卖产立有绝卖文契，不准找赎；文契未载绝卖，可以回赎。父母健在，许令子孙析产者（但不得别籍），听。凡民人争告坟山，应以印契、山地字号亩数等为凭证。无子者，可以选同宗昭穆相当之侄儿继承。订婚应两家情愿，与立婚书，依礼聘嫁；男娶女嫁皆应由父母主婚等等。

正因为如此，晚清修律将《大清律例》中的民事条款分出单独适用，称为《民事有效部分》。《大清会典·户部》中，有关田土、户籍、赋役、编丁、现审之中，也含有民事法律的内容。由于户部职掌全国疆土、田亩、户口、财谷之政令，《户部则例》根据形势的变化频频编修，至同治四年修例时，合计修改、新增、删除例文二百五十条，其调整的范围较之《大清律例·户律》宽泛。如户口目中含比丁、族长、继嗣、归宗、奴仆、旗人嫁娶、放出家奴、迷失幼丁、驻防旗兵置产、认买入官人口、民人继嗣、民人奴仆、豁除贱籍、差员禁买人口、募雇在官夫役，入官人口作价。田赋目中含分赏田地、清查营地章程、吐鲁番满营地租、撤佃条款、寺院庄田、存留坟地、买产投税、旗民交产、违禁置买、澳门民夷交易。兵饷目中含营中地租。通例中含严禁官价科买、禁重复典卖、盗卖盗耕。税则目中含审田房词讼等。以上规定反映了因“时地异宜”而及时修订的灵活性。

2.《户部则例》中民事条款摘要如下：

民人佃种旗地，地虽易主，佃户仍旧，地主不得无故夺佃增租。如佃户实系拖欠租银，许地主撤地另佃。

顺天、直隶所属旗地，无论京旗、屯居、老圈、自置，俱准旗户、民人互相买卖，照例税契升科。

民人契典旗地回赎期限以二十年为断。如立契已逾例限，即许呈契升科（无论有无回赎字样），不准回赎。在限内者仍准回赎。倘卖主无力回赎，许立绝卖契据，公估找贴一次。若买主不愿找贴，应听别售，归还典价。

湖南永顺等处苗疆田地，只听本处土苗互相买卖，如有汉民希图粮轻，土苗贪得重价，私相买卖者，分别责惩，勒令苗民回赎。失察地方官分别议处。

八旗应行入官房地内有契典者，令该旗查询，原业主如愿回赎，以查丈完结之日起，无论银数多寡，限一年内完交。或请以俸饷扣赎者，数在二百两以下，限一年坐扣；二百两以上至五百两，限二年坐扣；五百两以上至一千两，限三年坐扣；一千两以外，限五年坐扣。如有不敷，准以子侄兄弟及借亲戚俸饷坐扣，仍有不敷，饬令限内完交。核计交扣价银过半，即指交管业。倘逾限不完，房地即行入官，其扣交价银以所得历年租银作抵，抵不足数，仍准找给。不愿回赎者，听。

旗人典卖房地，无论本旗隔旗俱准成交。系出卖令赴左右翼纳税；系出典令各报明该佐领记档，回赎时仍令报明销档。凡典当田房，契载年份统以十年为率，十年限满，原业力不能赎，再予余限一年，令典主呈明该翼，由翼将契纸交旗钤用佐领图记，送翼补税发给本人收执。该参佐领毋得措勒，自报税后原业不准告找告赎，倘逾一年余限，仍不报税及白契置买房地并老典三五十年遗漏未经纳税者，一经查出，或被人首告，均追价治罪。

凡民间置买田房，于立契之后限一年内呈明纳税，倘有逾限不报者，照例究追。令各督抚刊刻告示饬发所属遍贴城乡，使愚民咸知例禁。

民人典当田房，契载年份统以十年为率，限满听赎。如原业主不能赎，听典主投税，过割执业。倘于典契内多载年份，一经发觉，追交税银，照例治罪。如买卖田产将粮额载入印契，即令买主卖主亲赴州县对册推收，随时过割。

旗人告假出外已在该地方落业，编入该省旗籍者，准与该地方民人互相嫁娶。

旗下家奴卖身以前，或已聘未娶，女家并不知情者，女家愿嫁，准娶；不愿者，听其改聘。

旗下家奴将女私聘与人，经本主控告审明，未婚者给还本主。已婚者追身价银四十两，无力者，量追一半给主，免其离异。

立继承祧如子已婚而故，无论其媳能否孀守，或子未婚而故，其已聘未娶之媳能以女身守志，或子虽未婚娶，因出兵阵亡揆以勿殇之义，均准予立继。又子虽未婚娶，业已成立当差，年逾二十岁身故者，亦准予立继。若支属内实无昭穆相当为其子可继之人，应仍为其父立继。凡未婚而年在二十岁以下夭亡者，无后在父，自当先尽故子同辈中，按照服制次序为其父立继。如阖族中实无故子同辈可继之人，亦只得为未婚夭亡之子立继，不得重复议继，致滋讼端。

旗人无子者许立同宗昭穆相当之侄承继，先尽同父周亲，次及大功、小功、缌麻、如俱无，方准择立远房同姓。如实无昭穆相当之人，准继异姓亲属。取具该参、佐领及族长、族人、生父列名画押印甘各结送部，准其过继。若继子不得于所后之亲，听其告官别立。其或择立贤能及所亲爱者，于昭穆伦序不失，不许宗族指以次序告争。如有抱养民间子弟、户下家奴子孙为嗣，或实有同宗而继异姓者，均按律治罪。所养父母有子，所生父母无子，欲还者，听。

八旗及外省驻防有乏嗣应行立继者，如系长房长子，不准出继。其长房次子，次房长子果系昭穆相当者，均准其出继。倘长房并无次子，此外，近支亦无应继之人，应以一人承祀两房宗祧，虽长房长子，准照独子之例出继。

义男女婿为所后之亲亲爱者，听其相为依倚，酌给财产。若招婿养老者，仍立同宗应继一人承奉宗祀，财产均分。

乞养异姓义子愿归宗者，不许将所得财产携回本旗。其收养三岁以下遗弃小儿，即从其姓，但不得以无子遂立为嗣。仍酌分财产，不得勒令归宗。

旗人之子随母改适抚养成丁仍归本宗。其有子母不忍分离，两家情愿依倚者，听，仍将本人造入本宗丁册。

民人无子许立同宗昭穆相当之侄为嗣，先尽同父周亲，次及五服之内。如俱无方准择立远房。若继子不得于所后之亲，听其告官别立。其或择立贤能及所亲爱者，于昭穆伦序不失，不许宗族指以次序告争。

3. 在民族立法《理藩院则例》中亦有民事法律条款。如：

奉有明文在蒙古地方居住之民人，租种地亩、赁居房屋，均照原议纳租交价。

喀喇沁土默特旗种地民人，不准以所种蒙古地亩折算蒙古赊欠借贷银钱。

喀喇沁土默特旗蒙古地亩，不得典给种地民人。

喀喇沁土默特旗种地民人，不得重价转典民人旧典蒙古地亩。

民人租种蒙古地面，如遇荒年不能全交者，其租息限至次年，新旧一并交纳。如欠至三年不行交纳，即照例将地撤出，归主另行招佃。

民人租种蒙古地亩，拖欠租息未行交纳，遇该蒙古有借欠该民人银钱等债者，即停止利息。若借自商民平人者，仍照例出利，但不得以利作本，利上加利。

民人租种蒙古地亩，如欲回籍，或不愿耕种，即将所欠之租、所赁之房与押契钱文对抵，地归本主。如押契钱数不抵所欠之租，即报明该理事司员、地方官，酌量公平定拟。

蒙古两姓结亲，俱系平人，聘礼应用：马二匹、牛两只、羊二十只，不得多给。违者，将多给之牧畜罚取入官；少给者，勿禁。若聘定之后，其婿病故，将所给牲畜退还男家。其女病故者，退还一半。如女家欲将聘礼退还，男家不愿收回者，听之。

4. 除中央政权制定的民事性质的法律外，地方政权颁布的省例、告示和章程中也含有民事法律规范。例如，《晋政辑要》分为 13 门，在户口、田赋、收成、田地、丁粮、旗地、开垦、牧场等门中，便杂有大量的民事法律条文。再如，乾隆二十五年，(1760 年)《福建省例》中“典卖契式”之例，详细规定了典卖合同契式的规格、写法、主要事项等，要求民间统一遵守，不得违反，并附有契式图作为参照。

《告示》是各级地方官在辖区内发布的书面命令，所谓“谕告”、“谕示”。其内容或针对具体事项发布的通令，或为某些事项设定的权利义务关系。

《告示》对辖区内的所有人都有约束力，具有民事法规性质的《告示》，如，清末，句容县令许文浚鉴于该县抵典产业立契的规定不完备引起争讼，因而制定和颁布了《抵典产业立契互执示》，通行全县。

《章程》是州县官府就某种专门问题因时制宜而制定的若干规则。属于民事法规性质，如光绪十六年(1890 年)制定的《江安县学田章程》。该章程共 55 条，详细规定了学田的设置、管理、使用、收益及侵吞学田应受的处罚等，是一个单行的民事法规。

以上确凿的法制史实，证明了中国古代民事法律的存在。如果将清朝立法中的民事法律条款加以汇编，其规模也很可观，并不逊于一部民法典。

四、中国古代固有民事法律的特点

(一)制定法的分散性与民事法律渊源的多样性

如前所述由国家制定的民事法律，分散见于行政立法、财经立法、刑事立法、民族立法以及地方立法，而没有集中统一的类似民法典性质的立法，这固然与商品经济的发展程度以及统治者重公权轻私权的认识有关，更重要的是现行社会中存在着各种样式的民事法律渊源，弥补了民事制定法的不足。

1. 流行于各地的民事习惯。在具有四千多年法制文明的中国，因地、因俗而形成了众多的民事习惯，它们辗转相承，适用的范围广泛，具有很强的约束力，也有一定的体系，其中相当部分在国家的认可和支持下，成为民事习惯法。凡为官府所认可的、流行于特定地区的地方习惯，具有地方性、稳定性和广泛的适用性。晚清起草民律草案时，曾组织力量对全国的民商事习惯进行调查，这反映了立法者对中国古代社会社情的了解和对民事地方习惯价值的认同。《大清民律草案》中第一条即规定:“民事本律所未规定者依习惯法，无习惯法者依法理”，这条规定反映了民律起草者对于习惯在调整民事法律关系中的实际作用的重视。民国初年，司法行政部将修订法律馆及各省区司法机关搜罗的民事习惯报告，辑成《中国民事习惯大全》。这部民事习惯汇编，虽以民初的调查为依据，但基本上反映了清代地方民事习惯的概貌。

2. 乡规民约。流行于社会基层的乡规民约大多含有民事法律的内容。现存的清代地方护林议约与保护青苗的各种乡规中，以保护山林、维护农业生产为主要内容。此外，对于水、道路、村庙等公有财产均加以保护，禁止村落以外之人侵犯。费孝通在《中国之农民生活》一书中曾有以下记载:“开弦弓村的湖川，系村落公有，因之村民用水，议定有公平分配办法。水中鱼、虾、杂草等自然的产物，也系村落公有财产，村民就此有平等的权利，其他村落的村民则无权享用。”

乡规民约与村民乃至村落的利益密切相关，无论在遵守或执行上都具有相当的主动性、自觉性。村民也只有在承担乡规民约所规定的义务时，才可能得到某种利益上的回报。

3. 家法、族规。家法族规是适用于宗族、家族内部、调整族属成员之间权利义务关系的法律规范。中国自古以来便盛行聚族而居的传统，大家族分别制定家法族规，由族长掌握施行。家法族规中的民事部分，主要表现为：

其一，确认宗族成员的身份与行为能力

根据现有的宗族法的规定：生子三日要告于宗长，取得本宗族籍。满月要行抱见礼，即抱之见于祖庙和宗长。非婚生子女不得入族籍。

男性宗族成员年满十六岁，即可参与宗族大事的讨论和宗族之长的选举。这个年龄与国家制定法上的“丁年”是一致的，表示年届十六岁即获得民事上的行为能力。

其二，调整宗族内部的财产关系

宗族法立足于宗族共同体的利益，往往限制族人对私产的处分权，如劝阻典卖田产。若买卖田产，亲族有优先权，先房亲、本族，后外人，以使产不出族，田不外流。即使兄弟析产也须鸣族立约，按规定析产程序，始足为凭。尤其是重点保护宗族公产，这和国家法律的规定是一致的。乾隆二十一年（1756年）定例：“凡子孙盗卖祖遗祀产，至五十亩者，照投献、捏卖祖坟山地例，发边远充军。……其盗卖历久宗祠，一间以下杖七十，每三间加一等，罪止杖一百，徒三年以上。”[①]地方官在受理此类案件时，一般是迅速决断的。例如，道光朝，太湖水利同知刘鸿翱撰写的《杜盗祭款立碣记》中明白昭示：“丙戌（道光六年），余分守来此，甫下车，即有（洞庭）西山沈氏盗卖祭田一案，立予惩责，追还原物，并给示两山祀堂。”

此外，族人中如发生田土、钱债等项民事争执，须先禀告族长，听凭“公同理论”，如无结果，始准告官审理。

4. 礼俗。调整尊卑伦常秩序的礼由来已久，深入到民间称为礼俗。其对民间民事法律关系的调整作用不断加强。无论户婚、田土、债务、继承多

① 《大清律例》卷九，《户律·田宅·盗卖田宅》。

与尊卑血缘相关，因此必定要受到礼的规范与调整。依礼调整民事行为，剖解民事纠纷，被看作是优于单纯的依法裁决。在大量的案例档案中，依礼断决并不乏见，许多民事纠纷在经官之前，往往通过各种渠道调处了结，在调处中法、礼、情是兼用的。

需要指出，以差等为基本特征的礼，本来是与平等、等价、有偿的民法原则相矛盾的，其所以能够调整民事法律关系，就在于以伦理纲常名教为集中代表的礼，是适用于任何等级、任何地区，具有共同的约束力，被赋予民事一般法的性质；同一等级之内的成员，平等地遵守适用于本等级的礼，从而体现了民法的平等原则。可见，礼的基本精神既调整着纵向的不平等主体间的关系，又调整着横向的平等主体间的关系，使差别原则与共同原则既矛盾又统一。

在多种民事法律渊源之间，首先具有相通互补的一致性。由于国家制定法所规定的民事法律部分，主要是服制、户籍、所有权、债权、婚姻、家庭和继承等，而且较为原则，不可能涵盖某些特殊地区、特殊部门的民事法律关系，从而给习惯法的调整留下了相当宽广的空间。例如，对于村社公共财产、族产的产权认定和继承，以及财产关系的纠纷，习惯法不仅能有效地进行调整，而且容易为群众所接受。此外，对于流行于不同地区的复杂的婚姻关系、继承关系的调整，习惯法更能发挥特殊的作用。这是因为习惯法具有属人、属地的特性，而且反映了历史的延续性和浓厚的亲情、乡情，所以在适用上，较之国家制定法更富有针对性，其效果往往是国家制定法所不及的。

以上说明，各种民法渊源在协调国、家、个人三者的利益关系中，各展所长，共同为用，弥补了民事制定法的缺失。

然而复杂而又不统一的各种民法渊源，也不可避免地存在着矛盾之处，如，少数族中一夫多妻和一妻多夫的婚姻习惯，虽然与制定法和儒家礼教相违背，但却是悠久的习俗，不得不予以确认。又如，《大清律例·户律·婚姻》中“同姓为婚”条规定：“凡同姓为婚者（主婚与男女）各杖六十，离异（妇女归宗，财礼入官）。”这是根据传统的宗法礼制制定的。但是山西、安徽、陕西、直隶、甘肃、湖北等省所辖县份中都流行同姓为婚的习惯，为制定法所难禁，以至迫使官府认可其合法。与此相类似的，《大清律例·户律·婚姻》“尊卑为婚”条：“若娶己之姑舅、两姨姊妹者，杖八十，并离异”也迫于民间习惯禁而不止，最后在附例中不得不规定：“其姑舅、两姨姊妹为婚者，听从民便。”

清朝对于与国法相抵触的民间习惯法，经常明令改正，消弭二者之间的冲突。如，《塔景亭案牍》卷二《通告》中，“独子两祧本有定制”条云：“兄弟之子犹子也，兼祧之法，正以见手足之亲。查律例附纂通行内称乾隆四十八年钦奉特旨准以独子兼承两房宗祧。所以补古礼之缺，济人道之穷，诚千古以来未有之令典等语，是一子兼两房，国家本有定例，三房共一子，祖训犹有明文。”因此对于“近来民间祠规，乃有独子不得兼祧之说”，无疑是“离爱情，启争端，违国宪，非所以亲亲也”，而应服从于国家的定制。

（二）契约关系体现平等、自由、依法的原则

西周晚期的铜器铭文，已经显示了民间私约的广泛性与合法性。东汉时出土的砖铭中多有“有私约者当律令”的铭文，如《建宁元年马莂砖铭》：“兄弟九人，从山公买山一丘于五风里，葬父马卫将，直钱六十万，即日交毕，建宁元年正月合莂大吉，左，有私约者当律令。”[①]

此铭文清楚地交代了私约的内容，如立券人与受益人、冢地的所在地、价钱以及交易方式。至于“私约者当律令”则是现实社会中民间契约合法性的反映，不是宗教话语。

自唐以迄宋、元，契约中多有“两共对面平章”、“两和立契”之语，表明契约的订立经过了平等协商与意志的自由表达。唐《杂令》中明确规定：“诸公私以财物出举者，任依私契，官不为理”，意为只要无“违法积利，契外掣夺”等情，官府不介入私约的订立。

在清代的契约中更以“两厢情愿”的浅显文字表述签约双方的状态，而且多于契约后附相关法律，以示依法。如乾隆十一年（1746 年），《山阴县孙茂芳叔侄卖田官契》即附有通行的《条约五款》：[②]

（一）绝卖者不用此契，止作戤当；戤当者若用此契，竟作绝卖。

（二）契不许请人代写，如卖主一字不识，止许嫡亲兄弟子侄代写。

（三）成交时即投税。该房查明卖主户册，号下注明某年月日卖某人讫。

（四）由帖不许借人戤当，如违者不准告照。

（五）买产即便起业，勿许旧主仍佃，以杜影骗。

---

① 殷荪著：《中国砖铭》，第 199 页。

② 《中国历代契约会编考释》（下），北京大学出版社 1995 年版，第 1466～1467 页，第 1249 页。

又如,嘉庆六年(1801年),《山阴县高兆原兄弟卖田官契》后附以下条款:①

(一)凡用此契者,竟作绝卖。

(二)卖主不识字者,许兄弟子侄代书。

(三)成交后即粘契尾于后,验明推收。如违治罚。

(四)契内如有添注涂抹字样者,作捏造论。

(五)房屋间架仍载明空处。

(六)典戤用此契者,须注明年限回赎字样。如不注者,仍作绝卖。

自宋朝起,商品经济有所发展,契约形式开始多样化,在买卖契约中出现了红、白契之分。凡加盖官印之契称为"红契",表示国家确认,不加盖官印之契即民间私约称为"白契",官府亦承认其合法性,但红契的举证效力高于白契。经过官府验契收税称为税契,税契是剖决纠纷的重要依据。南宋淳祐二年(1242年)颁发敕令:战后旷土,"凡民有契券,界至分明……随即归还。其有违戾,许民越诉。重罪之。"

至清朝,商品经济的发展和财产关系的日益复杂化,使得私人之间订立契约关系,已成为社会生活中的普遍现象。它所调整的内容十分广泛,买地、租房、雇工、合伙、婚娶、信贷,无一不以契约作为凭证,以表示当事人之间民事法律关系的成立或解除、权利的取得或丧失。尤其是以土地为标的物的土地买卖、典当、租佃等等,都必须根据法律的规定,订立契约。人们对借助契约来体现和证实自己权利的重要作用,已有充分的认识。正是在这种社会条件下,官府才认定"民间执业,全以契券为凭……盖有契斯有业,失契即失业也"。②

随着契约关系的发展,订立契约的程式也不断规范化,如订立契约须采用官版契纸按其格式书写,以保证契约格式的统一和防止发生伪契。据《写契投税章程》规定:"民间嗣后买卖田房,必须用司印官纸写契。违者作为私契,官不为据。""民间嗣后买卖田房,如不用司印官纸写契,设遇旧业东、亲族人等告发,验明原契年月,系在新章以后,并非司印官纸,即将私契涂销作废;仍命改写官纸,并照例追契价一半入官。"③

① 《中国历代契约会编考释》(下),北京大学出版社1995年版,第1308页。

② 《治浙成规》卷一,《严禁验契推收及大收诸弊以除民累》。

③ 《中国历代契约会编考释》(下),北京大学出版社1995年版,第1466～1467页,第1249页。

清代仍有红契、白契之分，买卖田宅经过税契过割，在契纸上加盖官府红印称为红契，具有较强的法律效力。但民间田宅交易往往不用官版契纸，也不向官府投印税契，这种契纸称为白契。白契虽为官府所不取，但由于简便易行，因此禁而不止。白契在确立、变更和解除民事关系方面的效力，与红契并无二致，所不同者，白契的举证效力远不如红契。雍正朝曾明确规定：回赎典卖旗地，红契典卖者全价赎回，白契典卖者半价或不给价。这表明国家对红契和白契所确认的所有权关系的不同态度。

在奴婢买卖中，红契与白契的差别不仅限于举证效力的不同，也关系到奴婢的身份。乾隆以前，白契所买奴仆视同雇工，除年限久远者外，允许赎身。而红契所买奴婢的社会地位，较之白契所买奴婢尤为低下，其所生子孙永远为奴。正因为依红、白契所买奴婢的地位有所差别，一旦有犯，官府也要区别量刑。

白契不限于买卖土地、田宅、奴婢，也适用于租赁、借贷、雇佣、典雇妻女等契约关系。

清代，对债权的担保，也与商品经济的发展相适应，而较为完善。现存清代契约中所反映的债的担保，主要是财产担保，即以财产作抵押。在债务履行期满之前，作为抵押物的不动产，仍由债务人占有、使用和收益，未经债权人同意不能处分。但债务期限届满后，仍不能偿还者，即以抵押物抵还。例如，康熙四十二年（1703 年）《休宁县项福生借银文约》[①]中写明：如到期不能偿还所借银钱，即“将窝下田乙丘二亩七分抵还不误”。

为了保证契约的履行，签订契约时需要负有连带责任的第三人，即“中人”附署。中人在买卖契约中起着介绍引见、说合交易、议定价金的作用。而在借贷、租赁契约中，中人不仅仅是介绍引见，而且还对义务人有督促的责任，以保证契约的履行。如义务人无法履行义务，中人则负有代为履行义务的连带责任。例如，乾隆三十四年（1769 年）《北京正黄旗那兰泰转典房白契》[②]中，即注明保人须负连带责任：“北京如有亲族人争竞，来路不明，拖欠官银，重复典卖，有中保人一面承管。”除此之外，签约后，如一方当事人反悔，则应承担违约责任，将价金的二分之一，交给官府，作为对违约方的惩罚。现存的许多契约中都有违约担保的内容。例如，顺治十一年

① 《中国历代契约会编考释》（下），北京大学出版社 1995 年版，第 1569 页。

② 《中国历代契约会编考释》（下），北京大学出版社 1995 年版，第 1144 页，第 1501 页。

(1654年)《大兴县王家栋卖房官契》[①]中言明:"自卖之后,倘有亲族人等并满汉争竞者,有卖主一面承管,两家情愿,各无反悔。如有先悔之人,甘罚白米五石入官公用。"又如,雍正元年(1723年)《大兴王景伊转典房官契》[②]也载有"两家情愿,各无反悔。如有先悔之人,甘罚契内银一半入官公用"的内容。

契约的签名,在清代也已规范化。法律规定家内财产,由父母行使财产处分权。父母俱在时由父亲签名,父亡母在由母子同时签名。例如,乾隆二年(1737年)《镇洋县潘门薛氏母子杜绝田文契》[③],后署"立杜绝田契潘门薛氏,同男凤观"。

在兄弟叔侄同居共财的情况下,出卖田宅,则由兄弟或叔侄共同在契约上签名。例如,雍正十一年(1733年)《休宁县王阿郑等卖山红契》[④],叔侄共同署名:"立卖契约王阿郑(押),同侄王鼎旭(押)。"雍正六年(1728年)《休宁县吴尔仁等卖山红契》[⑤]兄弟共同署名:"立卖契人吴尔仁(押),同弟吴伯先(押)、吴子敬(押)、吴廷侯(押)。"

以上可见,中国古代的债法发展到清朝,无论规范的内容还是原则,都已相当完备。在中国古代法律中,确有"良贱"之分,位列"贱籍"者,以其身份的特殊,无立约资格,但位列贱籍的,在整个社会构成中所占比重极小,而位列良籍者,则包含绝大部分的社会构成,如官僚地主、农民、手工业者、商人、兵丁等等,凡位列良籍者,如相互缔约,权利义务是平等的,意志是自由的,这是法律所保障的。当然这中间也确实存在着事实上的不平等、不自由,凡因各种原因急于卖产者,与拥产自重的买方,在交易中,存在"不平等"与"不自由",是完全可能的,但这不属于法律意义上的不平等与不自由。

---

① 《中国历代契约会编考释》(下),北京大学出版社1995年版,第1144页,第1501页。

② 《中国历代契约会编考释》(下),北京大学出版社1995年版,第1144页,第1501页。

③ 《中国历代契约会编考释》(下),北京大学出版社1995年版,第1232页,第1219页,第1210页,第1214页,第1207页。

④ 《中国历代契约会编考释》(下),北京大学出版社1995年版,第1232页,第1219页,第1210页,第1214页,第1207页。

⑤ 《中国历代契约会编考释》(下),北京大学出版社1995年版,第1232页,第1219页,第1210页,第1214页,第1207页。

(三)婚姻继承受宗法支配

在《大清律例》中,无论婚姻的缔结、婚姻的禁忌、婚姻的解除,都表现了宗法制度的影响,尤其在家法族规中,宗法对于婚姻继承方面的约束尤为突出。

关于婚姻缔结。严禁族内通婚,这是不可动摇的宗法原则,通过异姓联姻以扩大本宗族的力量。关于婚龄,各族将流行于该地的习惯引入宗族法,一般男二十,女十六(各地不一)可以婚嫁。

婚姻关系的成立与解除,与国家法律的规定一致,但对出妻,有的宗族法规定要经过族长公议,以示有所限制。

在家法族规中,规范夫妻行为、调整家庭关系也是一个重要的内容。例如,清江南太平县馆田李氏家法"宜室家第三"便有如下规定:"夫妇乃人道之始,万化之基也,相敬如宾,岂容反目。虽夫为妻纲,固当从夫之命,然妻言有理,亦当从其劝谏;如妇人骄悍而挟制其夫,牝鸡司晨,为家之害,当严戒之。戒之不从,有恶行,出之可也。若娶妾,为生子计也。有子不得擅娶。若妻不容妾,其罪在妻,无子与妒均当去。宠妾凌妻,其罪在夫,当以失叙论罚。妾若泼悍无状,当废之。"①

在继承方面:宗祧继承按嫡长子、嫡长孙、嫡次孙、庶长子、庶长孙、庶次子、庶次孙,依次承继。如无嫡庶子孙,无法继承,可以选择族中昭穆相当之人立继,这些都和国法完全一致。除宗祧继承外,财产继承基本上实行诸子均分制,已出嫁之女,不得回父家继承财产。

(四)民事案件有特定的诉讼程序

早在《周礼》中便表现了民刑诉讼的区分。《周礼·秋官·大司寇》载:"以两造禁民讼,入束矢于朝,然后听之",郑玄注云:"讼为以财货相告者",即以财货相争的民事案件。《周礼·秋官·乡士》又云:"辩其狱讼。"疏曰:"辩,别也。狱为争罪,讼为争财。"经过漫长的发展过程,至清代已形成一整套不同于刑事诉讼的民事诉讼制度。

其一,诉讼管辖。

根据清律,一般主体的普通民事案件,均由事犯地方的州县衙门受理。

① 《中国法制史资料选编》(下),群众出版社 1983 年版,第 1046 页。

《大清律例·刑律·诉讼·越诉》附例规定:“户婚、田土、钱债、斗殴、赌博等细事,即于事犯地方告理,不得于原告所住之州县呈告。”此条例为雍正六年(1728年)订立,其强调之点为“于事犯地方告理”,以便于查明事实,搜集证据,迅速结案。而刑事案件一般采取原告就被告的原则,不由事犯地方州县管辖。直省客商在异地经商所发生的钱债纠纷,也“止许于所在官司陈告,提问发落”。原被告处于两处州县的民事案件,采取“听原告就被论(本管)官司告理归结”的刑事诉讼原则,不另做规定,但“(其各该官司自分彼此,或受人财)推故不受理者,罪亦如之。(如上所告)事情轻重,及受财枉法,从重论”。[①]

如旗民之间发生争控户口、田房案件,旗人由各本旗具呈,民人由该地方官具呈。如该管官审断不公及实有屈抑,而该管官不接呈词者,许其赴部控诉,亦有事系必须送部者,该管官查取确供确据,叙明两造可疑情节,送部查办。[②] 为了集中办理旗民之间的诉讼,户部专设现审处,“掌听旗民之讼事”。[③]

其二,审理。

凡告田园、房屋、坟墓、钱债、婚姻、承继、行帐等事,均需交验粘连契券、绘图、注说、婚阄书、行单等。不仅如此,土地纠纷案,要求有地邻;债务纠纷案,要求有中保;婚姻纠纷案,要求有媒证,这反映了书证在民事诉讼中的重要价值。

民事案件一般可以调处结案,刑事案件除轻微刑事案件外,不得采用调处结案。

审理民事案件的法律适用,与刑事诉讼案件所要求的必须依律例断结不同,有律例者依律例(根据清代档案依律例断案的比重仍较大)。无律例者,州县官有权选择适当的民事法律渊源断结。在历史悠久、地域广阔、民族众多的中国,存在着复杂多样的习惯,如宗族习惯、村落习惯、行会习惯、行业习惯、少数民族习惯、宗教寺院习惯和秘密社会习惯等等。在这些习惯中,经国家认可,发挥着特殊的社会调整作用,是民事法律渊源的重要形式。例如,《清会典》明确规定,西藏“番民犯罪,仍依其俗论罪,按罪名轻重,以定纳赎多寡,译写定例存驻藏大臣处。凡罪经协尔帮郎仔辖噶布伦

---

① 《大清律例》卷三〇,《刑律·诉讼·越诉》。

② 《大清会典》卷二四,第1页。

③ 《大清会典》卷二四,第1页。

剖断后，皆呈驻藏大臣核定。”[①]

又如依情理断案。在民事诉讼中“依情理断案”也不乏见。

例一，《吴中判牍》所载兄弟析产案：该家有七子，其母死后长子将遗产独占，余子告到官府。按律应判七子均分，但知府蒯子范为了照顾二、三房寡嫂守志，遂将遗产先分为七份，长房分得七份之一，其余并为二份，一份由四、五、六、七房兄弟均分，一份归二、三房寡嫂。并判曰：“阿兄不道，难应将伯之呼；群季皆贤，尚有援嫂之意。本县用是嘉尚，而于权（四子名）等有厚望矣。”[②]在这里，情重于法，司法判决与道德舆论的褒贬相合，其社会效果超过了简单的依法判决。

例二，于县令成龙对江、沈二家因小儿戏嬉发生争吵，告官。依理判决如下：“尔（指江姓）与对门沈寡妇宗氏，以小儿争之微衅，竟欲借此酿成大狱，以破其产，以耗其家，尔何不仁之甚耶！古人十千买树，十万卜邻。即尔理尽直，彼理尽曲，区区小事，亦不应涉讼。况彼为寡妇，尔则丈夫。”“沈宗氏茹苦含辛，抚孤守节，尔一堂堂男子为之邻者，允宜敬其志，钦其节，周恤其不足，原谅其不及”，“如尔子果有伤者，着即日于三日内抬县检验，由本县出资代为调治，不得犯沈宗氏一草一木，更不得需索沈宗氏一丝一粟。如无伤者，从此了事。”[③]

再如依礼断案。在清代，作为满洲族统治者，基于统治广大汉族考虑，在尊儒重礼上尤甚于前朝。凡是以纲常名教为内涵的礼，称之为“礼教”。而以道德习俗为内涵的礼，称之为“礼俗”。依礼断案，就是以礼教的基本原则和公认的道德规范作为民事判决的依据。

现引陆县令嫁书依礼判决兄弟争产案判词为例：

> 尔兄弟名仁而不克成仁，名义而不知为义，以祖宗之微产，伤手足之天良。兄藏万卷全无教弟之心，弟六科，竟有伤兄之意，古云：同田为富，分贝为贫。应羞析荆之田氏，宜学合被之姜公，过勿惮改，思之自明，如再不悔，按律治罪不殆。[④]

---

① 《光绪会典》卷六七，《理藩院》。

② 《清朝名吏判牍》。

③ 《清朝名吏判牍》。

④ 《清朝名吏判牍》。

此判词以手足之情为重，以仁义为针砭，借以激发其兄弟愧悔之心，消弭田产之争。

但此类解决案件的方式，在清代的民事诉讼档案中，所占比重极小。认为中国古代民事案件除以刑事手段解决外，均以礼解决，不符合历史的实际。

其三，判决、执行与上诉。

民事判决称为“堂断”或“堂谕”，大多数是在当事人或监护人、调解人的呈状、保状以及表示悔过、服输、和解的甘结上，作出的批示。如：

> 甘结。具甘结人胡瑞今于与甘结事。依奉结得：武宽禀身赖伊耕毁豆子争吵一案，蒙恩审讯完结，身回家安分度日，再不敢争吵滋事，所具甘结是实。
>
> 嘉庆十六年六月二十四日
>
> 胡瑞（画押）
>
> 批：准结。[1]

在清代的民事诉讼档案中，经常看到如下的判决词：

> 准，从宽免究销案，仍取两造遵允，送查。
>
> 钱已清楚，伤已平复，姑准从宽免究，准息销案。
>
> 既据吁恳求息，姑准免究销案。
>
> 既经处明，即取具遵允送案，以凭查销，勿违。
>
> 既经尔等理，两造均已允议，准，据票销案。
>
> 如结完案，倘有不符之处，定于重咎。[2] 等等。

凡属言词简约的判决，多为当堂口头宣告，无须公布和送达当事人，只有备案，留待上司查核。有些判词贴于照壁，以示判决的严肃性。

民事案件实行一审终审制，州县判决后，即可执行，既没有专门的执行机构，也没有专门的执行程序，而且无需通禀，或通详上级衙门。例如，田宅、钱债纠纷，于当堂交付钱款或文书契据，双方各自具交状、收状，领状存

---

① 档案《宝坻县全宗》。

② 见清代司法档案。

案，以免日后翻异。如不能当堂交付，在甘结中必须说明交付的具体时间，限期交付。

民事判决的当堂执行，是常见的有效执行方式，对于拒不执行判决者，要“带案讯究”，予以笞杖、监禁，以示执行判决的法律责任。如当事人不服州县判决，也可以逐级上控于府、道、省，直至京控，没有审级的限制，但严禁越级上控。

民事案件的上控，如系京控，都察院、步军统领衙门收呈之后，通常发回本省复审，并不送交刑部审理。《大清律例》规定：“至钱债细事，争控地亩，并无罪名可拟各案，仍照例听城坊及地方有司自行审断，毋得概行送部。”[①]至乾隆三十四年又定例：对于“其仅止户婚、田土细事，则将原呈发还，听其在地方官衙门告理，仍治以越诉之罪”，理由就是“外省州县小民，敢以户婚、田土细事来京控诉，必非安分之人，仅将原呈发还，无以示儆。……仍治以越诉之罪。”[②]

以上可见，诉讼程序简便，审判方式灵活，既严明州县官的司法责任，又赋予其审判上的权变。对于纯民事案件，按民事手段审结。民事附带刑事的综合性案件，其民事部分适用民事手段，其刑事部分适用刑事手段。如“知情受寄，诈匿财产者，杖一百”。[③] 但是否责惩，刑责多少，仍由州县官掌握。有时刑责是象征性的，只是作为威胁手段，迫使当事人服从调解或判决。但如案件事涉人伦，严重侵犯了纲常礼教，则要动用刑罚。根据现有的民事案例，即便在处刑的同时，对双方当事人争执的民事部分，仍采用民事手段解决，加笞之后，仍令补偿损失。认为民事案件均采用刑罚手段解决是以一概全，不符合历史实际的，特别是忽视了刑责往往是针对民事案件所附带的刑事部分。

由于民事诉讼所具有的特殊性和州县官拥有较大的权宜之权，因此清朝建立了比较健全的监督机制。《大清律例》规定：“各省、州、县及有刑名之厅、卫等官，将每月自理案件作何审断与准理、拘提、完结之月、日逐件登记，按月造册，申送该府、道、司、抚、督查考。”“其有隐漏、装饰……轻则记过，重则题参。如该地方官自理词讼，有任意拖延使民朝夕听候，以致废时失业，牵连无辜，小事累及妇女，甚至卖妻鬻子者，该管上司即行题参。若

① 《大清律例》卷三〇，《刑律・诉讼・越诉》。

② 薛允升：《读例存疑》卷三九，第983页。

③ 《明公书判清明集》。

上司徇庇不参,或被人首告,或被科道纠参,将该管各上司一并交与该部从重议处。”①

五、简短的结论

近代以来,西方学者认为中国古代只有刑法没有民法,这种观点限于当时的历史条件和作者的视野,未能得出符合中国法制历史实际的结论,是不足为怪的。其实,任何一个国家,任何一个时代,都不可能只有一种法律——刑法,社会关系的复杂性,决定了法律关系的复杂性以及法律调整方式的多样性,如果只存在罪与罚的刑法,那样的社会关系岂不是太简单了?那样的社会还能存在吗?作为调整财产关系和身份关系的民事法律,在任何一个文明社会,都是不可或缺的。作为统治阶级而言,最关心的就是涉及本身利益的财产关系,因此其代言人——国家官吏,也总是要制定各种形式的民法加以调整。可见否认中国存在民法的认识,不仅有悖于中国法制历史的实际,也完全违反了法理学的基本观点。中国古代法制文明发达很早,无论立法与司法,都在相当长的时间内居于世界的前列,除刑法发达外,行政法律、民事法律、诉讼法律也都达到了很高的成就,不能以有无一部法典来概括一种部门法的有无,中国的法律体系及其形成过程,有其特殊的路径和本土化的渊源,有些不能用西方的法律发展模式来要求,更不能用近现代的民法观点去衡量中国古代的民事法律,重要的是,深入中国法制历史的实际,进行细致的研究,然后再从中得出应有的结论。

(转引自:《现代法学》2011.4)

① 《大清律例》卷三〇,《刑律·诉讼·告状不受理》。

纪念辛亥革命百年的几点感悟

1911 年发生的辛亥革命，迄今已整整百年了。在这百年里，中国发生了天翻地覆的变化，不仅实现了辛亥革命所要达到的目标，而且在更高的层次上，建设起了社会主义的中国。抚今追昔，深感今日之中国来之不易，革命先烈抛头颅洒热血所赢得的胜利成果自当百倍珍惜。纪念辛亥革命百年，有以下感悟：

一、清朝预备立宪的逆转与辛亥革命发生的历史必然性

在内外交困的压力下，清廷于 1905 年宣布预备立宪，其间改官制、定宪法、修法律，一时之间改革之声颇嚣尘上。但至光绪末年，尤其是宣统即位以后，清朝的预备立宪实际上发生了逆转。一批懵懵懂懂的宗室亲贵，竟然设想借立宪进一步控制国家大权，尤其是面对革命党人频频发动的武装起义和风起云涌的群众性自发斗争，清朝顽固集团又重拾起专制主义的暴力镇压手段。

1910 年，在第三次国会大请愿之后，奉天、天津等地的立宪派对清廷的拖延政策极其不满，准备发动第四次国会大请愿。这时，清政府下令将奉天代表押解回籍，将天津代表发配新疆，从而扼杀了第四次国会请愿活动。

同年组建的第一届责任内阁打破了固有的满汉大臣平分名额的惯例，在十三名阁员中，汉官只占四名，而在九名满族阁员中，宗室竟然占了六名。因此，这届责任内阁被讥讽为“皇族内阁”。这使得满族统治集团在汉官中也陷于空前孤立的境地。

尤有甚者,朝廷更以血腥手段,镇压革命党人的活动。1907 年,竟然对鉴湖女侠秋瑾动用斩刑,打破了对于女犯“例不斩枭”的法律规定,表现了对革命者的极端仇恨。1910 年春,又血腥镇压了广州起义。就在武昌起义之前,还杀害了新军中的革命党人。

凡此,都说明了清朝推行的预备立宪发生了逆转。与此同时,清政府还收回路权矿权,不仅失信于民,更暴露了其贪婪本质。因此,在武昌起义发生之前,广大人民群众对清朝的预备立宪已经失去了信心,革命的火种遍布全国,群众性的自发斗争普遍高涨,不仅斗争的次数激增,斗争的形式也复杂多样,各地叠连发生了抗捐抗税、抢米骚动、工人罢工、反对教会压迫等运动。一句话,革命的时机已经成熟了。为了抗击对于新军内革命党人的迫害,爆发了武昌起义,并迅疾扩展至全国,其革命形势发展之快,使孙中山也感到“武昌之功,乃成于意外”。①

辛亥革命的爆发,是人民群众反对清朝卖国求存、残民以逞,多年郁积的革命激情的大爆发。它的必然性,归根结底,就在于中华民族与帝国主义的矛盾,人民大众与封建主义的矛盾不断激化的结果。

辛亥革命的历史功绩,不仅在于推翻了延续两千余年的专制帝制,而且在中华大地上建立了前所未有的共和国。它对民族的觉醒、民智的开发、民心的振奋都起了极大的作用。革命所迎来的不再是任何一个民族的帝国的重建,而是以国民为主体的共和制的民国。

早在 1894 年,孙中山创立兴中会,以“创立合众政府”为会员的入会誓词,他理想中的合众政府,是以美国政府为原型的。1904 年,孙中山在美洲手订的致公堂章程中,提出“驱逐鞑虏,恢复中华,创立民国,平均地权”的宗旨。1905 年,同盟会成立后,在同盟会宣言中,对于“创立民国”的政纲,作了如下解释:“今者由平民革命以建国民政府,凡为国民皆平等以有参政权。大总统由国民共举。议会以国民公举之议员构成之,制定中华民国宪法,人人共守。敢有帝制自为者,天下共击之!”②除孙中山关于民国政府的论述外,1903 年年轻的革命家邹容也在其著作《革命军》中大声疾呼建立民主共和国,“天清地白,霹雳一声,惊数千年之睡狮而起舞。是在

---

① 《成都血案、武昌起义、鄂州约法》,民国公报,1911。

② 《同盟会宣言》,《孙中山选集》上卷。

革命，是在独立……中华共和国万岁！中华共和国四万万同胞的自由万岁！”[①]“中华共和国万岁”是当时最伟大的时代强音。孙中山和邹容关于未来民主共和国的梦想在辛亥革命以后变成了现实。

上述革命先驱者关于民国的一系列论述，对于广大民众而言，还不过是一种宣传，一种纸面上的知识，而当辛亥革命创建了民国之后，情形就大为改变了，人们切身感觉到了民国的具体存在，可以体验到、触摸到的感知，其效果不是书本上的知识宣传所能达到的。由于共和国的方案具体化了，融入民众生活当中，因而成了强大的物质力量。这就难怪无论是袁世凯的帝制自为，还是张勋的复辟都瞬间覆灭，真正实现了“敢有帝制自为者，天下共击之”。

二、《中华民国临时约法》奠定了民国的法统

1912 年 3 月 8 日，南京参议院全案通过《中华民国临时约法》，9 日，参议院咨请临时大总统孙中山予以公布，11 日，孙中山正式公布。《中华民国临时约法》共七章五十六条，在“宪法未施行以前，本约法之效力与宪法等”。[②]《中华民国临时约法》是由辛亥革命所产生的、具有资产阶级共和国宪法性质的历史文献，它以根本法的形式宣告了封建专制制度的灭亡，确认了民主共和国家制度的诞生。

在民权思想指引下，《临时约法》第一条规定“中华民国由中华人民组织之”，第二条“中华民国之主权，属于国民全体”，这两条规定，是资产阶级革命派为之流血牺牲的奋斗目标，它宣告了“朕即国家”的君主专制制度的死亡。在封建专制时代，皇帝是国家的主体，国家成为皇帝个人的私产。汉高祖就曾公开表白说：“始大人常以臣无赖，不能治产业，不如仲力。今某之业所就孰与仲多。”[③]《唐律疏议》中也解释说“人主以天下为家”。[④]

《临时约法》根据三权分立的原则，规定了参议院、临时大总统、副总统、国务员、法院的地位和职权。参议院是立法机关，行使立法权。参议院

---

① 邹容：《革命军》，载三联书店编《中国近代思想史参考资料简编》，三联书店 1956 版，第 661 页。

② 《临时政府公报》第三十五号，1912 年 3 月 11 日。

③ 《史记·高祖本纪》。

④ 《唐律疏议·名例》，“大不敬”条。

由地方选派之议员组织之。参议员每行省、内蒙古、外蒙古、西藏各派五人，青海选派一人。参议院议决一切法律案，临时政府之预算、决算，全国之税法、币制及度量衡之准则，公债之募集及国库有负担之契约；承诺临时大总统任命国务员及外交大使公使、宣战、媾和、缔结条约及宣告大赦事件；答复临时政府咨询事件，受理人民之请愿，提出质问书于国务员并要求其出席答复；谘请临时政府查办官吏贿赂、违法事件等等。

临时大总统、副总统由参议员选举之。临时大总统代表临时政府，总揽政务。临时副总统于临时大总统因故去职，或不能视事时，代行其职权。

国务总理及各部总长，均称为国务员。由临时大总统任命，但须得参议院之同意。国务员辅佐临时大总统负起责任。于临时大总统提出法律案、公布法律，及发布命令时，须副署之。

法院以临时大总统及司法总长分别任命之法官组织之。法院依法律审判民事诉讼及刑事诉讼。

这样的政权结构意味着从19世纪70年代以来早期改良派鼓吹的三权分立，经过半个多世纪的斗争，终于在南京临时政府得以实现。

《临时约法》还着重规定了人民的权利与义务。以根本法的形式将“人民”列为专章，而对其权利与义务作明确的界定，这在中国历史上亦属首次。约法郑重宣告：“中华民国人民，一律平等，无种族、阶级、宗教之区别。”

关于人民权利，《临时约法》第二章第六条至第十二条作了如下规定：人民享有人身、住宅、财产、营业、言论、著作、刊行、集会、结社、通讯、居住、迁徙、宗教等自由权利。并享有请愿陈述、任官考试、选举及被选举等公权利。

这一章还规定了：“人民保有财产及营业之自由。”这条规定，虽然主要是保护有产者的财产所有权，但对一般民众也并非毫无意义。至于以法律形式宣布自由营业的权利，等于否定了清朝实行的限制私人资本主义发展的“官办”、“官督商办”的政策，从而有利于民族资本主义的发展。

关于人民的义务，《临时约法》第二章第十三条和第十四条规定：“人民依法律有纳税的义务”和“服兵役之义务”。

尽管《临时约法》关于人民权利自由的规定，没有也不可能摆脱资产阶级宪法中通常所具有、为限制人民权利自由而规定的某些限语，但是就人民权利自由的广泛性而言是前所未有的，是对封建制度下等级特权与民族压迫的公开否定，是广大人民在精神上获得的一次大解放。

综上所述,《中华民国临时约法》是伟大的辛亥革命的产物,它以西方的民主法治学说及孙中山三民主义为理论基础,以美国合众政府宪法为模式,开创了中国资产阶级民主政治的新局面。它是革命党人经过无数次流血牺牲、百转千回之后所得到的不易之果。

由于《临时约法》成为南京临时政府的法律渊源或法律根据,由此奠定了南京临时政府的法统。"法统"一词是民国初期流行的政治术语,其义是指政府权力的法律来源或权力的法律依据,用以判别政权的合法性与正当性。民初发生的法统之争,其实质就在于争夺统治权的合法地位。由于《中华民国临时约法》是民国政府法统的法律渊源,法统之争也就是围绕毁法与护法而展开。凡根据《临时约法》而产生的政府便被认为是合法的。这是辛亥革命以后中国法制继续走向近代化的一个新的内容。

在中国古代,国家权力的来源被说成是天命神授,或者根据血缘关系承继大统。然而辛亥革命所产生的权力法定的法统论,说明了只有依据《临时约法》产生的政府才是合法的政府,反之依靠武力毁弃约法而产生的政府是非法的。人们开始以合法与非法的观点判断政府权力正当性,这是前所未有的。因此毁法者也往往假借法统的外衣,为扩展自己的权力寻找正当性的根据,以致在掌权之后也积极制定宪法之类的文件,以显示其统治的合法性。尽管他们蔑视约法宪法,但又不得不佯视尊重。直系军阀所喧嚣的"恢复法统"、"法统重光"并不能掩盖其借助法统的外衣推行武力统一政策的实质。民国时期出现的毁法与护法之争,反映了民国时期政治斗争的复杂性和时代特点。

三、辛亥革命后,法学家获得了施展才能的平台

1911 年的辛亥革命,不仅推翻了清朝的专制帝制,也结束了禁锢人们思想与文化发展的专制统治,开创了解放思想与文化意识的新纪元。民国成立后,相对宽松的政治环境与自由探讨的较为轻松的学术氛围有利于学术的自由发展,因而造就了群星灿烂的一代学术大师。以社会科学为例,文学的代表人物有鲁迅、茅盾、巴金等,史学的代表人物有郭沫若、陈垣、陈寅恪等,哲学的代表人物有金岳霖、胡适、冯友兰等。法学界也同样出现了一批著名的法学家,他们既承担着繁荣法学的重担,同时又是立法工作的实际组织者和领导者,对于六法体系的最终完成,起了重要的作用。其中

首推王宠惠。

王宠惠(1881—1958)，广东东莞人。1900 年毕业于北洋大学堂法律系，获钦字第一号文凭，为中国第一位本土的大学毕业生。1901 年赴日研读法学，1902 年转赴美留学，在耶鲁大学获法学博士学位。后赴英国再行研究法学，取得英国律师资格。还游历欧洲，考察各国宪法，并被选为柏林比较法学会会员。他赞同孙中山学说，组织发起成立国民会，1904 年曾在美国协助孙中山撰写《中国问题的真解决》的英文稿。辛亥革命后曾任南京临时政府外交总长、北京政府司法总长、大理院院长、教育总长，并一度组阁，署理国务总理。至南京国民政府建立，先后出任司法院院长、外交部长等职。王宠惠的法学功底极为深厚，成就也是多方面的：其主要著作有《宪法刍议》、《宪法危言》、《宪法平议》、《比较民法》、《中华民国宪法之要点》、《宪法之功用》、《五权宪法》、《五权宪法之理论与实践》等。在主持立法方面，1928 年修订刑法时，王氏起草了《刑法草案》，经通过后于 4 月 10 日公布，即 1928 年《中华民国刑法》；其后他又以顾问身份参与了民法典的起草编订工作；1946 年还参与了宪法的制定。

王宠惠还于 1921 年代表中国出席太平洋会议，提出废除日本逼迫中国签订的“二十一条”，为中国争取权利作出了贡献。1923 年他被国际联盟选为海牙常设国际法庭正法官。1945 年 4 月他代表中国出席《联合国宪章》制宪会议，对《联合国宪章》的制定提出了富有建设性的意见，并被委以润色和审定中文版工作的重任。1948 年当选中央研究院第一届院士(人文组法律类)。同年海牙国际法院遴选出世界最杰出的 50 位法学家，王氏名列其中。

王宠惠之外，王世杰、江庸、吴经熊、史尚宽等均为民国时期的法学大家，不仅著作丰硕，而且于立法工作卓有贡献，兹分别加以论述。

王世杰(1891—1981)，湖北崇阳人。巴黎大学法学博士。1920 年冬，受北大校长蔡元培之聘回国，任北大法学教授，后任法律系主任。1929 年至 1933 年担任国立武汉大学首任校长。1927 年王世杰被任命为立法委员，同时担任法制局局长，兼任海牙国际仲裁所裁判官。曾主持制定南京国民政府的民法、刑法、民事诉讼法等，后任教育部长、外交部长等职。1948 年当选中央研究院第一届院士(人文组法律类)。王氏治学，以宪法学见长，他与钱端升合撰的《比较宪法》影响深远。此外，还著有或与他人合著有《宪法论理》、《代议政治》、《中国不平等条约之废除》、《女子参政之研究》、《中国奴婢制度》等。

江庸(1878—1960),福建长汀人。1906 年毕业于日本早稻田大学法律学部,回国后就职于修订法律馆,参与了晚清的修律工作。民国时期,担任北京政府大理院推事、京师高等审判厅厅长、司法总长、修订法律馆总裁等职。1912 年参与创办私立朝阳大学,并 1927 年出任校长。1923 年主办《法律评论》杂志,为推动法学发展作出了积极贡献,直至今日,仍在台湾地区连续发行。江氏主要著作有《撤废领事裁判权问题》、《选举诉讼释义》、《现行间接选举制之障碍》、《继母在民刑法上之地位》、《五十年来中国之法制》等。

史尚宽(1898—1970),安徽枞阳人。毕业于东京帝国大学法律系,获法学士学位。1922 年秋赴德国柏林大学研究法律、巴黎大学研究政治经济。1927 年回国后曾任中山大学、中央大学及政治大学教授,又先后担任立法委员、立法院法制委员会委员长、司法院大法官、司法行政部司法官训练所所长等职。曾参与民法、宪法等重要法典之起草编订工作。其著述影响最大,最有学术价值的当数“民法全书”:《民法总论》、《物权法论》、《债法总论》、《债法各论》、《亲属法论》、《继承法论》。

吴经熊(1899—1986),浙江宁波人。1920 年毕业于东吴大学法科。后留学于美国密歇根大学法学院,1921 年获法学博士学位。此后又游学于欧洲,曾在巴黎大学、柏林大学等从事哲学和法学的研究。1923 年吴经熊应邀至美国哈佛大学进行比较法哲学的研究。1924 年回国,出任东吴大学法科教授。1927 年任上海特别市法院法官,并兼任东吴大学法学院院长。1928 年出任南京国民政府立法院的立法委员。1933 年出任立法院宪法草案起草委员会副委员长,任上公布有《中华民国宪法第一草案》,被称为《吴氏宪草》。吴经熊著有《中国制宪史》、《法律哲学研究》、《约法释义》等书,及《关于编订民法之商榷》、《我国旧法制底旧道德的成分》、《新民法和民族主义》等文。

就法制史学界而言,程树德、陈顾远、杨鸿烈等均有传世之作。程树德(1877—1944),福建闽县人。清末举人,后留学日本,毕业于日本法政大学法律科。回国后曾任法典编纂会纂修、国务院法制局参事,并担任北京大学、清华大学教授,著有《九朝律考》。陈顾远(1896—1981),陕西三原人。1923 年毕业于北京大学。之后曾任立法院立法委员,并在北京大学、复旦大学、中央大学、安徽大学、朝阳大学任教。著有《中国法制史》、《中国国际法溯源》等。杨鸿烈(1903—1977),云南晋宁人。毕业于国立师范大学外文系,后入清华大学国学研究院师从梁启超、王国维等国学大师。1937年获日本东京帝国大学法学博士学位。曾在南开大学、中国公学、北京师范大学、云南大学、河南大学等校任教。著有《中国法律在东亚诸国之影响》、《中国法律发达史》、《中国法律思想史》等。

民国时期,经过法学家的努力,法学较之晚清有了重大发展,而且形成了新的特点。主要表现为法学研究在广度和深度上得到拓展、深化。晚清时期法学主要是继受日本的法律学说,法学家们还缺乏批判地吸纳和创新的能力。至民国时期,中国学者已经学会了从比较法的角度来选取自己所需要的法律。1930年完成的《中华民国民法》就是在借鉴德国、瑞士民法的同时,也吸纳了日本、法国、苏俄等国民法的要素。如果说晚清时期法学主要是翻译外国著作和外国教习的讲义,那么民国时期已经从译书开始转向独立著述,不仅有教科书,并有大量的专业论文和著作。可以说,民国时期的法学研究已具有了相对的独立性和系统性。当然,民国时期法学研究的局限性也是显而易见的。由于法学家们主要围绕着紧迫、繁重的立法使命进行思考、著述,仍然没有超出以外国同类著作为宗的窠臼,在理论体系与研究方法上还缺乏原创性。此外,法学研究与现实生活和司法实践之间也缺乏有机地结合,立法中还存在着一些理想化的内容。

民国时期的法学家除关注专业的研究外,也致力于各种部门法的制定工作。如果说晚清修律只是初建了近代法律体系的雏形,民国时期经过法学家的努力,通过各种部门法的制定和修订,最终完成了中国近代仿大陆法系的法律体系。

除此之外,在法学家的推动下,民国时期的法学教育也取得了长足的进步,法学教育的规模远远超过了晚清,呈现出多元化的发展趋势。据初步统计,20世纪40年代,国内已有各种类型的法学院(科或系)60余所,每年毕业的各层次的法科学生超过万人。为了保证法学教育的质量,北京政府教育部公布了《大学令》、《大学规程》、《法政专门学校规程》等法规,力图使中国的法律教育与国外的法律教育接轨。同时根据"留良汰莠,勿失法政教育之精神",整顿和撤销因时而立、唯利是图的一些私立法律院校,借以实现"法政专门学校以养成法政专门人才"的宗旨。南京国民政府为使法律教育规范化,也陆续公布了《大学组织法》、《大学规程》、《专科学校组织法》、《专科学校规程》、《学位授予法》、《学位分级细则》等法规。正是在严格的规制之下，当时国立大学中北京大学法律系、中央大学法学院、武汉大学法学院等已跻身于中外知名的法律院校行列。在私立法学院中，一直流传着“北有朝阳（朝阳法学院），南有东吴（东吴法学院）”的美誉。1923年朝阳大学同学会创办的《法律评论》（周刊），是民国时期最著名的法学刊物之一。东吴法学院由于注重英美法和比较法，成为蜚声海外的“中华比较法律学院”。

辛亥革命所建立的民国政府，毕竟解除了桎梏人们思想自由发抒的专制枷锁，使法学家得以一展所长。民国时期，无论法学、法律教育，还是立法活动，都较之清朝不可同日而语，这也显示了辛亥革命伟大的历史功绩。

四、没有辛亥革命，就没有新民主主义革命

辛亥革命的成功，使得资产阶级民主派的旧民主主义革命的目标初步实现。但是辛亥革命虽然赶跑了一个皇帝，却并没有解决中国的根本问题——独立、民主、富强。

如果说清王朝是帝国主义列强共同操纵下的洋人的小朝廷，那么民国政府就是帝国主义列强分别操纵下的不同派别的军阀政权。帝国主义推行的分裂剥削政策，使得在袁世凯死后统一的中国分裂为若干个军阀割据政权。在这样的历史背景下，不反对帝国主义就谈不上国家的真正独立。可惜的是，辛亥革命以来所颁布的约法、宪法等根本法中，都没有涉及反对帝国主义的问题，以致帝国主义对中国的侵略不断升级，先是日本强加给中国的二十一条，后又有美国深入经济侵略的《中美友好通商航海条约》。可见只有反对帝国主义，才能实现真正的民族主义。历史证明资产阶级领导下的民国政府不可能实现这个任务，只有新民主主义革命所产生的人民共和国政府义无反顾地承担起了这项历史任务。

早在1934年，《苏维埃共和国宪法大纲》中便明确宣布：“这个专政的目的，是在消灭一切封建残余，赶走帝国主义列强在华的势力，统一中国。”中华人民共和国成立以后，在1954年《中华人民共和国宪法》中，一方面宣布“在一九四九年取得了反对帝国主义、封建主义和官僚资本主义的人民革命的伟大胜利，因而结束了长时期被压迫、被奴役的历史，建立了人民民主专政的中华人民共和国。”另一方面，继续提出“反对帝国主义”的任务。即使在1982年的《中华人民共和国宪法》中，仍然提出“坚持反对帝国主

义、霸权主义、殖民主义”的任务，并且在序言中总结了只有反对帝国主义，才能赢得民族独立的历史经验，“一九四九年，以毛泽东主席为领袖的中国共产党领导中国各族人民，在经历了长期的艰难曲折的武装斗争和其他形式的斗争以后，终于推翻了帝国主义、封建主义和官僚资本主义的统治，取得了新民主主义革命的伟大胜利，建立了中华人民共和国”。

1912 年《中华民国临时约法》根据主权在民的原则宣布：“中华民国由中华人民组织之”，并规定人民享有人身、住宅、财产、营业、言论、著作、刊行、集会、结社、通讯、居住、迁徙、宗教等自由权利，并享有请愿陈述、任官考试、选举及被选举等公权利，以及保有财产及营业之自由。《临时约法》所规定的人民权利自由是对封建制度下等级特权的公开否定，是广大人民在精神上获得的一次解放。

此后，北京政府和南京国民政府所制定的宪法，关于人民权利自由的规定虽较《临时约法》为广泛，但既没有可靠的物质保证，还为他们借口“增进公益、维持治安，或非常紧急必要”的需要践踏人民的权利和自由提供了口实。段祺瑞政府所制造的“三一八惨案”，南京国民政府制造的多起血案都证明了这一点。至于由《临时约法》产生的被誉为民主象征的国会，实际上只是起到了总统宝座升降机的作用；而南京国民政府召开的国民大会，其声名之狼藉尤甚于民初的国会。

以平均地权和节制资本为核心内容的民生主义，既不见于《临时约法》，也不见于民国政府的宪法。南京国民政府制定的民法典及商事单行法，虽然采纳了世界上最新的学理，立法技术也颇为精审，但是，整个私法体系是建立在一种不公平的现实基础上的，官僚资本家和大地主们利用形式完备的私法体系.继续维护他们的特权，而不是实现“耕者有其田”和“节制私人资本”。可见孙中山先生倡导的三民主义，无论是北京政府还是南京国民政府都没有实现。

历史证明，不反帝就不能实现中华民族的独立，不反封建就不能实现人民民主和富国强兵。就这样，辛亥革命所不能完成的任务，就必须由中国共产党领导的新民主主义革命来完成，资产阶级的共和国最终为人民共和国所取代，这就是历史的必然。1949 年 9 月 21 日，第一届中国人民政治协商会议通过了作为临时宪法的《中国人民政治协商会议共同纲领》，由此而确立了中华人民共和国的法统。《共同纲领》是人民的选择，也是中国共产党执政合法性的法律依据。

辛亥革命百年话法统

自1905年以后，清朝的统治已经是“岌岌乎不可以支日月”。在资产阶级民主革命的影响下，群众性的自发斗争普遍高涨，不仅斗争的次数激增，斗争的形式也复杂多样，如抗捐抗税、抢米骚动、工人罢工、反对教会压迫等等。特别是山西、安徽、山东、云南、河南、四川等省，都发生了收回矿权的斗争，全国还掀起了收回路权的风潮。这时清廷推行自救的预备立宪也发生了逆转，竟然组成了皇族内阁，强制解散了准备发动的第四次国会大请愿，并血腥镇压了广州起义和武昌新军内的革命党人，终于激起了武昌起义，全面爆发了辛亥革命。

1911年爆发的辛亥革命推翻了清王朝，结束了延续二千余年的封建帝制，创建了民国，而且将中国法制的近代化推向了一个新的阶段，它所提供的经验与教训都有极其现实的借鉴意义。

一、《中华民国临时约法》确立了民国的法统

在孙中山设计的建国方略中，革命成功以后的建设程序，分为三个时期——军政时期、训政时期、宪政时期。与此相应的国家统治，也分为“军法之治”、“约法之治”和“宪法之治”。因此，辛亥革命成立了南京临时政府之后，便进入了约法之治的历史时期，与此相适应而制定的《中华民国临时约法》，便成为南京临时政府最主要的立法活动。1912年3月8日，南京参议院全案通过《中华民国临时约法》。9日，参议院咨请临时大总统孙中山予以公布，11日孙中山正式予以公布。

《中华民国临时约法》是由辛亥革命所产生的、具有资产阶级共和国宪

法性质的历史文献，它以根本法的形式宣告了封建专制制度的灭亡，确认了民主共和国家制度的诞生，在中国宪法史上具有奠基的作用。

《中华民国临时约法》共七章五十六条，在“宪法未施行以前，本约法之效力与宪法等”。[①] 如果说南京临时政府政治设计的蓝图，主要是来自美国，那么临时约法民主自由的规划，则取自法国、美国。孙中山曾经把美国总统林肯提出的“民有、民治、民享”，以及法国的“自由、平等、博爱”口号与三民主义加以比较，并得出结论说：“民有、民治、民享主义就是兄弟的民族、民权、民生主义。”[②]临时约法就是本着这样的指导思想而制定的。

首先，它确立了国民在国家中的地位。在民权思想指引下，《临时约法》第一条规定“中华民国由中华人民组织之”，第二条“中华民国之主权，属于国民全体”，这两条规定，是资产阶级革命派为之流血牺牲的奋斗目标，它不仅宣告了“朕即国家”的君主专制制度的死亡，而且与改良派主张的君主立宪、开明专制彻底划清了界限。

其次，它规定了中华民国为统一多民族的国家以及疆域之范围。在民族思想的指导下，《临时约法》第一章第三条规定：“中华民国领土为二十二行省、内外蒙古、西藏、青海。”这也是中国历史上第一次以根本法的形式规定中国的疆域。其重要意义在于：对外维护中国领土的完整，不容侵犯，对内则反对民族分裂，增强人民的领土意识和统一多民族的国家观念。

再次，也是至为重要的，约法着重规定了人民的权利与义务。以根本法的形式将“人民”列为专章，而对其权利与义务作明确的界定，这在中国历史上亦属首次。约法郑重宣告：“中华民国人民，一律平等，无种族、阶级、宗教之区别。”

关于人民权利，《临时约法》第二章第六条至第十二条作了如下规定：人民享有人身、住宅、财产、营业、言论、著作、刊行、集会、结社、通讯、居住、迁徙、宗教等自由权利。并享有请愿陈述、任官考试、选举及被选举等公权利。

这一章还规定了：“人民保有财产及营业之自由。”这条规定，虽然主要是保护有产者的财产所有权，但对一般民众也并非毫无意义。至于以法律形式宣布自由营业的权利，等于否定了清朝实行的限制私人资本主义发展

① 《临时政府公报》第三十五号，1912 年 3 月 11 日。

② 《三民主义的解释》，《孙中山全书》第三册。

的“官办”、“官督商办”的政策，从而有利于民族资本主义的发展。

关于人民的义务，《临时约法》第二章第十三条和第十四条规定：“人民依法律有纳税的义务”和“服兵役之义务”。

尽管《临时约法》关于人民权利自由的规定，没有也不可能摆脱资产阶级宪法中通常所具有、为限制人民权利自由而规定的“增进公益、维持治安，或非常紧急必要”得以取消的限语，但是就人民权利自由的广泛性而言是前所未有的，是对封建制度下等级特权与民族压迫的公开否定，使广大人民在精神上获得的一次大解放。而在封建的法律中，人民个体更多是作为“义务”而存在的。在清末的《钦定宪法大纲》中，虽然也规定了“臣民的权利义务”，但却列在“附则”当中，也仅有九条。其着眼点不是保障权利自由，而是依法限制权利自由。特别是“当紧急时”，得以诏令“直接限制臣民之自由”，依然表现了封建专制时代“权尊于法”的特性。

作为根本法的临时约法，还构建了中华民国的国家机构。根据三权分立的原则，规定了参议院、临时大总统、副总统、国务员、法院的地位和职权。参议院是立法机关，行使立法权。参议院由地方选派之议员组织之。参议员每行省、内蒙古、外蒙古、西藏各派五人，青海选派一人。参议院议决一切法律案，临时政府之预算、决算，全国之税法、币制及度量衡之准则，公债之募集及国库有负担之契约；承诺临时大总统任命国务员及外交大使、公使、宣战、媾和、缔结条约及宣告大赦事件；答复临时政府咨询事件，受理人民之请愿，提出质问书于国务员并要求其出席答复；谘请临时政府查办官吏贿赂、违法事件等等。

临时大总统、副总统由参议员选举之。临时大总统代表临时政府，总揽政务。临时副总统于临时大总统因故去职，或不能视事时，代行其职权。

国务总理及各部总长，均称为国务员。由临时大总统任命，但须得参议院之同意。国务员辅佐临时大总统负起责任。于临时大总统提出法律案、公布法律，及发布命令时，须副署之。

法院以临时大总统及司法总长分别任命之法官组织之。法院依法律审判民事诉讼及刑事诉讼。

这样的政权结构意味着：从19世纪70年代以来早期改良派鼓吹的三权分立，经过半个多世纪的斗争，终于在南京临时政府得以实现。

此外，临时约法还规定了其宪法地位和修改程序。在附则中规定：“中华民国之宪法由国会制定，宪法未施行以前，本约法之效力与宪法等。”（第

五十四条)

综上所述,《中华民国临时约法》是伟大的辛亥革命的产物,它以西方的民主法治学说及孙中山三民主义为理论基础,以美国合众政府宪法为模式,开创了中国资产阶级民主政治的新局面。它是革命党人经过无数次流血牺牲、百转千回之后所得到的不易之果。早在1894年,孙中山创立兴中会,便以"创立合众政府"为会员的入会誓词,他理想中的合众政府,是以美国政府为原型的。1904年,孙中山在美洲手订的致公堂章程中,提出"驱逐鞑虏,恢复中华,创立民国,平均地权"的宗旨。创立民国与创立合众政府,不仅有着内在的联系,而且是它的发展,使得建立共和国的宗旨更为明确。1905年,同盟会成立后,在同盟会宣言中,对于"创立民国"的政纲,作了如下解释:"今者由平民革命以建国民政府,凡为国民皆平等以有参政权。大总统由国民共举。议会以国民公举之议员构成之,制定中华民国宪法,人人共守。敢有帝制自为者,天下共击之!"[①]除孙中山关于民国政府的论述外,1903年年轻的革命家邹容也在其著作《革命军》中大声疾呼建立民主共和国,"天清地白,霹雳一声,惊数千年之睡狮而起舞。是在革命,是在独立……中华共和国万岁！中华共和国四万万同胞的自由万岁!"[②]"中华共和国万岁"是当时最伟大的时代强音。孙中山和邹容关于未来民主共和国的梦想在辛亥革命以后变成了现实。如果说此前关于革命所要建立的民国还停留在宣传上,辛亥革命则使他们所涉及的民主共和国的方案变成了现实,并且在随即制定的《中华民国临时约法》中得到了根本大法的确认。《中华民国临时约法》以根本法的形式宣布:废除了在中国延续了两千年的封建帝制;确认了资本主义生产关系的合法性;树立了帝制自为非法、民主共和合法的观念,造成了集会、结社、言论、出版自由等民主氛围;对于民众的民主观念、法治观念的觉醒,起了不可估量的作用,以至遵守约法成为了民众的共识。由《临时约法》规定的国体和政体,使中华民国的权力获得了法律的依据,由此而确立了中华民国的"法统",维护法统的意识也在随即展开的法统斗争中不断加强。

---

① 《同盟会宣言》,《孙中山选集》上卷。

② 邹容:《革命军》,载三联书店编《中国近代思想史参考资料简编》,三联书店1956版,第661页。

二、毁法与护法——法统之争

“法统”一词是民国初期流行的政治术语，其意是指政府权力的法律来源或权力的法律依据，用以判别政权的合法性与正当性。民初发生的法统之争，其实质就在于争夺统治权的合法地位。由于1912年3月11日公布的《中华民国临时约法》是民国政府法统的法律渊源，因此法统之争也就是围绕毁法与护法而展开。

凡根据《临时约法》而产生的政府便被认为是合法的。这是辛亥革命以后中国法制继续走向近代化的一个重要标志。贯穿了整个民国时期的法统之争，其实质不过是权力来源之合法与非法之争。

《临时约法》的制定是孙中山维护民国的合法性并用以约束袁世凯，必令其“宣誓遵守约法，矢忠不二”的一个重大措施，其结果却与孙中山的愿望相反，法律限袁不过是一种无可奈何的自慰。但由约法所形成的法统观念，却产生了极大的影响，以致军阀独裁者或公然撕毁约法、践踏法统，或借助约法的外衣，以恢复法统为号召，掩盖其独裁专政的实质。

当袁世凯就任临时大总统后，为了建立军阀独裁的统治，便蓄意炮制舆论，诋毁《临时约法》，并制定《中华民国约法》(通称袁记约法)，取代《临时约法》。袁记约法取消了责任内阁制和国会对总统行使权力的一切牵制。以确认袁世凯无限膨胀的权力为特征的袁记约法，为袁世凯独裁统治提供了法律依据。在随即召开的国会中，国民党借助辛亥革命的有利形势，取得了议会中的多数，热衷于通过国会制定宪法，由约法的法统过渡到宪法的法统。在国会制宪期间，袁世凯主张实行总统制，以便于集权；国民党则坚持实行内阁制，以分享权力。宪法起草委员会虽然否定了总统制的意见，但迫于袁世凯的压力，却又规定了总统有颁布紧急命令权、总统控制下的政府有财政紧急处分权。为了限制这两种重大职权的行使，国民党提议由两院议员内各选出二十名委员，组成“国会委员会”，在国会闭会期间，大总统如行使上述两项权力，须经国会委员会议决。对此，袁世凯断然予以拒绝。1913年10月25日，他在发给各省文武长官的“有电”中，声称“草案内谬点甚多”，“影响于国家治乱兴亡者极大”。指责由国会委员会议决发布紧急命令权和财政紧急处分权，是“侵夺政府应有之特权”，是“以少数人专制多数人，此尤为蔑侮立法之甚者也。”[①]与此同时，他还指责宪草所规定的“国务总理之任命，须经众议院同意”、“众议院对于国务员得为不信任之决议”，是“行政权全在众议员少数人之手，直成为国会专制矣”。“有电”要求各省文武长官“于电到五日内，迅速条陈电复”对于宪草的意见。根据袁世凯的授意，张勋、冯国璋等在复电中说：“关于宪法草案，该党（指国民党）主张奇谬，破坏三权分立之原则……非将该党从速禁除，无以定国本之动摇，餍人民之心理。”[②]11 月 4 日，袁世凯借口国民党议员“勾结乱党”，下令解散国民党，撤销国民党议员资格，搜查追缴了 438 名国民党议员的证书、徽章，使得国会不足法定人数，无法开会。1914 年 1 月 14 日，袁世凯正式下令解散国会。《天坛宪草》就这样还没有出笼，便成了一张废纸。

随着国会的解散和《天坛宪草》的夭折，由《临时约法》所确立的法统遭到了践踏。之后，袁世凯公然“帝制自为”，但辛亥革命已使民主共和的观念深入人心，袁世凯的“帝制自为”因遭到广大人民的坚决反对而瞬间破灭。

1916 年袁世凯死后，继任总统的黎元洪，为了表明继承民国的法统，以确保自己的地位，力主恢复《中华民国临时约法》和国会。当时控制北京政府实权的皖系军阀、国务总理段祺瑞被迫宣布恢复《中华民国临时约法》和根据临时约法产生的国会，并于 1916 年 6 月 29 日，以大总统命令：“召集国会，速定宪法……宪法未定以前，仍遵行中华民国元年三月一日公布之‘临时约法’。”同年 8 月 1 日，国会在北京开会，议决继续“制宪”，并以《中华民国宪法草案》（即“天坛宪草”）为国会两院宪法会议讨论的基础。9 月 5 日，宪法会议开幕，正式开始“制宪”活动。由于国会不能完全实现段祺瑞的意志，段氏遂组织了“安福国会”，准备通过“安福国会”取代中华民国国会进行制宪活动以确立段氏所需要的法统。但由于 1920 年 7 月发生的直皖战争，皖系战败，“安福国会”随着段祺瑞的下台而解散。

之后，控制了北京中央政权的直系军阀曹锟、吴佩孚，为了迎合民众要求民主与法治的心理，把自己塑造成民国“法统”的继承者和维护者，因而以法统为号召准备召集国是会议，吴佩孚在通电中称：“自法统紊乱以来，南北相持，各不相下……当局者矜念孑遗，捐弃成见……开国是会议于庐

---

① 《袁世凯致黎元洪专电》，1913 年 10 月 25 日，见《奉天省公署档》。

② 吴经熊、黄公党：《中国制宪史》上册，商务印书馆 1937 年版，第 50～52 页。

山，解以往之纷争，消目前之战乱，开建设之程序。”[①]与此同时重开国会，通过贿买国会议员，选举曹锟为大总统。为了平息反对贿选的攻击，并使其权力合法化，曹锟加紧制宪，于1923年10月10日公布了《中华民国宪法》，成为旧中国正式公布的第一部宪法。尽管这一部宪法较之《天坛宪草》内容完备，但是凭借武力和金钱贿选取得的权力是非法的，一纸宪法起不到遮羞布的作用，直系的统治瞬间被推翻。

段祺瑞再次出任临时执政府执政，他声明“法统已坏，无可因袭”，下令废止曹锟的“贿选宪法”，同日也宣告《中华民国临时约法》失效，国会也因之解散。随后又宣布“法统已成陈迹，望制宪大业，早日观成”。于1925年8月3日成立了“国宪起草委员会”，同年12月11日三读通过《中华民国宪法草案》，通称《十四年宪法草案》。该草案分为五编，十四章，一百六十条，它一方面规定总统握有较大的权力；另一方面又采取所谓联邦主义，赋予各省以实权，等于确认了军阀割据的既成事实。由于段祺瑞策划的承担“议决宪法”任务的“国民代表会议”难产，这个段记宪法草案也胎死腹中。

作为手握兵权的北洋军阀，是凭借武力夺取并控制北京政府的，在他们眼里无论宪法、法律都是没有约束力的，却又不得不积极制定宪法，标榜所谓的法统，以辩护其统治权的合法性和正统地位。尽管法统论是一种学说，但由于时代的变化竟然成为梦想武力统一者的一种约束，以致北洋军阀统治时期的制宪活动，都是和法统问题联系在一起的。

1917年7月当皖系军阀践踏民国法统之际，孙中山以恢复《中华民国临时约法》为号召，发起并领导了反对北洋军阀政府，保卫民国的“护法运动”。率领受革命影响的应瑞、应琛两舰和部分旧国会议员，由上海抵广州。8月25日，召开国会非常会议，通过《中华民国军政府组织大纲》，建立了中华民国军政府。9月1日，选举孙中山为海陆军大元帅，正式揭开了保卫民国的护法运动。孙中山在《中华革命军大元帅檄》文中，痛斥袁世凯“改毁约法，解除国会，停罢自治，裁并司法，生杀由己，予夺唯私……朋坐族诛，淫刑以逞”。同时，强调《中华民国临时约法》为“民国开创时国民真意之所发表，而实赖前此优秀之士，出无量代价购得之也……违反约法，则愿与国民共弃之……尊重约法，则愿与国民共助之”。[②]

---

① 赵恒惕等:《吴佩孚先生集》，文海出版社1966年版，第352页。

② 《中华革命军大元帅檄》，《孙中山选集》。

护法与毁法的斗争，是以孙中山为代表的资产阶级民主派，和以北洋军阀为代表的封建买办势力之间，围绕真共和与假民国而展开的激烈斗争。护法运动是孙中山发动的、又一次保卫民国的斗争，正如孙中山所阐明的那样："拥护约法，即所以拥护民国，使国人对于民国无有异志也。"他发愤借此"为民国一清官僚盗贼之害，以树立真正之共和"。[①] 他坚定地表示："既以护法为职志，则只有努力奋斗，期必达目的而后止。"[②]在北洋军阀肆无忌惮地践踏民国的情况下，高举保卫民主共和制度，反对军阀独裁的"护法"旗帜，具有一定的进步意义，一时之间颇有声势。

但是，护法运动仅以恢复约法和旧国会为目的，缺乏积极的政治内容，既没有触及当时中国社会的根本问题，也未能反映广大工农群众的迫切要求，因而缺乏动员的力量。尤其护法运动所依靠的力量是滇、桂两系的军阀，他们不过是借护法猎取政治资本、扩充实力，巩固其割据下的独立王国，以对抗皖系军阀的"武力统一"政策而已。当直系军阀掌权后，滇、桂系军阀遂即附合直系，互相勾结，不仅放弃护法，还极力排挤孙中山，使得孙中山在护法军政府内"艰难支撑一年之久，孑然无助，徒为亲者所痛，仇雠所快，终至解职而去"。[③] 第一次护法运动遂告失败。

1921 年 1 月，孙中山借助广东军阀陈炯明的支持，再度南下广州。由国会非常会议选举为大总统，又一次树起"护法"的旗帜，史称第二次护法运动。由于第二次护法运动发生在新民主主义革命已经开始时期，因此更加失去了政治上的号召力。而且屈从于军阀势力的旧国会，早已声名狼藉，因此，第二次护法运动比起第一次护法运动的影响更小，势力仅及广东一省之间，很快便由于陈炯明勾结直系军阀发动武装叛变，宣告失败。两次护法运动的失败，使孙中山认识到"护法断断不能解决根本问题"。[④] 他在总结这段历史教训时，沉痛地说："辛亥之役，汲汲于制定《临时约法》，以为可以奠民国之基础，而不知乃适得其反……试观元年《临时约法》颁布以后，反革命之势力不惟不因以消灭，反得凭借之以肆其恶，终且取《临时约法》而毁之。"[⑤]

---

① 《复港商陈庚如函》，胡汉民：《总理全集》第三册。

② 《中华民国宪法史前编序》，《孙中山全书》第四册。

③ 《复港商陈庚如函》，胡汉民：《总理全集》第三册。

④ 《中山丛书》讲演，第 55 页。

⑤ 《制定建国大纲宣言》，《中山丛书》第四册。

三、辛亥革命在法统问题上提供的历史经验

(一)从法统的认识出发,考察政府权力的合法性,是辛亥革命后法制近代化的新内容,突出地反映了时代的烙印

在中国古代,国家权力的来源被说成是天命神授,或者根据血缘关系承继大统。然而辛亥革命所产生的权力法定的法统论,说明了只有依据《中华民国临时约法》产生的政府才是合法的政府,反之依靠武力毁弃约法而产生的政府是非法的。这在当时产生了广泛的影响。人们用合法与非法的观点判断政府权力的正当性,这是前所未有的。因此毁法者也往往假借法统的外衣,为扩展自己的权力寻找正当性的根据,以至在掌权之后也积极制定宪法之类的文件,以显示其统治的合法性。尽管他们蔑视约法宪法,但又不得不佯视尊重。直系军阀所喧嚣的"恢复法统"、"法统重光"并不能掩盖其借助法统的外衣推行武力统一政策的麒麟皮下的马脚。民国时期不断发生的毁法与护法之争,反映了民国时期政治斗争的复杂性和民国时期的时代特点。

(二)"护法断断不能解决根本问题"

"护法断断不能解决根本问题",这是孙中山从两次护法运动失败中所总结出的结论。辛亥革命后,中国的根本问题依然是独立、民主和富强。这不仅是护法所不能解决的,也是民国政府所不能解决的。

1. 如果说清王朝是帝国主义列强共同操纵下的洋人的小朝廷,那么民国政府就是帝国主义列强分别操纵下的不同派别的军阀政权。帝国主义推行的分裂剥削政策,使得在袁世凯死后统一的中国分裂为若干个军阀割据的政权。在这样的历史背景下,不反对帝国主义就谈不上国家的真正独立。可惜的是,辛亥革命以来所颁布的约法、宪法等根本法中,都没有涉及反对帝国主义的问题,以致帝国主义对中国的侵略不断升级,先是日本强加给中国二十一条,后又有美国深入经济侵略的《中美友好通商航海条约》。可见只有反对帝国主义,才能实现真正的民族主义。历史证明资产阶级领导下的民国政府不可能实现这个任务,只有新民主主义革命所产生的人民共和国政府义无反顾地承担起了这项历史任务。

早在1934年《苏维埃共和国宪法大纲》中便明确宣布:“这个专政的目的,是在消灭一切封建残余,赶走帝国主义列强在华的势力,统一中国。”中华人民共和国成立以后,在1954年《中华人民共和国宪法》中,一方面,宣布“在一九四九年取得了反对帝国主义、封建主义和官僚资本主义的人民革命的伟大胜利,因而结束了长时期被压迫、被奴役的历史,建立了人民民主专政的中华人民共和国。”另一方面,继续提出“反对帝国主义”的任务。即使在1982年《中华人民共和国宪法》中,仍然提出“坚持反对帝国主义、霸权主义、殖民主义”的任务,并且在序言中总结了只有反对帝国主义,才能赢得民族独立的历史经验,“一九四九年,以毛泽东主席为领袖的中国共产党领导中国各族人民,在经历了长期的艰难曲折的武装斗争和其他形式的斗争以后,终于推翻了帝国主义、封建主义和官僚资本主义的统治,取得了新民主主义革命的伟大胜利,建立了中华人民共和国。”

2. 1912年《中华民国临时约法》根据主权在民的原则宣布:“中华民国由中华人民组织之”,并规定人民享有人身、住宅、财产、营业、言论、著作、刊行、集会、结社、通讯、居住、迁徙、宗教等自由权利,并享有请愿陈述、任官考试、选举及被选举等公权利,以及保有财产及营业之自由。《临时约法》所规定的人民权利自由是对封建制度下等级特权的公开否定,是广大人民在精神上获得的一次解放。

此后,北京政府和南京国民政府所制定的宪法,关于人民权利自由的规定虽较《临时约法》为广泛,但既没有可靠的物质保证,还为他们借口“增进公益、维持治安,或非常紧急必要”的需要,践踏人民的权利和自由提供了口实。段祺瑞政府所制造的“三一八惨案”,南京国民政府制造的多起血案都证明了这一点。至于由《中华民国临时约法》产生的被誉为民主象征的国会,实际上只是起到了总统宝座升降机的作用;而南京国民政府召开的国民大会,其声名之狼藉尤甚于民初的国会。

3. 以平均地权和节制资本为核心内容的民生主义,既不见于《临时约法》,也不见于民国政府的宪法。可见孙中山先生倡导的三民主义,无论是北京政府还是南京国民政府都没有实现。

历史证明,不反帝就不能实现中华民族的独立,不反封建就不能实现人民民主和富国强兵。就这样,辛亥革命所不能完成的任务,就只能由中国共产党领导的新民主主义革命来完成,资产阶级的共和国最终为人民共和国所取代是有其历史必然性的。

（三）废除“伪法统”，建立人民民主专政的法统

“法统说”在南京国民政府时期变成了辩护一党专政的法律根据。他们认为其权力来源于1931年制定的《中华民国训政时期约法》。这部约法的主要内容是确立国民党一党专政的法律地位，它规定了在训政时期，由国民党全国代表大会代表国民大会行使中央统治权，在国民党全国代表大会闭会期间，由中国国民党中央执行委员会行使。国民政府行使行政、立法、司法、考试、监察五种治权，并训导国民行使选举、罢免、创制、复决四种政权。从而以根本法的形式确认了国民党一党专政的国家政治体制。可见，国民党吹嘘的“法统”是一党专政、反民主的法统。与《中华民国临时约法》所确立的民国法统已不可同日而语。而在训政时期约法颁布之后，国民党所进行的大规模围剿苏区的军事活动也说明了这个法统是内战的法统。因此在新民主主义革命取得最后胜利之际，必须废除伪法统，代之以人民的法统。1949年9月21日，召开了代行人民代表大会职权的第一届中国人民政治协商会议，通过了作为临时宪法的《中国人民政治协商会议共同纲领》，由此而确立了中华人民共和国的法统。这是人民民主主义的法统，是反帝反封建的革命的法统。

在辛亥革命百年之际，重温为法统而进行斗争的历史过程，使我们倍加珍惜新民主主义革命所创造的人民民主专政的法统，并为建设中国特色的社会主义法治国家而努力工作。

中国传统法制历史的终结与近代化的路径

1840年鸦片战争以后，殖民主义者的侵略给中华民族带来了深重的灾难，与此同时结束了清政府奉行的对外封闭政策和法文化的单向输出状态，使先进的中国人开始对传统的法制进行反思和对西方法制文明作出客观的评价与选择，以推进中国法制的进步。

西方法文化在中国的传播，使中国人看到了传统法律的不合于时，也看到了西方法制文明所展现出的时代先进性。根据文化交流择优而从的规律，近代中国必然要以先进的西方法制文明作为其法制改革的参照物，进而实现中国法制向近代化的转型，从而揭开了中国法制史的新的一页。

一、中国法律近代化的历史必然性及特殊动因

任何社会、任何时代的法律发展都有其深刻的社会内涵，在社会发展的每一个阶段上，都必然会有与其相适应的法律形式。只有把握这一进程的历史背景，才能对法律的发展有深刻的准确解释。

中国法制的近代化，只有当社会的政治、经济和文化发生了根本性的变革，即从传统社会向近代社会转变之时，才是可能的。就中国法律近代化的发生原因而言，其中既有人类社会法制发展所经历的一般规律，同时又有中国近代社会所特有的社会动因。

（一）中国法律近代化的历史必然性

中华法制文明经过四千多年的发展过程，不仅形成了独树一帜的鲜明特色，而且积淀了丰富的文化内涵和坚实的人文底蕴，它滋润着古老的中

华帝国和相邻的国家与地区，在相当长的时间里居于世界法制文明的前列。但是，在中国法律漫长的历史发展过程中，只有纵向的传承，没有横向交流的比较与吸收，中华法制文明在相当长的时间里是单向输出的。中国的封建统治者严格遵循“夷夏之防”和“以夏变夷”的传统，尤其是清朝坚持奉行闭关锁国的政策，使得以农为本的自然经济结构，继续占统治地位；政治与文化的双重高压仍在桎梏着人们的思想与行为；统治集团中傲慢自大的心理和顽固保守的政治态势，依然很少改动。

如果说维持与外界的隔绝状态是保存中国固有的经济、政治、文化结构的必要条件，那么在西方殖民主义国家以炮火轰开闭关锁国的国门以后，在已经无法按传统方式统治下去的形势下，变法改制、启动和推进法律近代化进程，便成为无法回避的选择。因而可以说，中国法律近代化是近代社会的产物，它是在引进西方法文化的同时，批判与吸收传统法文化的矛盾冲突中逐步推进的。它不是某个权威的设计，也不是来自政治权力的强制，而是符合社会发展进步要求的历史性运动。

首先，自然经济向商品经济的转型为中国法制的近代化提供了物质基础。法律是社会关系与需要的真实反馈，在中国数千年的传统法律中，由于重公权、轻私权，以致在私法领域缺乏创建。这是和中国传统法律建立在自然经济基础之上，以土地为根基、“重农抑商”的农业生产模式相适应的。在中国古代社会对于民事法律关系的调整，或者运用国家制定法中零散的民事法律条款，或者采取民事习惯、礼俗、宗族法为依据。在这样的历史背景下，私权观念的发展受到了严重的阻碍。

建立在小农经济结构之上的乡土社会，人口的数量不大，而且流动性很小，法律基本上可以维持社会秩序的稳定。然而历史发展到清中叶以后，人口迅速增加，至鸦片战争前夕，已达 4 亿左右。随着人口的迅速增长，社会关系变得复杂化，与“户婚田土钱债”相关的民事纠纷所占的比重逐渐加大，这就要求作为社会关系调整器的法律作出回应。随着自然经济向商品经济转型，经济关系发生了巨大的变化。“自五口通商以后门户洞开，海陆商埠，逐年增辟，加以交通之进步，机械之勃兴，而吾国之经济遂息息与世界与各国相通，昔之荒野僻壤，可变为最重要之都市，昔之家给人多，多变为不平均之发展。”[①]中国社会商品经济的发展及其所引起的社会

① 柳治徵：《中国文化史》（下册），中国大百科全书出版社 1988 年版，第 845 页。

关系的变革，使得整个社会内部充满动荡与不安。表现在法律上，就是诉讼频仍和积案剧增。而在积案中，民事案件逐渐上升，占据了大多数。

可见人口的增长、经济结构的变化所产生的一系列问题都要求法律作出回应，这成为中国法律向近代转型的内部动因。

与中国相比，西方国家在中世纪就已经兴起了独立的工商城市。当工业文明以不可阻挡之势向现代社会逼进之时，西方资产阶级顺应时代的需求，在法律中规定了大量契约、物权、债权、信贷、破产、海商等方面的民商规则。可见，西方近代的法制文明一开始就与城市工商业结下了不解之缘。法律赖以存在的经济基础的根本性变化，必然带来对于新的法律的广泛需求，以及法文化的交流与互动。同样，在19世纪末的中国，为了实现救亡图存、富国强兵这一摆在中国人面前的艰巨任务，有识之士提出了“实业救国”、商业富民”的方略。在洋务运动中还产生了官府独办、官商合办、官督商办、民商独办等不同形式的实业救国方式。商业活动的发展，向法律提出了新的要求，如：确立民商事主体的平等身份、保护商业行为等等。也正因为如此，清末变法修律是以商事法律的制定为起点的。由此可见，正是基于自然经济向商品经济的转型，才有可能建立与商品经济相适应的法律观念、法律思想、法律模式和法律体系。

其次，19世纪下半叶，各种政治体制的设计促进了中国法律近代化的探索。在长期封闭环境下生活的中国人，他们在鸦片战争后的最初反思，只是器物不如人而已。随着视野的开阔，逐渐认识到西方国家之所以强大，主要不在于器物层面，而在于制度层面。所以要富国强兵，不但要学西方之用，还要学西方之体，即采用西方的政治制度，才能自救、自存、自强。然而，封建统治者并不甘心改变传统的统治方式，力图继续维持“天不变道亦不变”的状态。在半个多世纪的民主与专制的较量中，先后出现了维新派倡行的君主立宪和清廷的仿行宪政，再到民主派的民主共和。可以说以超浓缩的形式再现了西方近代政治体制发展史几百年来所经历的历程。政治体制上激烈变革，构成了中国法律近代化的前提。

在民主主义不断战胜专制主义的过程中，不同的阶级、阶层、政治集团，为了摆脱民族危机、重振国威，以及规范新的社会秩序，在设计政治体制方案的同时，也从不同的角度探索了法制改革的路径，提出了各自的解决方案。虽然基于社会群体利益的不同而有所差异，但在吸收西方法制文明，以建立一个既适应世界进步潮流、又符合中国特有的民风国情的法律制度，则是共同的。

最后，传统法文化所处的不变亦变的形势，支持着中国法律的近代化。中国传统法律与西方近代法律有着明显的时代落差。在落差中抛弃落后，吸收先进是一种文明进化的规律或本能。鸦片战争以后，西方的资产阶级法文化通过各种渠道输入到中国，震撼着维系了几千年的中国传统法律。西方法文化中的正义、自由、权利、平等、法治、分权制衡、主体意识、权利本位、注重人格、罪刑法定等等，逐渐成为中国人寻求的价值目标和中国法律急于充实和修正的部分。面对先进的西方法文化的冲击与挑战，中国传统的法律处于一种不变亦变的境地，中国法律的近代化正是被一种异己的法文化所推动的。

特别需要提出的是，鸦片战争以后，中国面临着历史上"三千年未有之变局"，中华民族处于亡国灭种的威胁当中。正因为如此，中国近代史上一切重大的变革、重大的政治活动都和救亡图存联系在一起，法律近代化同样是围绕这条主线展开的，通过修律收回外国攫取的领事裁判权，成为中国启动法律近代化的外部特殊的动因。

与西方国家法制的近代化相比较，中国法制近代化无论途径、方式、方法与价值取向都有很大的不同。西方资产阶级革命胜利以后，在启蒙思想家关于民主、法治、三权分立学说的指导下，通过国家立法形式确认已有的制度和规范，在法律近代化过程中始终是围绕如何处理权力与权利的关系，以实现最大限度的民主与法治。这种价值取向显然与争取救亡图存的中国是完全不同的，这是由国情决定的。

以领事裁判权为例，中国政府自古以来便严格维护司法主权。《唐律疏议》所规定的"诸化外人，同类自相犯者，各依本俗法：异类相犯者，以法律论"的处理涉外案件原则，影响极为深远。但至鸦片战争后，英美强加给中国的领事裁判权践踏了中国的司法主权，由领事裁判权又派生出列强在租界地区"会审公廨"的审判权，出现了"外人不受中国之刑章，而华人反受外人之裁判"的怪现象。西方列强之所以向清政府要求领事裁判权的理由之一是中国法律制度落后、野蛮，与西方国家法律的基本精神及制度相悖离。在西方人眼中，中国法律"是极为专断的和极为腐败的……而且它的体系在许多方面与欧洲人公平或正义的观念不相容"；以此为借口，他们决定"不再服从这个的刑事管辖"[①]。

① 高道蕴等编：《美国学者论中国法律传统》，中国政法大学出版社 1990 年版，第 450 页。

司法主权的丧失是主权沦丧的表现之一，因此爱国的官僚、士大夫为收回领事裁判权、维护国家主权的完整而奔走呼号。1902 年中英签订了《马凯条约》，该条约第 12 条规定："中国深欲整顿本国律例，以期与各国律例改同一律，英国允愿尽力协助以成此举。一俟查悉中国律例情形及其审断办法及一切相关事宜皆臻妥善，英国即允弃其治外法权。"[①]其后美国、日本、葡萄牙也做出类似的表示。由此而激发了朝野上下修律与改革司法的热潮。

二、西方先进法文化对中国法律近代化的理论先导作用

如前所述，法律近代化是一个从传统法律向近代法律的转变过程。在这个过程中，西方法文化的介绍和引进，起着十分关键和重要的作用。

中国是一个地处东北亚大陆的资源丰富的国家，自给自足的小农经济结构造成了经济上的封闭性，决定了古代中国是一个封闭型的保守国家，这种封闭和保守是中国专制主义存在两千余年并且愈演愈烈的重要基础。中国古代的法律也同整个文化一样，很少受到外来因素的影响，因而具有一种独立性，这种独立性也可以说是孤立性。就这样，法制文明发达很早的中国，却与世界上先进的国家日益拉开了距离。当西欧和北美已经完成了文艺复兴、资产阶级革命，建立起一套全新的近代法律制度时，中国法律却仍在中世纪的法律苑囿中踌躇不前。直到 19 世纪中叶西方殖民主义者用炮火轰开中国闭关自守的大门以后，中国法律的封闭状态才开始被打破。

在中国近代史上第一个提倡"睁眼看世界"，了解和引进西方文化的封疆大吏是林则徐。他在广州查禁鸦片期间，为了知己知彼，"日日使人刺探西事，翻译西书，又购其新闻纸"[②]。1836 年慕洛著《世界地理大全》刚在伦敦出版，林则徐即委人译成汉文，并以此为基础编成《四洲志》，他还组织翻译瑞士人瓦特尔编的《万国公法》。鸦片战争后当他被发往伊犁"效力赎罪"的途中，还委托好友魏源完成《海国图志》的编纂。林则徐的作为表明他不愧为站在历史潮流前面的先驱者。

① 《光绪朝东华录》，光绪二个八年八月。

② 魏源：《道光洋艘征抚记》。

鸦片战争以后来华的西方传教士，也扮演着打破中国法律封闭状态的先锋队的角色。他们不仅在中国传播宗教，也传播欧洲的古典科学技术。还创办报刊、翻译西方书籍，介绍西方法律思想家的著作。1887年由英国苏格兰长老会教士韦廉臣创立于上海的广学会便翻译出版了介绍伏尔泰、卢梭、孟德斯鸠等人的学说及法律改革思想；宣传人权、平等、法治观念，这在中国要求进步、要求认识外部世界、向西方寻求救国真理的知识分子中间，产生了很大的共鸣，为中国的变法维新运动提供了理论先导。

特别值得提出的是国外归来的中国人，对西方法文化的介绍对中国法制的近代化也产生了理论先导的作用。如王韬，他于1867年至1870年间游历了英、法、俄等国，1879年又游历日本。这段经历对于他的改良政治与法制思想的形成具有重要意义。王韬的深刻之处不仅在于他看到了中西方之间的差距，而且进一步考察西方国家强盛的真正原因，他的思考已经深入到法律领域。此外，派往国外的留学生和驻外使节对晚清法律近代化的推动也是不可忽视的。其中以维新派严复等人的贡献较为典型。

严复(1853—1921年)于光绪三年(1877年)被派往英国留学。在英期间，严复虽然学习驾驶，但却留意英国的社会制度和资产阶级的社会学说，赞赏英国的君主立宪政体和法律制度。为了救亡图存，严复运用资产阶级的庸俗进化论、天赋人权等学说，来阐发变法图强的主张。光绪二十一年(1895年)他发表了《原强》、《辟韩》、《救亡决论》、《论事变之亟》等文章，呼吁变法。还翻译了赫胥黎的《天演论》，以“物竞天择，适者生存”的进化论观点，警醒国人救亡图存，成为当时鼓吹变法维新的重要理论根据。百日维新失败后，严复更加致力于翻译工作，先后翻译出亚当·斯密的《原富》，孟德斯鸠的《法意》，穆勒的《名学》、《群己权界论》以及斯宾塞的《群学肆言》等著作，使中国的知识界从阅读浅陋的《格致汇编》、《政法类典》等书，进而接触到西方资产阶级社会科学的名著，将学习西学推向系统化和更高的层次。

作为19世纪末中国的理论家，严复一方面运用资产阶级启蒙思想家关于天赋人权、主权在民等理论为武器，抨击封建专制制度，宣传自由是天赋的人权；另一方面，力图借助新学反对旧学，排除变法维新的阻力。严复在翻译孟德斯鸠所著《法意》的按语中，提出了以下重要的思想：(1)宣传三权分立，主张司法机关应与行政机关分离，独立地进行审判。他说：“所谓三权分立，而刑权之法庭无上者，法官裁判曲直时，非国中他权所得侵害而已。”[①](2)提倡民权，强调应依法保护天赋人权，尤其是人的自由权。他认为西法优于中法的秘密就在于此。(3)建立新法。他说，自秦以来，中国两千年的法律是“为上而立”的，是专制帝王用来“驱迫束缚其臣民”，使臣民“恐怖慑服”的“防奸”手段。他强调，应该为民立法。这样的法律才合乎“天理人情”，才是“治国之法”，才可以提高民的智、德、力，才能够使君民“上下所为，皆有所束”。(4)法律一经制定，必须切实执行“法之既立，虽天子不可以不循也”。(5)建立新的法律体系，他赞同孟德斯鸠所说，法律是“治国之经制”，新的法律体系应包括宪法、民法、刑法、国际法等。

在世界的法律发展史上，由于战争、征服而带来的法文化横向移植的例证比比皆是。古罗马帝国受到北方日耳曼民族的入侵，日耳曼的“蛮族习惯法”也随之输入，而成为罗马法系的传统之一。在鸦片战争前的中国，其法律仍然是完整的封建法律。清朝统治集团内部一些具有时代感的开明人士，也深感清朝法律的陈腐，但是清朝统治集团的顽固守旧，以及整个国家的衰落腐败，使它本身不可能进行任何自我改革。1840 年的鸦片战争对于晚清时代的中国是不幸的，给中华民族带来了长时期的灾难，但由此破坏了万马齐喑的沉闷气氛，中国进入了不变亦变的境地，特别是经过多种渠道输入了西方的法文化，使得中国的法律改革得到新的理论导向，从而有可能超越旧窠臼，走向近代化的道路。

三、中国法律近代化进程中的西方化路径

从近代中国法律发展的历史进程考察，由于法、德等大陆法系国家的西方法制逐渐成为近代中国法律改革的参照物，因而使中国的法律近代化沿着西方化的路径，这是由当时的历史条件所决定的。但是，从人类法律近代化的全过程来看，任何国家和民族都不可能始终以外来的法文化标准为本国法制发展的导向。因此，研究中国法律近代化的全过程，需要廓清法律近代化与西方化的关系。

首先，中国法律近代化是一个长期发展的历史过程，不能将其中某个阶段呈现出的特征抽象为法律近代化全部历史进程的本质概括。如前所

① 严复译:《法意》(第十九卷)，商务印书馆 1930 年版。

述，法律近代化是一个由传统法律向近代法律的转型过程，是在法律领域的一场历史巨变。代表传统法律的势力不会甘心于其既得利益的丧失，这就会使法律近代化进程中出现一个长期的乃至反复的新旧势力之间此消彼长的斗争；同时，法律近代化始终会受到社会经济、政治和思想文化发展的影响，这种影响和制约因素的多样化和发展水平决定了法律近代化既是一个复杂、迂回曲折的发展过程，也必然呈现出阶段性的特点。所以研究任何一个国家的法律近代化时，必须从其社会和法制发展的总体趋势和本质特点来把握，不能以偏概全，用某个阶段的特点替代整个进程的总体形态。譬如，晚清时期中国法律近代化几乎等同于西方化，但我们不能以此为理由就将中国法律近代化的整个过程等同为西方化。

其次，中国法律近代化的外源性特征决定了这一历史进程之始不可避免地呈现出一定程度的西方化形态。现代理论将世界各国的近代化道路划分成两个类别，即内源的近代化和外源的近代化[①]。如果说西欧国家法律的近代化是内源性道路的典型，那么中国法律的近代化则属于外源性道路的类型。由于古代中国的调控机制呈现出重教化、轻刑罚；重公权、轻私权；重家族、轻个人；重伦理、轻是非；重和谐、轻讼争等特点，这样的法律价值取向与近代法制的标志性因素——如宪政、法治、权利、司法独立、律师制度等——是背道而驰的。因此，按照法律近代化的理论逻辑，要实现中国法律的近代化，就必须按照近代法制的基本标准来开展本国的法律改革；而由于本国传统法文化中近代法制文明要素的阙如或发育不够成熟，也就只能从已基本实现法律近代化并有成功经验的西方社会中引入。这是中国法律近代化之始呈现出一定程度的西方化的根本原因。

以晚清修律为例，由于晚清修律是在列强环逼、内外交困的情势下开展的，首要的目标就是收回治外法权，即所谓“首先收回治外法权，实变法自强之枢纽”[②]，其根本的目标则是富国强兵。但无论是收回治外法权还是富国强兵，采用西法以补中法的变法路线都是必然的选择。无论是清政府“参酌各国法律”、“务期中外通行”[③]的变法谕令，还是沈家本“折冲樽

① 罗荣渠：《现代化新论》，北京大学出版社 1993 年版。

② 沈家本：《删除律例内重法折》，《寄簃文存》。

③ 《大清光绪新法令》（第一册）。

组，模范列强”[①]的修律主张，或张之洞“采用西法”，“以为富强之谋”[②]的变法路径，所表达的都是同样的西方化的法律近代化路径。

这样的路径必然表现在修律的实际成果当中。以民法为例，1911 年完成的《大清民律草案》不仅采纳了当时最先进的潘德克顿法典编纂体例，还采用了来自大陆法系的权利能力、行为能力、亲权、债权、所有权等民法概念，引进了诚实信用、契约自由、过失责任等近代民法的基本原则，建立了法人、时效等西方民法的主要制度，真正贯彻了法典制定者所提出的“注重世界最普通之法则，原本后出最精确之法理，求最适合中国民情之法，期于改进上最有利益之法”的编纂指导思想。再以刑法为例，1911 年制定完成并予以颁布的《大清新刑律》，采用了西方资产阶级刑法的总则与分则两编的体例，引进了近代资产阶级的罪刑法定、死刑惟一等刑法原则，吸收了诸如未遂、共犯、自首、累犯、刑事责任能力、行刑权等西方刑法概念，并仿照西方刑事法制建立了正当防卫、紧急避险、缓刑、假释及主刑和从刑相协调的刑种体制等刑法制度。总之，经由沈家本、伍廷芳、俞廉三等人的不懈努力，终于在中国建立起近代的法律体系和制度，从而开启了中国法律近代化的征程。

晚清政府以西方化为主导方向的修律活动，为中国以后阶段的法律近代化提供了丰富的经验和教训。经验就是，必须按照近现代法制文明的基本标准来开展本国的法制建设，追求法制的先进性，只有这样才能走上法律近代化的道路；教训则是，在采纳西方先进法制文明因素的同时，必须对本国的法律传统持分析批判的态度，吸取其符合国情、民情的合理部分，纳入到新建立的法律体系之中，为新的法律制度提供深厚的社会土壤和法文化支持。

再次，中国法律近代化的发展必然会超脱西方化的藩篱，实现中华法制文明的伟大复兴。如前所述，中国的法律改革之所以显现出一定程度的西方化形态，源于其总体上的外源性。但是，承认总体上的外源性并不意味着否定中国社会内部存在着对法律近代化进程起着推进甚至在某些层面上起决定性作用的多种因素。在 19 世纪下半叶，西方资本主义法制文明传入中国之前，中国传统法律虽然仍然以自然经济、专制政体和宗法关

① 《奏请编定现行刑律以立推行新律基础折》，《清末筹备立宪档案史料》，中华书局 1979 年版，第 852 页。

② 《遵旨筹议变法谨拟整顿中法十二条折》，《张文襄公全集奏稿五十三》。

系为其经济、政治和社会基础，但自从明清以来，中国社会已经出现了资本主义的萌芽。经济生活日益活跃，各种经济交往主体地位的平等性日见增强，作为主要财产的土地流转加速，交易手段的契约种类日趋复杂；在思想领域也出现了顾炎武、黄宗羲及王夫之等对君主专制主义进行批判的启蒙思想家，形成了对传统理学持批判态度的戴震、汪中、阮元等哲学派别；在社会生活中雇工人、贱民的身份开始上升，工商业者的身份自由逐渐加强，“工商皆本”、“农商皆本”的意识开始萌发。这种社会发展趋势在晚清时期得到进一步加强。至西方资本主义经济势力入侵以后，中国封建自然经济走向解体。西方法律思想和制度文明进入中国士大夫的视野之内，极大地改变了封建官僚和爱国人士的政治观念。一些对西方法制文明抱有认同态度的官僚——如张之洞、沈家本——进入了地方乃至中央权力的核心。这一切都为晚清政府开展修律进而启动中国法律近代化提供了内在的条件。随着法律的不断发展，近代中国社会自身发展所形成的经济商品化以及政治文明和思想开放，对中国法律近代化发挥了越来越显著的推动作用。所以，总的来说，中国法律近代化是一个西方化的外源性趋于减弱、内源性特征逐步显现的历史进程。

最后，中国传统法律虽然缺乏诸如宪政、法治、权利等近现代法律文明的因素，但不能因此而忽视乃至否认中国传统法律中存在着对近代法律文明有着积极意义的合理内核。以近代刑法中的罪刑法定原则为例，虽然直到沈家本主持修订的《大清新刑律》中才正式以成文法的形式明确规定下来，但这一体现民主性精华的法制文明要素早在公元3世纪西晋时就得到三公尚书刘颂的强调，他曾提出，“律法断罪，皆当以法律令正文，若无正文，依附名例断之，其正文名例所不及，皆不论”①。《唐律疏议》则将援法断罪的原则用法律条文的形式予以固定下来，“诸断狱皆须具引律令格式正文”。这个中国古代法制文明的最有价值的部分，赢得了世界的高度评价。日本著名的法制史学者仁井田陞指出：“与欧洲近代刑法理论（罪刑法定主义）类似的观点，中国在一千多年前的3世纪就已原则地叙述过，而且还完善地体现到了法规之中。”其他的如礼法互补、德治与法治并存、以法为教、综合为治、重视人命、以人为本、主张以法维持人与社会、人与自然的和谐以及制定法与判例法互相配合等等，不仅具有对中国社会的适应性，

① 《晋书·刑法志》

也散发出时代先进性的光芒。它们不仅是传统的，也是近代的。注重发掘这些散发着人类法制文明光芒的法律遗产，是我们开展近代化法律建设的精神财富。

总之，中国的法律近代化从西方法律文明中吸取先进性的因素，表现出一定的西方化形态是必要的，在晚清启动这一历史进程时尤为如此。但是法律近代化的根本在于法律的本土化，只有立足于本国的国情和民情，尊重本民族的法律传统，注重发掘其中先进性的因素并将其纳入到新建立起的法律制度之中，才能超脱法律近代化进程中西方化的藩篱，实现法律本土化、传承与创新的近代化法律建设目标。

四、中国法律近代化的历史借鉴

无论是从人类法制文明的历史趋势去推演，还是从中国近代社会所面临的内外挑战来考察，中国法律的近代化都是一个不以人的意志为转移的客观历史进程。尽管有晚清政府内部顽固派对变法修律的抵制和北洋政府公开打出“尊孔”和“复古”旗帜[①]的倒行逆施，但中国法律的近代化还是在不断前进。当我们回顾这段历史，探寻这一不可逆转的法律发展历程中的规律之时，以下几点是值得借鉴的：

第一，中国法律近代化只能在开放的社会环境中进行。如前所述，法律近代化是一个由传统法律向近代法律转变的历史过程，作为总体上属于外源性近代化模式的中国，要想完成近代化这一历史进程，所要经历的就不仅是政治领域中的改革，还涉及文化的和思想领域的变革，这种变革的广度和深度也是以往中国古代的变法所不及的，因为法律近代化所包含的不仅关系到法律制度的改革，更涉及法律价值观的改变、法律思维方式的转换，甚至关乎本国的法律传统，所以，非有强大的推进力是难以启动这一历史战车的。特别是中国社会长期处于一种封闭的文化体系之中，在漫长的历史发展过程中，中国法律只有纵向的传承，而没有横向的比较、吸收，

① 如1914年颁布实施的《暂行新刑律补充条例》就是以原世凯提出的“以礼教号召天下，重典协服人心”为指导思想的，因而加强了对伦常、礼教秩序的维护，进一步明确了尊卑长幼亲疏男女的等级身份在定罪量刑中的重要性；1915年法律编纂委员会完成的《刑法第一次修正案》也将“礼俗立法”确定为立法宗旨。

加上统治者严格遵循“夷夏之防”的传统，对“以夷变夏”保持着高度的警觉，清朝统治者所坚持的闭关锁国的政策，更使得统治集团中形成了傲慢自大的民族心理和顽固保守的政治态度。在这样一种政治体制和社会氛围中，清朝法制是不可能从内部超越封建法制的藩篱，主动踏上法律近代化的历史征程的。

鸦片战争爆发以后，为了挽救民族危亡，实现富国强兵的梦想，爱国的仁人志士开始尝试着用新的思维方式去观察，探求救亡图存的强国之路。从闭关锁国到“参考古今，博稽中外”①，仿照大陆法系确立新的法律体系和司法体制，中国法律终于迈上了近代化的道路。在这个发展历程中，最为重要的是开放的社会环境。因为法律的近代化是一个横向交流的过程。首先必须有外来法文化的输入，否则无从了解外来法律文明的总体样态，进而比较和鉴别中外法律文明的合理性，为法律近代化提供参照物。同样，开放的社会环境使人们逐渐形成对中外法律文明的平等心态，既不妄自尊大，也不妄自菲薄，冷静地以先进性和社会适应性的标准进行选择，实现两种法律文明的融合。例如，孙中山先生早期是西方法律文明的崇拜者，但是辛亥革命的失败，使他不仅看到了西方法律文明的缺陷，②看到了外来法文化与中国经济状况、文化观念和社会民情之间的不协调性，也看到了中国传统法律文明的某些合理性。他的五权宪法理论就是融合了西方的三权分立思想和中国传统的科举选官制度及监察制度而形成的。由此可见，没有开放的社会环境，便不会有西方法律文明的引进，也不会有中西法文化的交流、比较与吸收，也就不会理性地思考和选择中国法律近代化的路径。

第二，中国法律近代化与政治体制的近代化紧密相关。法律近代化不是一个孤立的历史发展现象，它与政治、经济和思想观念的近代化紧密相连。特别是政治体制的改革进步对于法律近代化有着十分重要的影响，或者说，法律近代化离不开政治体制改革进步的推进和巩固，这已经被历史的经验所证实。例如法国，尽管近代法制的萌芽早在中世纪时就已经显现

① 沈家本:《重刻明律序》、《寄簃文存》

② 比如代议制被西方人看做是最先进的宪政制度，但孙中山却看到了其中的流弊，他认为“富人因为有了那样多的财产，便垄断国家大事，无恶不作。穷人因为没有生活，便不得不去做富人的牛马奴隶”(《孙中山全集》第一卷，中华书局1986年版，第23页)。由此可见，西方法制文明的先进性也是相对的。

出来，但只有当资产阶级革命取得了胜利，资产阶级掌握了政权，才产生了诸如《法国民法典》、《法国刑法典》等著名的成文法典，使法律近代化的成果得以巩固。

在通过内源性道路而建成近代化法制的欧美国家中，政治体制的作用主要表现为对其法律近代化的成果予以确认；但对于中国这样一个不发达的国家，要想迅速实现法律的近代化，就必须获得政治体制对这一历史进程启动的推进和保证作用。

如前所述，中国的法律近代化是在列强环逼的形势下开展的，在这样的形势下，要想救亡图存乃至实现中华民族复兴的改革，必须有一个强有力的政治体制发挥组织和动员作用。这个政治体制显然不能是固守传统的。1900 年以后，以慈禧为首的清政府已无法照旧统治下去了，被迫于 1901 年 1 月下诏变法，宣称“世有万古不易之常经，无一成罔变之治法”，承认“法久则弊，法弊则更”[①]的变法思维的合理性。以后又宣称“时处今日，惟有及时详晰甄核，仿行宪政……以立国家万年有道之基”，[②]从而正式揭开了变法新政的序幕。在随后开展的预备立宪期间，清政府对中央官制进行了改革，建立了咨议局和资政院，召开了咨议局和资政院的常年会，颁布了《钦定宪法大纲》和《重大信条十九条》。尽管这种政治体制的改良在广度和深度上还很有限，但它意味着传统的以皇权神圣为理论基础的君主专制主义政治体制开始变化。就法律而言，这一政治体制上的变革是至关重要的。它不仅为晚清修律提供了组织保证，而且也为修律活动提供了合理性的论证基础，沈家本就宣称修律为“预备立宪之要着”。可见，晚清修律的开展，中国法律近代化进程的启动，前提条件就是政治体制的改革与进步。而与此形成鲜明对照的是 1898 年的百日维新，在 103 天的时间里，光绪皇帝颁布了 110 条之多的法令，内容涉及政治、经济、军事和文化教育等各个方面，但由于整个政治体制仍旧处于保守顽固势力的控制之中，这些法令实际是一纸空文。正如西方学者所评论的，“维新运动的失败说明了一个事实，即它不仅仅暴露了中国的政治制度对于全面改革的惊人无能，而且也反映出政治领导是多么没有能力使制度恢复生气和经受中国危机时代所必需的自我改造”[③]。百日维新之所以未能启动中国法律近代

---

① 《光绪朝东华录》，第 4655 页。

② 《光绪朝东华录》，第 5563 页。

③ 费正清等编：《剑桥中国晚清史》(下册)，中国社会科学出版社 1993 年版，第 371 页。

化,其主要原因在于缺乏政治体制的支持。

第三,中国法律近代化必须注重理论的先导作用。伟大的实践总是需要科学理论的指导。由于法律近代化是人类社会在法律领域发生的一场巨大变革,它不仅导致法律制度的转换,还会引起法律观念的更新和法律思维方式的转变,这场变革的深远性是历史上所有的法律改革所没有的,其复杂性和涉及范围的广度也是以前的法律改革所未曾遇到的。因此必须有科学的理论对这一伟大的法律改革运动进行论证,进而提供理论指导,使法律近代化得以实现既定的目标。尤其是在中国这样以外源性路径开始法律近代化的国家,在其法制建设过程中,法制理论的作用更为突出。中国法律近代化是在面临着西方法制文明挑战的情境下开始的,这样的社会背景就意味着法律近代化将会在中华民族与帝国主义;封建主义与资本主义;中国传统法制文明与西方法制文明等多重而且异常复杂的矛盾冲突中披荆行进。这就需要一套正确认识这些矛盾并能提供正确解决方案的科学理论,既能对法律近代化的目标进行论证,又能指导法律近代化道路的探索。事实上,如果没有晚清以来康有为、梁启超、严复、孙中山、章太炎等人所宣传和运用的资产阶级政治法律理论,西方法制文明是不可能进入晚清统治者的视野的,也就不会引导晚清修律朝近代化方向发展。

即便是在中华民国政府的近代化法制建设过程中,理论的先导性作用也是非常突出的,只不过这时的理论不完全是对西方法制理论的介绍和解释,而是结合了中国当时的社会发展和法制状况而提升的。譬如在制定《中华民国民法》过程中,立法者从社会本位、民族本位和国家本位的立法理论出发进行分析和取舍,强调法律制度应当以保障社会公共利益为基础,并以此为理论基础,对西方资产阶级的三大私法原则进行了限制,使新的立法理论更具有中国特色,更适合当时中国民事法律关系发展的现实情形。

第四,中国法律的近代化与发挥掌握新思想的人的作用密不可分。法律近代化既是指法律制度的近代化,也包括法律观念的近代化,这两个方面都离不开掌握新思想的人的作用。现代性的法律制度需要掌握新思想的精英人物来论证和设计,需要他们去运用和执行。中外法制建设的实践已经证明,制度的先进性必须伴以先进的观念为思想支持。只有广大民众拥有先进的法律观念,先进的制度才有可能得到人们的自觉遵守,制度规范的效益才能得到最大的发挥。而在培养民众先进的法律观念方面,掌握新思想的人的作用异常重要,因为民众先进法律观念的培养和灌输需要他们来进行宣传和以自己的行动影响社会大众，借以确立人们对新制度的信任和信仰。

从中国的实际看，掌握新思想的人不仅设计和执行先进的制度以及宣传新的先进法律观念和发动民众树立对新的法律制度的信任，而且还发现旧的法律制度和观念的不合理之处，介绍并引进先进的法律制度和观念，论证这些先进的法律制度和观念与中国社会现实国情和民情的适应性，减小新旧制度之间的取代和融合所带来的社会震动，以最小的代价推动法律近代化的前进。

正是意识到中国法律的发展需要众多的掌握新思想的人物发挥这种调适作用，所以对法律人才的培养始终是中国近代法律建设的重要环节。在晚清修律过程中，主持者除了将重点放在删改旧法、制定新法之外，还特别重视用新的先进的法律理论和技术来教育和培养法律人才。为此，经过沈家本等人的积极努力，不仅建立了法律学堂，还派员出国考察进修，聘请外国法学家来中国讲学，用先进的法律知识和观念来武装中国法律建设的后备力量，在这一期间经由法律学堂所培养的近千名法律专门人才，成为中华民国政府继续推进法律近代化历程的骨干力量。

第五，中国法律近代化过程中必须处理好法律移植与法律本土化之间的关系。对于一个以外源性道路开始法律近代化的国家来说，实现从传统法制向现代法制的转变，其中最便捷也是必需的环节就是法律移植。中国法制的近代化进程就是从法律移植开始的，而且在以后的法律发展过程中，法律移植依然在法制建设中占据了较大的比重，发挥了重要的作用。晚清时期，新修之律或者全部用西方的法律来补充现有法律中所缺乏的内容，或者用源于西方的法律来取代现有法律中落后的或与时代不相适宜的部分。前者的典型是商法，后者的典型是刑法。经过全方位的法律移植，晚清政府仿照大陆法系建立了较为完整的近代法律体系，基本确定了中国法律近代化的基本走向，确立了中国近代法律的总体架构。其后的民国政府则继续沿着晚清时期开创的通过法律移植的方式改革传统法律，建立新的法律体系。

应该说，法律移植迅速弥补了中国近代法律上的空缺，可以尽快改变在制度层面上中国法律落后与保守的尴尬局面，消除了中国在处理新社会关系之时因存在法律漏洞而束手无策的不利局面，也为在民众中传播新的法律观念提供了文本依据。从这个意义上说，法律移植对于中国法律近代化发挥了不断推进的作用。但我们还应当看到，法律移植对于法律近代化的贡献是有一定限度的。因为法律移植只是一种引进外来的法律制度并将其成文化、或依据引进的文本而设立某些组织的法律建设活动。要想使其完全发挥对法律近代化的促进作用，还有一个最为关键的问题，就是如何将引进的法律制度和原则与本国现有的制度和原则相融合，共同发挥整体效应的问题。这个问题的背后就是如何实现法律移植与法律本土化之间协调关系的问题。

法律的本土化，不仅是指要使引进的法律与中国的现实国情和民情相协调，更主要的应当是在保持引进的法律本身的先进性的前提下，将其改造或设计成适合中国现实社会需要的形式，以获得最大程度的社会调整效能，并在此基础上生长出新的制度和原则。这在中外法律史上不乏成功的范例，如源于法兰克王国的咨审调查技术被诺曼人引进英格兰以后，便发展演变成了陪审制度。当然，中国法律近代化进程中也有失败的尝试。其中较为典型的就是晚清时期仓促制定的《破产律》。清政府为了适应稳定经济秩序的需要，在没有充分考虑到中国现实国情的情形下，贸然仿照日本的相关法律而制定了《破产律》。但由于当时的中国经济运行中还没有建立起与《破产律》相适应的企业运行机制，颁行不久就因上海钱业大亨之请而暂缓施行，次年，农工商部又奏请重新统筹编纂，遂使该法实际上被束之高阁，成为虚文。其结果不仅造成了极大的浪费，而且影响了法律的稳定性，损害了立法的权威。

正反两面的经验和教训告诉我们，被移植来的西方法律文明，只有扎入中国的文化土壤，得以积淀下来进而成为本民族法文化的一部分，才是成功的移植。

中国今天的法制建设已经融入了法律现代化的历史行程。抚今追昔，回顾中国法制发展的这段特殊历史进程，不禁感慨系之。尽管中国的法律近代化外受帝国主义的排挤和干扰，内有顽固守旧派的抵制和阻挠，但勇敢的中国人怀着救国救民、实现中华民族复兴的神圣使命感，披荆斩棘，矢志不移地推进着这个伟大的历史进程，使传统的中华法制文明与西方先进的法制文明实现了双向、互动的交流和融合，使中华法制文明开始了近代转型。悠久而古老的中国法律的历史终结了，但随之而展开的更为先进的法律制度已经在中国大地上建立起来了，它必将在中华民族的伟大复兴中，重新傲然自立于世界先进法制之林。

法文化的复兴与中华法系的再思考

一、文化复兴中的中华法系

近年来,实现中华民族的伟大复兴已经成为一个具有极大震撼力的号召,是整个民族同声响应的时代最强音和不可阻挡的历史潮流。

一个民族的复兴是涉及经济、政治、军事、文化等方方面面的系统工程,任何一个不重视经济发展的民族,其复兴也只能是空想。然而,只重视发展经济,如果文化水平、道德水平低下,缺乏进取精神、创新精神,没有民族认同感、向心力和凝聚力,也很难走上富强之路。因此要实现中华民族的伟大复兴,除致力于实现经济、政治发展的条件外,传统优秀文化的传承与发展也是民族复兴的重要组成部分,只有立足于传统文化而又能适应新时代需求的文化建设,才能为广大人民提供焕发其改造社会的巨大能动性的精神资源。

文化是一个民族在长期的历史发展过程中所积累的一切物质文明与精神文明的总和。就中国传统文化而言,在漫长的发展过程中,由于封建专制主义占据了主导地位,特别是封建社会末期专制主义的恶性发展,使传统文化沉积了不少糟粕;但同时也应看到,一个经历了数千年绵延不断发展的中华文化传统,也蕴藏了大量优秀成分,其中不乏称得上是祖先遗惠后辈的精华。事实上,底蕴深厚的中华传统文化具备许多超越时空界限的合理因素。也正是这些合理因素,才为民族文化的伟大复兴提供了取之不竭的历史资源。

在不同民族之间存在着的主要区别,不在于政治模式的不同和经济发展程度的差异，而在于各自特有的文化。文化是各民族在谋求自身的生存与发展的过程中，由其群体内部精神积累而成的，不仅包括各种具有外在表现形式的思想学说和文学艺术，同时也包括该民族成员在长期的共同生活与发展中内化而成的一种独特的、稳定的思维与行为方式。因此，文化的根基在于它的民族性和地域性。文化不仅是产生民族凝聚力的内核，也是该民族生命力的源泉。一个民族的衰亡，首先是该民族文化的衰亡，亦即其文化特质的消失。因此，中华民族的复兴既是民族文化特质的继承和发展，而更重要的是努力寻求与现代文明的结合，即依据社会的现代化的需求，对传统文化加以必要的甄选、改造和重建，从而实现传统文化的现代转型，使之成为民族复兴的伟大精神力量，发挥民族文化对建设现代化强国的积极作用。

当然，文化复兴绝不意味着复古，而是立足于中华文化的传统，创造出适应时代需求的新文化。对此，既要避免全面肯定一切传统的“国故”派思维，同时又要摒弃全盘西化的妄自菲薄的“新潮”派心理。文化的发展具有持续性和稳定性，这是文化本身固有的特征，在源远流长的中华文化中这一特征尤为明显。如果说政治的变革可以在一夜之间发生，经济的腾飞也可能在几十年甚至更短的时期内出现，那么民族文化的崛起与复兴所需的时间则要长得多。“求木之长者，必固其根本；欲流之远者，必浚其泉源”[①]，这也是民族文化发展与兴盛的一条基本规律。

作为中华民族传统文化重要组成部分的法律文化，既有其辉煌的历史，也有其不幸的遭际。中华法文化是世界法文化苑中的一株奇葩，它体系完整，内容丰富，绵延数千年而未中断，不仅对中华民族不同时期的发展和进步提供了法文化支持，也为中华民族的现代复兴留下了弥足珍贵的法文化宝藏。因此，中国传统法律文化的传承与改造就成为中华民族文化复兴重要的一部分，而传统法律文化的复兴也体现在重塑中华法系上。当然，重塑也决不意味着简单再现，而是在新的历史条件下，如何把中华法系几千年来形成的合理的法律精神、法律原则和法律行为，与当代中国社会之间找出适当的切合点，以发挥其为建设社会主义法治国家服务的功能，并最终为中华民族的伟大复兴发挥积极的作用。

中华法系是在中国特定的历史条件下形成的，是中华法文化的特殊性

① 魏征：《谏太宗十思疏》。

及其世界影响的集中体现，她显示了中华民族的伟大创造力和中华法制文明的深厚底蕴。中华法系从发端到形成经历了一个漫长的过程，这个过程是与来自多源头的法文化的不断整合是分不开的，它是中华民族智慧的结晶。到了近代，由于国情条件的巨大变化，中华法系受到异域文化的强烈冲击，逐渐解体。

中华法系中固有的专制主义、皇权思想、宗法习俗等成分，由于失去了其所依附的载体而退出历史舞台。但就中华法系的总体而言，她凝聚了整个中华民族的精神、智慧与理性，而不仅仅属于封建社会的法文化现象，实际上并没有消亡，只是处于艰难的转型、更新与重塑的特定阶段。因此，不能简单地把中华法系理解为只是个历史现象，或者是失去生命力的僵化的概念。它具有的超越时空的合理部分值得重视和吸收。

关于中华法系的研究始于近代思想家梁启超。他在 1904 年发表的《中国法理学发达史论》和《论中国成文法编制之沿革得失》两篇长文中，都论及了中国法系问题，他说："近世法学者称世界四法系，而吾国与居一焉，其余诸法系，或发生蚤于我，而久已中绝；或今方盛行，而导源甚近。然则我之法系，其最足以自豪于世界也。夫深山大泽，龙蛇生焉，我以数万万神圣之国民，建数千年绵延之帝国，其能有独立伟大之法系，宜也。"[①]"我国之法系，其中一部分，殆可谓继受苗族之法系而来。"[②]"故高丽、日本、安南诸国，皆以彼时代继受我之法系。"[③]梁启超不愧为近代中国沟通中西法学的冰人，是他最早运用法系的概念来判断中国传统法律的价值，希望借此唤起中国人的自信心。但在清季末世，梁氏的论文在实践中并未发挥应有的作用，也不可能从法理学上对中华法系进行系统的研究。这个任务留给了民国时期的法学家。

二、中华民国时期关于中华法系的研究

中华民国时期研究中华法系的学者首推杨鸿烈，他于 1937 年出版的《中国法律在东亚诸国之影响》一书，对于中华法系的研究具有开创之功。

① 范忠信选编：《梁启超法学文集》，中国政法大学出版社 2002 年版，第 69 页。

② 范忠信选编：《梁启超法学文集》，中国政法大学出版社 2002 年版，第 124 页。

③ 范忠信选编：《梁启超法学文集》，中国政法大学出版社 2002 年版，第 147 页。

书中充分肯定了中华法系的世界地位，指出："若以诸法系之历史比较，则中国法系延长数千余年，较最古之埃及、美塞布达米亚等法系之寿命而犹过之，且影响于东亚诸国如朝鲜、日本、琉球、安南、西域者，尤非埃及、美塞布达米亚等之局促一隅者可比，故谓中华法系为世界最大法系之一，谁曰不宜？"他认为中华法系是法律"与道德相混自成一独立系统"，其影响及于朝鲜、日本、安南、琉球。他希望珍惜"数千年来我祖宗心血造诣之宝贵财产，不惟不至纷失，且更进一步力采欧美之所长，斟酌损益，创造崭新宏伟之'中华法系'"。[①] 他这个心愿是对当时兴起的文化复兴运动的呼应。该书写作之时，正值日本全面侵华的威胁迫在眉睫，为了保国保教保种，文化界掀起探讨民族本位文化的思潮，强调如果民族文化被消弭，民族复兴又何从谈起。正是在这样的历史背景下，杨氏奋笔疾书，阐明了中华法系的世界地位，揭示了中国旧律在相邻国家传播流变的真实过程，并落脚到创造新的中华法系的理念上来。

除此之外，民国时期研究中华法系的十余位学者中，以丁元普、程树德、陈顾远最具有代表性。丁元普最早提出"复兴中华法系的精神"的口号，他在1931年发表的《中华法系成立之经过及其将来》论文中，运用西方法哲学的原理研究中华法系问题，并且通过与罗马法的比较论证了中华法系之精神，他说："要之，吾中华法系传统之精神，固由于礼刑一致之观念，而其进展之途径，实由宗法而扩大为国法（观刑律服制图及婚姻户役诸篇可见），而我国之刑法，独臻发达，与罗马式之法典，注重于民法，各有其历史与环境之关系，正不足为诟病也。"[②]陈顾远在1936—1937年间连续发表《儒家法学与中国固有法系之关系——关于中国固有法系回顾之一》、《家族制度与中国固有法系之关系——关于中国固有法系回顾之二》、《天道观念与中国固有法系之关系——关于中国固有法系回顾之三》，这三篇文章涉及了中华法系的基本问题。他对于儒家思想作出了准确的评价，强调要研究中华法系，非研究儒家思想不可。论文还使人信服地认识到家族制度与塑造中华法系息息相关，只有利用家族制度的优点而发挥其效用，才能真正建立中国本位新法系。作者还从法理、法源、法制等方面论证了天人合一的天道观念对于固有法系的深刻影响。

---

① 杨鸿烈：《中国法律对东亚诸国之影响》，中国政法大学出版社1999年版。

② 丁元普：《中华法系成立之经过及其将来》，载《现代法学》1931年第1卷第4—5期。

民国时期中华法系研究者的侧重点为:(1)中华法系在世界法系中的地位。论者均认为中华法系以历史的深长、体系的博大、组织的精密、精神的卓越,规范了千百年来世界最大多数人口国的社会生活与行为,并且流播海外,泽被世人,从而在世界法系之林树立了不可动摇的地位;(2)中华法系的思想基础。论者认为天道观与儒家的礼教传统、家族主义以及诸子学说构成了中华法系的思想基础;(3)中华法系的制度沿革;(4)中华法系的特质,即农本主义、道德至上、家族本位、质地纯洁等。所谓质地纯洁,是指中华法系是世界上唯一不掺杂其他法系因素的法系。

民国时期中华法系研究的主要成就是:(1)界定了中华法系在世界中的地位(见前,从略)。(2)梳理了中国法律史的渊源流变。中华法制文明不仅起源早,而且辗转相承从未中断,遗留下来的历史资料可谓汗牛充栋。由于历代法律制度不断变革,法律思想流派纷呈,对其源流演变一直缺少认真的梳理。通过对中华法系的研究,学者们考察了中国古代的法律制度与法律思想,通过群策群力,基本上理清了中国法律史的源流演变,为后人研究提供了一定的基础。(3)为重建中华法系提供了思路。民国时期中华法系研究者有着很强的现实关怀,期望学术研究能促进法律的改革和进化。他们从分析中华法系的特质中找出导致中华法系滞后的因素,并且设计了重建中华法系的理论依据和途径,俾使其立于当今世界法系之林。

当然民国时期的中华法系研究也存在着许多问题,最普遍的就是常常以中国古文献中所记载的制度与西方现行的某些制度进行简单比附,似乎中国古已有之,给后人造成望文生义之感。再有关于中华法系的概念语多歧义,或者解释为法的体系,或者解释为法律系统。此外由于论者的经历和政治立场所限,多将三民主义奉为复兴中华法系的总纲领。

三、近三十年中华法系的研究

中华人民共和国成立以后,在过分强调法的阶级性思潮的影响下,对于中华法系的研究陷于停滞状态。无论是悠久的中国法律制度的传统,还是中华民国时期关于中华法系的研究成果,或被尘封搁置,或被列入批判之列。直到改革开放以后,法学界的封闭保守状态才终于被打破。1980年陈朝璧教授在《法学研究》第1期上发表了《中华法系特点初探》一文,首先将中华法系研究重新提上了法学论坛。陈文虽然不长，但它起了在新时期开法系研究风气之先的作用。同年，我在《法学研究》第4期上发表《中华法系特点探源》一文，将视野由特点扩至形成的历史条件。此后中华法系的研究受到了学者们的关注，学术论著不断发表。如1983年《吉林大学社会科学学报》第4期发表了韩玉林、赵国斌的《略论中华法系特点及其形成和消亡的途径》，1983年《人民司法》第1期上发表了刘海年、杨一凡的《中华法系的形成及其特点》，1984年《政法论坛》第2期发表了我的《再论中华法系的若干问题》，1986年《文史哲》第2期发表了乔伟的《中华法系的基本特点》等等。应该说20世纪80年代关于中华法系的论著，是在此项研究中断了近40年之后重新出现在法学的学术论坛上，表现了研究者们的勇气和魄力。他们的论点未必都十分精当，但无疑起了开拓新路、启迪后人的作用。在以后的岁月里，研究论著层出迭见，不仅数量多，而且不断深化。综括三十年来有关中华法系研究涉及的主要问题是：

（一）中华法系的时限与空间范围

这个问题是民国时期中华法系研究者涉及较少的问题，但却是20世纪80年代以后法律史学者讨论较多的问题之一。学者们基本上同意中华法系"主要是指中国封建时代的法律，它的形成经历了一个漫长的过程，有其历史渊源……至20世纪初期，随着封建社会的解体，中华法系已经丧失了独立存在的基础，清末政府变法修律，开始输入资本主义的法律，特别是经过日本输入的大陆法系，逐渐占据主导地位，中华法系终于解体了"。[1]乔伟说："中国封建法律制度以战国时李悝所编纂的《法经》为其开端，经过秦汉魏晋南北朝的沿革发展，到隋唐时期已经达到了完备阶段。《唐律疏议》就是中华法系的典型代表。此后又经过宋、元、明、清各朝的承袭沿用，到清末沈家本等人修律时，中华法系才告解体。所以说，中华法系基本上是与中国封建专制制度相始终的。"[2]也有的同志认为：中国民族资产阶级领导的辛亥革命才基本上打破了中华法系的古老传统。[3] 而在陈朝璧提出的广义的中华法系中，也包括社会主义法制。

---

① 张晋藩：《再论中华法系的若干问题》，载《政法论坛》1984年第2期。

② 乔伟：《中华法系基本特点》，载《文史哲》1986年第2期。

③ 韩玉林、赵国斌：《略论中华法系特点及其形成和消亡的途径》，载《吉林大学社会科学学报》1983年第4期。

关于中华法系的空间范围，学者们则一致认为它涵盖了日本、高丽、安南、琉球等相邻的国家和地区。

学者们认为中华法系的形成与下列因素有关：(1)中国所处的自然地理环境；(2)农业经济为主要经济结构的生产方式；(3)宗法制的长期统治所造成的家族主义和伦理关系；(4)专制主义政治制度的影响。① 也有的学者从经济、政治、思想三个方面考察了中华法系的形成原因，认为中华法系涵盖的国家经济上都是农耕经济，政治上都是世俗的国家政权，思想上都以世俗思想为国家的主要思想而非宗教思想。② 还有的学者提出，除了特殊的环境、儒家学说之外，移民和留学为中华法系的形成发展造就了法律移植人才，而汉语又为中华法系的形成发展，提供了传播媒介和语言文化条件。③

（二）中华法系的特点

关于中华法系的特点问题，虽然百家异说，但在一些主要问题上是有共识的。如礼法结合、礼法并重是中华法系最突出的特点，儒家思想是中华法系的理论基础，家族主义与亲情伦理在法律上有突出表现，人本主义法律化是展示中华法系文明程度的重要标准等。

我从1983年以来一直在思考中华法系特点的问题。1984年在《再论中华法系的若干问题》一文中，提出中华法系的特点是：①以儒家学说为基本指导思想，但也融合了法、道、释的学说与教义；②出礼入刑，礼刑结合；③家族本位的伦理法占有重要地位；④立法与司法始终集权于中央，司法与行政合一；⑤民刑不分诸法合体与民刑有分诸法并用；⑥融合了以汉族为主体的各民族法律意识与法律原则。④ 2005年，又发表了《中华法系特点再议》一文，认为中华法系的特点有：①农本主义的法律体系；②皇权至上的法制模式；③儒家学说的深刻影响；④引礼入法，法与道德相互支撑；⑤家族法的重要地位；⑥法理情三者的统一；⑦多民族的法律意识与法律成果的融合；⑧重教化慎刑罚的人文关怀。

考察中华法系的特点的确要从本国的国情出发，抽象出其特殊性，亦

---

① 张晋藩：《中华法系特点探源》，载《法学研究》1980年第4期。

② 王立民：《也论中华法系》，载《华东政法学院学报》2001年第5期。

③ 杨振洪：《论中华法系的形成和发展条件》，载《法学研究》1997年第4期。

④ 张晋藩：《再论中华法系的若干问题》，载《政法论坛》1984年第2期。

即中华民族所独有的社会历史条件，由此出发，我对中华法系特点的思考，也处于不断修正之中，我认为中华法系的特点可以概括如下：

1. 儒家学说是缔造中华法系的灵魂

儒家学说对我国道德人文、社会风气的塑造，起了决定性的作用。法律是规矩百姓生活的行为规范，自然无所逃于儒家思想。如同陈顾远所说："儒家思想支配中国历史数千余年，其间固有盛衰，但上而君主为治之道，下而人民处世之法，要皆未能绝对有逃于儒；中国过去之法制经其化成，自系当然。据此，中国固有法系之所以能独树一帜者，谓为儒家思想在世界学术上别具风采所致，实非过言"。[①] 我认为以儒家学说缔造中华法系的灵魂，主要有四点：

(1)表现在礼与法的关系上。礼入于法，法与礼以为出入，法律与道德相互支撑，在世界法系中也只有中华法系有这个特点。礼的差等式的规范与法的公平性的衡量是对立统一的关系，礼与法不仅同源，而且礼制为体，法制为用。抛开礼制的规范，我们无法全面理解中华法系。

(2)表现在家族伦理与法律的关系上。以宗法家族为本位的伦理法是中华法系的基本构成因素。伦理亲情关系法律化，导致了传统社会中亲情义务与法律义务的统一。以宗法家族为本位的伦理法，形成早，经历久，影响宽，作用大，家族间有家规，放大到国家就为王法，它们所调整的是根植于血脉的亲情伦理关系，因而具有高度的稳定性。

(3)表现在"天人合一"的关系上。从西周提出"以德配天"，最早确立了天与人相通的观念，其后，经过历代儒家的论证，"天人合一"的思想已经成为中国人根深蒂固的观念，也是中国古代法文化的基本精神。"天人合一"所追求的目标是维持人与社会的和谐、人与自然的和谐，进而实现自然与社会，天上与人间的和谐统一。天既是一种威慑力量，又体现为以"三纲"为核心的天理。天理入律，使天理法律化，而"律设大法、理顺人情"又使天理、国法、人情三者统一了，成为司法者奉行的圭臬。不仅如此，还以"天人合一"的理念解释了法律的起源，确立了"秋冬行刑"的制度，增强了法律的权威性。违法即是悖天。通过天理之说，使天也世俗化了，"天人合一"的立脚点是人，因此它不是宗教性的，体现了浓郁的东方人文色彩。

---

① 陈顾远：《儒家法学与中国固有法系之关系——关于中国法系回顾之一》，载《中华法学杂志》1936 年第 1 卷第 3 号。

(4)表现在人神关系上。儒家远神近人,孔子"仁者爱人"的思想,为古代的人本主义奠定了理论基础。人本主义表现在法律上:强调德主刑辅、明刑弼教,反对不教而刑;提倡宽仁慎刑,重惜民命,三赦三宥,三五复奏;定罪量刑向着社会弱势群体倾斜。汉唐以来的历代法典,都规定了老幼笃疾废疾和孕妇虽有罪或减刑或不加刑,对待囚人,也要善待,否则要科以刑罚。

2. 中华法系是中华各族共同缔造的

中国自秦汉起便形成了以华夏族为主体的统一多民族的封建国家。中华法系的缔造固然由汉民族承担主要角色,但是许多少数民族也做出了自己的贡献。最初的五刑,便是黄帝族参照苗民的五虐之刑而制定的。至秦汉,北方的匈奴也制定了自己的法典篇章。南北朝时期,少数民族相继在广大的中原汉族地区建立了政权。根据"齐之以法,示之以礼"[①]的指导思想,结合本民族的习惯,相继制定了适用范围不同的法律,丰富了中华法文化的内容。《北齐律》开创的新体例,为隋唐律提供了重要的范本。

与两宋并立的辽、金、西夏政权都属于少数民族统治下的地方性政权,分别制定了既吸收中原地区传统法律要素,又具有各民族特色的法典。其中保存完好的西夏《天盛改旧新定律令》是中国历史上第一部用少数民族文字印行的法典,包罗广泛,内含刑法、诉讼法、民法、经济法、军事法,其详细程度为现存中古法律之最。

至于元、清二朝是蒙古族和满洲族居统治地位的全国性统一政权,其法制建设突出地表现了蒙汉杂糅、参汉酌金的特色,对中华法系做出了卓越贡献。元朝制定的《元典章》,直接影响了《大明会典》的制定,在诉讼制度方面,使民事诉讼程序化,推动了民刑诉讼分立的发展。其行政法律规范的细化,对明清《会典事例》也产生了重要的影响。而清朝则是最后一个封建王朝,也是封建法律制度最为完备的一个时期。清朝的民族立法取得了前所未有的成就,它所确立的"因俗制宜"的民族立法原则以及由此而产生的《蒙古律例》、《西宁青海番夷成例》、《西藏通则》、《回疆则例》等,是封建法制史上突出的成就。有些现在仍然在发挥效力。

除此之外,清朝的律学也是传统注释律学的最后一座丰碑,注律历时之长、律学家队伍之宏大、注律成果之辉煌是世界封建法学史上所少有的。现存的律学著作如《读律佩觿》、《大清律辑注》、《读例存疑》、《大清律例通

---

① 《魏书·刑罚志》。

考》、《大清律例按语》、《大清律例根源》、《驳案新编》、《秋谳辑要》等等，都是中华法系学术史上的重要代表。

总之，中华法系是各族人民共同缔造的，凝聚了各族人民的法律智慧，是中华各民族的法律文化与法制经验相互交流与吸收的结果。

3. 本土性、孤立性和保守性

中华文化虽然历史上曾经几度遭受外来文化的侵袭，比如佛教文化、摩尼教文化等，但中华法文化是产生在中华民族的土壤上，具有鲜明的本土性特征，经历数千年而不变。其原因是：(1)中国古代长期以农立国，自然经济占统治地位，因此中国固有法律中涉及农本经济的立法，如土地法、水利法、农业生产管理法、仓库管理法、畜牧管理法、天文历法等占较大比重；(2)专制主义是基本的政治制度，专制政治的触角也深入到思想文化领域，使得中华法系在中国悠久的历史发展中只有纵向的传承而无横向的输入。专制主义的不断强化，加强了这种封闭性。而且因为文化的早熟所产生的文化优越感，使得中国的法律文化缺乏横向的交流与吸纳。因此中华法系的发展过程中存在着孤立性，它独树一帜地屹立于世界法系之林。但是这种孤立性历经两千多年的发展逐渐变成了一种保守性，“天不变，道亦不变”成为历代统治者信奉的教条。所以到 1840 年鸦片战争以后，海禁大开，西方法文化输入中国，昔日的中华法系无法再自存，其保守性作为社会进步的桎梏越来越凸显出来，它的解体蜕变也就不可避免了。(3)重伦常关系，以法律调整父子、夫妇、兄弟、亲族之间的权利义务关系，肯定父权、夫权、族权的统治地位，伦理法是中国古代法律的发达形态，以致家法族规都对宗族、家族起着一定的调整作用。(4)中国古代政治、经济、文化发展不平衡，既有工商业发达的城市，也有稳定血缘地缘关系的乡土社会；既有海上贸易发达的南宋与明初，也有完全封闭的民族聚居地区，这种不平衡也使得法律的调整具有多样性、复杂性。除中央立法外，也有地方政权的立法、民族的立法、村社的立法、宗族的立法，特别是习惯法还有较大的适用空间，这种法律的多元性统治是本土化的环境所决定的。

(三)中华法系的价值

我认为中华法系的价值表现在以下方面：

1. 中华法系体现了中国文化的博大精深，可以看作是中华法制文明的集中代表。中华法系在漫长的形成与发展的过程中，不仅积淀下深厚的法文化底蕴，也表现出了不同历史阶段法制文明的进步，它惊人的感染力和渗透力，不限于国内，也影响着周边的国家和地区。从唐朝起直至明清，反映中华法系的制度、思想文化笼罩了高丽、安南、日本、琉球等国家和地区，使得这些国家和地区的法律制度、社会风气乃至生活习惯，都带有中华法系的烙印，形成了一个以儒家学说为主导的法文化圈。所以中华法系不仅是中国法文化宝库中的财富，也被世界公认为体现人类社会进步与法制文明的瑰宝。正因为如此，中华法系不仅具有民族性，也具有世界性。历史发展的过程雄辩地说明了中华法系的价值。

2. 中华法系是中华民族理性与智慧的结晶和伟大创造力的体现。它包含了许多跨越时空的合理性与民主性的制度因素和丰富的思想资源。中华法系虽然是封建性质的法系，但也蕴含着民主性的精华，不因其时代久远而淹没其光彩。所谓重塑中华法系，说到底就是将中华法系的优秀部分科学地融入现实的法制建设中来。因此重塑不是复旧而是创新，是走中华民族自己的路，同时，也吸收世界优秀的法制文化成果。清末以来照搬照抄外国法律，不是建设中国本位新法系的可行之道。如果以理性的态度重新审视固有的中华法系，可以发现其中确有为新时代价值取向所借鉴的内涵，不仅可以提供当前的社会主义法制建设所需要的宝贵的思想文化资源和历史借鉴，而且可以增强中华民族的自信心和自豪感。

3. 中华法系是生成于中国本土上的一个法系，它源远流长，具有强大的生命力。世界上曾经出现过许多种法系，但在漫长的发展过程中或者因汇入其他法系而慢慢地消弭，或者因国家的灭亡而灭亡，或者因许多复杂的原因而中断。只有中华法系，经过数千年的发展，始终不曾中断。这种悠久性、完整性、系统性、典型性，是世界上其他法系所不具备的，是研究东方文明古国法系的最具代表性的范例。

4. 中华法系的命运是和古代中国的命运紧密联系在一起的。国家的存在与持续发展是中华法系的强大支持力量，而中华法系又对国家的稳定与兴盛发挥着重要的作用。譬如，中华法系对于维护国家的统一发展，保持社会的和谐稳定，调整基于国情民风而形成的民族文化心态，构建体现民族特性和文化特征的制度与措施，确立政令畅通的严谨管理体制与吏治机制，实现以礼为主导的综合治理的管理模式与社会控制工程，等等，都是统一多民族的中华帝国的强盛之由。由此可见，中华法系之所以具有强大的生命力不是偶然的。

四、在当今形势下继承和创新中华法系的意义

研究中华法系，不仅可以准确地抽象中华法系的特点，而且也为在当今形势下继承和创新中华法系提供明确的方向——摒弃曾经为专制社会所固有的法律与制度，传承和发展在中华土壤所生长并具有突破时空价值的民主性因素。

需要指出，为以巩固中央集权专制主义为最终归宿的中华法系已经随着专制时代的终结总体上消亡了，无论重塑还是复兴中华法系，都绝不是以唐律为代表的旧中华法系的复活。

近代以来，我国法律的发展，基本上是与传统中华法系渐行渐远的过程，清末法律改革自觉不自觉地选择了全盘西化的途径。即经由日本、吸收了欧陆法律文明。但是随着法律在社会生活中的运用，外来法律与本国生活实际出现了越来越多的不适应性，曾经被推崇备至的西方法律文化，其实也并不是最完备最理想的。一位富有中国文化涵养又久居海外的学者余英时观察到“但是西方的基本文化内涵并不限于这两项（指民主与科学），其中如过度发展的个人主义、漫无限制的利得精神、日益繁复的诉讼制度、轻老溺幼的社会风气、紧张冲突的心理状态之类，则不但未能一一适合于其他非西方的社会，而且已引起西方人自己的深切反省。在现实世界中我们找不到任何一个具体的西方现代生活十全十美、足供借镜的（例子）”。[①] 可见，即使是西方本土，也发现自己文化中存在着难以克服的弊端。因此，在我们睁眼看世界，借鉴吸收外来法律文化的同时，也需要回头看，检索中华民族宝库中的具有超越时空的法律文明要素。

当然，我们传承的，不是僵化的古代法律制度条文，而是发源于中华民族本土上的，体现中华民族伟大创造力的理性思维的法律成果。譬如，以人为本，肯定人的价值的法理念与法律规定；人与社会、人与自然和谐的社会观、天道观、法律观；以礼为核心，礼、乐、政、刑综合为治的政治导向；法与道德相互支撑，情理法三者统一的伦理法制；援法断罪、罚当其罪的平等观与法治观；保护鳏寡孤独、老幼妇残等社会弱势群体的恤刑原则等等。这些不仅有利于防止社会矛盾的激化，达到社会的和谐，从某种意义说来，

① 余英时：《中国思想传统的现代诠释》，江苏人民出版社2003年版，第3页。

也有助于摆脱余氏所描述的西方法律文化的困境。

当今的法律变革，从总体看，源自西方的法律思维与制度依然占据主流地位，但是为了建设具有中国特色的社会主义法制，纯粹的西方化法律发展模式已经难以实现这一历史任务。我们需要返本开新，走中华民族独立创新自主的路。季羡林先生说得好"西方形而上学的分析已快走到尽头，而东方的寻求整体的综合必将取而代之。以分析为基础的西方文化也将随之衰微，代之而起的必然是以综合为基础的东方文化。取代不是消灭，而是在过去几百年来西方文化所达到的水平的基础上，用东方整体着眼和普遍联系的综合思维方式，以东方文化为主导，吸收西方文化中的精华，把人类文化发展推向一个更高的阶段，这种取代，在21世纪中就可见分晓。"①由此，在当前形势下，研究如何传承与发展中华法系的合理内涵便具有十分现实的意义。在中央强调中华民族伟大复兴之际，复兴中华法系绝不是复旧，绝不是保守，而是在旧有合理基础上的伟大创新，把适合于中国传统国情的本土文化融入现实的法制建设中来，找到中国与世界、历史与现实的契合点，这是一个十分艰巨的科学研究的任务。需要我们继续踏踏实实地探索，研究其生成的规律，实事求是地总结其历史价值。一句话，只有把握中华法系的精髓，才能使复兴中华法系不流为空谈。

① 季羡林:《21世纪:东方文化的时代》，载季羡林:《阅世心语》，陕西师范大学出版社2007年版，第107页。

继往开来的百年中国法制史学

中国法制史学作为一门古老的学问，也有着悠久而未曾中断的历史发展过程。早在先秦的典籍《尚书》、《周礼》中，便记载了法制历史的事件、人物和丰富的资料。诸子百家中儒墨道法各个学派，各以其学说丰富了法制史学的理论基础，开辟了法制史学研究的路径。自汉以来，正史《刑法志》中虽以断代法制史为主，但也追述了法制的源流，并含有法制通史与法律文化史的内容。至于唐杜佑的《通典》、宋郑樵的《通志》、宋元之际马端临的《文献通考》等志书中，更集中地收录了典章法制史料。作为初唐盛世传世的著名法典《唐律疏议》，不仅具体反映了唐朝的典章法度，而且作为中华法系的表征而为周边国家所取法。自此，研究历代政治法律制度已成为专门的学问。由唐迄清历代法制不断完善，形成了具有中华法制文明特质的各项法律制度，其完整性、系统性与典型性均为世界其他文明古国所少有。但是中国古代，研究政治制度与法律的著述，尚未形成一定的体系结构，还没有成为近代意义上的一门学科。

1840 年鸦片战争以后，西学东渐使得中国传统的法制史学与法学教育都面临变革的形势，而且从西学中发现了创制新的法制史学科的路径与方法。由此开始了中国法制史学研究近代化的历程。民国时期，出现了群星灿烂的一批法制史学者，创建了中国法制史学科，奠定了这门学科的坚实的基础。

一、近代中国法制史学科的建立

进入 20 世纪以后，清朝实行预备立宪，变法修律，提出以“会通中西”

为宗旨的法制改革方案，这对扬弃传统法制史学研究，建立新的以西方法学为指导的法制史学提供了重要条件。日本大学法学教育与法制史课程的设置，对中国的法学教育有着积极影响。晚清京师与直省建立的法政学堂多开设了中国法制史课程，如“大清律例及唐明律”、“现行法制及历代法制沿革”、“中国历代刑律考”、“中国古今历代法制考”等课程。修订法律馆吉同钧讲授的《大清律讲义》早已出版，由大理院推事姚大勇讲授的《唐律讲义》现存油印稿大卷，藏于河南大学图书馆。

特别需要指出的是对于中国法制历史饶有兴趣的日本法制史学者进行了卓有成效的研究工作，出版了一批学术价值很高的法制史著作，如浅井虎夫著有《中国法典编筹沿革史》(1902)、《中国历代法制史》(1906)、织田万著有《清国行政法》(1905)。可见，早期日本法制史学者研究的重点在于阐明中国古代法典的编筹沿革与清代的行政法制。日本学者对于中国法制史的研究启迪了中国的学者，推动了传统的中国法制史学研究走向了现代化。这个过程与法制近代化的变革过程相一致。

戊戌政变后避居日本的梁启超在日本法制史学学者的影响下，于1904年发表了《论中国成文法编制之沿革得失》一文，是中国近代学者公开发表的第一篇中国法制史较为系统的专论。梁氏此书，共十二章，其在自序中说，此文原为《中国法理学发达史论》之附录，因“累成数万言”，“与原题名义不相应，故析之别自为篇”。

在第一章绪论中，梁氏将悠久的中国法制历史归纳为三个阶段，即惯习法、单行法和完善的法典。由第二章至第八章，阐述了自战国以前至明清的成文法，其间介绍了不同时代成文法的特点以及相互间的源流关系。第九章至第十一章，阐述了成文法的渊源、成文法的公布和前此成文法的缺点。对于成文法的来源，梁氏认为包括习惯、君主的诏敕、先例、学说和外国法五个方面，由于中国古代重视成文法的制定和应用，因此采取不同的形式加以公布。对于成文法的缺点，梁氏认为：一、法律种类不完备，主要表现在缺少“私法”和“宪法”；二、法律的固定性太强，致使“法律与社会之鸿沟太相悬绝”；三、法典体裁不完备，如“范围不确立”、“主义不一贯”、“纲目无秩序”；四、法典文体不适宜于用。第十二章为“今后法典编纂之方针及其预备”，但仅列章目，未及展开。

梁氏文中对于法律的起源、李悝《法经》的地位、行政法的悠久渊源、魏晋律对秦汉旧律的革新，以及唐律影响亚洲诸国的原因和清朝典律例关系的分析等等多有发前人之所未发者。特别是将中国传统法与西方法律进行比较，以及对中国古代法所作的反思尤有新意，反映了梁氏撰文的时代背景所加给他的学术研究上的历史特点。此文诸多观点并非完全精当，但不失为近代中国法制史学的奠基之作，影响了民国时期一代法制史学学者。

民国时期中国法制史学者的主要代表人物为程树德、丁元普、杨鸿烈、陈顾远。

程树德(1877—1944)，字郁庭，福建闽县人。清末曾获举人功名，后留学日本，毕业于日本法政大学法律科。回国后通过留学生授职考试，赐予法政科进士出身，授翰林院编修。其后历任国史馆协修、法典编纂会纂修、福建法政学堂教务长、留美生考试襄校官、法官考试襄校官、国务院法制局参事和帮办；后又任北京大学、北平大学法学院、清华大学政治系讲师和教授等职。一生从事国际法、宪法和中国法制史研究。其法制史代表著作为出版于1925年的《九朝律考》。他在自序中说："汉晋士大夫，往往治律，马融、郑玄、羊祜、杜预皆律家也。六朝以后，祖尚玄虚，律令科条，委之胥吏，其治此者，非陋则俗，斯学浸微，今古律之存者，皆自唐以下。窃不自量，欲尽搜罗唐以前散佚诸律，考订而并存之。岁戊午，始成汉律考七卷，方君枢为梓行之。己未成魏律考一卷，庚申成晋律考三卷，辛酉成后魏律考二卷，壬戌成隋律考二卷，癸亥成北齐后周及梁陈律考四卷，甲子乙丑增订汉律，厘为八卷，合二十卷……余为此者，性既不谐于俗，而幽居寡欢，又不能无所托以寄志，自尽之意多，而求知之念寡。若夫百世之知，则固别有说焉。"[①]程氏国学功底深厚，又受到清代考据之学的影响，故作《九朝律考》。其取材主要为正史，具有较高的参考价值。1933年，美国教授毕格氏来华向程树德请教中国传统法律的要旨，他认为："你们中国人自己也有治理国家的良法，何必一一模仿外国人呢?"受此影响，程氏撰写了《论中国法系》一文，探讨中华法系的特点与得失，以回应外国学者对于研究中国法文化必要性的发问。[②]

丁元普(1888—1957)，浙江萧山人。早年赴日本早稻田大学研习法律，毕业回国后曾任法官。1933年9月，任上海复旦大学中国法制史教

① 程树德:《九朝律考》,《九朝律考·序》。

② 程树德:《论中国法系》，载《法律评论》1934年11卷第19期。

授，大夏大学法学教授，解放后任上海文史馆馆员。在20世纪三四十年代中国文化复兴浪潮中，他是比较积极的一位，“复兴中华法系之精神”的口号，就是他在《中华法系与民族复兴》一文中最早提倡的。其治法制史学侧重于法哲学与法典的沿革，这些体现在他发表于1930年的《中国法制史》中。此书系其历年讲学的综合，内容包括：法制与礼制之区分、法律之起源及其沿革、古代宪政之创始、地方自治制度、家族社会制度、经济制度之变迁、法典之编纂及刑法之变迁、教育制度、职官制度和兵制等。

杨鸿烈(1903—1977)，云南晋宁人。毕业于国立师范大学外文系，后入清华大学国学研究院研究历史，师从国学大师梁启超、王国维等，国学素养深厚。1927—1933年先后任教于南开大学、中国公学、北京师范大学、云南大学、河南大学。1934—1937年留学日本东京帝国大学，获博士学位。杨氏著述甚丰，其代表作为出版于1930年的《中国法律发达史》及出版于1937年的《中国法律在东亚诸国之影响》。《中国法律发达史》将中国法制历史分为三个时期，上古至秦为胚胎时期，汉至明为成长时期，清以后为欧美法系侵入时期。《中国法律在东亚诸国之影响》则分别叙述了中国法律对日本、朝鲜、安南、琉球等国的影响，材料丰富，具有较高的学术价值。

陈顾远(1896—1981)，陕西三原人。1923年毕业于北京大学，此后从政，公务之余先后在复旦大学、中央大学、上海法学院等校兼授法学课程。1949年随国民党政府去台，继续任立法委员和中央评议员，并在台湾大学等多所学校兼任法学教授。其所著的《中国法制史》作为大学教材于1934年出版。陈氏在自序中坦言：“我国大学文法课程中，向有中国法制史之目……而学校所备以为课本者，每多译自东瀛之作。学术原无国境，译本亦何所嫌？然以中国人于中国大学中研究中国法制史，竟以译本为主，终觉未安。况中国法系居世界法系之一，其发扬光大，责在国人。”该书内容包括：政治制度(组织法、选试法)、狱讼制度(诉审、刑名、科刑、肆赦)、经济制度(田制、税制、商制、币制)。

总括上述，民国时期法制史学者以充沛的民族自豪感论证了中国古代法制的世界地位，并在文化复兴的浪潮中提出了中华法系的复兴问题，并为此进行了设计。他们以丰富的史料论证了中国法制史的源流变革以及各项制度的内容，使纷繁杂乱的法制史料得到了必要的梳理。此外，还初步形成了中国法制史教材的框架结构，使之成为民国时期大学法律系的一门重要课程。他们对于复兴中华法系的呼喊响应了文化复兴的时代浪潮，意在唤醒中华民族的自豪感、自信心以应对日本帝国主义的侵略。

但由于学科的对象不明晰，因此研究的内容庞杂，几乎涉及上层建筑的各个部分，缺少必要的体系。又由于受到外国学者关于中国古代只有刑法，没有民法的学说影响，以致法制史的主要内容为刑法史及刑事司法制度史，在相当长的时间里，没有关于中国古代民法的著作。此外，他们还用古代的某些政治制度来比附当时所面对的宪政问题，也使人感到牵强附会。

总的说来，民国时期学者们对中国法制史学的建树，为后学者开辟了先路，其筚路蓝缕之功，应该受到尊重。

二、新中国前三十年中国法制史学的曲折发展

（一）以苏联教科书为模式阻断了与民国时期法制史学的衔接

1949年建国初期，在“一面倒”学习苏联的氛围中，在彻底打碎资产阶级国家机器、废除六法全书的背景下，一度阻断了民国以来中国法制史研究的进程和学术衔接。民国时期的法制史学著作均被视为资产阶级的学术成果，或被作为批判的对象，或束之高阁被尘封起来。

1950年3月中央决定成立中国人民大学，作为培养马列主义理论干部和经济、外交、法律建设人才的基地，无论教学组织、课程设置还是师资培养均以苏联莫斯科大学为模式。该年6月间在苏联顾问的指导下确定法律系开设国家与法权通史课程，9月招收第一批国家与法权通史研究生。由苏联专家瓦里荷米托夫讲授国家与法权通史及苏维埃国家与法权历史两门课程。1951年4月中国人民大学成立国家与法权通史教研室，由华北人民革命大学县团级干部刘琪担任主任，这是当时全国唯一的国家与法权通史教学研究机构。参加成立会议的除系主任何思敬教授外，还有历史学家尹达和民法学家李祖荫两位先生。何思敬主任对教研室的建设极为关心，并与四名研究生接触较多，他与苏联专家共同参与了第一届研究生的考试以及论文评定。1952年7月第一届研究生毕业，两人从事国家与法权通史的教学与研究工作，我与另一人负责中国国家与法权历史的教学、课程建设与研究工作。

1953年，教研室组织编写中国国家与法权历史讲义，因古代部分缺乏研究基础，遂从现代部分入手，由我和张希坡负责，按照苏联教科书的架构——经济结构、阶级结构、国家制度、法律制度，组织中国法制史料，编纂油印讲义，至1957年反右前已编出五讲。这份讲义从总体上看，是力图以马列主义国家观、法律观为指导，以苏联教科书为模式，以中国法制史料为资料的新的中国国家与法权历史讲义，走着一条与过去的中国法制史学相脱离的、全面学习苏联的曲折迂回的治学之路。由于弃置原有的研究基础，另辟蹊径，其结果是事倍功半的。

1956年6月国务院参事室一位老先生提出"中国国家与法权历史"的学科名称应更名为"中国法制史"，因此召开了一次小范围的研讨会。与会者大都坚持中国国家与法权历史的名称，认为没有国家，何来法权？我个人很欣赏法权这个概念，因为法家就是以度量衡器来比喻法律的公平，所谓"有权衡不可欺以轻重，有法术不可巧以诈伪"。

（二）关于法律继承性的讨论和批判

1957年春，华东政法学院杨兆龙教授提出旧法继承性问题，在全国法学界引起很大的震撼。同年4月，中央政法领导机关召开了关于法的继承性的讨论会，参加者除人大、北大、法学研究所的少数教师外，高院、高检等实际部门也派人参加，会上压倒性意见是主张旧法作为文化现象可以继承。应该说这是用唯物主义观点考察中国法律史所得出的结论，有助于推动开展中国古代法制史学的研究。但是1958年夏，在政法工作大跃进的背景下，法律院校展开了批判旧法观点的运动，法的继承性成为首要的靶子。此后中国古代法制史的课时被压缩到不足10课时。曾经适用过的历史唯物主义被简单化的阶级观点所取代。各门课程都围绕着无产阶级专政和群众路线进行讲授，复杂的法学教育被完全简单化了。1960年，法律院校再次进行反修教学检查，涉及资产阶级民主观点、重视议会斗争的修正主义观点以及旧法观点，教学秩序受到严重冲击，科学研究完全陷于停顿，法学界呈现出万马齐喑的萧条状态。自1958年以来流行着的"无产阶级专政不受法律限制"、"破除资产阶级法权残余"等理论不仅严重削弱了政法工作的职能和立法工作，也严重损害了法学教育。

（三）《中国国家与法权历史》讲义的问世

1961年，《人民日报》发表《大兴调查研究之风》的社论，提倡"实事求是”，各种大跃进活动一一终止。此后，恢复了教学秩序和科学研究活动，国家与法权历史教研室开始组织编写《中国国家与法权历史》讲义，共 3 分册，第一分册“古代部分”，由我负责；第二分册“近代部分”，由曾宪义、范明辛负责；第三分册“解放区部分”，由张希坡负责。第一分册于 1963 年出版，第二和第三分册至 1965 年相继出版。这一套讲义是此前中国法制史研究的重要阶段性成果。它初步打破了苏联教科书中“四段论”的框架，加强了法律制度的比重，并注意将法律制度的变化寓于历史发展过程之中。但学科的名称仍然是“中国国家与法权历史”，表现了苏联法学的禁锢尚未完全摆脱。这一套教材为当时各兄弟院系所采用。

综括前三十年的中国法制史学，是以马克思主义的历史观、国家观、法律观为理论基础和指导思想，以苏联国家与法权历史教科书为范本建立起来的。在马克思主义理论和方法论的指导下，对揭示法制的本质、特点及其发展的规律性确实有极大的裨益，这也是和民国时期中国法制史学的主要区别点。但由于过分强调阶级论，在某种程度上，冲淡了历史主义的分析，特别是随着“左”的思潮的泛滥，妨碍了认真地探索中国古代法制的价值。由于阻断了与民国时期中国法制史学的衔接，也增加了发展中国法制史学不必要的困难。

三、近三十年中国法制史学的辉煌

至上世纪 80 年代，中国法制史学终于进入了一个新的纪元。抚今追昔，深感弘扬中华法制文明、发展中国法制史学，是一项艰巨的任务，需要继往开来，总结经验，整合研究力量，发奋进取，不断开辟中国法制史学研究的新领域。

（一）中国法律史学会成立大会的召开

随着“文化大革命”的终结与改革开放的启动，中国法制史学获得了前所未有的发展机遇。1979 年 6 月，在长春召开了中国法律史学会成立大会，这是国内最先成立的全国性学术团体。它的成立是前三十年不可想象的。这次大会集中讨论了中国法制史学的对象问题，并获得了共识，即中国法制史的对象是历史上的法律制度，是一元的，不是“国家”与“法制”并列二元的，并将学科名称由“中国国家与法权历史”恢复为“中国法制史”。

这次大会还决定了由我提出的编纂《中国法制通史》多卷本的历史任务。编写《中国法制通史》的缘起，是此前在国外召开过三次中国法制史的国际研讨会，但都没有邀请中国大陆学者参加，除政治环境的因素外，更重要的是中国学者没有提供有价值的法制史著作。因此，编写《中国法制通史》，借以向世界展示中国学者的成就，进而将中国法制史学研究的中心牢固地建立在中国。

这次大会还确定出版《法律史论丛》，作为以书代刊的出版物。由我担任主编，法学所高恒担任副主编，从 1980 年至 1982 年共出版三期。这本论丛在当时是法制史学的唯一园地，它给法制史学界提供了一个发表学术见解的平台，因而受到广泛的支持，新老学者都争先在论丛发表文章。1982 年因出版困难，《法律史论丛》的编写出版中辍。

1980 年元旦以后，召开了《中国法制通史》的编写会议，并请瞿同祖、张友渔两位老先生莅会指导。对于此项任务，与会者均表赞同，但当时研究力量星散，全国不足二十人，且资料散失，一时难以整理，而各校又忙于恢复法制史的教学工作，因此不具备编写此书的条件。1985 年，随着形势的迅速改观，《中国法制通史》得到了社科基金的资助，开始建立编委会，并确立各卷主编，全面开始了编写工作。至 1998 年终于完成 10 卷 500 余万字的《中国法制通史》，实现了中国法律史学会成立大会时同仁们的委托。在这部书的首发式上，中外学者赞誉它是“世纪之作”。确实，这部书集合了全国各地专家，并且吸收了十几名博士生的论文成果，尽管有这样那样的缺点和不足，但它确实是 20 世纪以来最具有代表性的中国法制史的研究成果。

(二)法制史学科建设的成就

1981 年国务院召开法律学科评议组的会议，四位正式代表，即陈守一、王铁崖、韩德培、芮沐，两位特约有投票权的代表：高铭暄和我。这次会上通过了中国法制史的博士点和我的博士生导师资格，但在国务院学位委员会审议时，由于我当时尚未升任教授，故而未获批准。1983 年 5 月，国务院正式批准中国法制史的博士点设于中国政法大学，由我担任博士生导师。1984 年招收朱勇、郑秦、怀效锋三位博士生。该三名同学于 1987 年通过答辩，获得第一届法学博士学位，其博士学位证书为 001 号、002 号、003 号。迄今，法制史学博士点已经遍地开花，获得博士学位的青年学者真正如群星灿烂。

1988 年，国务院学位委员会组织评议国家级重点学科点，中国政法大学法制史学被批准为第一批国家重点学科，并获得经费资助。

除此之外，许多院校还建立了专门的法制史学的研究机构，各有特点，各自取得了杰出的成就，称得上是云蒸霞蔚、俊采星驰。

（三）研究领域的拓宽与内容的丰富

近三十年来，中国法制史学的研究领域不断拓宽，断代史与通史均获得了显著发展。《中国法制通史》可作为通史成就的一个代表。此外，先秦法制史、秦汉法制史、唐宋法制史、明清法制史、近代法制史等均有众多专著与论文问世，无论深度还是广度，大多超过了以往国内外的成就。

部门法史也获得了明显的发展。除传统的刑法史、司法制度史继续有新成果问世外，行政法史、民法史、经济法史也不断有成果问世，极大地弥补了法史研究中的空白。法文化史与比较法制史，作为一个新开辟的研究领域，从 20 世纪 90 年代初期有学者涉猎起，至今已有多种学术著作问世。各种专题史，如法学史、民族法史、中国法律的近代化、近代各部门法史也都有学者研究，并取得丰硕成果。在史料方面，如《巴县档案》的整理出版、紫阳县、冕宁县档案的发现与整理、历代契约文书以及珍稀史料的收集、整理与出版等，都极大地丰富了资料宝库，为研究者提供了重要的物质保证。

中国法制史提供的治国理政的经验也受到了国家的重视。1986 年第一次普法期间，我应约为中共中央书记处作了《谈谈中国法制历史经验的借鉴问题》。1995 年、1998 年我又为全国人大常委作了两次法学讲座，主线依旧是中国法制历史的借鉴问题。确实，在四千多年的中国法制历史的发展过程中，在治国理政方面，积累了丰富的经验，值得认真地加以总结，为建设中国特色的社会主义法制服务。法史界的学者在这方面也多有著述。

近三十年来，无论是研究领域的拓宽，还是开拓性的研究成果，其内容之丰富，史料之扩展，成就之辉煌，都超过此前八十年之总和。在人才培养方面，一大批获得博士学位的中青年学者，不仅承担着主要的教学任务，而且是推动法制史学发展的中坚力量。他们思路开阔，才思敏捷，具有较好的理论基础，并能运用新的科学的研究方法，是进一步发展法律史学的希望之所在。

20 世纪 80 年代以来，还开展了前所未有的国际学术交流，通过各种渠道、各种形式实现了中美、中日、中韩、中意、中德、中以等国间的学术交流活动，增进了彼此的了解，展开了多种形式的合作。

在回顾与总结中国法制史学百年发展历程的时候，我深切感到继往开来、奋发进取的必要。法制史学不可能与应用法学在应用价值上争锋，但法制史学在培养人的素质，在为国家提供历史借鉴，为司法干部扩大知识领域等方面，是其他学科所不能取代的。近代思想家龚自珍曾说过："欲亡其国者，先灭其史"，这是从近代中国所遭受到的灾难中总结出的教训。而为了振奋一个民族的精神，焕发起自豪感和自信心，也要从历史中寻求积极的力量与支撑。任何忽视法制史学的观点，都是不应有的。

在当前的时代背景下，我们的任务首先是解决传承与创新的问题。传承是指继受中华法文化中的民主与科学部分，这是中华民族智慧的结晶。但传承不是复旧，而是适应时代的需要在继受的基础上加以创新，没有创新的传承是缺少生命力的。只有将传承与创新结合起来，才能使中国法制史学在观点、体系、领域、框架各个方面开创新的局面。其次，要从中国的本土国情出发，关注世界法学发展的大势，引入国外的相关研究成果。从国情实际出发研究法制史学，是唯物主义的基本要求，只有如此，才能准确地概括中国古代法制的特点和价值取向；也只有如此，才会更有目的地吸收世界先进的法学，包括法制史学的成果，使二者很好地结合起来。20 世纪初期改法修律不尽如人意的一个教训，就是未能解决好西方法律本土化的问题。引进的法律只有本土化，才能生活化，才能被人们所掌握，成为推动社会进步的一种物质力量。第三，通过复兴中国传统的法文化，进而复兴中国悠久的文化，这是中华民族伟大复兴的一个重要方面。法制史学者应该在这方面为中华民族伟大复兴尽绵薄之力。为此，需要深入地研究法制史学，弘扬法制史学，使它成为中华大法文化苑中一株奇葩。第四，深入总结四千余年来在治国理政、明法治吏等方面的超越时空的历史经验。譬如，以人为本，肯定人的价值的法理念与法律规定；人与社会、人与自然和谐的社会观、天道观、法律观；以礼为核心，礼乐刑政综合为治的政治导向；法与道德相互支撑，情理法三者统一的伦理法制；缘法断罪、罪当其罚的平等观和法治观；保护鳏寡孤独、老幼妇残等社会弱势群体的恤刑原则等等。这些并不限于专制时代所独有，而是中华民族的伟大创造，是发源于中华民族本土的理性思维的结果。科学地加以总结，确实可以成为建设中国特色的社会主义法制的借鉴。第五，深入发掘规律性的经验，进行理论综合，在发展中国法制史学的同时发展中国的法理学。第六，百年中国法制史学的发展证明，一定要自主创新走中国自己的路，克服阻碍中国法制史学发展的西方中心论，和片面学习苏联的影响。一定要尊重中华法制文明的传统——它曾经居于世界法制文明的前列，是相邻国家取法的范本。因此，充分展示中国法制史学的价值，将会给我们以极大的自信心和民族自豪感，这对于完善国家法制和教育后人都具有重要意义。

百年法制史学发展的道路虽然曲折，既有反复也有倒退，但终究战胜了一切困难，取得了历史性的成就。在现有思想开放的政治环境下，结合丰沛的人力、物力资源，以百年法制史学的成就为新的起点，必将迎来更大的辉煌。

图书在版编目(CIP)数据

镜鉴心语:法史研究中的古与今/张晋藩著.—厦门:厦门大学出版社,2012.3
ISBN 978-7-5615-4152-4

Ⅰ.①镜…　Ⅱ.①张…　Ⅲ.①法制史-研究-中国　Ⅳ.①D929

中国版本图书馆 CIP 数据核字(2011)第 269601 号

厦门大学出版社出版发行
(地址:厦门市软件园二期望海路 39 号　邮编:361008)
http://www.xmupress.com
xmup @ public.xm.fj.cn
厦门集大印刷厂印刷
2012 年 3 月第 1 版　2012 年 3 月第 1 次印刷
开本:720×1000　1/16　印张:20　插页:3
字数:330 千字　印数:1～2 000 册
定价:45.00 元